Unternehmensführung und Unternehmenskontrolle in Aktiengesellschaften

Europäische Hochschulschriften
Publications Universitaires Européennes
European University Studies

Reihe II
Rechtswissenschaft

Série II Series II
Droit
Law

Bd./Vol. 4398

PETER LANG
Frankfurt am Main · Berlin · Bern · Bruxelles · New York · Oxford · Wien

Thies Petersen

Unternehmensführung und Unternehmenskontrolle in Aktiengesellschaften

Ein Beitrag zum Einfluss des Deutschen Corporate Governance-Kodex auf börsennotierte Aktiengesellschaften

PETER LANG
Europäischer Verlag der Wissenschaften

Bibliografische Information Der Deutschen Bibliothek
Die Deutsche Bibliothek verzeichnet diese Publikation in der Deutschen Nationalbibliografie; detaillierte bibliografische Daten sind im Internet über <http://dnb.ddb.de> abrufbar.

Zugl.: Frankfurt (Oder), Europa-Univ., Diss., 2006

521
ISSN 0531-7312
IISBN 3-631-55421-4

www.peterlang.de

Meiner lieben Frau

„Was nottut ist eine ‚winning culture', statt Orientierungslosigkeit in Deutschland und in Europa."

Jürgen Schrempp (geb. 1944), vormaliger Vorstandsvorsitzender der Daimler-Benz AG, seit 1998 DaimlerChrysler, zur Frage der Unternehmenskultur in der Bundesrepublik Deutschland und in Europa.

Vorwort

Corporate Governance ist ein derzeit in Wissenschaft, Praxis und Presse vielfach verwendetes Schlagwort. Vor allem die in den USA aufgetretenen spektakulären Unternehmenszusammenbrüche von WorldCom und Enron haben dazu beigetragen. Aber auch in Europa und in der Bundesrepublik Deutschland waren in der jüngsten Zeit Unternehmenskrisen festzustellen, die vor allem auf eine mangelhafte Unternehmensleitung und deren Kontrolle, eben auf schlechte Corporate Governance, zurückzuführen sind. Man denke beispielsweise an die Vorkommnisse beim Holzmann-Konzern, bei Mannesmann, dem Werftenverbund Bremer Vulkan oder dem italienischen Unternehmen Parmalat.

Diese Vorkommnisse haben das Vertrauen der Anleger in die Unternehmensführung der jeweiligen Gesellschaften erheblich beschädigt, und die Frage nach gegensteuernden Corporate Governance-Standards wurde immer lauter. Sie ist auch jetzt bis auf weiteres Gegenstand einer lebhaften Diskussion. Diese Diskussion hat die vorliegende Arbeit zum Anlass genommen, vor allem die Corporate Governance-Strukturen in der Bundesrepublik Deutschland vor dem Hintergrund des Deutschen Corporate Governance-Kodex vom 26. 02. 2002 näher zu untersuchen.

Die vorliegende Untersuchung wurde im Wintersemester 2005/2006 von der Juristischen Fakultät der Europa-Universität Viadrina Frankfurt (Oder) als Dissertation angenommen. Literatur und Rechtsprechung konnten im Wesentlichen bis Anfang März 2006 berücksichtigt werden.

Die Arbeit wurde von meinem hochverehrten Doktorvater Herrn *Professor Dr. Sigurd Littbarski* betreut. Für seine zahlreichen Anregungen und seine fortwährende fachliche Hilfe auch zu konkreten Einzelfragen danke ich ihm sehr. Herrn *Professor Dr. Kaspar Frey* danke ich für die zeitnahe Erstellung des Zweitgutachtens.

Ganz besonderen Dank schulde ich meiner Frau, *Beata Petersen*, die mich während der Anfertigung der Arbeit stets liebevoll unterstützt und mir unermüdlich die Kraft für einen erfolgreichen Abschluss gegeben hat. Ich danke ihr für ihre Hilfe, ihr Verständnis und vor allem für ihre große Geduld.

Berlin, im März 2006

Thies Petersen

Inhaltsverzeichnis

Abkürzungsverzeichnis

a. A.	andere Ansicht
a. E.	am Ende
a. F.	alte Fassung
ABl. EG	Amtsblatt der Europäischen Gemeinschaften
Abs.	Absatz
AcP	Archiv für die civilistische Praxis
ADR	American Depositary Receipt
AG	Die Aktiengesellschaft
AHB	Allgemeine Versicherungsbedingungen für die Haftpflichtversicherung
AktG	Aktiengesetz
AktienR	Aktienrecht
AnSVG	Gesetz zur Verbesserung des Anlegerschutzes
APAG	Abschlussprüferaufsichtsgesetz
APAK	Abschlussprüferaufsichtskommission
ArbeitsR	Arbeitsrecht
Art.	Artikel
AT	Allgemeiner Teil
Aufl.	Auflage
BaFin	Bundesanstalt für Finanzdienstleistungen
BAG	Bundesarbeitsgericht
BB	Betriebs-Berater
BCCG	Berlin Center of Corporate Governance
BDA	Bundesvereinigung der Deutschen Arbeitgeberverbände
BerlinKomm	Berliner Kommentar

Beschl.	Beschluss
BFH	Bundesfinanzhof
BGB	Bürgerliches Gesetzbuch
BGBl.	Bundesgesetzblatt
BGH	Bundesgerichtshof
BGHZ	Entscheidungen des Bundesgerichtshof in Zivilsachen
BilanzHdb	Bilanzhandbuch
BilKoG	Bilanzkontrollgesetz
BilReG	Bilanzrechtsreformgesetz
BörsenR	Börsenrecht
BörsG	Börsengesetz
BörsZulV	Börsenzulassungsverordnung
BR-Drucks.	Bundesratsdrucksache
BT	Besonderer Teil
BT-Drucks.	Bundestags-Drucksache
Buchst.	Buchstabe
BuW	Betrieb und Wirtschaft
BVerfG	Bundesverfassungsgericht
BVerfGE	Entscheidungen des Bundesverfassungsgerichts
BVerfGG	Bundesverfassungsgerichtsgesetz
BVerwG	Bundesverwaltungsgericht
ca.	circa
CalPERS	California Public Employees Retirement System
CEO	Chief Executive Officer
CFO	Chief Financial Officer
D&O	Directors & Officers

DAI	Deutsches Aktieninstitut
DAV	Deutscher Anwaltverein
DAX	Deutscher Aktienindex
DB	Der Betrieb
DCG-Kodex	Deutscher Corporate Governance-Kodex
ders.	derselbe
dies.	dieselbe; dieselben
DIN	Deutsches Institut für Normung
Diss	Dissertation
DJ	Deutscher Juristentag
DrittelbG	Gesetz über die Drittelbeteiligung der Arbeitnehmer im Aufsichtsrat
DStR	Deutsches Steuerrecht
DVBl.	Deutsches Verwaltungsblatt
DVFA	Deutsche Vereinigung für Finanzanalyse und Asset Management
E	Entwurf
e. V.	eingetragener Verein
EG	Europäische Gemeinschaften
EGV	Vertrag zur Gründung der Europäischen Gemeinschaft
Einf	Einführung
endg.	endgültig
ESDA	European Association of Securities Dealers
etc.	et cetera
EU	Europäische Union
EuGH	Europäischer Gerichtshof

EuropGesR	Europäisches Gesellschaftsrecht
EUV	Vertrag über die Europäische Union
EuZW	Europäische Zeitschrift für Wirtschaftsrecht
EWG	Europäische Wirtschaftsgemeinschaft
EWiR	Entscheidungen zum Wirtschaftsrecht
EWS	Europäisches Wirtschafts- und Steuerrecht
f.	folgende
FAZ	Frankfurter Allgemeine Zeitung
ff.	fortfolgende
Fn.	Fußnote
FRRP	Financial Reporting Review Panel
FS	Festschrift
FSA	Financial Service Authority
GCCG	German Code of Corporate Governance
GesR	Gesellschaftsrecht
GG	Grundgesetz
ggf.	gegebenenfalls
GmbH	Gesellschaft mit beschränkter Haftung
GmbHG	Gesetz betreffend die Gesellschaft mit beschränkter Haftung
GmbHR	GmbH-Rundschau
GoB	Grundsätze ordnungsgemäßer Buchführung
GoU	Grundsätze ordnungsgemäßer Unternehmensleitung
GoÜ	Grundsätze ordnungsgemäßer Unternehmensüberwachung
Großkomm	Großkommentar
GWB	Gesetz gegen Wettbewerbsbeschränkungen
HaftpflichtV	Haftpflichtversicherung

Hdb	Handbuch
HGB	Handelsgesetzbuch
hM	herrschende Meinung
Hrsg.	Herausgeber
Hs.	Halbsatz
HV	Hauptversammlung
i. d. F.	in der Fassung
i. S. v.	im Sinne von
i. V. m.	in Verbindung mit
IAS	International Accounting Standards
IASB	International Accounting Standards Board
ICGN	International Corporate Governance Network
IDW	Institut der Wirtschaftsprüfer in Deutschland e. V.
IFRS	International Financial Reporting Standards
InsO	Insolvenzordnung
InternatRechnL	Internationale Rechnungslegung
IPRax	Praxis des Internationalen Privat- und Verfahrensrechts
ISA	International Standards on Auditing
JuS	Juristische Schulung
JZ	Juristenzeitung
KapMuG	Kapitalanleger-Musterverfahrensgesetz
KartellR	Kartellrecht
KG	Kommanditgesellschaft
KGaA	Kommanditgesellschaft auf Aktien
KölnKomm-AktG	Kölner Kommentar zum Aktiengesetz
KonTraG	Gesetz zur Kontrolle im Unternehmensbereich

LG	Landgericht
Ltd.	Limited
m. w. N.	mit weiteren Nachweisen
MDAX	Midcap-Index der Deutschen Börse
MitbestErgG	Gesetz zur Ergänzung des Gesetzes über die Mitbestimmung der Arbeitnehmer in den Aufsichtsräten und Vorständen der Unternehmen des Bergbaus und der Eisen und Stahl erzeugenden Industrie
MitbestG	Gesetz über die Mitbestimmung der Arbeitnehmer
MMR	Multimedia und Recht
MontanMitbestG	Gesetz über die Mitbestimmung der Arbeitnehmer in den Aufsichtsräten und Vorständen der Unternehmen des Bergbaus und der Eisen und Stahl erzeugenden Industrie
MüKo	Münchener Kommentar
n. F.	neue Fassung
NaStraG	Gesetz zur Namensaktie und zur Erleichterung der Stimmrechtsausübung
NEMAX	Neuer Markt Index
NJW	Neue Juristische Wochenschrift
Nr.	Nummer
NYSE	New York Stock Exchange
NZA	Neue Zeitschrift für Arbeitsrecht
NZG	Neue Zeitschrift für Gesellschaftsrecht
OECD	Organisation for Economic Cooperation and Development
OHG	Offene Handelsgesellschaft
OLG	Oberlandesgericht

PCAOB	Public Company Accounting Oversight Board
PIN	Persönliche Identifikationsnummer
PrivatversR	Privatversicherungsrecht
RabelsZ	Rabels Zeitschrift für ausländisches und internationales Privatrecht
Rdn.	Randnummer
RefE	Referentenentwurf
RegE	Regierungsentwurf
RIW	Recht der Internationalen Wirtschaft
RL	Richtlinie
RLV	Richtlinienvorschlag
S.	Siehe; Seite; Satz
s. o.	siehe oben
s. u.	siehe unten
SE	Societas Europaea
SEAG	SE-Ausführungsgesetz
SEBG	SE-Beteiligungsgesetz
SEC	Securities Exchange Commission
SEEG	Gesetz zur Einführung der Europäischen Gesellschaft
SE-RL	Richtlinie zur Ergänzung des Statuts der Europäischen Gesellschaft hinsichtlich der Beteiligung der Arbeitnehmer
SE-VO	Verordnung über das Statut der Europäischen Aktiengesellschaft
Slg.	Sammlung
SOA	Sarbanes-Oxley-Act
sog.	sogenannte; sogenannter

SpruchG	Gesetz zur Neuordnung des gesellschaftsrechtlichen Spruchverfahrens
StückAG	Gesetz über die Zulassung von Stückaktien
TAN	Transaktionsnummer
TIAACREF	Teachers Insurance and Annuity Association College Retirement Equities Funds
TransPuG	Gesetz zur weiteren Reform des Aktien- und Bilanzrechts, zu Transparenz und Publizität
u.	und
u. a.	unter anderem; und andere
UMAG	Gesetz zur Unternehmensintegrität und Modernisierung des Anfechtungsrechts
UmwG	Umwandlungsgesetz
US	United States
USA	United States of America
US-GAAP	United States – Generally Accepted Accounting Standards
v.	vom
verb. Rs.	verbundene Rechtssachen
Verf.	Verfasser
VersicherungsVR	Versicherungsvertragsrecht
VersR	Versicherungsrecht
vgl.	vergleiche
VO	Verordnung
Vorbem	Vorbemerkung
VorstOG	Gesetz über die Offenlegung der Vorstandsvergütungen
vs.	versus

VVG	Versicherungsvertragsgesetz
VW	Versicherungswirtschaft
VwGO	Verwaltungsgerichtsordnung
WertpapierR	Wertpapierrecht
WirtschaftsR	Wirtschaftsrecht
WM	Wertpapier-Mitteilung
WPg	Die Wirtschaftsprüfung
WpHG	Wertpapierhandelsgesetz
WPK	Wirtschaftsprüferkammer
WPO	Wirtschaftsprüferordnung
ZfV	Zeitschrift für Versicherungswesen
ZGR	Zeitschrift für Unternehmens- und Gesellschaftsrecht
ZHR	Zeitschrift für das gesamte Handels- und Wirtschaftsrecht
Ziff.	Ziffer
ZIP	Zeitschrift für Wirtschaftsrecht
zit	zitiert
ZPO	Zivilprozessordnung
ZRP	Zeitschrift für Rechtspolitik
ZVglRWiss	Zeitschrift für vergleichende Rechtswissenschaft

1. Teil

A. Einführung und Gang der Untersuchung

Gegenstand der vorliegenden Untersuchung sind ausgewählte Probleme der Unternehmensführung und Unternehmenskontrolle in deutschen, börsennotierten Aktiengesellschaften. Der Schwerpunkt der Arbeit liegt dabei nicht auf einer allgemeinen Darstellung des aus dem angloamerikanischen Rechtsraum stammenden und vieldiskutierten Begriffs des Corporate Governance, der wörtlich übersetzt lediglich Unternehmensführung oder Unternehmensleitung bedeutet[1]. Zwar haben zum Teil spektakuläre Vorkommnisse bei US-amerikanischen Unternehmen wie Enron (Energie)[2], WorldCom[3] und Global Crossing (Telekommunikation), Adelphia (Kabelnetze), Imclone (Pharma) und einer Reihe anderer US-Unterneh- men[4] weltweit das Vertrauen der Anleger in die Kapitalmärkte beeinträchtigt und eine umfassende Corporate Governance-Diskussion erst ausgelöst[5]. Ziel dieser Untersuchung ist aber keine rechtsvergleichende Bestandsaufnahme unterschiedlicher nationaler Corporate Governance-Systeme oder gar die Entwicklung eines global einheitlichen Corporate Governance-Modells[6]. Im Mittelpunkt der Untersuchung stehen vielmehr die Regelungskomplexe des Deutschen Corporate Governance-

---

[1] Dazu *Lutter,* ZGR 2001, 224, 225. In der angloamerikanischen Rechtspraxis versteht man darunter aber gerade auch ein System effektiver Unternehmenskontrolle mit zahlreichen internationalen Ausprägungen. Hierzu *Schneider/Strenger,* AG 2000, 106 ff. sowie Teil 1 B, S. 6 ff. Einen guten Überblick über die in der gesellschaftsrechtlichen Diskussion derzeit verwendeten Anglizismen liefert *Fleischer*, NZG 2004, 1129 ff.

[2] Handelsblatt v. 25. 01. 2002, S. 15; 21. 11. 2001, S. 13; 29. 10. 2001, S. 14 zu Enron.

[3] Handelsblatt v. 23. 07. 2002, S. 1; 13. 03. 2002, S. 22 zu WorldCom.

[4] Weitere Unternehmen sind aufgelistet bei *Schwarz/Holland,* ZIP 2002, 1661, 1662.

[5] Die US-Politik hat hierauf mit dem am 31. 07. 2002 vom Präsidenten unterzeichneten Sarbanes-Oxley-Act, reagiert vgl. *Schiessl,* AG 2002, 593. Zum Sarbanes-Oxley-Act siehe auch *Schwarz/Holland,* ZIP 2002, S. 1661 ff.; *Strauch*, NZG 2003, 952 ff.; *Maul/Lanfermann*, DB 2002, 1725 ff., sowie unten Teil 1 B, S. 13 und 28 f. Zur Auswirkung des Sarbanes-Oxley-Acts auf die Bundesrepublik Deutschland siehe *Kersting*, ZIP 2003, 233 ff. sowie *Gruson/Kubicek*, AG 2003, 337 ff.; *dies.*, AG 2003, 393 ff. Einen Rechtsvergleich deutscher und amerikanischer Corporate Governance-Strukturen beschreibt *Escher-Weingart*, ZVglRWiss 2000, 387 ff.

[6] Zu den Gründen für das Fehlen eines solchen globalen Modells vgl. beispielsweise *Schneider/Strenger,* AG 2000, 106, 107 f. Zu den globalen Unterschieden weltweiter Corporate Governance-Systeme vgl. *Berndt*, Diss. Rechtsvergleichend auch *Haberer*, Corporate Governance.

Kodex[7] (im Folgenden Kodex[8]) sowie damit zusammenhängende praktische Anwendungsfragen.

Der Kodex wurde am 26. 02. 2002 durch die von der Bundesministerin der Justiz auf Empfehlung von der Regierungskommission Corporate Governance[9] eingesetzten Kodex-Kommission[10] vorgelegt. Das Regelwerk enthält neben Bestimmungen über Aktionäre und Hauptversammlung[11], Transparenz und Rechnungslegung[12] im Wesentlichen Verhaltensmaßstäbe, adressiert an die Leitungsorgane deutscher Aktiengesellschaften[13]. Er ist das vorläufige und keineswegs abschließende Ergebnis eines gesellschaftsrechtlichen Reformprozesses[14], der sich vor allem mit offensichtlichen Defiziten der deutschen Unternehmensführung und -kontrolle in den letzten Jahren zu befassen hatte. Aufsehen erregten etwa Geschehnisse beim Holzmann-Konzern[15], dem Werftenverbund Bremer Vulkan[16] sowie der Metallgesellschaft AG[17]. Deutlich wurden diese Probleme außerdem bei den Firmen Mannesmann,

---

[7] Der Kodex ist abgedruckt in: ZIP 2002, 452 ff.; AG 2002, 236 ff. sowie NZG 2002, 273 ff.; im Internet beispielsweise abrufbar unter *http://www.corporate-governance-code.de* sowie unter *http://www.rws-verlag.de.*

[8] Das Wort Kodex wird im Folgenden auch für die Genitivform verwendet.

[9] *Baums*, Bericht der Regierungskommission Corporate Governance, Rdn. 5 ff. Näher hierzu Teil 1 B, S. 43 ff.

[10] Regierungskommission Deutscher Corporate Governance Kodex.

[11] Ziff. 2, 3 Kodex.

[12] Ziff. 6, 7 Kodex.

[13] Zu den einzelnen Regelungskomplexen Deutschen Corporate Governance-Kodex siehe Teil 2 B, S. 73 ff.

[14] Die historische Entwicklung dieses Prozesses wird in diesem Teil auf S. 39 ff. näher dargestellt.

[15] Vgl. dazu Börsenzeitung v. 22. 03. 2002, S. 1 ff. Ausführliche Darstellung bei *Volhard/Weber*, FS für Ulmer, 2003, S. 866 ff.

[16] Vgl. NJW 2001, 3622 ff.; BB 2001, 2232 ff. Umfassend dazu *Freitag*, WM 2003, 805 ff.; *Holl*, Reform des Aufsichtsrats, S. 44 ff. S. auch BGH, Urteil vom 13. 05. 2004 – 5 StR 73/03 „Bremer Vulkan II" = AG 2004, 450 ff.

[17] Dazu umfassend *Schwinn*, Die Liquiditätskrise der Metallgesellschaft AG im Herbst 1993, abrufbar im Internet unter *http://www.krisennavigator.de/mafa1-d.htm.* Siehe auch *Holl*, Reform des Aufsichtsrats, S. 32 ff.

Berliner Bankgesellschaft, Hypobank/Hypovereinsbank bis hin zu Flowtex[18]. Hervorgehoben wird allerdings vor allem der Fall Holzmann[19].

Zudem hat sich dieser Reformprozess zum Ziel gesetzt, die Konkurrenzfähigkeit deutscher Unternehmen im internationalen Wettbewerb zu verbessern und die rasante technische Weiterentwicklung verschiedener Kommunikationsmedien für die Unternehmenspraxis effizienter zu nutzen[20].

Der erste Teil der Untersuchung hat wesentliche Grundfragen und Begriffsklärungen zum Gegenstand. Zu Beginn erfolgt eine begriffliche Einordnung des Corporate Governance. Daran schließt sich eine historische Einführung über die Entwicklung des Corporate Governance im internationalen Rechtsraum und in der Bundesrepublik Deutschland über den Erlass des Kodex bis heute an. Als Ergebnis soll der Frage nachgegangen werden, ob sich nach dem jetzigen Stand der Diskussion ein einheitlicher Corporate Governance-Begriff festlegen lässt. Im Folgenden wird angesichts der Tatsache, dass der Kodex von einem durch die Bundesministerin der Justiz eingesetzten Gremium[21] vorgelegt worden ist, auf die Rechtsnatur des Kodex eingegangen[22]. Dabei stellt sich insbesondere die Frage nach der verfassungsrechtlichen Legitimation eines solchen Gremiums.

Der zweite Teil und Hauptteil der Untersuchung beinhaltet eine vertiefte Darstellung der sieben Regelungskomplexe des Kodex. Es ist allerdings nicht Zielsetzung dieser Untersuchung, die sieben Abschnitte des Kodex umfassend inhaltlich zu erläutern. Vielmehr werden einige Problemschwerpunkte des Kodex hervorgehoben, die in der derzeitigen Corporate Governance-Diskussion besonders umstritten sind. Dazu gehören etwa diejenigen Regelungen des Kodex, welche die Organisation, die Zusammensetzung und das Zusammenwirken der Leitungsorgane in der Aktiengesellschaft zum Gegenstand haben[23]. Vorstand[24] und Aufsichtsrat[25] sollen auf

---

[18] Vgl. *Bernhardt*, ZHR-Beiheft 71, 2002, 119.

[19] Vgl. *Baums*, Bericht der Regierungskommission Corporate Governance, S. 1. Vgl. zum Bilanzskandal des italienischen Unternehmens Parmalat taz-Bericht vom 23. 12. 2003, im Internet unter *http://www.taz.de/pt/2003/12/23/a0150.nf/text.*

[20] *Baums*, Bericht der Regierungskommission Corporate Governance, S. 2.

[21] Die Kodex-Kommission unter der Leitung von *Gerhard Cromme*, vgl. dazu *Hopt*, ZHR-Beiheft 71, 2002, 27, 28 sowie unten Teil 1 B, S. 50 f.

[22] Siehe Teil 1 C, S. 61 ff.

[23] Vgl. Ziff. 3, 4, 5 Kodex.

[24] §§ 76 ff. AktG.

[25] §§ 95 ff. AktG.

Grund ihrer Funktion als Führungs- und Verwaltungsorgane der AG die Hauptverantwortung für zahlreiche Firmenzusammenbrüche in der Bundesrepublik Deutschland in der jüngsten Vergangenheit tragen[26]. Deshalb wendet sich die Mehrzahl der Regelungen des Kodex auch an diese beiden Verwaltungsorgane. Dabei ist umstritten, ob die Corporate Governance-Probleme in der Bundesrepublik Deutschland in erster Linie ihre Ursache in der Struktur und Organisation des Aufsichtsrates[27] oder in der des Vorstandes[28] haben.

Die vorliegende Arbeit setzt sich vor allem mit der Reformbedürftigkeit der Struktur des Aufsichtsrates auseinander. Insbesondere im Zusammenhang mit den Regelungen des Kodex, die an den Aufsichtsrat adressiert sind, stellt sich die Frage, inwieweit das bestehende Unternehmensmitbestimmungsrecht in deutschen Aktiengesellschaften einer Überprüfung bedarf[29]. Rechtsgrundlagen der Unternehmensmitbestimmung sind das Montanmitbestimmungsgesetz von 1951, das Mitbestimmungsergänzungsgesetz von 1956, das Mitbestimmungsgesetz 1976 und das Drittelbeteiligungsgesetz, das die letzten noch bestehenden Mitbestimmungsregeln des Betriebsverfassungsgesetzes 1952 mit Wirkung vom 01. 07. 2004 aufgehoben hat[30]. Schwerpunktmäßig wird sich diese Untersuchung mit dem Mitbestimmungsgesetz 1976 auseinandersetzen.

Daneben werden die Regelungen des Kodex zur Transparenz[31], zur Verwendung moderner Kommunikationsmittel[32] und zur Verbesserung von Rechnungslegung und Abschlussprüfung[33] im Unternehmen erörtert. Im Rahmen dieser Darstellung werden die Rechte der Aktionäre miteinbezogen, die in Ziff. 2.1 des Kodex nur sehr oberflächlich geregelt sind. Dabei werden einige Problemschwerpunkte – etwa die Verwendung des Internets bei der Übertragung und Durchführung der Hauptversammlung – herausgegriffen, die sich innerhalb der einzelnen Regelungskomplexe des Deutschen Corporate Governance-Kodex stellen, und die in jüngster Zeit

---

[26] Dazu beispielsweise *Peltzer*, NZG 2002, 593.

[27] Vgl. beispielsweise *Lutter*, ZHR 2001, 224, 227; *ders.*, ZHR 1995, 287 ff. und NJW 1995, 1133.

[28] *Peltzer/v. Werder*, AG 2001, 1 ff.; ebenso *Hommelhoff*, ZGR 2001, 238, 248.

[29] Ein Überblick findet sich hierzu etwa bei *Schiessl*, AG 2002, 593, 595 f.

[30] Gesetz über die Drittelbeteiligung der Arbeitnehmer im Aufsichtsrat (Drittelbeteiligungsgesetz – DrittelbG) vom 18. 05. 2004 (BGBl. I 2004, S. 974). Dazu näher s. u. Fn. 793. Zu den Rechtsquellen der Mitbestimmung vgl. etwa *Raiser*, MitbestG, Einf Rdn. 9 ff.; *Hanau/Ulmer*, MitbestG, § 1 Rdn. 10 ff.; *Dütz*, Arbeitsrecht, Rdn. 899.

[31] Vgl. Ziff. 6 Kodex.

[32] Vgl. beispielsweise Ziff. 2.3 Kodex.

[33] Vgl. Ziff. 7 Kodex.

besonders diskutiert wurden. Nach der Abhandlung der Regelungskomplexe des Kodex wird die Arbeit sich mit der gesetzlichen Einbindung des Kodex in § 161 AktG in der Fassung des TransPuG[34] auseinandersetzen. Diese Vorschrift normiert eine gesetzliche Erklärungspflicht börsennotierter Aktiengesellschaft zur Umsetzung der Kodex-Empfehlungen[35] im Unternehmen. Sowohl Umfang als auch Inhalt der Erklärung sind in der Literatur umstritten[36] und bislang noch nicht abschließend geklärt.

Im dritten und letzten Teil dieser Untersuchung werden die wesentlichen Ergebnisse der Arbeit zusammengefasst und hieraus Folgerungen für die weitere Corporate Governance-Diskussion gezogen. Diese Untersuchung setzt sich also vor allem mit einigen Regelungen des Kodex auseinandersetzt und geht auf hiermit eng verbundene praxisrelevante Fragen der unternehmerischen Mitbestimmung ein.

Die Untersuchung geht nicht auf die allgemeine rechtspolitische Diskussion nach der grundsätzlichen Notwendigkeit eines Corporate Governance-Kodex für die Bundesrepublik Deutschland ein[37]. Nach Erlass des Kodex und der überwiegenden Akzeptanz durch die Wirtschaft schon im Vorfeld[38] erscheint diese Auseinandersetzung nicht mehr erforderlich. Nicht Gegenstand dieser Arbeit sind ebenso Fragen der Unternehmensfinanzierung im Zusammenhang mit der Corporate Governance-Diskussion[39], da der Kodex hierzu keinerlei Regelungen enthält sowie Haftungsfragen zum Anlegerschutz[40].

---

[34] Transparenz- und Publizitätsgesetz vom 19. Juli 2002 (BGBl. I 2002, S. 2681).

[35] Zum Begriff „Empfehlung" s. u. Teil 2 B, S. 77.

[36] S. ausführlich dazu Teil 2 C, S. 243 ff.

[37] Dazu *Seibert*, BB 2002, 581; *Baums*, Bericht der Regierungskommission Corporate Governance, Rdn. 5 ff.; *Hüffer*, AktG, § 76 Rdn. 15b.

[38] Vgl. die Zusammenstellung der Ergebnisse einer Befragung der DAX 100-Unternehmen zu den Kernthesen des German Code of Corporate Governance (GCCG) des Berliner Initiativkreises durch *Pohle/v. Werder*, BB 2001, 1101 ff.; *Peltzer*, NZG 2002, 10, 11 ff.

[39] Vgl. hierzu *Baums*, Bericht der Regierungskommission Corporate Governance, Rdn. 191 ff.; *Hoffmann-Becking*, ZHR-Beiheft 71, 2002, 215 ff.

[40] S. dazu umfassend beispielsweise *Bertrams*, Diss.

B. Grundfragen zum Corporate Governance

I. Einleitung

Gegenstand dieses Abschnitts ist in einem ersten Komplex die Darstellung der unterschiedlichen Corporate Governance-Begriffe, wie sie in der rechtswissenschaftlichen Literatur vertreten werden. Eng mit dieser Frage verknüpft ist die folgende überblicksmäßige Gegenüberstellung weltweit bestehender Corporate Governance-Modelle, die ihre Ursache in unterschiedlichen wirtschaftlichen und rechtlichen Rahmenbedingungen haben. Daraus folgt ein uneinheitliches Verständnis effektiver Unternehmensführungs- und Unternehmenskontrollstandards. Das unterschiedliche Verständnis von Corporate Governance hat nach der Auffassung einiger Autoren einen Wettbewerb der weltweiten Corporate Governance-Systeme zur Folge. Dieser Wettbewerb wird zum Teil am Ende dieses Komplexes[41] aber auch im Rahmen der Darstellung des Problems der unternehmerischen Mitbestimmung erörtert[42].

Der zweite Teil dieses Abschnitts beinhaltet einen historischen Überblick über die Entwicklung der Unternehmensführung und -kontrolle, ausgehend von der Corporate Governance-Diskussion in den Vereinigten Staaten in den dreißiger Jahren des letzten Jahrhunderts. Daran anschließend wird die internationale Corporate Governance-Entwicklung überblicksmäßig vorgestellt, die vor allem in Europa maßgeblich von den Regelwerken großer amerikanischer Investoren beeinflusst wurde. Der Schwerpunkt der Darstellung liegt allerdings auf der Corporate Governance-Entwicklung in der Bundesrepublik Deutschland bis zum Erlass des Kodex durch die Kodex-Kommission. Schließlich soll in einer abschließenden Stellungnahme der Frage nachgegangen werden, inwiefern angesichts der unterschiedlichen weltweiten Corporate Governance-Strukturen und Entwicklungen eine abschließende Definition von Corporate Governance möglich ist.

II. Begriff des Corporate Governance

Corporate Governance ist ein international verwendeter Begriff mit zahlreichen Ausprägungen[43]. Im auch international akzeptierten Kern versteht man darunter eine verantwortliche, auf langfristige Wertschöpfung ausgerichtete Unternehmens-

---

[41] Vgl. Teil 1 B, S. 26 f.
[42] S. u. Teil 2 B, S. 147 ff.
[43] *Schneider/Strenger*, AG 2000, 106.

leitung und -kontrolle[44]. Sie wird durch die jeweilige rechtliche Grundordnung sowie die bestehenden Wirtschaftsstrukturen des betreffenden Landes geprägt (sog. „path dependence“)[45]. Diese internationalen Rahmenbedingungen sind sehr verschieden und können hier nicht im Einzelnen nachgezeichnet werden[46]. Unabhängig von den internationalen Strukturunterschieden sollen gute Corporate Governance-Modelle möglichst ideale Grundlagen für wirtschaftlich effektive Unternehmensentscheidungen schaffen[47].

Die bundesdeutsche Rechtsprechung definiert den Begriff Corporate Governance bislang nicht, wenngleich der BGH sich in zahlreichen Entscheidungen insbesondere im Zusammenhang mit der Haftung der Leitungsorgane[48] mit den Problemen der Unternehmensführung und Unternehmenskontrolle in börsennotierten Aktiengesellschaften auseinandergesetzt hat. Zumindest in der Rechtsprechung des EuGH deutet sich nach der Auffassung von *Merkt* aber ein kapitalmarktrechtliches Verständnis von Corporate Governance an. Denn der EuGH greife in seinen Entscheidungen in Sachen „Centros“[49] und „Überseering“[50] wesentliche Funktionen des

---

[44] *Schneider/Strenger,* AG 2000, 106; *Baums*, Bericht der Regierungskommission Corporate Governance, Rdn. 5; *v. Werder*, in: *Ringleb/Kremer/Lutter/v.Werder*, Kodex, Rdn. 1 ff.; *Assmann*, FS für Kümpel, 2003, S. 1 ff. Zum Begriff auch *Schmidt*, Gesellschaftsrecht S. 767; *Hüffer*, AktG, § 76 Rdn. 15a ff.; *Highbury*, in: *Cromme*, CG-Report 2002, S. 56 ff.

[45] Auf diesem Begriff beruht die Theorie der pfadabhängigen Systementwicklung, wonach sich zwangsläufig das effizientere Verwaltungssystem durchsetzen werde. Vgl. dazu *Hommelhoff*, ZGR 2001, 238, 263 f. Dazu auch *Schneider/Strenger,* AG 2000, 106, 107; *Teichmann*, ZGR 2001, 645, 656 ff.; *Semler/Spindler*, in: MüKo-AktG, Band 3, Vor § 76 Rdn. 220; *Grundmann/Mülbert*, ZGR 2001, 214, 216 ff.

[46] Siehe aber den historischen Überblick im Anschluss, Teil 1 B, S. 39 ff. sowie ausführlich *Berrar*, Die Entwicklung der Corporate Governance im internationalen Vergleich, 2001.

[47] *Kollmann*, WM-Sonderheft 1, 2003, S. 4.

[48] Vgl. etwa BGHZ 65, 304, 308; zum Handlungsspielraum für Vorstände vgl. BGHZ 135, 244 ff. (ARAG/Garmenbeck-Entscheidung); zum Wettbewerbsverbot von Vorstandsmitgliedern vgl. BGH NJW 2001, 2476 f.; zu Haftungsrisiken von Aufsichtsratsmitgliedern in der Insolvenz der AG vgl. BGHZ 75, 96 ff. = NJW 1979, 1823 ff.; dazu auch BGHZ 126, 181 ff. Vgl. im Übrigen die umfangreichen Hinweise zur höchstrichterlichen Rechtssprechung bei *Ulmer*, AcP 2002, 143, 148 ff.

[49] EuGH, Urteil vom 09. 03. 1999 - Rs. C-212/97 = AG 1999, 226 = NJW 1999, 2027 = NZG 1999, 298; dazu etwa *Kindler*, NJW 1999, 1993 ff.; *Kieninger*, ZGR 1999, 724; *Forsthoff*, DB 2003, 979 ff.; *Riegger*, ZGR 2004, 510 ff.

[50] EuGH, Urteil vom 05. 11. 2002 - Rs. C-208/00 = AG 2003, 37 = DB 2002, 2425 = GmbHR 2002, 1137; dazu etwa *Eidenmüller*, ZIP 2002, 2233; *Forsthoff*, DB 2003, 979, 980; *Paefgen*, DB 2003, 487 ff.; *Zimmer*, BB 2003, 1 ff.; *Meilicke*, GmbHR 2003, 793 ff.; *Riegger*, ZGR 2004, 510 ff.

Kapitalmarktrechts für die Unternehmensführung und -kontrolle in Gesellschaften auf[51].

Nach dem kapitalmarktrechtlichen Verständnis von Corporate Governance soll die Kontrolle der Unternehmensführung in der Gesellschaft von außen durch den Kapitalmarkt gesteuert werden[52]. Ein solches System der Unternehmenskontrolle wird daher auch als externes Corporate Governance-System bezeichnet[53]. In den zitierten Entscheidungen war der EuGH u. a.[54] der Ansicht, ein wirksamer Gläubigerschutz lasse sich vor allem durch verbesserte Information und Publizität, nicht aber allein durch ein gesetzlich vorgeschriebenes Mindestkapital verwirklichen[55]. Da das gesetzlich vorgeschriebene Mindestkapital erschöpft sein könne, ohne dass die Gläubiger der Gesellschaft etwas davon erführen, seien aktuelle Bilanzdaten und auch alle sonstigen Kapitalmarktinformationen für die Gläubiger von ganz entscheidender Bedeutung[56].

Ein Schwerpunkt der genannten Entscheidungen bestand desweiteren in der Herausarbeitung von Kriterien für einen wirksamen Gläubigerschutz, wobei dem Kapitalmarkt nach der Auffassung des Gerichts eine entscheidende Funktion zukommen sollte. Inwiefern der EuGH dadurch aber ein insgesamt kapitalmarktrechtliches Verständnis von Corporate Governance andeuten wollte, muss bezweifelt werden. Der EuGH stellt lediglich die Bedeutung des Kapitalmarktes für den Bereich des Gläubigerschutzes heraus und betont damit ein, wenn auch sehr wichtiges, Element von guter und effektiver Corporate Governance[57]. Welches allgemeine Verständnis

---

[51] *Merkt*, AG 2003, 126 ff.

[52] Vgl. etwa *Schwarz/Holland*, ZIP 2002, 1661, 1664; *Teichmann*, ZGR 2001, 645, 659 ff.; *Ihrig/Wagner*, BB 2003, 1625, 1628 f.; *Hopt*, ZGR 2000, 779, 787 ff.

[53] Vgl. etwa *Hopt*, ZGR 2000, 779, 787 ff. Dazu ausführlich Teil 1 B, S. 11 ff.

[54] Im Mittelpunkt der Entscheidungen stand das Verhältnis von nationalem Gesellschaftsrecht zu der Niederlassungsfreiheit ausländischer Kapitalgesellschaften gemäß Art. 43 und Art. 48 EGV. Zugunsten der gemeinschaftsrechtlichen Niederlassungsfreiheit treten nationale gesellschaftsrechtliche Schutzvorschriften danach überwiegend zurück. Bestätigt hat der EuGH diese Linie in einer dritten Entscheidung, vgl. EuGH, Urteil vom 30. 09. 2003 – Rs. C- 167/01 – Inspire Art = AG 2003, 680 ff. = EWiR 2003, 1029 f. Dazu *Schanze/Jüttner*, AG 2003, 661 ff.; *Müller-Bonanni*, DStR 2003, 1235 ff.; *Bayer*, BB 2003, 2357 ff.; *Veit/Wichert*, AG 2004, 14 ff.; *Spindler*, RIW 2004, 7 f.; *Riegger*, ZGR 2004, 510, 511 ff. Siehe näher dazu unten Teil 2 B, S. 137 ff.

[55] Vgl. beispielsweise *EuGH*, Urteil vom 05. 11. 2002 – Rs. C- 208/00 – Überseering = GmbHR 2002, 1137, 1144 Rz. 87. Näher dazu *Schanze/Jüttner*, AG 2003, 32, 34.

[56] Vgl. etwa Schlussantrag, Entscheidungsgründe Centros, Tz. 21, auf den sich der EuGH in seinen Entscheidungsgründen zu Centros bezieht. Näher dazu *Merkt*, AG 2003, 126, 135.

[57] Zum kapitalmarktrechtlichen Ansatz vgl. *Teichmann*, ZGR 2001, 645, 657 f.

von Corporate Governance sich in der Rechtsprechung herausbilden wird, bleibt damit so lange abzuwarten, bis sich die Gerichte ausdrücklich mit der Definition des Begriffs Corporate Governance in konkreten Entscheidungen auseinandersetzen.

Einigkeit besteht in der rechtswissenschaftlichen Literatur darüber, dass es sich bei Corporate Governance um Verhaltensmaßstäbe für die Unternehmensführung und Unternehmenskontrolle handelt[58]. Strittig ist aber insbesondere, welche rechtlichen Grundlagen zur Begründung dieser Verhaltensmaßstäbe heranzuziehen sind. Insoweit lassen sich der enge und der weite Corporate Governance-Begriff voneinander unterscheiden[59]. Neben den rechtlichen Grundlagen sind für die Interpretation des Begriffs zudem zwei von Grund auf verschiedene Corporate Governance-Systeme von Bedeutung, welche die Leitungsstrukturen in der Aktiengesellschaft unterschiedlich festlegen. Dabei sind die Begriffspaare internes und externes Corporate Governance-Modell sowie monistisches (einstufiges) und dualistisches (zweistufiges) Corporate Governance-System voneinander zu unterscheiden[60]. Darüber hinaus werden in der Literatur weitere Ansätze zur Corporate Governance vertreten, die eine effektive Unternehmensführung und -kontrolle anhand konkreter Handlungsziele für die Leitungsorgane der Gesellschaft verwirklichen sollen, der sog. Shareholder-Value- und Stakeholder-Value-Ansatz[61].

1. Enger und weiter Begriff des Corporate Governance

Der enge Corporate Governance-Begriff geht von einem ausschließlich aktienrechtlichen Verständnis aus. Danach geht es bei Corporate Governance allein um die Unternehmensleitung und Unternehmenskontrolle in der AG, also hauptsächlich um das Verhältnis der Verwaltungsorgane, dem Vorstand und dem Aufsichtsrat, zueinander, und um das Verhältnis der Gesellschaft zu den Anteilseignern insgesamt[62]. Wesentliche Rechtsgrundlagen für die Verbesserung der Unternehmensführung und -kontrolle sind nach dem engen Corporate Governance-Begriff vor allem das AktG und die damit zusammenhängenden Regelungen des HGB und des Mit-

---

58 Siehe bereits Teil 1 B, S. 6.
59 Dazu sogleich Teil 1 B, S. 9 ff.
60 Vgl. hierzu Teil 1 B, S. 11 ff.
61 Dazu unten Teil 1 B, S. 23 ff.
62 Dieses Verständnis teilt beispielsweise die Regierungskommission Corporate Governance, vgl. *Merkt*, AG 2003, 126. Zur Regierungskommission Corporate Governance siehe Teil 1 B S. 49 f. Erläuterungen bei *Hopt*, in: *Hommelhoff/Rowedder/Ulmer*, Dritte Gedächtnisvorlesung, S. 9, 13 ff.

bestimmungsrechts[63]. Der enge Corporate Governance Begriff beschränkt sich damit auf die Binnenverhältnisse in der AG und deren Verbesserungsmöglichkeiten[64].

Diese Beschränkung auf das Aktienrecht lehnen die Vertreter des weiten Corporate Governance-Begriffs ab. Mittlerweile habe sich in der internationalen rechtswissenschaftlichen Diskussion der Comparative Corporate Governance[65] ein deutlich weitergehender Corporate Governance-Begriff herausgebildet[66]. Effektive Unternehmensleitung und -kontrolle gehe weit über das Verhältnis der Gesellschaft und ihrer Verwaltungsorgane zu den Gesellschaftern hinaus. Erfasst würden die Belange der Arbeitnehmer des Unternehmens, die Funktion der Kreditinstitute in der Gesellschaft sowie insbesondere die Beziehungen der Gesellschaft zu Börsen und Kapitalmärkten[67]. Rechtsgrundlagen eines weiten Corporate Governance-Begriffs seien daher neben den bereits genannten aktien-, handels- und mitbestimmungsrechtlichen Regelungen insbesondere die des Bankrechts, des Börsenrechts und des Kapitalmarktrechts[68].

Im Ergebnis ist den Vertretern des weiten Corporate Governance-Begriffs zuzustimmen. Das Ziel wirksamer Corporate Governance ist die Verbesserung des Verhaltens der Leitungsorgane in Aktiengesellschaften bis hin zu einer optimalen Unternehmensführung und einer optimalen Überwachung eben dieser Führung[69]. Wirksame Verbesserungsmodelle zur Unternehmensführung und -kontrolle sollten sich deshalb nicht auf die Binnenverhältnisse in der AG beschränken, sondern die komplexen Verhältnisse der Gesellschaft insgesamt untersuchen. Der weite Corporate Governance-Begriff ist daher jedenfalls bei börsennotierten Gesellschaften aufgrund der zahlreichen rechtlichen Verflechtungen eines solchen Unternehmens nicht nur zu seinen Verwaltungsorganen und Gesellschaftern, sondern auch zu seinen Arbeitnehmern, zu Banken und zum Kapitalmarkt vorzuziehen.

---

[63] Dazu *Hopt*, ZHR-Beiheft 71, 2002, 30.

[64] Näher dazu und zu den Vertretern dieses Begriffs insbesondere in der US-amerikanischen Corporate Governance-Diskussion *Hopt*, ZHR-Beiheft 71, 2002, 30.

[65] Dazu umfassend *Hopt/Wymeersch*, Comparative Corporate Governance - Essays and Materials, 1997.

[66] *Merkt*, AG 2003, 126; *Hopt*, ZHR-Beiheft 71, 2002, 30.

[67] *Hopt*, ZHR-Beiheft 71, 2002, 31.

[68] Näher dazu *Hopt*, in: *Hopt/Kanda/Roe/Wymeersch/Prigge*, Comparative Corporate Governance, S. 223 ff.

[69] *Peltzer/v. Werder*, AG 2001, 1.

2. Corporate Governance-Systeme

Im Zusammenhang mit der Diskussion um den engen und den weiten Corporate Governance-Begriff haben sich unterschiedliche Corporate Governance-Systeme herausgebildet, die im Hinblick auf die Kontrolle der Geschäftsleitung im Unternehmen von grundverschiedenen Ansätzen ausgehen[70].

a. Externes Corporate Governance-System

Die Unternehmenskontrolle in der Gesellschaft wird nach einem Corporate Governance-System von außen durch die Mechanismen des Kapitalmarktes gesteuert[71]. Die Gesetze des Kapitalmarktes haben nach diesem Verständnis eine disziplinierende Wirkung auf das Verhalten der Unternehmensleitung, die ihre Entscheidungen an den Verhältnissen des Marktes orientierten[72]. Der Kapitalmarkt kontrolliere danach das Verhalten der Leitungsorgane des Unternehmens von außen[73].

Ein Steuerungsmechanismus des Kapitalmarktes sind beispielsweise Aktienoptionsprogramme[74]. Als Aktienoptionsprogramme[75] bezeichnet man gemäß § 192 Abs. 2 Nr. 3 AktG[76] die Gewährung von Bezugsrechten u. a. an Vorstandsmitglieder, wodurch diesen die Möglichkeit eingeräumt wird, sich durch den Erwerb von Aktien zu einem vereinbarten Preis am Kursgewinn des Unternehmens zu beteiligen, sog. „Stock options"[77]. Solche erfolgsbezogenen Vergütungsmodelle des Vor-

---

[70] Siehe dazu umfassend *Assmann*, FS für Kümpel, 2003, S. 2 ff.

[71] Vgl. etwa *Schwarz/Holland*, ZIP 2002, 1661, 1664; *Teichmann*, ZGR 2001, 645, 659 ff.; *Ihrig/Wagner*, BB 2003, 1625, 1628 f.; *Hopt*, ZGR 2000, 779, 787 ff.

[72] *Schwarz/Holland*, ZIP 2002, 1661, 1662.

[73] Vgl. etwa *Leyens*, RabelsZ 2003, 57, 65 ff. Zum Begriffspaar Innen-/Außenkontrolle in der deutschsprachigen Literatur vgl. *Hopt*, in: *Hommelhoff/Rowedder/Ulmer*, Dritte Gedächtnisvorlesung, S. 9 ff.; *ders.*, ZGR 2000, 779 ff.

[74] *Teichmann*, ZGR 2001, 645, 647.

[75] Aktienoptionsprogramm = Englisch (Stock) Option, vgl. *Romain/Byrd/Thielecke*, Wörterbuch, Band 2, S. 29; *v. Beseler/Jacobs-Wüstefeld*, Law Dictionary, S. 1155; *Garner*, Black's Law Dictionary, S. 1418.

[76] Gemäß § 192 Abs. 2 Nr. 3 AktG kann eine bedingte Kapitalerhöhung zur Gewährung von Bezugsrechten an Arbeitnehmer und Mitglieder der Geschäftsführung der Gesellschaft oder eines verbundenen Unternehmens erfolgen. Näher dazu *Hüffer*, AktG, § 192, Rdn. 15 ff.; *Henn*, Hdb des AktienR, Rdn. 1255 ff.; *Raiser*, Recht der Kapitalgesellschaften, § 20 Rdn. 33 ff.

[77] *Schmidt*, Gesellschaftsrecht, S. 811. Siehe dazu auch *Born*, Rechnungslegung international, S. 368 ff.; *Coenenberg*, Jahresabschluss, S. 308 ff. Dazu auch *Ringleb*, in: *Ringleb/Kremer/Lutter/v. Werder*, Kodex, Rdn. 729.

standes sind gemäß § 87 Abs. 1 AktG[78] zulässig, wenn sie in einem angemessenen Verhältnis zu den Aufgaben des Vorstandsmitgliedes und zur Lage der Gesellschaft stehen[79]. Aktienoptionsprogramme können zu einem Interessenausgleich zwischen Geschäftsleitung und Aktionären führen, da in diesen Fällen beide Interessengruppen an steigenden Unternehmenskursen regelmäßig interessiert sind[80], und die Führung des Unternehmens ihr Handeln an diesem gemeinsamen Ziel ausrichten dürfte.

Weil sich das Verhalten der Unternehmensführung nach diesem Ansatz überwiegend an den äußeren Bedingungen des Kapitalmarktes orientiert, wird das kapitalmarktrechtliche Modell auch als externes Corporate Governance-System bezeichnet[81]. Kennzeichnend für dieses Modell ist, dass sich der Staat mit regulierenden Eingriffen und Vorgaben für die Unternehmensführung und ihre Kontrolle zurückhält, und es damit den einzelnen Unternehmen überlässt, durch eine gute Corporate Governance eine wettbewerbsstarke Position an den Kapitalmärkten zu etablieren. Gleichzeitig rückt damit der Gestaltungsspielraum der einzelnen Gesellschaften bei der Ausarbeitung der Unternehmensverfassung in den Vordergrund[82]. Als externes Corporate Governance-Modell wird insbesondere das US-amerikanische System angesehen[83]. Dort wird die Kontrolle der Unternehmensleitung traditionell vor allem über das Anlegerverhalten an den finanzstarken Kapitalmärkten, etwa an der New Yorker Börse[84], gesteuert, während sich der US-amerikanische Staat mit gesetzlichen Eingriffen in die Unternehmensführung im Wesentlichen zurückhält[85]. Das gilt vor dem Hintergrund der bereits angesprochenen Firmenzusammenbrüche

---

[78] Näher zu den Vergütungsgrundsätzen gemäß § 87 Abs. 1 AktG im Zusammenhang mit Aktienoptionen vgl. etwa *Thüsing*, ZGR 2003, 457, 492 ff.; *Zitzewitz*, Diss.; *Annuß/Lembke*, BB 2003, 2230 ff.; *Spindler/Berner*, DStR 2004, 36, 43 f.; *Casper*, DStR 2004, 1391 ff.; *Hüffer*, AktG, § 87 Rdn. 2; *Wiesner*, in: Münchener Hdb des GesR, Band 4, § 21 Rdn. 30; *Peltzer*, NZG 2004, 509, 511 f.

[79] *Schmidt*, Gesellschaftsrecht, S. 811; Zur Zulässigkeit von Stock Options vgl. OLG Stuttgart, ZIP 1998, 1482 ff.; OLG Braunschweig ZIP 1998, 1585 ff.

[80] *Teichmann*, ZGR 2001, 645, 647.

[81] *Teichmann*, ZGR 2001, 645, 647; *Schwarz/Holland*, ZIP 2002, 1661, 1662; *Merkt*, AG 2003, 126, 127; *Davies*, ZGR 2001, 268 ff.

[82] *Schwarz/Holland*, ZIP 2002, 1661, 1664.

[83] *Teichmann*, ZGR 2001, 645, 647 f.; *Merkt*, AG 2003, 126, 127; *Leyens*, RabelsZ 2003, 57, 65 ff.; *Assmann*, FS für Kümpel, 2003, S. 3.

[84] New York Stock Exchange (NYSE). Zur Funktionsweise dieser Börse siehe noch näher unter Teil 1 B, S. 23 f.

[85] Vgl. dazu beispielsweise *Teichmann*, ZGR 2001, 645, 646.

von Enron und WorldCom[86] allerdings nicht mehr uneingeschränkt. Hierauf hat die US-Regierung mit dem sog. Sarbanes-Oxley-Act 2002[87] zu reagieren versucht, der sicherstellen soll, dass bestimmte Corporate Governance Standards eingehalten und eine unabhängige Wirtschaftsprüfung gewährleistet wird[88]. Die uneingeschränkte Einordnung der USA als externes Corporate Governance System muss deshalb relativiert werden.

b. Internes Corporate Governance-System

Demgegenüber knüpft das interne Corporate Governance-System an die Strukturen im Unternehmen selbst an[89]. Nach diesem Modell findet die Kontrolle der Geschäftsleitung innerhalb des Unternehmens statt, und zwar entweder durch ein selbständiges, neben der Geschäftsführung bestelltes Verwaltungsorgan, oder durch ein organinternes Kontrollgremium[90]. Maßgeblich sind die Vorgaben der jeweiligen Rechtsordnung. In Ländern wie beispielsweise Irland und England[91], in denen bei Kapitalgesellschaften Geschäftsführung und Überwachung des Unternehmens nicht strikt voneinander getrennt sind, sondern durch ein einheitliches Organ, den sog. Board of Directors, wahrgenommen werden, spricht man von einem monistischen Board-System[92]. Monistische Board-Systeme sind überwiegend in angelsächsischen Rechtsordnungen anzutreffen. Allerdings treten sie auch in einigen kontinentaleuropäischen Mitgliedstaaten der Europäischen Union auf[93], wie beispielsweise in Griechenland[94] und Spanien[95]. Der Board of Directors übernimmt in diesem

---

[86] S. dazu den Nachweis in Fn. 3.

[87] H.R. 3763, 107th Cong., 2 d Sess. (Pub. L. 107-204, 116 Stat. 745 (2002)).

[88] Siehe näher zum Regelungsinhalt des Sarbanes-Oxley-Acts u. Teil 1 B, S. 28 f.

[89] *Teichmann*, ZGR 2001, 645, 647. Dazu auch *Merkt*, AG 2003, 126, 130; *Hopt*, ZGR 2000, 779, 783 ff. Gegen eine solche Unterteilung vgl. beispielsweise *Seibert*, AG 2002, 417.

[90] Dazu *Leyens* RabelsZ 2003, 69 ff. sowie 80 ff.

[91] Vgl. dazu *v. Bernstorff*, Englisches Recht, S. 208.

[92] Vgl. *Teichmann*, ZGR, 2001, 645, 663; *Fey*, DStR 1995, 1320; vgl. ausführlich *Conrad*, ZGR 1987, 180 ff.; *Rock*, AG 1995, 291 ff.; *Leyens*, RabelsZ 2003, 57, 69; *Gruson/Kubicek*, AG 2003, 337, 342 f. Gebräuchlich ist auch die Bezeichnung einstufiges Corporate Governance-System.

[93] Dazu *Leyens*, RabelsZ 2003, 57, 59; *Schwarz*, EuropGesR, Rdn. 712; *Hopt* in: *Hopt/Kanda/Roe/Wymeersch/Prigge*, Comparative Corporate Governance, S. 228; *Assmann*, FS für Kümpel, 2003, S. 4.

[94] § 34 in Verbindung mit §§ 29 Abs. 1 und 31 Abs. 1 des Gesetzes 2190\1920 über die Aktiengesellschaften. Vgl. ausführlich dazu *Papagiannis*, in: *Papagiannis*, Griechisches WirtschaftsR, S. 204 ff.

[95] Art. 128 Ley de Sociedades Anónimas (LSA) v. 01. 01. 1990. Dazu *Adomeit/Frühbeck*, Spanisches Recht, S. 111.

System eine Doppelfunktion, einerseits als Aufsichtsorgan und andererseits als Hauptentscheidungsorgan über wesentliche Unternehmensentscheidungen[96]. Der oberste Director des Boards wird als Chief Executive Officer (CEO)[97] bezeichnet und übt in diesem System eine starke Stellung aus[98]. Er hat zwar gegenüber den anderen Board-Mitgliedern keine Weisungsbefugnisse, diese kommen ihm aber gegenüber den nachgeordneten Officers zu[99]. Damit steht der CEO an der Spitze der Unternehmensführung und an der Spitze des Aufsichtsorgans und vereinigt die Funktion eines Vorstands- und Aufsichtsratsvorsitzenden in einer Person[100]. Das Board selbst setzt sich zusammen aus hauptberuflichen Mitgliedern, den Inside-Directors, die die Geschäftsführung wahrnehmen, und den ehrenamtlichen, nicht geschäftsführenden Mitgliedern[101].

Sofern eine Rechtsordnung die Unternehmensführung und die Unternehmenskontrolle zwei jeweils selbständigen Organen zuweist, liegt ein dualistisches Corporate Governance-System von Vorstand und Aufsichtsrat vor[102]. Dualistische Corporate Governance-Systeme haben etwa die Bundesrepublik Deutschland[103], Österreich[104] und Dänemark[105]. In diesem System überwacht der Aufsichtsrat als selbständiges

---

[96] Näher dazu *Martin*, NZG 2003, 948, 949.

[97] Englisch Chief Executive Officer = wörtlich Vorstandsvorsitzender, vgl. *v. Beseler/Jacobs-Wüstefeld*, Law Dictionary, S. 284. Zum Begriff s. auch *Fleischer*, NZG 2004, 1129, 1132. Teilweise wird auch die Bezeichnung Chief Financial Officer (CFO) verwendet. Dazu *Martin*, NZG 2003, 948, 949.

[98] Zurückhaltend aber *Hoffmann-Becking*, NZG 2003, 745, 746. Der CEO ist in US-amerikanischen Unternehmen häufig gleichzeitig Vorsitzender (Chairman) des Board of Directors, vgl. *Martin*, NZG 2003, 948, 950.

[99] *Hoffmann-Becking*, NZG 2003, 745, 746. Näher zu den Rechten und Pflichten des CEO in einer amerikanischen Corporation vgl. *Martin*, NZG 2003, 948, 949 f.

[100] *Ranzinger/Blies*, AG 2001, 456. So im Ergebnis auch *Martin*, NZG 2003, 948, 950; *v. Hein*, RIW 2002, 501, 503. Ausführlich zur historischen Entwicklung des Board-Systems vgl. etwa *v. Hein*, RIW 2002, 501, 502 ff.

[101] *Fey*, DStR 1995, 1320, 1320. Zum Unterschied auch *Ranzinger/Blies* AG 2001, 455, 457 ff. Zum Wahlverfahren vgl. *Leyens*, RabelsZ 2003, 57, 70 ff.; *Martin*, NZG 2003, 948, 949.

[102] *Teichmann*, ZGR, 2001, 645, 663; *Fey*, DStR 1995, 1320, 1322; *Lutter*, ZGR 2001, 224, 226; *Davies*, ZGR 2001, 268, 269; ausführliche Darstellung bei *Hopt*, in: *Hopt/Kanda/Roe/Wymeersch/Prigge*, Comparative Corporate Governance, S. 227 ff.; *ders.*, in: *Hopt//Wymeersch*, Comparative Corporate Governance, S. 3 ff. Gebräuchlich ist auch die Bezeichnung zweistufiges Corporate Governance-System.

[103] Vgl. *Leyens*, RabelsZ 2003, 57, 59; *Peltzer/v. Werder*, AG 2001, 1; *Sünner*, AG 2000, 492.

[104] §§ 70 ff. (Vorstand) und §§ 86 ff. (Aufsichtsrat) des österreichischen Aktiengesetzes 1965.

[105] §§ 49 Abs. 1 (Verwaltungsrat) und 51 Abs. 1 (Vorstand) Lov om aktieselskaber (ASL). S. dazu *Kusznier*, Diss., S. 38 ff.

Verwaltungsorgan der Aktiengesellschaft den geschäftsführenden Vorstand[106]. Wahl- oder Mischsysteme kennen beispielsweise Belgien[107], Frankreich[108], die Niederlande[109], Portugal[110] und Italien[111]. Kennzeichnend für dualistische Corporate Governance-Systeme ist, dass der Gestaltungsspielraum der Unternehmen durch die jeweiligen Rechtsordnungen im Wesentlichen vorgegeben ist. In der Bundesrepublik Deutschland etwa, das ein dualistisches Systems hat[112], lässt sich dies anhand von § 23 Abs. 5 AktG verdeutlichen. Nach dieser Vorschrift kann

> „die Satzung [der Aktiengesellschaft] von den Vorschriften dieses Gesetzes nur abweichen, wenn es ausdrücklich zugelassen ist. Ergänzende Bestimmungen der Satzung sind zulässig, es sei denn, dass dieses Gesetz eine abschließende Regelung enthält."

Damit muss eine Aktiengesellschaft mit Sitz in der Bundesrepublik Deutschland bei der Ausgestaltung ihrer Satzung zwingend die Vorschriften des deutschen Aktiengesetzes beachten. Nur sofern das AktG es ausdrücklich zulässt, kann die Gesellschaft in ihrer Unternehmensverfassung abweichende Bestimmungen festlegen. Diese Bindung der Satzung an gesetzliche Vorschriften gemäß § 23 Abs. 5 AktG wird auch als Satzungsstrenge bezeichnet. Sinn und Zweck der Satzungsstrenge ist es, die Aktionäre der Gesellschaft zu schützen. Jeder Aktionär und Erwerber soll sich auf eine allgemein gültige, bei allen Gesellschaften vergleichbare Mitgliedschaft verlassen können. Die Satzungsstrenge dient damit dem öffentlichen Interes-

---

[106] *Hüffer*, AktG, § 111 Rdn. 1 ff.; *Grunewald*, Gesellschaftsrecht, S. 249 ff.; *Eisenhardt*, Gesellschaftsrecht, Rdn. 555.

[107] Eingeführt durch das Gesetz zur Änderung des Gesellschaftsgesetzbuches vom 02. 08. 2002 (Belgisches Staatsblatt vom 04. 09. 2002). Das Gesetz wird in der Literatur auch als belgisches Corporate Governance-Gesetz bezeichnet, vgl. *Demeyere*, RIW 2003, 913, 917; *Wymeersch*, ZGR 2004, 53 ff.

[108] Art. L. 225-17 ff. und Art. L. 225-57 ff. Code de Commerce. Dazu *Klein*, RIW 2004, 435, 437.

[109] Art. 2:108/218 und Art. 2:130/240 Burgerlijk Wetboek (BW). Ein Aufsichtsrat kann gemäß Art. 2:132 ff./242 ff. BW gebildet werden. Näher dazu *Mincke*, Niederländisches Recht, Rdn. 436 ff.

[110] Art. 278 Código das Sociedades Comerciais (CSC). Dazu *Gause*, Diss., S. 83.

[111] Seit dem 01. 01. 2004 durch Art. 2409 codice civile (c.c.) umfassend neu organisiert. Vgl. dazu *Casper/Reiß*, RIW 2004, 428, 429. Zur Struktur des Aufsichtsrats in einer italienischen AG nach neuem Recht vgl. *Sangiovanni*, RIW 2005, 112, 113 ff. Zum vormaligen italienischen System vgl. *Teichmann*, ZGR 2001, 645, 667. Zur skandinavischen, insbes. schwedischen Entwicklung, *Skog*, FS für Lutter, 2000, S. 1559.

[112] Dazu umfassend *Leyens*, RabelsZ 2003, 57, 80 ff.

se an der Transparenz des Kapitalmarktes und dem Schutz der Gründer selbst[113]. Das Aktiengesetz hat beispielsweise die Anzahl der zulässigen Organe der AG mit dem Vorstand, dem Aufsichtsrat und der Hauptversammlung abschließend geregelt. Die Satzung einer AG kann hiervon nicht gemäß § 23 Abs. 5 Satz 1 AktG abweichen und etwa ein viertes Organ mit einem konkreten Zuständigkeitskatalog vorsehen. Eine solche Satzungsbestimmung verstieße gegen die Satzungsstrenge des § 23 Abs. 5 AktG.

Außerhalb der von der Satzungsstrenge erfassten Bereiche liegt der Anwendungsbereich der zahlreichen Corporate Governance-Kodizes[114], die in letzter Zeit auch von deutschen Unternehmen erlassen wurden[115]. Durch diese Regelwerke können Unternehmen allgemeine Bestimmungen zur Regelung ihrer unternehmensspezifischen Führungsstrukturen begründen, ohne an die zwingenden Vorschriften des Aktiengesetzes gebunden zu sein.

c. Common Law- und Civil Law-System

Die unterschiedlichen Corporate Governance Systeme sind in zwei verschiedenen Rechtskulturen verankert[116]. Monistische u. externe Corporate Governance-Modelle sind Bestandteil des angelsächsischen Common Law[117]-Systems. In diesem System ist die Hauptquelle der Rechtsfindung die richterliche Auffassung und die damit zusammenhängende Schaffung von Präzedenzfällen[118]. Liegen solche Fälle nicht vor, ist der rechtliche Gestaltungsspielraum des Einzelnen entsprechend groß. Das dualistische Modell hat sich im Civil Law[119]-System entwickelt, in dem die Rechtsfindung auf der Grundlage von Rechtsvorschriften zu erfolgen hat[120]. Der

---

[113] Vgl. *Raiser*, Recht der Kapitalgesellschaften, § 9 Rdn. 19. Dazu auch *Hüffer*, AktG, § 23 Rdn. 1; *Schmidt*, Gesellschaftsrecht, S. 786; *Henn*, Hdb des AktienR, Rdn. 161; *Wiesner*, in: Münchener Hdb des GesR, Band 4, § 6 Rdn. 9 ff.

[114] *Leyens*, RabelsZ 2003, 50, 80.

[115] Vgl. dazu Fn. 328.

[116] *Assmann*, FS für Kümpel, 2003, S. 2.

[117] Englisch Common Law = Gewohnheitsrecht. Historisch bezeichnet der Begriff das gemeine Recht (Englands) bzw. das englische allgemeine Recht im Gegensatz zum geschriebenen Recht, vgl. *Romain/Bader/Byrd*, Wörterbuch, Band 1, S. 151; *Garner*, Black's Law Dictionary, S. 276; *v. Beseler/Jacobs-Wüstefeld*, Law Dictionary, S. 334.

[118] *Byrd*, Anglo-American Law & Language, S. 4.

[119] Englisch Civil Law = Bürgerliches Recht, vgl. *v. Beseler/Jacobs-Wüstefeld*, Law Dictionary, S. 291; *Romain/Byrd/Thielecke*, Wörterbuch, Band 2, S. 647; *Garner*, Black's Law Dictionary, S. 246.

[120] *Byrd*, Anglo-American Law & Language, S. 3.

Gesetzgeber legt in diesem System die Rahmenbedingungen fest, innerhalb derer die rechtlichen Beziehungen gestaltet werden können[121]. Der Spielraum des Einzelnen bei der Gestaltung seiner umfangreichen rechtlichen Beziehungen wird damit von vornherein durch eine geschriebene Rechtsordnung begrenzt.

Das Auftreten von Mischsystemen in einigen kontinentaleuropäischen Ländern, wie etwa in Frankreich[122], erklärt sich daraus, dass in diesen Fällen der Gesetzgeber den Gestaltungsspielraum der einzelnen Aktiengesellschaft entsprechend erweitert hat und Unternehmen bei der Organisation ihrer Unternehmensführungsstrukturen ein Wahlrecht zwischen einem oder zwei Verwaltungsorganen zusteht. Die Europäische Gemeinschaft hat diesen Ansatz in ihrer Verordnung über das Statut der Europäischen Aktiengesellschaft (Societas Europaea[123]) vom 08. 10. 2001[124] aufgegriffen. Diese Verordnung ist das Ergebnis jahrzehntelanger Verhandlungen zwischen dem Europäischen Rat und dem Europäischen Parlament, die regelmäßig an der Frage der Mitbestimmung der Arbeitnehmer in der Europäischen Gesellschaft scheiterten[125].

Am 10. 12. 2000 einigten sich die Mitgliedstaaten in Nizza[126] auf einen Kompromiss und den Erlass einer „Richtlinie zur Ergänzung des Statuts der Europäischen Gesellschaft hinsichtlich der Beteiligung der Arbeitnehmer", die am 10. 11. 2001 in

---

[121] Zur im Zivilrecht geltenden Vertragsfreiheit im Rahmen des BGB vgl. etwa *Palandt-Heinrichs*, Einf v § 145 Rdn. 7 ff. Näher dazu im Rahmen der Rechnungslegungsvorschriften des Kodex s. u. Teil 2 B, S. 210 ff.

[122] Art. L. 225-17 ff. und Art. L. 225-57 ff. Code de Commerce. In Frankreich führte das Gesetz über die Handelsgesellschaften aus dem Jahre 1966 neben dem bereits bestehenden monistischen System das dualistische Corporate Governance-System ein, vgl. dazu *Guyon*, FS für Lutter 2000, 83, 85 f. Zu anderen Ländern mit solchen Systemen s. bereits o. Teil 1 B, S. 15.

[123] Lateinisch wörtlich „Europäische Gesellschaft". Da es sich bei der SE gemäß Art. 1 Abs. 2 S. 1 SE-VO um eine Gesellschaft handelt, deren Kapital in Aktien zerlegt ist, wird die SE üblicherweise als Europäische AG bezeichnet, vgl. dazu *Habersack*, Europäisches GesR, Rdn. 392; *Teichmann*, ZGR 2002, 383, 387.

[124] ABl. EG Nr. L 294 v. 8. 11. 2001 (SE-VO). Ausführliche Darstellung bei *Heinze*, ZGR 2002, 66 ff.; *Hommelhoff*, AG 2001, 279 ff.; *Schwarz*, ZIP 2001, 1847 ff.; *Bungert/Beier*, EWS 2002, 1 ff.; *Hirte*, NZG 2002, 1 ff.; *Blanquet*, ZGR 2002, 20 ff.; *Teichmann*, ZGR 2002, 383 ff.; *Habersack*, Europäisches GesR, 392 ff.; *Neye/Teichmann*, AG 2003, 169 ff.; *Nagel*, DB 2004, 1299 f.

[125] Näher *Heinze*, ZGR 2002, 66, 69 f.; *Henssler*, FS für Ulmer, 2003, S. 193 ff.; *Kommission Mitbestimmung*, Bericht, S. 31 ff.

[126] Dazu ausführlich *Reichert/Brandes*, ZGR 2003, 767 ff.; *Köstler*, ZGR 2003, 800 ff.; *Herfs-Röttgen*, NZA 2001, 424 ff.; *Heinze*, ZGR 2002, 66, 77 ff.; *Henssler*, FS für Ulmer, 2003, S. 196 ff. Näher dazu s. u. Teil 2 B, S. 168 f.

Kraft trat[127]. Die SE-VO setzt eine zentrale Forderung aus der Unternehmenspraxis um, wonach europaweit agierenden Gesellschaften ermöglicht werden sollte, sich innerhalb der Union einer einzigen Rechtspersönlichkeit zu bedienen, um ihre Aktivitäten auf europäischer Ebene einheitlich gestalten zu können[128]. Zu diesem Zweck sieht die Verordnung in Art. 2 und 3 Abs. 2 SE-VO fünf verschiedene Gründungsformen vor, wobei jede Gründung einen mitgliedstaatlichen, also grenzüberschreitenenden, Bezug haben muss[129]:

- die Gründung einer SE durch Verschmelzung mindestens zweier Aktiengesellschaften aus unterschiedlichen Mitgliedstaaten gemäß Art. 2 Abs. 1, 17 ff. SE-VO[130],

- die Gründung einer Holding[131]-SE gemäß Art. 2 Abs. 2, 32 bis 34 SE-VO, wonach die Gesellschafter derjenigen Gesellschaften, die die Gründung einer SE beabsichtigten, ihre Anteile in die zu gründende Holding-SE einbringen müssen[132],

- die Gründung einer Tochter[133]-SE gemäß Art. 2 Abs. 3, 35 f. SE-VO durch Zeichnung ihrer Aktien, sofern mindestens zwei der Gründungsgesellschaften dem

---

[127] ABl. EG Nr. L v. 10. 11. 2001, S. 22 ff. (SE-RL). Dazu ausführlich *Reichert/Brandes*, ZGR 2003, 767 ff.; *Köstler*, ZGR 2003, 800 ff.; *Herfs-Röttgen*, NZA 2001, 424 ff.; *Heinze*, ZGR 2002, 66, 77 ff.; *Henssler*, FS für Ulmer, 2003, S. 196 ff.; *Kallmeyer*, ZIP 2004, 1442 ff.; *Fleischer*, AcP 2004, 502, 533 ff.; *Horn*, DB 2005, 147, 151 f. *Oetker*, BB-Special 1/2005, 2 ff. Näher dazu s. u. Teil 2 B, S. 169.

[128] Bislang mussten Unternehmen eine Gesellschaftsform wählen, für die ausschließlich ein bestimmtes nationales Recht galt. Zum Zweck der SE-VO vgl. näher *Blanquet*, ZGR 2002, 20, 34 ff.; *Schwarz*, ZIP 2001, 1847, 1859 ff.; *Habersack*, Europäisches GesR, Rdn. 395; *Teichmann*, ZGR 2002, 383, 387 ff.

[129] Vgl. etwa Erwägungsgrund 10 SE-VO. Dazu *Habersack*, Europäisches GesR, Rdn. 400; *Schwarz*, ZIP 2001, 1847, 1850. Zu den Gründungsformen vgl. auch *Horn*, DB 2005, 147, 148.

[130] Näher *Habersack*, Europäisches GesR, Rdn. 402; *Teichmann*, ZGR 2002, 383, 415 ff.; *Blanquet*, ZGR 2002, 20, 44; *Schwarz*, ZIP 2001, 1847, 1851; *Heinze*, ZGR 2002, 66, 79.

[131] Als Holdinggesellschaft bezeichnet man eine Handelsgesellschaft, deren Zweck im Wesentlichen darin besteht als Dachgesellschaft im Rahmen eines Konzerns die Geschäftsanteile oder Aktien der abhängigen Unternehmen zu verwalten und den Konzern einheitlich zu leiten. Siehe dazu *Schmidt*, Gesellschaftsrecht, S. 52; *Hüffer*, AktG, § 15 Rdn. 9 ff.

[132] Näher *Habersack*, Europäisches GesR, Rdn. 403; *Teichmann*, ZGR 2002, 383, 432 ff.; *Blanquet*, ZGR 2002, 20, 45; *Schwarz*, ZIP 2001, 1847, 1852; *Heinze*, ZGR 2002, 66, 79.

[133] Eine Tochtergesellschaft ist eine Handelsgesellschaft, die wirtschaftlich vom herrschenden Einfluss einer übergeordneten Gesellschaft (Muttergesellschaft) abhängig ist. Dazu ausführlich *Krieger*, in: Münchener Hdb des GesR, Band 4, § 69 Rdn. 2 ff.; *Henn*, Hdb des AktienR, Rdn. 342 ff.; *Schmidt*, Gesellschaftsrecht, S. 925.

Recht verschiedener Mitgliedstaaten unterliegen oder seit mindestens zwei Jahren eine dem Recht eines anderen Mitgliedstaats unterliegende Tochtergesellschaft oder eine Zweigniederlassung in einem anderen Mitgliedstaat haben[134],

- die Gründung durch Umwandlung einer Aktiengesellschaft in eine SE gemäß Art. 2 Abs. 4, 37 SE-VO, sofern die Aktiengesellschaft nach dem Recht eines Mitgliedstaats gegründet worden ist und ihren Sitz sowie ihre Hauptverwaltung in der Gemeinschaft hat und seit mindestens zwei Jahren eine dem Recht eines anderen Mitgliedstaats unterliegende Tochtergesellschaft hat[135],

- die Gründung einer Tochter-SE durch eine bereits bestehende SE gemäß Art. 3 Abs. 2 SE-VO[136].

Haben sich die beteiligten Gesellschaften für eine bestimmte Gründungsform der SE entschieden, gewährt ihnen Art. 38 b SE-VO bei der Ausgestaltung ihrer Führungsstrukturen ein Wahlrecht[137]. Nach dieser Vorschrift verfügt die SE - neben einer Hauptversammlung der Aktionäre[138] - über

> „entweder ein Aufsichtsorgan und ein Leitungsorgan (dualistisches System) oder ein Verwaltungsorgan (monistisches System), entsprechend der in der Satzung gewählten Form."

Zu dualistischen Führungssystemen[139] formuliert die Verordnung nähere Bestimmungen in den Art. 39 bis 42 SE-VO, zu monistischen Führungssystemen[140] in den

---

[134] Näher *Habersack*, Europäisches GesR, Rdn. 404; *Teichmann*, ZGR 2002, 383, 438; *Heinze*, ZGR 2002, 66, 80; *Blanquet*, ZGR 2002, 22, 45; *Schwarz*, ZIP 2001, 1847, 1853.

[135] Näher *Habersack*, Europäisches GesR, Rdn. 405; *Heinze*, ZGR 2002, 66, 80; *Teichmann*, ZGR 2002, 383, 439; *Blanquet*, ZGR 2002, 22, 45 f.; *Schwarz*, ZIP 2001, 1847, 1853.

[136] Diese sekundäre Gründungsform einer Tochter SE ist sogar dann möglich, wenn das nationale Aktienrecht die Existenz einer Einpersonen-AG nicht kennt, vgl. Art. 3 Abs. 2 S. 2 SE-VO. Dazu *Habersack*, Europäisches GesR, Rdn. 406; *Schwarz*, ZIP 2001, 1847, 1850 f.

[137] Vgl. allgemein dazu *Horn*, DB 2005, 147, 149 ff.

[138] Art. 38 a. 52 bis 60 SE-VO. Dazu *Habersack*, Europäisches GesR, Rdn. 411; *Schwarz*, ZIP 2001, 1847, 1856 f.

[139] Näher dazu *Teichmann*, ZGR 2002, 383, 442 ff.; *Habersack*, Europäisches GesR, Rdn. 414; *Neye/Teichmann*, AG 2003, 169, 176; *Schwarz*, ZIP 2001, 1847, 1854 f.; *Theisen/Hölzl*, in: *Theisen/Wenz*, Europäische AG, S. 285 ff.

[140] Näher dazu *Teichmann*, ZGR 2002, 383, 444; *Habersack*, Europäisches GesR, Rdn. 415; *Neye/Teichmann*, AG 2003, 169, 176; *Schwarz*, ZIP 2001, 1847, 1855; *Theisen/Hölzl*, in: *Theisen/Wenz*, Europäische AG, S. 298 ff.; *Fleischer*, AcP 2004, 502, 521 f.

Art. 43 bis 45 SE-VO. Gemeinsame Vorschriften sind in den Artikeln 46 bis 51 SE-VO enthalten. In der Bundesrepublik Deutschland sind monistische Systeme bislang unbekannt. Allerdings enthält die Verordnung in Art 43 Abs. 4 SE-VO eine Rechtsgrundlage für die Einführung monistischer Systeme[141]:

> „Enthält das Recht eines Mitgliedstaats in Bezug auf Aktiengesellschaften mit Sitz in seinem Hoheitsgebiet keine Vorschriften über ein monistisches System, *kann*[142] dieser Mitgliedstaat entsprechende Vorschriften in Bezug auf SE erlassen."

In der Literatur ist umstritten, ob aufgrund der Formulierung „kann" in Art. 43 Abs. 4 SE-VO die Mitgliedstaaten eine Pflicht zur Bereitstellung monistischer Führungssysteme haben, wenn eine nationale Rechtsordnung kein solches System vorsieht[143]. *Neye/Teichmann* halten diese Diskussion für überflüssig, da kein Zweifel daran bestehe, dass einer SE, die ihren Sitz innerhalb des Anwendungsbereichs einer solchen Rechtsordnung wählt, faktisch beide Systeme zur Verfügung gestellt werden müssten[144]. Woraus sich dieser faktische Zwang ergibt, lassen *Neye/Teichmann* allerdings offen. Ebenso offen ist die Begründung von *Theisen/Hölzl*, die eine faktische Verpflichtung zur Änderung der nationalen Rechtsordnung und Einführung der jeweiligen Systeme bejahen, damit überhaupt handhabbare Regelungen für beide Systeme existierten[145]. Insoweit seien Art. 39 Abs. 5 und 43 Abs. 4 SE-VO als imperative Kompetenznormen auszulegen[146].

Der Auffassung von *Theisen/Hölzl* und *Neye/Teichmann* ist nur im Ergebnis zuzustimmen. Zunächst ließe sich einwenden, der nationale Gesetzgeber brauche überhaupt nicht zu reagieren, da die Bestimmungen einer EG-Verordnung unmittelbar

---

[141] Spiegelbildlich dazu enthält Art. 39 Abs. 5 SE-VO die Rechtsgrundlage für die Einführung dualistischer Systeme in Mitgliedstaaten, deren Rechtsordnungen diese Systeme nicht kennen.

[142] Hervorhebung durch den Verf.

[143] Für eine Regelungspflicht etwa *Hommelhoff*, AG 2001, 279, 284; *Lutter*, BB 2002, 1, 4. Dagegen *Hirte*, NZG 2002, 1, 5; *Schulz/Geismar*, DStR 2001, 1078, 1082; *Kübler*, ZHR 2003, 222, 231; Zweifelnd *Bungert/Beier*, EWS 2002, 1, 3.

[144] *Neye/Teichmann*, AG 2003, 169, 175. Zustimmend *Ihrig/Wagner*, BB 2003, 969, 974 m. w. Literaturhinweisen zu dieser Meinung in Fn. 89. Ebenso *Theisen/Hölzl*, in: *Theisen/Wenz*, Europäische AG, S. 280.

[145] Anders aber *Hommelhoff*, FS für Ulmer, 2003, S. 277 f.

[146] *Theisen/Hölzl*, in: *Theisen/Wenz*, Europäische AG, S. 280. Zurückhaltend *Kübler*, ZHR 2003, 222, 251 ff.

gelten und damit auch keiner Transformation in nationales Recht bedürfen[147]. Dagegen spricht aber, dass die Regelungen der Verordnung über dualistische und monistische Leitungssysteme in lediglich 14 Artikeln (Art. 38 bis 51 der Verordnung) nur sehr allgemeine Vorschriften über die grundsätzliche Festlegung dieser Systeme beinhalten. Detaillierte einzelstaatliche Regelungen, angepasst an die gesellschaftsrechtlichen Strukturen des jeweiligen Mitgliedstaates, sind deshalb unerlässlich.

Trotz der missverständlichen Formulierung in Art. 43 Abs. 4 und Art. 39 Abs. 5 SE-VO[148] besteht für die Mitgliedstaaten nicht bloß eine faktische, sondern eine rechtliche Pflicht zur Bereitstellung beider Führungssysteme für die Europäische Aktiengesellschaft. Dies folgt allerdings nicht aus der Verordnung, sondern aus dem europäischen Primärrecht[149], nämlich aus Art. 10 EGV. Gemäß Art. 10 Abs. 1 EGV treffen die Mitgliedstaaten alle geeigneten Maßnahmen allgemeiner oder besonderer Art zur Erfüllung der Verpflichtungen, die sich aus diesem Vertrag oder aus Handlungen der Organe der Gemeinschaft ergeben. Bei der Verordnung über das Statut der Europäischen Gesellschaft handelt es sich gemäß Art. 249 Abs. 2 EGV[150] um einen Rechtsakt des Rates und damit um eine Handlung eines Organs der Gemeinschaft i. S. v. Art. 10 Abs. 1 EGV. Art. 10 EGV schreibt dem nationalen Gesetzgeber im Hinblick auf Handlungen der Gemeinschaftsorgane vor, das nationale Recht ggf. zu novellieren, aufzuheben oder zu ergänzen, damit die Vor-

---

[147] Näher zu dieser Wirkung der Verordnung vgl. *Herdegen*, Europarecht, § 9 Rdn. 34; *Geiger*, EUV/EGV, Art. 249 EGV Rdn. 4 ff; *Koenig/Haratsch*, Europarecht, Rdn. 278.

[148] Das Europäische Parlament hat insoweit eine Klarstellung durch den Verordnungsgeber angeregt, wonach die Kann-Bestimmung in eine Verpflichtungsnorm umgewandelt werden soll, damit die Wahlfreiheit auch tatsächlich gewährleistet wird. Vgl. dazu *Schwarz*, ZIP 2001, 1847, 1854 mit weiteren Hinweisen in Fn. 55 und 56.

[149] Das europäische Primärrecht umfasst die Gründungsverträge mit ihren Protokollen und Anhängen sowie die allgemeinen Rechtsgrundsätze des Gemeinschaftsrechts. Das sekundäre Gemeinschaftsrecht umfasst die Rechtsakte der Gemeinschaftsorgane gemäß Art. 249 EGV. Siehe dazu die Übersicht bei *Koenig/Haratsch*, Europarecht, Rdn. 276.

[150] Gemäß Art. 249 Abs. 1 EGV erlassen das Europäische Parlament und der Rat gemeinsam, der Rat und die Kommission Verordnungen (Art. 249 Abs. 2 EGV), Richtlinien (Art. 249 Abs. 3 EGV) und Entscheidungen (Art. 249 Abs. 4 EGV), sprechen Empfehlungen aus oder geben Stellungnahmen ab (Art. 249 Abs. 4 EGV). Näher zu den einzelnen Handlungsformen der EU-Organe vgl. *Herdegen*, Europarecht, § 9 Rdn. 33 ff.; *Koenig/Haratsch*, Europarecht, Rdn. 277 ff.; *Geiger*, EUV/EGV, Art. 249 EGV Rdn. 1 ff.

gaben des EG-Rechts ihre volle Wirksamkeit entfalten können[151]. Aufgrund dieser zu Art. 10 EGV entwickelten Vorgaben sind die Gesetzgeber in Mitgliedstaaten ohne monistisches System verpflichtet, ihr geltendes Gesellschaftsrecht entsprechend zu ergänzen und Vorschriften zur Einführung eines monistischen Unternehmensführungssystems zu erlassen. Anderenfalls könnten Europäische Gesellschaften, die ihren Sitz in einem solchen Mitgliedstaat planen, das in Art. 38b SE-VO garantierte Wahlrecht nicht vollumfänglich ausüben. Der betreffende Mitgliedstaat würde in diesem Fall wegen Verstoßes gegen Art. 10 EGV den EG-Vertrag verletzen und damit ein Vertragsverletzungsverfahren gemäß Art. 226 ff. EGV durch die Kommission riskieren[152]. Außerdem kommen Schadensersatzansprüche der einzelnen Gesellschaften gegen den Mitgliedstaat wegen Nichteinführung des fehlenden Unternehmensführungssystems in Betracht[153].

Die Verordnung über das Statut der Europäischen Gesellschaft trat gemäß Art. 80 SE-VO am 08. 10. 2004 in Kraft. Darauf reagierte[154] der deutsche Gesetzgeber und erließ am 22. 12. 2004 das Gesetz zur Einführung der Europäischen Gesellschaft (SEEG)[155]. Gemäß den europarechtlichen Vorgaben enthält Art. 1 SEEG Vorschriften über die Einführung der SE in der Bundesrepublik Deutschland (SE-

[151] Sog. effet utile, vgl. EuGH, Urteil vom 08. 02. 1973 – Rs. 30/72, Slg. 1973, 161, Rdn. 11. Dazu *Kahl*, in: *Callies/Ruffert*, EUV/EGV, Art. 10 EG-Vertrag Rdn. 19; *Koenig/Haratsch*, Europarecht, Rdn. 75.

[152] Zu den einzelnen Voraussetzungen eines solchen Verfahrens vgl. *Herdegen*, Europarecht, § 10 Rdn. 4 ff.; *Geiger*, EUV/EGV, Art. 226, EGV Rdn. 1 ff.; *Koenig/Haratsch*, Europarecht, Rdn. 354 ff.; *Cremer*, in: *Callies/Ruffert*, EUV/EGV, Art. 226 EG-Vertrag Rdn. 4 ff.

[153] Der EuGH gewährt dem einzelnen EU-Bürger einen Entschädigungsanspruch gegen seinen Mitliedstaat wegen Verletzung von Gemeinschaftsrecht durch den nationalen Gesetzgeber unter 3 Voraussetzungen: (1) Die verletzte Rechtsnorm muss dem Einzelnen entsprechende Rechte verleihen, (2) der Verstoß muss hinreichend qualifiziert sein, und (3) es muss ein Kausalzusammenhang zwischen der Rechtsverletzung und dem entstandenen Schaden bestehen, vgl. EuGH, verb. Rs. C-46/93 und C-48/93, Slg. 1996, I-1029 - *Brasserie du Pêcheur*. Dazu *Streinz*, EuZW 1996, 201 ff.

[154] Bereits im Jahr 2003 lag ein entsprechender Diskussionsentwurf für ein SEEG vor, vgl. dazu *Neye/Teichmann*, AG 2003, 169 ff.; *Merkt*, ZHR 2003, 650, 653 ff.; *Ihrig/Wagner*, BB 2003, 969 ff.; *Brandt*, DStR 2003, 1208 ff., dem am 05. 04. 2004 ein Referentenentwurf folgte. Siehe dazu etwa *Waclawik*, DB 2004, 1191 ff. Am 26. 05. 2004 schließlich hat das Bundeskabinett einen entsprechenden Gesetzesentwurf (SEEG-E) beschlossen. S. hierzu die Pressemitteilung des BMJ vom 26. 05. 2004, im Internet herunterzuladen unter *http://www.bmj.bund.de/enid/0,0/58.html?druck=1&presseartikel_id=1448*. Dazu *Nagel*, DB 2004, 1299 ff.

[155] BGBl. I 2004, S. 3675 ff. Siehe hierzu die Pressemitteilung des Bundesministeriums der Justiz vom 28. 12. 2004, im Internet abrufbar unter *http://www.bmj.bund.de*.

Ausführungsgesetz – SEAG)[156], während Art. 2 SEEG Regelungen zur Arbeitnehmermitbestimmung in Europäischen Aktiengesellschaften mit Sitz in der Bundesrepublik Deutschland bestimmt (SE-Beteiligungsgesetz – SEBG)[157].

Das SEAG enthält in §§ 20 bis 49 SEAG zahlreiche Bestimmungen zur Einführung des monistischen Führungssystems[158] und trägt in § 20 SEAG ausdrücklich dem in Art. 38b SE-VO verankerten Wahlrecht Rechnung[159]:

> „Wählt eine SE gemäß Art. 38 Buchstabe b der Verordnung in ihrer Satzung das monistische System mit einem Verwaltungsorgan (Verwaltungsrat), so gelten anstelle der §§ 76 bis 116 des Aktiengesetzes die nachfolgenden Vorschriften."

Die Bundesrepublik Deutschland hat damit ihrer aus Art. 10 EGV folgenden Ergänzungspflicht der nationalen Rechtsordnung genügt.

d. Shareholder Value und Stakeholder Value-Ansätze

Neben internen und externen Corporate Governance-Systemen werden in der Literatur zwei weitere Corporate Governance-Ansätze vertreten, die vordergründig nicht auf die Notwendigkeit einer wirksamen Kontrolle der Geschäftsführung abstellen, sondern den Leitungsorganen in der Aktiengesellschaft konkrete Hand-

---

[156] Vgl. Artikel 1 SEEG: „Gesetz zur Ausführung der Verordnung (EG) Nr. 2157/2001 des Rates vom 8. Oktober 2001 über das Statut der Europäischen Gesellschaft (SE) – (SE-Ausführungsgesetz – SEAG)".

[157] Vgl. Art. 2 SEEG-E: „Gesetz über die Beteiligung der Arbeitnehmer in einer Europäischen Gesellschaft (SE-Beteiligungsgesetz – SEBG)". Dazu *Kallmeyer*, ZIP 2004, 1442 ff.; *Ihrig/Wagner*, BB 2004, 1749, 1750; *Wisskirchen/Prinz*, DB 2004, 2638 ff.

[158] Vgl. dazu *Ihrig/Wagner*, BB 2004, 1749, 1756. Ausführlich zur Einführung des monistischen Systems für SE mit Sitz in der Bundesrepublik Deutschland vgl. *Neye/Teichmann*, AG 2003, 169, 176 ff.; *Ihrig/Wagner*, BB 2003, 969, 974 ff.; *Brandt*, DStR 2003, 1208, 1211 ff.; *Eder*, NZG 2004, 544 ff.; *Waclawik*, DB 2004, 1191, 1195 ff.; *Hoffmann-Becking*, ZGR 2004, 355 ff.

[159] § 20 SEEG wird demgemäß von der Bundesregierung auch als Ermächtigungsgrundlage für die Einführung des monistischen Systems in der Bundesrepublik Deutschland angesehen, vgl. Begründung zum RegE SEEG, BT-Drucks. 15/3405, S. 36.

lungsziele vorgeben, der Shareholder-Value[160]- und der Stakeholder-Value[161]-Ansatz[162].

Nach dem Shareholder-Value-Ansatz besteht das wichtigste Ziel der Gesellschaft in einer Steigerung des Anteilswertes und damit des Unternehmenswertes insgesamt[163]. Der Vorteil dieses Ansatzes liegt darin, dass die gesamte Unternehmenspolitik sich vor allem an einem Ziel, der Ertragssteigerung, zu orientieren hat und die Erreichung dieses Zieles von außen durch die Aktienkurse des jeweiligen Unternehmens einfach zu überprüfen ist[164]. Nachteilig wirkt sich aber aus, dass die alleinige Ausrichtung der Unternehmensführung an dem Aktionärsinteresse nach einem möglichst hohen Marktwert der Gesellschaft zu kurz greift. Probleme der Unternehmensführung und -kontrolle lassen sich nicht allein dadurch bewältigen, dass die Geschäftsleitung ein spezielles Interesse in der Gesellschaft verfolgt[165]. Eine effektive Unternehmensführung hat neben dem Marktwert der Gesellschaft zahlreiche Interessengruppen zu berücksichtigen wie etwa Arbeitnehmer, Gläubiger, Kunden, Lieferanten etc., die nicht primär am jeweiligen Aktienkurs des Unternehmens interessiert sind.

Die Tatsache der Vielschichtigkeit von Interessengruppen in einem Unternehmen greift der Stakeholder-Value-Ansatz auf. Danach hat sich eine gute Unternehmensleitung grundsätzlich an den Interessen sämtlicher Unternehmensbeteiligter zu ori-

---

160 Englisch Shareholder = Aktionär. Gebräuchlich ist auch der Ausdruck Stockholder vgl. *Romain/Byrd/Thielecke*, Wörterbuch, Band 2, S. 744; *Garner*, Black's Law Dictionary, S. 1375; *v. Beseler/Jacobs-Wüstefeld*, Law-Dictionary, S. 1542.

161 Englisch Stakeholder in diesem Zusammenhang = Unternehmensbeteiligter. Wörtlich übersetzt bedeutet der Begriff „Verwahrer", vgl. *Romain/Byrd/Thielecke*, Wörterbuch, Band 2, S. 763; *v. Beseler/Jacobs-Wüstefeld*, Law Dictionary, S. 1580; *Garner*, Black's Law Dictionary, S. 1404.

162 Nach *v. Werder* in: *Ringleb/Kremer/Lutter/v.Werder*, Kodex, Rdn. 1 ist das Verhältnis des Unternehmens zu Stakeholdern und Shareholdern Gegenstand des externen Corporate Governance Systems.

163 Hierzu *Fleischer*, NZG 2004, 1129, 1131; *Ulmer*, AcP 2002, 144, 155 ff.; *Seibert*, AG 2002, 417, 419; *Schmidt/Spindler*, FS für Kübler, 1997, S. 515; *Schmidt*, Gesellschaftsrecht, S. 768; *Mülbert*, ZGR 1997, 129 ff.; *Kübler*, FS für Zöllner, Band I, 1998, S. 321 ff. Umfassend *Ruffner*, Corporate Governance, shareholder value & finance, 2002; *Zimmermann/Wortmann*, DB 2001, S. 289 ff.; *Eschbach*, DB 2003, 161 ff.; *Kuhner*, ZGR 2004, 244 ff.

164 *Leyens*, RabelsZ 2003, 57, 64. Ausführlich *Kuhner*, ZGR 2004, 244, 258 ff.

165 Bedenken auch bei *Mülbert*, ZGR 1997, 129, 171 f. Zu den einzelnen Unternehmenspolitiken innerhalb des Shareholder-Value-Ansatzes vgl. *Kuhner*, ZGR 2004, 244, 264 ff.

entieren[166]. Der Vorteil dieses Ansatzes liegt in dem Versuch, in praktischer Hinsicht eine Konkordanz zwischen den verschiedenen Interessengruppen im Unternehmen herzustellen und auf diese Art und Weise den Unternehmenserfolg zu steigern. Problematisch an diesem Ansatz ist aber die Schwierigkeit, das Merkmal Unternehmensbeteiligter brauchbar zu definieren.

Als Stakeholder[167] bezeichnet etwa *Teichmann* diejenigen Unternehmensbeteiligten, die einen spezifizierbaren Beitrag zum Unternehmenserfolg leisteten[168]. Dieser Definitionsversuch ist zu unscharf, als dass er den Begriff des Unternehmensbeteiligten abschließend definieren könnte[169]. Denn unter diese Beschreibung eines Unternehmensbeteiligten fällt jede Person, die irgendeinen einzelnen Beitrag für den wirtschaftlichen Erfolg der Gesellschaft leistet. Die Größenordnung des Beitrags ist dabei unerheblich. Das hat zur Folge, dass die Unternehmensleitung bei der Gestaltung ihrer Geschäftspolitik umfangreiche Spekulationen darüber anstellen müsste, welche Beiträge als unternehmensfördernd in Betracht kommen und welche nicht, um dann in einem zweiten Schritt zwischen den unterschiedlichen Gruppen von Unternehmensbeteiligten einen größtmöglichen Interessenausgleich herbeizuführen. Ohne ein praxistaugliches Konzept zur klaren Abgrenzung der zu berücksichtigenden Interessen im Unternehmen ist der Stakeholder-Value-Ansatz für eine wirksame Unternehmensführung zu unbestimmt[170]. Ein solches Konzept ist aber bislang noch nicht entwickelt.

Rechtlich enthält das Aktiengesetz keinerlei Vorschriften, die den Leitungsorganen vorschrieben, den einen oder den anderen Corporate Governance-Ansatz zum Gegenstand ihrer Unternehmenspolitik zu machen[171]. Aktiengesellschaften können daher selbst entscheiden, ob ihr Geschäftsziel eng auf das Wertsteigerungsinteresse

---

[166] Dazu *Fleischer*, NZG 2004, 1129, 1131; *Teichmann* ZGR 2001, 645, 648 ff.; *Köstler/Kittner/Zachert/Müller*, Aufsichtsratspraxis, S. 30. Umfassend *Wentges*, Habil.; *v. Werder*, in: *Hommelhoff/Hopt/v. Werder*, Hdb Corporate Governance, S. 8 ff.
[167] Zur Definition vgl. Fn. 161.
[168] *Teichmann* ZGR 2001, 645, 649; *Hommelhoff*, ZGR 2001, 238, 241 ff.; *Peltzer/v. Werder*, AG 2001, 1, 6 und S. 14 sowie DB 2000, 1573, 1581.
[169] *Leyens*, RabelsZ 2003, 57, 64; Kritisch auch *Assmann*, FS für Kümpel, 2003, S. 9.
[170] Berechtigte Kritik am Stakeholder-Value-Ansatz bei *Leyens*, RabelsZ 2003, 57, 64.
[171] Vgl. *Ulmer*, AcP 2002, 143, 158.

der Aktionäre fokussiert sein soll oder gleichberechtigt die Interessen sämtlicher Unternehmensbeteiligter verwirklicht werden[172].

e. Wettbewerb der Corporate Governance-Modelle

Unterschiedliche rechtliche Rahmenbedingungen führen nach der Auffassung von *Baums* zu einem Wettbewerb[173] der Corporate Governance-Systeme zwischen den verschiedenen Rechts- und Wirtschaftsordnungen[174]. Deutsche Unternehmen etwa, die an ausländischen Märkten notiert sind oder sich dort notieren lassen wollen, haben die ausländischen Börsenregelungen und Kapitalmarktvorschriften[175] zu beachten. Dies sind in erster Linie die Zulassungsvorschriften (Listing Rules) der New Yorker Börse (New York Stock Exchange, NYSE)[176] sowie der Londoner Börse (London Stock Exchange)[177].

Der Zugang zum US-amerikanischen Kapitalmarkt erfolgt im Allgemeinen durch ein sog. American Depositary Receipt (ADR)-Programm[178]. Dabei gibt eine amerikanische Depotbank im Zusammenwirken mit dem Emittenten Aktienzertifikate aus, die am US-Kapitalmarkt wie amerikanische Aktien gehandelt werden können (sponsored ADR-Programm)[179]. Möglich, aber unüblich, ist auch, dass eine amerikanische Bank diese Aktienzertifikate auf eigene Initiative herausgibt (unsponsored

---

[172] So im Ergebnis *Ulmer*, AcP 2002, 143, 159. Zur hier nicht weiter zu verfolgenden Diskussion um die Frage, ob das Aktienrecht bestimmte Leitmaximen für die wirtschaftliche Betätigung von Aktiengesellschaften vorschreibt vgl. *Kuhner*, ZGR 2004, 244, 246 ff.

[173] Vgl. stellvertretend für viele *Baums*, ZHR-Beiheft 71, 2002, 13, 14 sowie *v. Werder*, in: *Hommelhoff/Hopt/v. Werder*, Hdb Corporate Governance, S. 19 f. Zum globalen Wettbewerb auch *Peltzer*, NZG 2002, 593. Zum Wettbewerb der Regelgeber im Europäischen Gesellschaftsrecht vgl. *Grundmann*, ZHR 2001, 783 ff. und 793 ff. sowie *Eidenmüller*, ZIP 2002, 2233 ff.

[174] Vgl. etwa *Schiessl*, ZHR 2003, 235, 236 f. mit weiteren Literaturhinweisen.

[175] Zum internationalen Kapitalmarktrecht vgl. umfassend *Schneider*, AG 2001, 269 ff.; *Weber*, NJW 2004, 28 ff.; *Winnefeld*, BilanzHdb, Einf. Rdn. 300 ff. zum US-Bilanzrecht.

[176] Die Listing Rules (Sections) der NYSE sind abrufbar im Internet unter *http://nyse.com/regulations.* Zu den an der NYSE notierten deutschen Unternehmen gehören etwa Allianz AG (AZ), Bayer AG (BAY), Daimler Chrysler AG (DCX), Deutsche Bank AG (DB), SAP AG (SAP) und Siemens AG (SAP) vgl. *http://nyse.com/listed.*

[177] Die Listing Rules des London Stock Exchange sind im Internet abrufbar unter *http://londonstockexchange.com/regulation.* Deutsche Unternehmen am Londoner Kapitalmarkt sind etwa neben einigen bereits in Fn. 176 genannten Unternehmen die BASF AG, Commerzbank AG, ThyssenKrupp AG und Volkswagen AG, vgl. *http://londonstockexchange/internaional/WE/trigger.asp.*

[178] *v. Rosen*, in: *v. Rosen/Seifert*, Zugang zum US-Kapitalmarkt, S. 20.

[179] *v. Rosen*, in: *v. Rosen/Seifert*, Zugang zum US-Kapitalmarkt, S. 20.

ADR-Programm)[180]. Das erste deutsche Unternehmen, das auf diese Weise am US-Kapitalmarkt zugelassen wurde, war am 5. Oktober 1993 die Daimler-Benz AG[181]. Bis zum Ende des 1 Quartals 1998 bestanden bereits 47 ADR-Programme von 40 deutschen Emittenten[182]. Über diese rechtlichen Zulassungsbedingungen hinaus erwarten ausländische Investoren, dass deutsche Unternehmen denjenigen Unternehmensführungsstandards entsprechen, die sie für ihre inländischen Gesellschaften ansetzen und auf deren Grundlage sie ihre Anlageentscheidung treffen[183]. Umgekehrt müssen ausländische Unternehmen, die etwa am deutschen Kapitalmarkt notiert sind, oder sich dort notieren lassen wollen, die rechtlichen Vorgaben des deutschen, dualistischen Corporate Governance-Systems mit seiner zwingend vorgeschriebenen Trennung zwischen Vorstand und Aufsichtsrat beachten.

aa. Überlegenheit des monistischen Systems?

Derzeit ist nicht absehbar, welches Corporate Governance-System diesen Wettbewerb für sich entscheiden wird[184]. In der Vergangenheit wurde teilweise das angelsächsische, monistische Corporate Governance-System wegen seiner individuellen Gestaltungsmöglichkeiten als überlegenes Corporate Governance-System bezeichnet[185]. Aufgrund der bereits erwähnten zahlreichen Firmenzusammenbrüche in den USA[186] muss diese Auffassung allerdings kritisch betrachtet werden[187].

---

[180] *v. Rosen*, in: *v. Rosen/Seifert*, Zugang zum US-Kapitalmarkt, S. 20. Näher zu den einzelnen Arten von ADR-Programmen vgl. *Stanger*, in: *v. Rosen/Seifert*, Zugang zum US-Kapitalmarkt, S. 34 f.

[181] *Gentz*, in: *v. Rosen/Seifert*, Zugang zum US-Kapitalmarkt, S. 367.

[182] *Stanger*, in: *v. Rosen/Seifert*, Zugang zum US-Kapitalmarkt, S. 33. Zu den derzeit an internationalen Börsen notierten deutschen Unternehmen s. Fn. 176.

[183] *Baums*, ZHR-Beiheft 71, 2002, 13, 14.

[184] Die Theorie nach der pfadabhängigen Systementwicklung (engl.: Path Dependence), kann für die derzeitige Corporate Governance-Diskussion damit keine Lösungsansätze liefern, vgl. dazu *Leyens*, RabelsZ 2003, 57, 64 f.; *Hommelhoff*, ZGR 2001, 238, 263 f.

[185] Vgl. hierzu beispielsweise *Schwarz/Holland*, ZIP 2002, 1661; *Schiessl*, AG 2002, 593. Auch in der Bundesrepublik Deutschland befürworten Stimmen aus der Unternehmenspraxis die Einführung eines monistischen Führungssystems, etwa die *Deutsche Bank*, vgl. dazu *Merkt*, ZGR 2003, 650, 652.

[186] Siehe Teil 1 A, S. 1.

[187] Vgl. etwa *Assmann*, FS für Kümpel, 2003, S. 10 ff.; *Martin*, NZG 2003, 948, 952; *Schiessl*, ZGR 2003, 236, 243 ff; *Henssler*, FS für Ulmer, 2003, S. 200 f.

Der US-Kongress hat beispielsweise auf die Firmenzusammenbrüche bei Enron und WorldCom[188] mit dem Sarbanes-Oxley Act of 2002[189] zu reagieren versucht, den US-Präsident *George W. Bush* am 30. 07. 2002 unterzeichnete[190]. Dieses Gesetz soll eine umfassende Berufsaufsicht für Prüfer sowie wirksame Corporate Governance-Maßnahmen bewirken[191]. Ergänzt und konkretisiert wird das Gesetz durch Regeln der US-amerikanischen Börsenaufsicht, der Securities Exchange Commission (SEC), sowie der New Yorker Stock Exchange[192].

Inhaltlich lassen sich die Regeln des Sarbanes-Oxley-Acts (SOA) im Zusammenhang mit der Corporate Governance in zwei Gruppen einteilen[193]. Der erste Regelungskomplex des SOA bestimmt die Pflichten des Managements näher[194] und führt eine umfangreiche Haftungsverschärfung für Pflichtverletzungen ein[195]. Der zweite Schwerpunkt des SOA liegt auf einer Stärkung der Effizienz des Prüfungsausschusses (Audit Committee)[196]. Mit diesen Maßnahmen soll vor allem auf eine unzureichende Überwachung des geschäftsführenden Managements, eine fehlende Unabhängigkeit der Board-Mitglieder, Informationsdefizite beim Board durch eine zu sehr dominierende Stellung des CEO[197], die Duldung von Interessenkonflikten sowie die fehlende Unabhängigkeit des Abschlussprüfers reagiert werden[198].

---

[188] Siehe Teil 1 A, S. 1.

[189] H.R. 3763, 107th Cong., 2 d Sess. (Pub. L. 107-204, 116 Stat. 745 (2002)). Im Internet abrufbar unter *http://thomas.loc.gov.*

[190] Vgl. dazu die Online Ausgabe der New York Times vom 30. 07. 2002, abrufbar im Internet unter *http://www.nytimes.com.*

[191] Dazu *Maul/Lanfermann*, DB 2002, 1725; *Kersting*, ZIP 2003, 233; *Schiessl*, AG 2002, 593; *Schmalenbachgesellschaft für Betriebswirtschaft e. V.*, BB 2004, 2399 ff.

[192] *Schiessl*, AG 2002, 593. Näher zur Funktion der SEC und einzelner auch für die Bundesrepublik Deutschland bedeutsamer Regelungen, vgl. unten Teil 2 B, S. 221 f.

[193] Vgl. *Maul/Lanfermann*, DB 2002, 1725, 1728 ff.

[194] Section 302 SOA.

[195] In strafrechtlicher Hinsicht sieht Section 906 SOA bei Verstößen gegen Section 302 SOA eine Geldstrafe von bis zu US-$ 1.000.000 oder Freiheitsstrafe bis zu 10 Jahren oder beides vor. Bei absichtlichen Verstößen drohen bis zu 20 Jahre Haft und US-$ 5.000.000 Geldstrafe. Näher dazu und zu weiteren möglichen Haftungskonsequenzen *Maul/Lanfermann*, DB 2002, 1725, 1729 f.; *Kersting*, ZIP 2003, 233 f.

[196] Vgl. *Maul/Lanfermann*, DB 2002, 1725, 1731 f.; *Kersting*, ZIP 2003, 233, 238 ff.; *Scheffler*, ZGR 2003, 236, 238 ff.; *Schmalenbachgesellschaft für Betriebswirtschaft e. V.*, BB 2004, 2399, 2402 ff.

[197] *Schiessl*, ZHR 2003, 235, 244. Zu den US-Amerikanischen Versuchen, die Macht des CEO einzuschränken, vgl. umfassend *v. Hein*, RIW 2002, 501, 505 ff.

[198] Näher dazu *Schwarz/Holland*, ZIP 2002, 1661, 1664 ff.; *Schiessl*, ZGR 2003, 236, 249 f.

Beide Corporate Governance-Systeme haben in der Vergangenheit zu zahlreichen Firmenzusammenbrüchen geführt wie die Beispiele von Enron, WorldCom und Adelphia einerseits[199] sowie Holzmann, Bremer Vulkan und Metallgesellschaft AG andererseits[200] belegen. Auch Mischsysteme, wie das italienische, haben teilweise spektakuläre Bilanzskandale nicht verhindern können, wie der Fall des Unternehmens Parmalat zeigt[201]. Die Diskussion um Corporate Governance sollte sich daher an den jeweiligen Verbesserungsmöglichkeiten innerhalb der Systeme orientieren, ohne das eine Modell gegenüber dem anderen per se als besser zu bezeichnen. Von einer zwingenden Überlegenheit des monistischen gegenüber dem dualistischen System kann jedenfalls nicht gesprochen werden.

bb. Annäherung der Corporate Governance-Systeme

Trotz der Differenzen sind auch Annäherungstendenzen zwischen beiden Systemen festzustellen. Einige Unternehmen in dualistischen Systemen haben Führungsstrukturen geschaffen, die sich an monistischen Unternehmensführungsstrukturen orientieren. So haben manche Unternehmen zur Steigerung der Effizienz ihrer Führung, vergleichbar dem angelsächsischen Management, ein selbständiges Führungsgremium eingerichtet[202], das auch als Executive Committee bezeichnet wird[203]. Dieses Führungsgremium handelt innerhalb der ihm zugewiesenen Führungsaufgaben unabhängig vom Vorstand und wird deshalb auch organexternes Führungsgremium genannt[204]. Außerdem wird auch die Stärkung der Position des Vorstandsvorsitzenden, vergleichbar mit der Stellung eines Chief Executive Officer (CEO)[205], diskutiert[206].

---

[199] Firmenzusammenbrüche im externen, monistischen Corporate Governance-System der USA, vgl. Teil 1 A, S. 1,

[200] Firmenzusammenbrüche im deutschen, dualistischen Corporate Governance-System, vgl. Teil 1 A, S. 2.

[201] Vgl. dazu Fn. 19.

[202] Die Deutsche Bank etwa hat eine neue Führungsstruktur etabliert, die neben einem zahlenmäßig verkleinerten Konzern-Vorstand die Schaffung eines Executive Committee, eines organexternen Führungsgremiums nach angelsächsischem Vorbild, vorsieht. Näher dazu *Götz*, ZHR 2003, 1, 9 ff.; *Hoffmann-Becking*, NZG 2003, 745, 748 f. Siehe dazu auch FAZ vom 16. 01. 2002, S. 17; FAZ vom 21. 01. 2002, S. 8; Börsenzeitung vom 22. 01. 2002, S. 8; Manager Magazin Nr. 2, 2002, S. 12 f.

[203] *Götz*, ZHR 2003, 1, 10.

[204] Zum Begriff *Götz*, ZHR 2003, 1 ff.

[205] Zum Begriff s. o. Teil 1 B, S. 14.

[206] Dazu etwa *Baums*, Bericht der Regierungskommission Corporate Governance, Rdn. 36.

(1) Organexterne Führungsgremien

Problematisch ist, unter welchen Voraussetzungen organexterne Führungsgremien zulässig sind[207]. Hier soll allein auf die deutsche Rechtslage eingegangen werden. Für das deutsche, dualistische System sind bei der Frage der Zulässigkeit organexterner Führungsgremien die rechtlichen Vorgaben des Aktiengesetzes maßgeblich. Gemäß § 76 Abs. 1 AktG hat der Vorstand die Aktiengesellschaft unter eigener Verantwortung zu leiten. Von dieser Vorschrift darf eine nach deutschem Aktienrecht gegründete Aktiengesellschaft nicht abweichen, wie sich aus der bereits erwähnten Regelung des § 23 Abs. 5 S. 1 AktG ergibt, wonach die Satzung der Gesellschaft von den Vorschriften des Aktiengesetzes nur dann abweichen darf, wenn es ausdrücklich zugelassen ist.

Der Prüfungsmaßstab für die Zulässigkeit vorstandsunabhängiger Führungsgremien in deutschen Aktiengesellschaften ist damit die unabdingbare und eigenverantwortliche Führung der Gesellschaft durch den Vorstand[208]. Daraus folgt, dass der Vorstand zumindest die für das Unternehmen grundlegenden Leitungsentscheidungen treffen muss[209]. Außerhalb dieses feststehenden Rahmens können Führungsentscheidungen somit an ein Executive Committee delegiert werden. Dabei ist aber darauf zu achten, dass eine zunehmende Verlagerung von Führungsaufgaben auf das Executive Committee nicht zu einer langsamen Entmachtung des Vorstandes zugunsten des Führungsgremiums führen darf[210]. Solange die eigenverantwortliche Leitungsmacht des Vorstandes gemäß § 76 Abs. 1 AktG aber nicht in Frage gestellt wird, können organexterne Führungsgremien die Vorstandsarbeit sinnvoll ergänzen und dementsprechend eine effektive Corporate Governance-Maßnahme darstellen[211].

---

[207] *Götz*, ZHR 2003, 1, 9.

[208] *Götz*, ZGR 2003, 1, 11.

[209] *Götz*, ZGR 2003, 1, 11; *Hüffer*, AktG, § 76 Rdn. 7; *Eisenhardt*, Gesellschaftsrecht, Rdn. 548; *Grunewald*, Gesellschaftsrecht, S. 249; *Schmidt*, Gesellschaftsrecht, S. 809 ff.; *Wiesner*, in: Münchener Hdb des GesR, § 19 Rdn. 12. Umfassend zu neuen Führungsmodellen *Mülbert*, ZGR 1997, 129, 140 ff. Näher dazu im Zusammenhang mit dem CEO-Problem, Teil 1 B, S. 31 ff.

[210] Diese stille Entmachtung des Vorstandes ist etwa der Deutschen Bank vorgeworfen worden, vgl. *Götz*, ZGR 2003, 1, 11 mit weiteren Nachweisen in Fn. 37. Ablehnend *Hoffmann-Becking*, NZG 2003, 745, 748 f.

[211] *Götz*, ZGR 2003, S. 1, 18; *Schmidt*, Gesellschaftsrecht, S. 814 m. w. Nachweisen.

(2) Rolle des Vorstandsvorsitzenden und das CEO-Problem

In monistischen Board-Systemen wird dem Chief Executive Officer, wie dargelegt[212], eine starke Führungsposition bei der Leitung der Gesellschaft zugewiesen. Der CEO steht an der Spitze des Führungsgremiums und trägt damit die Hauptverantwortung bei der Leitung der Gesellschaft. In deutschen, börsennotierten Aktiengesellschaften ist demgegenüber gemäß § 77 Abs. 1 AktG das sog. Kollegialprinzip vorgeschrieben[213]. Nach dieser Vorschrift sind sämtliche Vorstandsmitglieder nur gemeinschaftlich zur Geschäftsführung befugt, sofern der Vorstand aus mehreren Personen besteht. Der Gesetzgeber schreibt für die Geschäftsführung damit das Einstimmigkeitsprinzip vor. Werden mehrere Personen zu Vorstandsmitgliedern bestellt, so kann gemäß § 84 Abs. 2 AktG der Aufsichtsrat ein Mitglied zum Vorstandsvorsitzenden ernennen[214]. Das ist in der Praxis bei größeren börsennotierten Aktiengesellschaften in der Bundesrepublik Deutschland der Regelfall[215].

Der Vorstandsvorsitzende im deutschen, dualistischen System hat allerdings bei weitem nicht die Führungsbefugnisse eines CEO[216]. Hinzu kommt, dass der Vorstand die strategische Ausrichtung des Unternehmens nach den Vorstellungen der Kodex-Kommission gemäß Ziff. 3.2 und Ziff. 4.1.2 Kodex mit dem Aufsichtsrat abzustimmen hat[217]. Die strategische Ausrichtung des Unternehmens gemäß Ziff. 3.2 und Ziff. 4.1.2 Kodex kann beispielsweise durch konkrete Rendite- und Wachstumsziele vorgegeben werden, etwa indem die Erreichung einer bestimmten Position des Unternehmens am Kapitalmarkt angestrebt wird[218]. Eine solche Abstimmung bedeutet keinen Eingriff in die Leitung der Gesellschaft durch den Vorstand gemäß § 76 Abs. 1 AktG. Die Initiative hierzu liegt vielmehr allein beim Vorstand,

---

212 Siehe oben Teil 1 B, S. 14 f.

213 *Grunewald*, Gesellschaftsrecht, S. 250; *Eisenhardt*, Gesellschaftsrecht, Rdn. 550; *Schmidt*, Gesellschaftsrecht, S. 812 f; *Wiesner*, in: Münchener Hdb des GesR, Band 4, § 22 Rdn. 1. Dazu auch *Hoffmann-Becking*, NZG 2003, 745, 746; *v. Hein*, RIW 2002, 501, 502; umfassend *Fleischer*, NZG 2003, 449 ff.

214 Dazu *Hoffmann-Becking*, NZG 2003, 745, 748. *Schmidt*, Gesellschaftsrecht, S. 808. *Henn*, Hdb des AktienR, Rdn. 475; *Raiser*, Recht der Kapitalgesellschaften, § 14, Rdn. 15; *Eisenhardt*, Gesellschaftsrecht, Rdn. 550; *Wiesner*, in: Münchener Hdb des GesR, Band 4, § 24 Rdn. 1 ff.

215 Dazu *Bezzenberger*, ZGR 1996, 661 ff.

216 *Bernhard*, ZHR-Beiheft 71, 2002, 119, 125.

217 Gemäß Ziff. 4.1.2 Kodex entwickelt der Vorstand die strategische Ausrichtung des Unternehmens, stimmt sie mit dem Aufsichtsrat ab und sorgt für ihre Umsetzung – Ziff. 3.2 Kodex ist weitestgehend gleichlautend. Näher dazu *v. Werder*, in: *Ringleb/Kremer/Lutter/v. Werder*, Kodex, Rdn. 611 ff.

218 Ausführlich *v. Werder*, in: *Ringleb/Kremer/Lutter/v. Werder*, Kodex, Rdn. 612.

der allerdings den Aufsichtsrat gemäß § 90 Abs. 1 Satz 1 Nr. 1 AktG über die Unternehmensplanungen informieren und sich darüber mit ihm beraten soll[219]. Durch eine Abstimmung wird der Aufsichtsrat auf der Ebene der Unternehmensplanung durch Beratung in die unternehmerischen Entscheidungen des Vorstands miteingebunden. Das ist nach der Auffassung von *Lutter* zulässig, weil u. a. die Rechtsprechung des BGH eine solche „begleitende Kontrolle" durch den Aufsichtsrat erlaube[220]. Für den Vorstandsvorsitzenden hingegen ist eine Abstimmung der strategischen Ausrichtung gemäß Ziff. 3.2 und Ziff. 4.1.2 Kodex mit erheblichen Einschränkungen verbunden, was seine Position gegenüber der Stellung eines CEO deutlich schwächt[221].

Umstritten ist, inwiefern dem Vorstandsvorsitzenden in deutschen Aktiengesellschaften eine ähnlich starke Führungsposition eingeräumt werden kann wie einem angelsächsischen CEO, insbesondere, ob dies ohne gesetzliche Änderung der §§ 77, 84 AktG zulässig ist.

Nach der Auffassung von *Schwark* würden in der Praxis bereits jetzt viele Entscheidungen auf der Geschäftsführungsebene der Aktiengesellschaft auch bei deutschen Unternehmen hauptsächlich durch den Vorstandsvorsitzenden getroffen, der dadurch faktisch schon heute einem angelsächsischen CEO entspräche[222]. Das Kollegialprinzip sei daher nicht mehr praxisgerecht[223]. Eine gesetzliche Änderung von § 77 AktG sei gleichwohl nicht erforderlich, weil sich der Wandel vom Kollegialprinzip zum angelsächsischen CEO-Prinzip in der Praxis offenbar ungehindert vollziehe, und es in der Bundesrepublik Deutschland schon immer zum Teil starke CEO-ähnliche und zum Teil weniger starke Vorstandsvorsitzende gegeben habe[224]. Diese Auffassung wird von der *Baums*-Kommission[225] geteilt. Da sich die Errichtung CEO-ähnlicher Führungsstrukturen in deutschen Aktiengesellschaften vollzie-

---

[219] Vgl. *Lutter*, in: *Ringleb/Kremer/Lutter/v. Werder*, Kodex, Rdn. 360.

[220] *Lutter*, in: *Ringleb/Kremer/Lutter/v. Werder*, Kodex, Rdn. 361 mit Hinweis auf BGHZ 114, 127, 130 = ZIP 1991, 653, 654.

[221] Allerdings braucht auch ein CEO die Zustimmung seiner Vorstandskollegen, wenn er weitreichende Unternehmensentscheidungen plant. Näher dazu *Martin*, NZG 2003, 948, 951.

[222] *Schwark*, ZHR-Beiheft 71, 2002, 75, 94. Kritisch zu dieser Entwicklung *Grundei*, Diskussionspapier 01/2004, S. 14 ff.

[223] *Schwark*, ZHR-Beiheft 71, 2002, 75, 95; *Breuer*, in: Studien des DAI 2001, 18, 23; FAZ v. 26. 11. 2001, S. 18.

[224] *Schwark*, ZHR-Beiheft 71, 2002, 75, 95.

[225] *Baums*, Bericht der Regierungskommission Corporate Governance, Rdn. 36. Näher zur Funktion dieser Kommission im Rahmen der Corporate Governance-Entwicklung in der Bundesrepublik Deutschland s. u. Teil 1 B, S. 49 ff.

he[226], sei ein praktisches Bedürfnis zur Beseitigung hinderlicher Rechtsvorschriften oder zur Einführung besonderer Rechte und Befugnisse des Vorstandsvorsitzenden durch den Gesetzgeber nicht ersichtlich[227]. Dem hält *Bernhard* entgegen, ein lautloser Wandel des deutschen Vorstandsvorsitzenden hin zum amerikanischen CEO sei nicht hinzunehmen und mit dem gesetzlichen Kollegialprinzip in § 77 AktG gerade nicht vereinbar[228].

Weder der einen noch der anderen Auffassung kann uneingeschränkt gefolgt werden. Zuzustimmen ist der letztgenannten Auffassung insoweit, als die gesetzgeberische Entscheidung in der Bundesrepublik Deutschland zugunsten des Kollegialprinzips trotz entgegengesetzter Entwicklungen in der Praxis nicht ignoriert werden darf. Dennoch ist nicht zu übersehen, dass die Unternehmenspraxis innerhalb des rechtlich zulässigen Rahmens gemäß §§ 77 Abs. 1 S. 2, 1. Hs, Abs. 2, 23 Abs. 5 S. 1 AktG schon jetzt weitgehend von diesem Prinzip in § 77 Abs. 1 AktG abweicht[229]. Gemäß §§ 77 Abs. 1 S. 2, 1. Hs, Abs. 2, 23 Abs. 5 S. 1 AktG, wonach die Satzung oder die Geschäftsordnung des Vorstandes etwas Abweichendes bestimmen kann[230], bleibt es jeder Aktiengesellschaft im Grundsatz überlassen, wie sie ihre Geschäftsführungsstrukturen konkret ausgestaltet. Zulässig sind beispielsweise Satzungsbestimmungen, die anstelle des Einstimmigkeitsprinzips das Mehrheitsprinzip zur Entscheidungsfindung im Vorstand vorschreiben und bei Pattsituationen der Stimme des Vorstandsvorsitzenden den Ausschlag geben[231].

---

[226] Vgl. dazu etwa die Äußerungen des im Februar 2006 zum Vorstandsvorsitzenden der Deutschen Bank bestellten *Josef Ackermann*: „Die Deutsche Bank braucht eine starke Spitze", FAZ vom 26. 11. 2001, S. 11; dazu *v. Hein*, RIW 2002, 501, 502.

[227] *Baums*, Bericht der Regierungskommission Corporate Governance, Rdn. 36.

[228] *Bernhardt*, ZHR-Beiheft 71, 2002, 119, 125; *ders.*, FAZ vom 23. 02. 2000, S. 1. Ebenso ablehnend *v. Hein*, RIW 2002, 501, 509; *Fleischer*, NZG 2003, 449, 458. In diese Richtung auch *Hoffmann-Becking*, NZG 2003, 745, 746, der aber einer Forderung an den Gesetzgeber zur Änderung des Kollegialprinzips keine Realisierungschancen zuspricht, vgl. *ders.*, NZG 2003, 745, 750.

[229] Vgl. etwa *Eisenhardt*, Gesellschaftsrecht, Rdn. 550 ff. *Schmidt*, Gesellschaftsrecht, S. 813.

[230] Näher dazu *Hüffer*, AktG, § 77 Rdn 10 und 15; *Wiesner*, in: Münchener Hdb des GesR, Band 4, § 22 Rdn. 5.

[231] Letzteres ist allerdings beim zweiköpfigen Vorstand umstritten, vgl. *Eisenhardt*, Gesellschaftsrecht, Rdn. 551 m. w. N. *Schmidt*, Gesellschaftsrecht, S. 812 m. w. N. Dazu auch *Henn*, Hdb des AktienR, Rdn. 574. Bei mitbestimmten Gesellschaften, zum Begriff s. u. Teil 2 B, S. 115, steht dem Vorstandsvorsitzenden hingegen kein Vetorecht zu, vgl. BGHZ 89, 48, 59 = NJW 1984, 733.

Dem Vorstandsvorsitzenden darf aber keine Alleinentscheidungskompetenz gegenüber den anderen Vorstandsmitgliedern eingeräumt werden. Denn die §§ 77 Abs. 1 S. 2, 1. Hs, 77 Abs. 2 AktG erlauben keine Willensbildung gegen die Mehrheit im Vorstand, so dass gemäß § 23 Abs. 5 S. 1 AktG weder die Satzung noch die Geschäftsordnung entsprechende Bestimmungen enthalten dürfen[232]. Eine Alleinentscheidungskompetenz nach Vorbild eines angelsächsischen CEO kann ein deutsches Unternehmen damit nach der geltenden Rechtslage in seiner Satzung oder Geschäftsordnung nicht festlegen, da anderenfalls ein Verstoß gegen § 23 Abs. 5 S. 1 AktG vorläge.

In der Literatur[233] wird in diesem Zusammenhang desweiteren die Frage diskutiert, ob eine Gesellschaft unternehmensinterne Regelungen in der Satzung festlegen kann, die dem Vorstandsvorsitzenden eine Art Richtlinienkompetenz, vergleichbar mit Art. 65 S. 1 GG[234], einräumen. Gemäß Art. 65 S. 1 GG bestimmt der Bundeskanzler die Richtlinien der Politik und trägt dafür die Verantwort (Richtlinienprinzip)[235]. Dadurch wird dem Bundeskanzler eine starke Stellung eingeräumt[236]. *v. Hein* etwa ist der Auffassung, dem Vorstandsvorsitzenden komme de lege lata keine mit dem Bundeskanzler gemäß Art. 65 GG vergleichbare Richtlinienkompetenz zu, auch wenn diese de lege ferenda immer wieder gefordert werde[237]. Der

---

[232] Vgl. *Hüffer*, AktG, § 77 Rdn. 16; *Hoffmann-Becking*, NZG 2003, 745, 747; *Schmidt*, Gesellschaftsrecht, S. 812; *Henn*, Hdb des AktienR, Rdn. 574 m. w. N.; *Raiser*, Recht der Kapitalgesellschaften, § 14 Rdn. 17; *Wiesner*, in: Münchener Hdb des GesR, Band 4, § 24 Rdn. 3; *Fleischer*, ZIP 2003, 1, 7; *v. Hein*, ZHR 2002, 464, 482 ff.

[233] Vgl. beispielsweise *v. Hein* ZHR 2002, 464 ff.; *Fleischer*, ZIP 2003, 1 ff.

[234] Dazu *Ipsen*, Staatsrecht I, Rdn. 420 ff.; *Oldiges*, in: *Sachs*, GG, Art. 65 Rdn. 1 ff.; *Meyn*, in: *v. Münch/Kunig*, GG, Art. 65 Rdn. 1 ff.; *Degenhart*, Staatsrecht I, Rdn. 537 ff.

[235] *Degenhart*, Staatsrecht I, Rdn. 538; *Meyn*, in: *v. Münch/Kunig*, GG, Art. 65 Rdn. 8; *Oldiges*, in: *Sachs*, GG, Art. 65 Rdn. 14 ff.; *Brockmeyer*, in: *Schmidt-Bleibtreu/Klein*, GG, Art. 65 Rdn. 4a.

[236] Art. 65 S. 2 GG bestimmt, dass innerhalb dieser Richtlinien jeder Bundesminister seinen Geschäftsbereich selbständig und unter eigener Verantwortung zu leiten hat (Ressortprinzip). Dazu *Brockmeyer*, in: *Schmidt-Bleibtreu/Klein*, GG, Art. 65 Rdn. 5; *Oldiges*, in: *Sachs*, GG, Art. 65 Rdn. 19 ff.; *Meyn*, in: *v. Münch/Kunig*, GG, Art. 65 Rdn. 13 ff.; *Degenhart*, Staatsrecht I, Rdn. 539. Nach Art. 65 S. 3 GG entscheidet über Meinungsverschiedenheiten zwischen den Bundesministern die Bundesregierung (Kollegialprinzip). Dazu *Degenhart*, Staatsrecht I, Rdn. 543; *Meyn*, in: *v. Münch/Kunig*, GG, Art. 65 Rdn. 16 f.; *Oldiges*, in: *Sachs*, GG, Art. 65 Rdn. 26 ff.; *Brockmeyer*, in: *Schmidt-Bleibtreu/Klein*, GG, Art. 65 Rdn. 6.

[237] *v. Hein*, ZHR 2002, 464, 489 mit Hinweis auf *Berger*, FAZ v. 17. 01. 2002, S. 17.

Vorstandsvorsitzende sei nach dem gesetzlichen Leitbild Mediator, nicht Schiedsrichter[238].

Zustimmung findet *v. Hein* etwa bei *Fleischer*[239]. Nach der Auffassung von *Fleischer* liegt die Unternehmensleitung unverrückbar beim Gesamtvorstand und eine auf die Spitzenstellung des Vorstandsvorsitzenden hin geordnete Binnenorganisation bilde daher nur eine rechtspolitische Perspektive[240].

Die Hinweise von *v. Hein* und *Fleischer* auf die geltende Rechtslage im Aktienrecht, die der Begründung einer Richtlinienkompetenz des Vorstandsvorsitzenden entgegenstehen sollen, überzeugen nicht. Weder § 76 Abs. 1 AktG noch § 77 AktG schreiben konkrete Binnenstrukturen für die Unternehmensleitung in der Aktiengesellschaft vor. Wenn *Fleischer* anführt, dass die „Unternehmensleitung unverrückbar beim Gesamtvorstand" liege, so sagt dies über inhaltliche Gestaltungsmöglichkeiten der Führungsstruktur im Rahmen zulässiger Satzungsbestimmungen gemäß § 77 Abs. 1 S. 2 AktG wenig aus. Die Funktion des Vorstandsvorsitzenden als Mediator oder Schiedsrichter lässt sich dem Aktiengesetz ebenfalls nicht entnehmen[241]. Die Einräumung einer mit Art. 65 S. 1 GG vergleichbaren Richtlinienkompetenz kommt somit nur in Betracht, wenn dieses Institut mit dem in §§ 76 Abs. 1, 77 AktG verankerten Prinzip der Gesamtverantwortung des Vorstands vereinbar ist.

Literatur[242] und Rechtsprechung[243] gehen übereinstimmend davon aus, die Gesamtverantwortung im Vorstand bedeute gleiche Berechtigung und gleiche Verpflichtung aller Vorstandsmitglieder an der Willensbildung im Kollegialorgan. Diese Gleichberechtigung aller Vorstandsmitglieder als Kerninhalt des Kollegialprinzips führt zu einer zwingenden Beteiligung aller Vorstandsmitglieder jedenfalls bei solchen Geschäfte, die mit einem besonderen Risiko für die Gesellschaft verbunden

---

238 *v. Hein* ZHR 2002, 464, 489.
239 *Fleischer*, ZIP 2003, 1, 8.
240 *Fleischer*, ZIP 2003, 1, 8.
241 Zur Rechtsstellung des Vorstandsvorsitzenden vgl. *Hüffer*, AktG, § 84 Rdn. 21; *Wiesner*, in: Münchener Hdb des GesR, Band 4, § 24 Rdn. 3; *Hefermehl*, in: *Geßler/Hefermehl/Eckardt/Kropff*, AktG, § 84 Rdn. 60.
242 Stellvertretend *Hoffmann-Becking*, NZG 2003, 745, 747 mit weiteren umfangreichen Nachweisen. Aus der Gesamtverantwortung folgt eine Überwachungs- und Kontrollpflicht aller Vorstandsmitglieder auch für diejenigen Ressorts oder Geschäftsbereiche, die ihnen nicht zugewiesen sind. Näher dazu *Wiesner*, in: Münchener Hdb des GesR, Band 4, § 22 Rdn. 14.
243 Vgl. etwa zur GmbH BGHZ 133, 370, 376 f. = NJW 1997, 130, 131 f.; BGH WM 1985, 1293, 1294; BGH WM 1986, 787, 789; BFH WM 1986, 1023, 1024.

oder in anderer Art und Weise für die Gesellschaft von erheblicher Bedeutung sind[244].

Das Institut der Richtlinienkompetenz gemäß Art. 65 S. 1 GG ist damit nicht auf das Aktienrecht übertragbar. Ohne Mitwirkung der anderen Vorstandsmitglieder ist der Vorsitzende nicht befugt, Unternehmensleitlinien festzulegen und auf diese Weise einseitig Einfluss auf die gesamte Unternehmenspolitik zu nehmen. Daraus folgt ebenfalls, dass das Kollegialprinzip nicht auf die Vornahme konkreter Geschäfte beschränkt ist, die mit einem besonderen Risiko für die Gesellschaft verbunden oder von besonderer Bedeutung sind. Das Prinzip der Gleichberechtigung aller Vorstandsmitglieder erstreckt sich vielmehr auch auf allgemeine grundlegende Fragen der Unternehmensführung, ohne konkreten Geschäftsbezug. Eine allgemeine Richtlinienkompetenz des Vorstandsvorsitzenden kann in der Satzung der Gesellschaft gemäß § 77 Abs. 1 S. 2 AktG nicht vereinbart werden.

Innerhalb dieses gesetzlichen Rahmens sind allerdings Gestaltungsmöglichkeiten denkbar, wonach die Stellung des Vorstandsvorsitzenden in der AG betont werden könnte, ohne sogleich gegen das festgelegte Kollegialprinzip zu verstoßen. So könnte dem Vorstandsvorsitzenden in der Satzung ein Initiativrecht über Entscheidungsfindungsprozesse allgemeiner Art eingeräumt werden, z. B. über die grundsätzliche strategische Ausrichtung des Unternehmens im Wettbewerb zu seinen Konkurrenten am Kapitalmarkt. Über diese Initiative hätte dann der Vorstand in Abstimmung mit dem Aufsichtsrat gemäß Ziff. 3.2 und Ziff. 4.1.2 Kodex abschließend zu entscheiden. Sinnvoll ist die Festlegung eines solchen Rechts allerdings nur, wenn gleichzeitig eine Pflicht des Vorstands begründet wird, über die Vorschläge des Vorsitzenden zur Ausrichtung der Gesellschaft auch tatsächlich zu beschließen. Durch diese Pflicht würde die Rechtsstellung des Vorstandsvorsitzenden zwar über seine schon bestehenden Befugnisse als Leiter von Vorstandssitzungen[245] erweitert. Ein Verstoß gegen das in §§ 76, 77 AktG vorgeschriebene Kollegialprinzip lässt sich hierin aber nicht erkennen. Denn der demokratische Willensbildungsprozess im Vorstand einer Aktiengesellschaft wird hierdurch nicht beeinträchtigt, da ein bloßes Initiativrecht dem Vorstandsvorsitzenden gerade keine abschließende Entscheidungsbefugnis eingeräumt. Ein solches Recht steht damit auch nicht im Gegensatz zur gemeinschaftlichen Geschäftsführung gemäß § 77 Abs. 1 S. 1 AktG. Gleichzeitig hätte ein solches Initiativrecht, verbunden mit einer Be-

[244] *v. Hein*, ZHR 2002, 464, 486 mit Hinweis auf *Hoffmann-Becking*, ZGR 1998, 497, 509; *Martens*, FS für Fleck, 1988, S. 197; *Schiessl*, ZGR 1992, 64, 68.

[245] Dazu *Wiesner*, in: Münchener Hdb des GesR, Band 4, § 24 Rdn. 3.

schlussfassungspflicht durch den Vorstand, den Vorteil, langwierige Fragen der Unternehmensplanung auf einen Entscheidungsträger zu konzentrieren und damit zu beschleunigen, ohne gleichzeitig eine abschließende Entscheidung diesbezüglich festzulegen. Entscheidet sich ein Unternehmen für die Festlegung eines Initiativrechts, sollte es allerdings die hiermit verbundene Stärkung der Position des Vorstandsvorsitzenden genau bedenken.

(3) Annäherung monistischer Corporate Governance-Systeme

Auch das angloamerikanische monistische Corporate Governance-System nähert sich auf der Ebene der Unternehmensführung und -kontrolle teilweise dem dualistischen System an[246]. In angelsächsischen Ländern werden auf Grund der negativen Erfahrungen der letzten Jahre im Bereich der Unternehmensleitung etwa zunehmend Forderungen nach einer schärferen Trennung zwischen geschäftsführendem CEO und den kontrollierenden Mitgliedern im Board of Directors aufgeworfen[247]. Dies soll in dem Führungsorgan der Gesellschaft zu einer besseren Kompetenzabgrenzung zwischen Geschäftsführungsebene und Kontrollebene führen. Insbesondere soll damit dem Vorwurf entgegengetreten werden, dass eine wirksame Kontrolle der Geschäftsführung in einem einstufigen Corporate Governance-System mit nur einem Führungsorgan nicht möglich sei, weil in diesem System die Überwachung durch das Führungsorgan selbst vorgenommen werde. Es könne sich aber niemand selbst wirksam überwachen. Es bleibt abzuwarten, ob diese Tendenzen tatsächlich zu einer Verbesserung der Überwachungsebene in monistischen Corporate Governance-Systemen führen werden.

cc. Stellungnahme

Ein Wettbewerb der verschiedenen Corporate Governance-Modelle findet in der Praxis, insbesondere bei der Gründung einer Aktiengesellschaft und der damit zusammenhängenden Standortwahl, zwar statt. Unverkennbar sind aber deutliche Annäherungstendenzen der beiden Systeme. Nach dem deutschen Aktienrecht ist, wie dargelegt[248], sowohl die Bildung vorstandsexterner Führungsgremien im begrenzten Umfang als auch die Stärkung der Position des Vorstandsvorsitzenden zulässig.

---

[246] Vgl. *Leyens*, RabelsZ 2003, 57, 97; *Assmann*, FS für Kümpel, 2003, S. 6.

[247] *Schiessl*, ZGR 2003, 235, 246 f. Vgl. dazu auch die Stellungnahme des Handelsrechtsausschusses des Deutschen Anwaltvereins zum Fragenkatalog der Regierungskommission Corporate Governance, NZG 2001, 181, 182.

[248] Vgl. Teil 1 B, S. 29 ff.

Im Hinblick auf bestehende Unterschiede nehmen einige Stimmen in der Literatur an, ein selbständiges Überwachungsorgan wie der Aufsichtsrat vertrete im Rahmen seiner Funktion eher die Interessen aller Beteiligter im Unternehmen[249], während der monistische Board primär am Wohl der Aktionäre[250] interessiert sei. Trotz dieser möglicherweise abweichenden Interessenausrichtung und unabhängig von den rechtlich unterschiedlichen Strukturanforderungen besteht die Hauptfunktion sowohl des monistischen Boards als auch des Aufsichtsrats aber vor allem in der Überwachung des Unternehmens. Diese Überwachung möglichst effektiv zu gestalten ist Aufgabe des monistischen Boards aber auch Aufgabe des selbständigen Aufsichtsrats im dualistischen System. Statt von einer Konkurrenz zwischen monistischem und dualistischem System wird in der Literatur deshalb etwa von *Hopt* und *Davies* zutreffend von einer Konvergenz beider Systeme gesprochen[251]. Eine solche Konvergenz hat hingegen nicht zur Folge, dass zwischen beiden Corporate Governance-Modellen keinerlei Wettbewerb mehr stattfindet[252]. Dieser äußert sich nur weniger in der Frage, welches Corporate Governance-System prinzipiell bei der Gründung einer Aktiengesellschaft vorzuziehen ist.

Entscheidend bei der Wahl des Standortes und der damit anwendbaren Rechtsordnung kann aber die Frage sein, wie das Überwachungsorgan als solches strukturiert ist, insbesondere ob und wie eine unternehmerische Mitbestimmung der Arbeitnehmer im Überwachungsorgan vorgeschrieben ist, wie etwa im Aufsichtsrat einer deutschen Aktiengesellschaft, die dem MitbestG 1976 unterfällt[253]. In diesem Rahmen findet ein Wettbewerb der Corporate Governance-Systeme statt, der im Zusammenhang mit der Standortwahl bei der Gründung einer Gesellschaft zu einem Wettbewerbsnachteil derjenigen Länder führen kann, deren Rechtsordnungen eine solche Mitbestimmung zwingend festlegen[254].

---

[249] Zum Stakeholder-Value-Ansatz siehe nochmals *Teichmann*, ZGR 2001, 645, 648.

[250] Shareholder-Value-Ansatz, vgl. die Übersicht bei *Teichmann*, ZGR 2001, 645, 668. Vgl. auch *Merkt*, AG 2003, 126, 127 f.

[251] *Hopt*, ZGR 2000, 779 ff.; *Davies*, ZGR 2001, 268, 269 f. Zustimmend *Schiessl*, ZGR 2003, 235, 250. Auch der Kodex geht in Abs. 4 seiner Präambel hiervon aus.

[252] Zutreffen *v. Werder*, in: *Hommelhoff/Hopt/v. Werder*, Hdb Corporate Governance, S. 19 m. w. N.

[253] Sog. paritätische Mitbestimmung der Arbeitnehmervertreter im Aufsichtsrat. Dazu ausführlich Teil 2 B, S. 124 ff.

[254] Näher Teil 2 B, S. 147 ff. Zum Systemwettbewerb vgl. auch *v. Werder*, in: *Hommelhoff/Hopt/v. Werder*, Hdb Corporate Governance, S. 19 ff.

3. Nationale und internationale Corporate Governance-Entwicklung

a. Ausgangslage

Corporate Governance ist kein Phänomen, das Wissenschaft und Praxis erst seit den dramatischen Firmenzusammenbrüchen der späten neunziger Jahre des letzten Jahrhunderts und seit den Anfangsjahren des neuen Jahrtausends beschäftigt. Die Grundlagen der Corporate Governance-Diskussion bildeten sich in den USA etwa schon in den 1930er Jahren heraus[255]. Bereits damals sah man sich mit dem Problem konfrontiert, dass in größeren Kapitalgesellschaften das Eigentum am Unternehmen und die Unternehmensleitung auseinander fielen und sich hieraus Interessenkonflikte herausbilden konnten[256]. Sofern die Eigentümer ihre Gesellschaft nicht mehr selbständig führen, sondern diese Führung von außenstehenden Fachkräften übernommen wird, kann daraus das so genannte principal-agent-problem entstehen. Mit diesem Problem bezeichnet man das Bedürfnis der Eigentümer (principals)[257], sicherstellen zu können, dass die von ihnen eingesetzte Fachkraft, der Geschäftsführer (agent)[258], die ihr zugewiesenen Geschäftsführungsaufgaben auch tatsächlich im Interesse der Eigentümer ausführt[259]. Dieses Grundproblem kann auch heute noch als Hauptschwerpunkt der Corporate Governance-Diskussion bezeichnet werden.

Auf europäischer Ebene wurden Probleme der Unternehmensführung und der Unternehmenskontrolle umfassend zum ersten Mal auf der First European Conference on Corporate Governance im November 2000 in Brüssel erörtert[260]. Auf dieser Konferenz waren insgesamt 165 Teilnehmer aus 17 Staaten vertreten[261]. Im Zent-

---

[255] Näher zur US-amerikanischen Entwicklung siehe *Teichmann*, ZGR 2001, 645, 646.

[256] *Teichmann*, ZGR 2001, 645, 646.

[257] Englisch Principal = wörtlich Vollmachtgeber bzw. Rechtsinhaber, vgl. *Romain/Bader/Byrd*, Wörterbuch, Band 1, S. 621; *v. Beseler/Jacobs-Wüstefeld*, Law Dictionary, S. 1295; *Garner*, Black's Law Dictionary, S. 1195.

[258] Englisch Agent = auch Geschäftsführer. Zu weiteren Übersetzungsmöglichkeiten, vgl. *Romain/Bader/Byrd*, Wörterbuch, Band 1, S. 32; *Garner*, Black's Law Dictionary, § 63 f; *v. Beseler/Jacobs-Wüstefeld*, Law Dictionary, S. 58.

[259] *Teichmann*, ZGR 2001, 645, 646. Zum principal-agent-problem in der Corporate Governance vgl. grundlegend *Jensen/Meckling*, Theory of the Firm, S. 305, 312 ff. Ebenso *Hopt*, in *Hommelhoff/Rowedder/Ulmer*, Dritte Gedächtnisvorlesung, S. 9, 13 ff.; *Hopt*, ZHR-Beiheft 71, 2002, S. 30 mit Fn. 13.

[260] *Teichmann*, ZGR 2001, 645; ZIP 2002, 1310 ff.

[261] Sämtliche Mitgliedsstaaten der Europäischen Union in ihrem damaligen Umfang (bis auf Luxemburg) sowie Polen, die Schweiz und Australien hatten Vertreter entsandt.

rum der Konferenz standen Referate über die unterschiedlichen Ansätze zwischen den Corporate Governance-Systemen, die besonders deutlich zwischen dem angelsächsischen und dem kontinentaleuropäischen Corporate Governance-System hervortraten[262]. Dabei wurden die Stärken und Schwächen der jeweiligen Systeme herausgestellt, die Entwicklung eines einheitlichen europäischen Corporate Governance-Systems aber nicht vorgeschlagen[263]. Das war angesichts der erheblichen Unterschiede zwischen externem und internem Corporate Governance-Modell auch nicht zu erwarten. Im Anschluss an diese erste europäische Konferenz zur Corporate Governance hat die Europäische Kommission im Januar 2002 eine umfangreiche Studie zur Corporate Governance in Europa herausgegeben[264]. Zweck dieser Studie war es, die in Europa existierenden Corporate Governance-Regelwerke gegenüberzustellen und damit europaweit tätigen Anlegern und Analysten einen Überblick über die verschiedenen Kodizes zu verschaffen und ihre Investitionsentscheidungen zu erleichtern[265]. Nach den Ergebnissen der Studie existierte in Europa in 13 von damals 15 EU-Mitgliedstaaten zumindest ein Corporate Governance-Kodex[266].

Besonders bedeutsam für die Corporate Governance-Entwicklung in Europa war die Einsetzung der „High Level Group of Company Law Experts" durch die Europäische Kommission im November 2001[267]. Diese Expertengruppe, die ursprünglich rechtliche Maßstäbe für die 13. Übernahmerichtlinie[268] erarbeiten sollte, wurde anlässlich des Treffens der europäischen Finanzminister im April 2002 gebeten, Vorschläge für eine Verbesserung und Harmonisierung des gesamten Rechts börsennotierter Gesellschaften in Europa und ihrer Corporate Governance zu entwi-

262 *Teichmann*, ZGR 2001, 645, 646.
263 *Teichmann*, ZGR 2001, 645, 675 ff.
264 Comparative Study of Corporate Governance Codes relevant to the European Union and its Member States, 2002, abrufbar im Internet, *http://europa.eu.int/comm/internal-market/de/company/company/news/corp-gov-codes-rpt_de.htm.*
265 Näher dazu Comparative Study of Corporate Governance Codes relevant to the European Union and its Member States, 2002, S. 1 ff.
266 Comparative Study of Corporate Governance Codes relevant to the European Union and its Member States, 2002, S. 14.
267 Dazu *Maul*, DB 2003, 27 ff.; *v. Hulle/Maul*, ZGR 2004, 484, 485.
268 Der vorläufige Text der geplanten Übernahmerichtlinie ist abgedruckt in ZIP 2001, 1120, 1123 ff. Dazu *Schmidt*, Gesellschaftsrecht, S. 769; *Schwarz*, EuropGesR, Rdn. 781 ff.; *Habersack*, Europäisches GesR, Rdn. 339 ff. Vgl. zur neusten Entwicklung im Zusammenhang mit der Abschlussprüferrichtlinie *Lanfermann*, DB 2005, 2645 ff. Mittlerweile sind die Verhandlungen über den endgültigen Wortlaut der modernisierten Abschlussprüferrichtlinie abgeschlossen.

ckeln[269]. Daraufhin erarbeitete und veröffentlichte die High Level Group einen umfangreichen Fragenkatalog und bat um entsprechende Stellungnahmen durch die Mitgliedstaaten[270].

Für die Bundesrepublik Deutschland hat die deutsche Arbeitsgruppe Europäisches Gesellschaftsrecht[271] im Juni 2002 eine solche Stellungnahme abgegeben[272]. Am 4. November 2002 hat die High Level Group ihre Empfehlungen in einem Bericht der Kommission übergeben[273]. Diese kündigte für Anfang 2003 einen Aktionsplan zur Verbesserung des Europäischen Gesellschaftsrechts an[274], der am 21. Mai 2003 verabschiedet wurde[275]. Gleichzeitig wurde der Aktionsplan zur Stärkung der Abschlussprüfung verabschiedet[276].

Der Aktionsplan zur Verbesserung der Corporate Governance enthält insgesamt 23 Aktionen, durch die bis zum Jahre 2009 die gesellschaftsrechtlichen Strukturen in Europa insgesamt verbessert werden sollen[277]. Der Plan unterscheidet zwischen kurzfristigen (2003 bis 2005), mittelfristigen (2006 bis 2008) und langfristigen Maßnahmen (ab 2009)[278]. Im Mittelpunkt der Maßnahmen stehen dabei Verbesserungen der Corporate Governance-Strukturen in europäischen Unternehmen[279].

---

[269] ZIP-Dokumentation, ZIP 2003, 863; *Maul*, DB 2003, 27 ff.; *Habersack*, NZG 2004, 1, 2. Ausführlich dazu *Hopt*, in: *Hommelhoff/Hopt/v. Werder*, Hdb Corporate Governance, S. 39 ff.

[270] ZIP-Dokumentation, ZIP 2003, 863.

[271] Zur Zusammensetzung vgl. ZIP-Dokumentation, ZIP 2003, 863.

[272] Die Stellungnahme ist in deutscher Sprache veröffentlicht in ZIP 2002, 1310 bis 1324.

[273] Vorsitzender der Gruppe war der Niederländer *Jaan Winter*, die High Level Group wird deshalb auch als Winter-Gruppe bezeichnet, vgl. *Gebauer*, AG 2003, R 287. Im Internet herunterzuladen unter *http://europe.eu.int/comm/internal_market/en/company/company/modern/index.htm.* Vgl. auch *v. Hulle/Maul*, ZGR 2004, 484, 486.

[274] Vgl. ZIP-Dokumentation, ZIP 2003, 863. WM-Dokumentation, in: WM 2003, 1591 f.

[275] *Kommission*, KOM (2003) 284 endg., Modernisierung des Gesellschaftsrechts und Verbesserung der Corporate Governance in der Europäischen Union – Aktionsplan. Im Internet abrufbar unter *http://www.europa.eu.int/eur-lex/de/com/cnc/2003_0284de01.pdf.* Siehe hierzu die Stellungnahme des DAV, in: NZG 2003, 1008 ff. *Hopt*, in: *Hommelhoff/Hopt/v. Werder*, Hdb Corporate Governance, S. 42 ff.; *v. Hulle/Maul*, ZGR 2004, 484, 488 ff.

[276] Vgl. im Internet *http://www.eu-kommision.de/pdf/dokumente/com2003_0284de01.pdf.* Vgl. dazu etwa *v. Hulle/Maul*, ZGR 2004, 484, 502 ff.

[277] *Wiesner*, ZIP 2003, 977; *Habersack*, NZG 2004, 1 ff.; *v. Hulle/Maul*, ZGR 2004, 484, 486 ff. In deutscher Sprache ist der Aktionsplan veröffentlicht der Sonderbeilage zu NZG Heft 13/2003; WM-Dokumentation, WM 2003, 1591.

[278] Dazu *Wiesner*, ZIP 2003, 977, 978; *Gebauer*, AG 2003, R 287; NZG 2003, Sonderbeilage zu Heft 13, 1, 6; WM-Dokumentation, WM 2003, 1591, 1592.

[279] *Gebauer*, AG 2003, R 288; NZG 2003, Sonderbeilage zu Heft 13, 1, 6 ff.

Darüber hinaus enthält der Plan Maßnahmen zur Kapitalerhaltung, zu Unternehmensgruppen[280], zu Restrukturierungen, zum Konzernrecht und zu europäischen Rechtsformen[281].

Im Rahmen der kurzfristigen Maßnahmen sollen Unternehmen verpflichtet werden, ein sog. Corporate Governance-Statement über ihre Unternehmensstrukturen im Jahresabschluss abzugeben[282]. Desweiteren werden Maßnahmen zur Verbesserung von Aktionärsrechten, zur Aufstellung von Mindeststandards für die Leitungsorgane, zur Offenlegung der Vergütung sowie zur Haftung der Organmitglieder angekündigt[283]. Zudem wird ein europäisches Corporate Governance-Forum zur Koordinierung und Annäherung der nationalen Corporate Governance-Kodizes eingerichtet[284]. Die mittelfristigen Maßnahmen sehen im Zusammenhang mit Corporate Governance vor allem ein Wahlrecht europäischer Unternehmen zwischen monistischen und dualistischen Systemen[285] sowie die Verwirklichung einer vollständigen Aktionärsdemokratie in Aktiengesellschaften nach dem Grundsatz „Eine Aktie - eine Stimme" vor[286]. Als langfristige Maßnahme soll eine Studie über die Notwendigkeit von unterschiedlichen europäischen Rechtsformen, wie etwa der europäischen Stiftung, durchgeführt werden[287].

In Umsetzung ihres Aktionsplanes plante die EU-Kommission für den Herbst 2004 u. a. konkrete Maßnahmen zur Sicherstellung der Unabhängigkeit von nicht ge-

---

280 Näher dazu *Gebauer* AG 2003, R 288.

281 *Wiesner*, ZIP 2003, 977, 978; NZG 2003, Sonderbeilage zu Heft 13, 1, 8 ff.

282 NZG 2003, Sonderbeilage zu Heft 13, 1, 7; *Gebauer*, AG 2003, Heft 7, R 288. *Hopt*, in: *Hommelhoff/Hopt/v. Werder*, Hdb Corporate Governance, S. 43. Umfassend dazu *Habersack*, NZG 2004, 1, 3 ff.; *v. Hulle/Maul*, ZGR 2004, 484, 490 f. Dies ist in der Bundesrepublik Deutschland bereits jetzt durch § 161 AktG i. d. F. des TransPuG vorgeschrieben. Dazu ausführlich Teil 2. C, S. 243 ff.

283 Dazu ausführlich *Habersack*, NZG 2004, 1, 5 ff.; *v. Hulle/Maul*, ZGR 2004, 484, 495 ff.

284 Näher vgl. *Wiesner*, ZIP 2003, 977, 978; *v. Hulle/Maul*, ZGR 2004, 484, 497 f.

285 Vgl. *Habersack*, NZG 2004, 1, 5; *v. Hulle/Maul*, ZGR 2004, 484, 493 f.

286 Näher zu den mittelfristigen Maßnahmen siehe *Wiesner*, ZIP 2003, 977, 978; *Gebauer*, AG 2003, R 288; NZG 2003, Sonderbeilage zu Heft 13, 1, 6 ff.; *Hopt*, in: *Hommelhoff/Hopt/v. Werder*, Hdb Corporate Governance, S. 43.

287 Siehe die Zusammenstellung bei *Wiesner*, ZIP 2003, 977, 978. Vgl. dazu auch *v. Hulle/Maul*, ZGR 2004, 484, 501.

schäftsführenden Direktoren und Aufsichtsratsmitgliedern[288]. Zu diesem Zweck hatte die Kommission im Mai 2004 ein Konsultationspapier vorgelegt[289], das sich beispielsweise gegen den Einsatz von Arbeitnehmern im Aufsichtsrat eines Unternehmens ausspricht, wenn diese dort oder in einer verbunden Gesellschaft beschäftigt sind oder in den letzten fünf Jahren dort beschäftigt waren[290]. Eine erste Empfehlung hierzu verabschiedete die Kommission am 6. Oktober 2004[291]. Diese Vorschläge werden in der Literatur etwa von *Cromme* und *Säcker* kritisiert, weil durch derart detaillierte Vorgaben der Entscheidungsspielraum der einzelnen Mitgliedstaaten zu stark beschränkt werde[292].

Ebenfalls am 6. Oktober 2004 verabschiedete die Kommission eine Empfehlung über die Vergütung von Vorstandsmitgliedern, wonach die Mitgliedstaaten darauf hinwirken sollen, dass börsennotierte Unternehmen die Vergütung ihrer Vorstandsmitglieder offen legen und den Aktionären mitteilen, wie viel die einzelnen Vorstandsmitglieder verdienen und in welcher Form sie bezahlt werden[293]. Das Corporate Governance-Forum wurde schließlich mit Beschluss vom 15. 10. 2004 durch die EU-Kommission eingesetzt[294].

---

288 Außerdem entwickelte die Kommission in diesem Zeitraum eine Strategie zur Verhinderung missbräuchlicher Praktiken im Finanzbereich von Unternehmen. Vgl. hierzu die Pressemitteilung der Kommission vom 30. September 2004, IP/04/1164, *http://europa.eu.int/comm/internal_market/company/financialcrime/index.htm.*

289 Vgl. *http://europa.eu.int/comm/internal_market/company/docs/independence/2004_05-consultation_en.pdf.* Dazu *Maul/Lanfermann*, BB 2004, 1861 ff. mit einer umfassenden Darstellung der geplanten Unabhängigkeits- und Qualifikationskriterien durch die EU-Kommission auf S. 1863 ff.

290 Zu weiteren Maßnahmen vgl. *Lorenz*, AG 2004, R 274 ff.

291 Vgl. hierzu die Pressemitteilung der Kommission vom 6. Oktober 2004, IP/04/1182, *http://europa.eu.int/comm/internal_market/company/independence/index_de.htm.*

292 *Cromme*, Stand und Entwicklung von Corporate Governance in Deutschland, 3. Konferenz Deutscher Corporate Governance Kodex vom 24. Juni 2004, S. 10; *Säcker*, BB 2004, 1462, 1464. Ebenso *Wiesner*, BB 2004, Heft 35, Die erste Seite. Teilweise so auch *Maul/Lanfermann*, BB 2004, 1861, 1867 f.; *dies.*, DB 2004, 2407, 2409. *Habersack* prognostiziert umfangreiche Änderungen des Kodex durch die Vorschläge der EU-Kommission, vgl. *Habersack*, ZHR 2004, 373, 381. Zu diesen Empfehlungen vgl. auch *Spindler*, ZIP 2005, 2033 ff.

293 Vgl. hierzu die Pressemitteilung der Kommission vom 6. Oktober 2004, IP/04/1183, *http://europa.eu.int/comm/internal_market/company/directors_remun/index_de.htm.* Hierzu beispielsweise *Maul/Lanfermann*, DB 2004, 2407, 2408 f. Zum vorangegangenen Konsultationspapier vgl. beispielsweise *Maul*, WM 2004, 2146, 2149.

294 *Kommission*, Beschluss vom 15. 10. 2004 zur Einsetzung eines Europäischen Corporate-Governance Forums, 2004/705/EG = ABl. EG Nr. L 321, S. 53 f.

In einer weiteren Empfehlung vom 15. 02. 2005 legte die EU-Kommission schließlich eine umfangreiche Liste von Unabhängigkeitskriterien fest, die vor allem darauf abzielte, die Unabhängigkeit von Board-Mitgliedern in monistischen Corporate Governance-Systemen sicherzustellen[295].

b. Internationale Grundlagen von Corporate Governance

In den letzten Jahren haben sich international zahlreiche Quellen für Corporate Governance-Grundsätze herausgebildet[296]. Eine wesentliche Quelle von Corporate Governance waren die Unternehmensrichtlinien großer institutioneller, insbesondere angloamerikanischer Investoren. Diese haben sich zu umfassenden Regelwerken entwickelt, den sog. Codes of best Practise[297]. Die Regelwerke setzen Empfehlungen von Expertengremien um, die aus Personen unterschiedlicher Wirtschaftsbereiche bestanden und von Großkonzernen eingesetzt worden waren, um sinnvolle Standards guter Unternehmensführung und -kontrolle für das jeweilige Unternehmen zu entwickeln[298]. Zu den bedeutendsten Investoren im dargestellten Sinne zählen in den USA etwa die großen Pensionsfonds wie CalPERS[299] oder TIAAC-REF[300] sowie diejenigen Index-Fonds[301], die ihren Unternehmen die Befolgung der von ihnen entwickelten Verhaltensmaßstäbe vorschreiben[302]. Neben diesen Investoren waren es im angloamerikanischen Rechtsraum vor allem auch die Börsen und Aufsichtsbehörden, die auf die Entwicklung von Codes of best Practise in den füh-

---

[295] *Kommission*, Empfehlung 2005/162/EG = ABl. EG Nr. L 52, S. 51. S. dazu ausführlich *Lieder*, NZG 2005, 569, 570 ff. Näher dazu s. u. Teil 2 B, S. 155 ff.

[296] Dazu *v. Werder*, in: *Ringleb/Kremer/Lutter/v.Werder*, Kodex, Vorbem. Rdn. 3 ff.; *Assmann*, FS für Kümpel, 2003, S. 12 ff.

[297] *Baums*, Bericht der Regierungskommission Corporate Governance, Rdn. 5.

[298] *Baums*, Bericht der Regierungskommission Corporate Governance, Rdn. 5.

[299] California Public Employees Retirement System (kalifornischer Rentenfonds/Ruhestandssystem für (öffentliche) Angestellte öffentlich-rechtlicher Körperschaften), vgl. *Berg*, WM 2002, 1515, 1516; *Davies*, ZGR 2001, 268, 291. Die eigenen Corporate Governance-Regeln dieses Fonds sind im Internet abrufbar unter *http://www.calpers-governance.org/principles*.

[300] Teachers Insurance and Annuity Association College Retirement Equities Fund, vgl. *Berg/Stöcker*, WM 2002, 1569, 1569 sowie *Monk*, in: *Feddersen/Hommelhoff/Schneider*, Corporate Governance, 331, 336. Der Kodex findet sich im Internet unter *http://www.tiaa-cref.org/libra/governance/index.html*.

[301] Dazu *Clearfield*, in: *v. Rosen*, Corporate Governance, S. 34. Im Internet als pdf-Datei abrufbar unter *http://www. dai.de*.

[302] *Berrar*, Diss., S. 119, 132 ff.; *Breuer*, in: *v. Rosen*, Corporate Governance, S. 20; *Schneider*, DB 2000, 2413 ff.

renden Unternehmen drängten[303]. Schließlich haben einige US-Organisationen solche Regelwerke erarbeitet[304]. Ein allgemeiner US-Kodex zur Corporate Governance liegt aber nicht vor, es sind bisher auch keine Bestrebungen zu einer solchen Entwicklung geplant[305].

In Europa wurde die Entwicklung von Corporate Governance-Kodizes maßgeblich von Großbritannien beeinflusst[306]. Dort führten der Code of best Practise des Catbury Committee[307], der Greenbury Report zur Vergütung von Führungskräften sowie der Hampel-Report im Jahr 1998 zum Erlass des sog. Combined Code[308]. Dieser Code musste ab 2000 als Mindeststandard von den an der Londoner Börse gelisteten Unternehmen beachtet werden[309]. Er enthält zum einen Principles of Good Governance sowie zum anderen einen Code of best Practise[310] und fasst die vorangegangenen Reports, Codes und spezielleren Grundsätze in einem einzigen Code zusammen[311]. Die Zusammenbrüche von Enron und Worldcom in den USA 2002 hatten auch in Großbritannien zur Folge, die dortigen Corporate Governance-Standards des Combined Code zu überprüfen und in einem überarbeiteten Code am 01. 11. 2003 neu zusammenzustellen[312].

---

303 *Berg/Stöcker*, WM 2002, 1569. *Borges*, ZGR 2003, 508, 509.

304 *Borges* verweist beispielsweise auf das American Law Institut (ALI), Principles of Corporate Governance: Analysis and Recommendations, 1994, vgl. *Borges*, ZGR 2003, 508, 510 m. w. N. in Fn. 6.

305 *Borges*, ZGR 2003, 508, 510.

306 Auch in Großbritannien kam es zu zum Teil spektakulären Firmenzusammenbrüchen, wie dem der Bank of Credit and Commerce International wegen angeblichen Betruges mit nicht ausgewiesenen Schulden in Höhe von 7 Mrd. Britischer Pfund im Jahre 1991. Näher dazu *Weber-Rey/Kellet*, AG 2003, R 508 ff.

307 Dazu umfassend *Davies*, ZGR 2001, 268, 270 ff.

308 *Baums*, Bericht der Regierungskommission Corporate Governance, Rdn. 5; *Assmann*, FS für Kümpel, 2003, S. 13. Kurze Beschreibungen dieser Kodizes finden sich bei *Schneider*, DB 2000, 2413 ff.

309 *Baums*, Bericht der Regierungskommission Corporate Governance, Rdn. 5; *Assmann*, FS für Kümpel, 2003, S. 13. Näher dazu siehe unten Teil 2 C, S. 247 f.

310 *Berg/Stöcker*, WM 2002, 1569, 1570; *Berrar*, Diss., S. 119, 132 ff.; *Davies*, ZGR 2001, 268, 270 ff.; *Hopt*, ZHR-Beiheft 71, 2002, 46 mit Fn. 81; *Schneider*, DB 2000, 2413. 2415 f. Im Internet herunterzuladen unter *http://www.fsa.gov.uk/pubs/ukla/lr_comcode3.pdf.*

311 *Hopt*, ZHR-Beiheft 71, 2002, 27, 46.

312 Näher dazu *Weber-Rey/Kellet*, AG 2003, R 508, R 510.

Andere europäische Staaten[313], wie Frankreich, Belgien, Spanien, die Niederlande und Italien, griffen die Idee über den Erlass von nichtstaatlichen Verhaltenskodizes auf, allerdings mit vielfältigen inhaltlichen Abweichungen und Anpassungen an die jeweiligen nationalen Rahmenbedingungen[314].

Neben dieser von Großbritannien ausgehenden Entwicklung befassten sich auch zahlreiche internationale Organisationen mit der Entwicklung von Codices of best Practise zur Optimierung der Unternehmensführung und Unternehmenskontrolle. Hervorzuheben sind insbesondere die Principles of Corporate Governance der OECD[315]. Diese Principles stellte die OECD 1999 vor, nachdem der Rat der OECD im Jahre 1996 beschlossen hatte, eine Untersuchung zur Corporate Governance einzuleiten und mit dieser Aufgabe eine Beratergruppe betraute, deren Bericht aus dem Jahre 1998 Grundlage für die späteren Principles war[316]. Die Principles wurden 2003 überarbeitet und ihre neue Fassung im April 2004 veröffentlicht[317]. Daneben sind Kodizes und Best-Practise-Grundsätze zahlreicher privater internationaler Organisationen vorhanden, wie z.B. die des ICGN (International Corporate Governance Network) und der ESDA (European Association of Securities Dealers)[318]. Sämtliche angesprochenen Grundsätze stellen eine ganze Reihe von Verbesserungen für die bisherige Unternehmensführung und -kontrolle vor. So heißt es etwa in der Einleitung der OECD-Principles:

> „Die Grundsätze sollen den Regierungen der Mitglieds- und Nichtmitgliedsländer dabei helfen, den rechtlichen, institutionellen und ordnungspolitischen Corporate Governance-Rahmen in ihren Ländern zu evaluieren und zu verbessern und Börsen, Kapitalgebern, Unternehmen sowie anderen Parteien, die bei

---

313 Vgl. hierzu die umfangreiche Liste des European Corporate Governance Institut, im Internet abrufbar unter *http://www.ecgi.org/codes/index.htm.*

314 *Baums*, Bericht der Regierungskommission Corporate Governance, Rdn. 5; *Teichmann*, ZGR 2001, 645, 663 ff.

315 Eine umfassende Untersuchung der OECD-Principles aus der Perspektive der deutschen Corporate Governance Diskussion unternimmt *Hommelhoff*, ZGR 2001, 238 ff.

316 *Seibert*, AG 1999, 337. Abgedruckt ist die deutsche Version der Principles bei *Seibert*, AG 1999, 337, 340 ff.; dazu ausführlich *Tomasic*, Good corporate governance, 12 Australian Journal of Corporate Law 142 (2000). Zu den umfangreichen Studien der OECD vgl. *OECD*, Governance im 21. Jahrhundert, 2001; *Hommelhoff*, ZGR 2001, 238 ff. Im Internet herunterzuladen unter *http://www.oecd.org/pdf/M00008000/M00008299.pdf.*

317 Siehe im Internet unter *http://www.oecd.org/dataoecd/32/18/315557724.pdf.* Dazu *Schneider*, AG 2004, 429 ff.; *Noack*, NZG 2004, 297, 298.

318 *Baums*, Bericht der Regierungskommission Corporate Governance, Rdn. 5; *Hopt*, ZHR-Beiheft 71, 2002, 27, 47.

der Entwicklung guter Praktiken der Unternehmensführung eine Rolle spielen, Orientierungshilfen zu bieten und Vorschläge zu unterbreiten[319]."

Damit wenden sich die OECD-Principles sowohl an die Politik als auch an die Wirtschaft, wobei die politischen Instanzen entsprechend der Grundidee der Codes of Best Practise allerdings nur den ordnungsrechtlichen Rahmen vorgeben sollen; die eigentliche Gestaltung und Umsetzung dieses Rahmens soll der Wirtschaft obliegen[320].

Bereits vor Erlass des Deutschen Corporate Governance-Kodex vertrat die Regierungskommission Corporate Governance[321] die Auffassung, dass das geltende deutsche Aktienrecht den in diesen Kodizes und Regelwerken enthaltenen Empfehlungen weitestgehend entspreche. Ausnahmen ergäben sich insbesondere auf Grund der Zweiteilung der Leitungsorgane an der Unternehmensspitze in Vorstand und Aufsichtsrat[322]. Da diese Arbeit, wie bereits erwähnt[323], sich aber nicht mit einer rechtsvergleichenden Analyse unterschiedlicher Kodizes beschäftigt, soll dieser These hier nicht weiter nachgegangen werden.

c. Corporate Governance-Entwicklung in der Bundesrepublik Deutschland

Im Gegensatz zu angelsächsischen Rechtssystemen sind die Strukturen der Unternehmensführung und -kontrolle von Aktiengesellschaften im deutschen Recht hauptsächlich durch zwingendes Aktienrecht vorgegeben. Das verdeutlicht § 23 Abs. 5 AktG, wonach die Gesellschaft in ihrer Satzung nur dann von den Regelungen des Aktiengesetzes abweichen kann, wenn dies das Gesetz ausdrücklich zulässt[324]. Daher wurde häufig die Ansicht vertreten, die Notwendigkeit für einen deutschen Corporate Governance-Kodex bestehe hierzulande nicht[325]. Gleichwohl sind in den Jahren vor Erlass des Kodex auch in der Bundesrepublik Deutschland

---

[319] Die deutsche Version der Präambel ist abgedruckt bei *Seibert*, AG 1999, 337, 341. An dieser Version der Präambel halten auch die überarbeiteten Principles vom April 2004 fest, vgl. OECD Principles of Corporate Governance (04/2004), Präambel, S. 11.

[320] *Kollmann*, WM-Sonderheft 1, 2003, S. 4; *Hommelhoff*, ZGR 2001, 238, 241 sowie S. 265. Zu den politischen Rahmenbedingungen allgemein *Roe*, Political determinants of corporate governance, 2003.

[321] Hierzu sogleich Teil 1 B, S. 49 ff.

[322] *Baums*, Bericht der Regierungskommission Corporate Governance, Rdn. 5.

[323] Siehe Teil 1 A, S. 3.

[324] Vgl. dazu beispielsweise *Berg/Stöcker*, WM 2002, 1569, 1570; *Hüffer*, AktG, § 23, Rdn. 34.

[325] Stellvertretend für viele *Berg/Stöcker*, WM 2002, 1569, 1570; auf diese Diskussion wird, wie erwähnt, hier nicht weiter eingegangen.

zahlreiche Regelwerke zur Corporate Governance entstanden. Dieser Prozess lässt sich auf das Bedürfnis vor allem angloamerikanischer, institutioneller Investoren nach solchen Grundsätzen zurückführen, die ihre Anlageentscheidungen regelmäßig auf der Grundlage solcher übersichtlicher Kodizes treffen sollen[326]. Außerdem haben sich zahlreiche deutsche Unternehmen, die an internationalen Kapitalmärkten notiert sind, für einen deutschen Kodex ausgesprochen. In einem solchen Kodex sollte zum einen das deutsche Corporate Governance-System besonders berücksichtigt werden, zum anderen sollten die bestehenden internationalen Unternehmensführungsstandards in verständlicher Form dargestellt werden[327].

Neben zahlreichen Kodizes namhafter deutscher Unternehmen[328] hat diese Entwicklung im Jahr 2000 zu zwei deutschen Modellen geführt, die sich in der Zielrichtung unterscheiden. Der Code of best Practise der Frankfurter Grundsatzkommission Corporate Governance[329] formuliert im Wesentlichen konkrete Empfehlungen zur Unternehmensführung und -kontrolle an Aufsichtsrat und Vorstand[330], ohne sich schwerpunktmäßig deutlich auf ein Leitungsorgan der Aktiengesellschaft festzulegen. Eine gewisse Fokussierung auf den Aufsichtsrat ist aber gleichwohl festzustellen[331].

Der German Code of Corporate Governance des Berliner Initiativkreises[332] richtet sich hingegen vornehmlich an den Vorstand und weist zudem nach seiner Grundkonzeption eine betont betriebswirtschaftliche Ausrichtung auf[333]. Danach soll der

---

[326] *Berg/Stöcker,* WM 2002, 1569, 1570.
[327] *Baums*, Bericht der Regierungskommission Corporate Governance, Rdn. 6.
[328] Dazu *Kollmann*, WM-Sonderheft 1, 2003, S. 5. Vgl. etwa die Corporate Governance-Grundsätze der Deutschen Bank AG vom März 2001. Im Internet abrufbar unter *http://ircontent.db.com/ir/data/corpgovernance.de.pdf.* Zu den Grundsätzen der MLP AG und der SAP AG s. unter *http://www.mlp.de/de/unternehmen/investor/berichte/CGG_d_030402.pdf* oder aber unter *http://www.sap.com/germany/aboutSAP/cgovernance/cgdokumente.asp.* Zu weiteren Kodizes deutscher Unternehmen vgl. *v. Werder*, in: *Ringleb/Kremer/Lutter/v. Werder*, Kodex, Rdn. 5 mit Fn. 15.
[329] Abgedruckt in AG 2002, 106, 109 ff.; dazu *Schneider/Strenger*, AG 2002, 106 ff.; *Berrar*, Diss., S. 178 ff.; *Volk*, DStR 2001, 412, 414 f.
[330] *Schneider/Strenger,* AG 2002, 106, 110 ff.
[331] *Peltzer*, NZG 2002, 10, 11.
[332] Abgedruckt in AG 2001, 1, 6 ff. sowie in DB 2000, 1573 ff. Dazu *Peltzer/v. Werder*, AG 2001, 1 ff; *Berrar*, Diss., S. 197 f.; *Volk*, DStR 2001, 412, 413.
[333] *Peltzer/v. Werder*, AG 2001, 1, 2. Dieser Ansatz findet sich auch in der Praxis wieder, vgl. *Schneider*, Handelsblatt v. 07. 04. 2003, S. 2.

Berliner Kodexentwurf den „betriebswirtschaftlichen Anforderungen effizienter Leitung und Überwachung gerecht werden[334]."

Der primäre Zweck eines deutschen Corporate Governance-Kodex, ausländischen institutionellen Anlegern ein Standardregelwerk für die Unternehmensleitung und Unternehmenskontrolle in deutschen, börsennotierten Gesellschaften vorzulegen, konnte durch die beiden unterschiedlichen Kodizes nicht erreicht werden. Das Nebeneinander unterschiedlicher Kodizes führte bei dieser Investorengruppe eher zu Verwirrungen. Daher wirkten sich beide Kodizes auf die weitere Corporate Governance-Entwicklung bis zum Erlass des Kodex auch nicht mehr nachhaltig aus.

Die wesentliche Weiche zum Erlass des Deutschen Corporate Governance-Kodex wurde durch die Regierungskommission „Corporate Governance - Unternehmensführung - Unternehmenskontrolle - Modernisierung des Aktienrechts"[335] gestellt, die am 29. Mai 2000 von Bundeskanzler *Schröder* eingesetzt wurde. Diese Kommission unter dem Vorsitz von *Theodor Baums*[336] sollte im Hinblick auf den durch die Internationalisierung der Kapitalmärkte sich vollziehenden Wandel Vorschläge für die Modernisierung des deutschen Aktienrechts unterbreiten. Dabei sollte die Entwicklung der Informations- und Kommunikationstechnologie genutzt werden und das deutsche System der Unternehmensführung und -kontrolle in seinen Stärken ausgebaut und mögliche Defizite behoben werden[337]. Die *Baums*-Kommission bestand aus 23 Mitgliedern[338]. Sie hat an etwa 80 in- und ausländische Sachverständige[339] und Verbände einen Fragenkatalog[340] verschickt, die darauf eingegangenen Stellungnahmen ausgewertet und innerhalb von zwölf Monaten einen 342

[334] *Peltzer/v. Werder*, AG 2001, 1, 2 und S. 7; *Baums*, Bericht der Regierungskommission Corporate Governance, Rdn. 6.
[335] Diese Kommission wird im folgende als *Baums*-Kommission bezeichnet.
[336] Zu den Gründen für seinen Vorsitz vgl. *Hopt*, ZHR-Beiheft 71, 2002, 27, 28.
[337] So der Regierungsauftrag, *Baums*, ZHR-Beiheft 71, 2002, 13. 14 sowie *Baums*, Bericht der Regierungskommission Corporate Governance, S. 1 und schon oben S. 2. Umfassend zum Auftrag an die Kodex-Kommission und deren Arbeitsweise vgl. *v. Werder*, in: *Ringleb/Kremer/ Lutter/v. Werder*, Kodex, Rdn. 17 ff.
[338] Die Kommissionsmitglieder sind in *Baums*, Bericht der Regierungskommission Corporate Governance, S. 3 aufgeführt. Vgl. dazu auch *Hopt*, ZHR-Beiheft 71, 27, 28.
[339] Die Sachverständigen- und Verbändeliste ist abgedruckt in *Baums*, Bericht der Regierungskommission Corporate Governance, Teil F.
[340] Siehe hierzu etwa die Stellungnahme des Deutschen Notarvereins und des Deutschen Anwaltvereins zum Fragenkatalog der Bundesregierung, NZG 2001, 181 ff. bzw. NZG 2001, 185 ff. sowie die Stellungnahmen der fünf großen Wirtschaftsverbände BDI, DIHK, Zentraler Kreditausschuss, BDA, GdV.

Seiten starken Bericht vorgelegt[341]. Dieser Bericht enthält insgesamt etwa 150 Vorschläge, wobei sich 100 an den Gesetzgeber und 20 an eine damals noch zu bildende Kodex-Kommission richten. Inhaltlich betreffen die Vorschläge vor allem Änderungen des Aktiengesetzes und des HGB, daneben sind aber beispielsweise auch das Körperschaftssteuergesetz, das KAGG, das Umwandlungsrecht, das WpHG und das Börsenrecht sowie das Verfahrensrecht von den Änderungsvorschlägen betroffen[342].

Neben diesen Empfehlungen sprach sich die Kommission ausdrücklich für einen Deutschen Corporate Governance-Kodex aus[343] und schlug vor, mit dieser Aufgabe eine weitere Regierungskommission zu betrauen. Diesen Vorschlag nahm die Bundesministerin der Justiz auf und setzte im September 2001 die „Regierungskommission Deutscher Corporate Governance Kodex", kurz: Kodex-Kommission, ein mit dem Auftrag, unter der Leitung von *Gerhard Cromme*[344] einen entsprechenden Verhaltenskodex für deutsche, börsennotierte Gesellschaften zu entwickeln. Die Kodex-Kommission ist wesentlich kleiner[345] als die *Baums*-Kommission, was ebenfalls auf ihren Vorschlag zurückgeht[346]. Auffällig ist, dass die Kodex-Kommission ganz anders zusammengesetzt ist und im Gegensatz zur *Baums*-

---

341 *Hopt*, ZHR-Beiheft 71, 2002, 27, 28.

342 *Hopt*, ZHR-Beiheft 71, 2002, 27, 28.

343 *Baums*, Bericht der Regierungskommission Corporate Governance, Rdn. 7.

344 Aufsichtsratsvorsitzender von Thyssen-Krupp.

345 Zur genauen Zusammensetzung vgl. *Seibert*, BB 2002, 581 f. sowie unter *http://www.corporate-governance-code.de*; *Seibt*, AG 2002, 249, Fn. 2; *v. Werder*, in: *Ringleb/Kremer/Lutter/v. Werder*, Kodex, Vorbem. Rdn. 9 ff. Danach bestand die Kommission aus dem Vorsitzenden *Dr. Gerhard Cromme*, *Dr. Paul Achleitner* (zum damaligen Zeitpunkt Finanzvorstand Allianz AG), *Dr. Rolf Breuer* (zum damaligen Zeitpunkt in der Eigenschaft als Sprecher des Vorstandes der Deutschen Bank AG), *Dr. Hans Friedrich Gelhausen* (zum damaligen Zeitpunkt in der Eigenschaft als Vorstand PwC Deutsche Revision AG), *Ulrich Hocker* (zum damaligen Zeitpunkt in der Eigenschaft als Hauptgeschäftsführer DSW), *Max Dietrich Kley* (zum damaligen Zeitpunkt in der Eigenschaft als stv. Vorstandsvorsitzender BASF), *Prof. Dr. Dr. h. c. Marcus Lutter* (Universität Bonn), *Volker Potthoff* (zum damaligen Zeitpunkt in der Eigenschaft als Vorstand der Deutschen Börse AG), *Heinz Putzhammer* (zum damaligen Zeitpunkt in der Eigenschaft als Mitglied des geschäftsführenden Vorstandes des DGB), *Peer Michael Schatz* (zum damaligen Zeitpunkt in der Eigenschaft als Finanzvorstand der QIAGEN AG), *Christian Strenger* (zum damaligen Zeitpunkt in der Eigenschaft als Aufsichtsrat der DWS Investment GmbH), *Prof. Dr. Axel v. Werder* (Technische Universität Berlin) und *Dr. Wendelin Wiedeking* (zum damaligen Zeitpunkt in der Eigenschaft als Vorstandsvorsitzender der Porsche AG).

346 Nach dem Vorschlag der Regierungskommission Kodex-Kommission aus höchstens 12 Mitgliedern bestehen, vgl. *Baums*, Bericht der Regierungskommission Corporate Governance, Rdn. 17.

Kommission auf Dauer bestehen bleiben soll[347]. Vertreter der Bundesministerien oder Mitglieder politischer Parteien sind nicht vertreten; die Besetzung der Kommission zeigt deutlich, dass die Mehrzahl der Teilnehmer aus unterschiedlichen Bereichen der Wirtschaft, etwa der Unternehmensleitung, der Wirtschaftsprüfung oder den Interessengruppen der Anleger besteht, während insbesondere die Wissenschaft mit den beiden Professoren *Marcus Lutter* und *Axel v. Werder* unterrepräsentiert ist[348]. Begründet wird diese Zusammensetzung mit der Überlegung, dass der Kodex in der Wirtschaft nur dann eine breite Gefolgschaft finden werde, wenn die Mitglieder der Kodex-Kommission selbst überwiegend aus dem Wirtschaftsbereich stammten[349].

Bei der Vorstellung des Kodex-Entwurfs im Dezember 2001 führte der Vorsitzende *Cromme* noch einmal deutlich die international und national verbreiteten Kritikpunkte an der deutschen Unternehmensverfassung auf, denen mit den Kodex-Regelungen entgegengetreten werden soll[350]. Dazu zählen insbesondere:

- mangelhafte Ausrichtung der Unternehmensleitung auf Aktionärsinteressen,

- mangelhafte Transparenz deutscher Unternehmensführung,

- mangelnde Unabhängigkeit deutscher Aufsichtsräte,

- die duale Unternehmensverfassung mit Vorstand und Aufsichtsrat,

- eingeschränkte Unabhängigkeit der Abschlussprüfer[351].

Die Stellungnahmen zum Entwurf eines Deutschen Corporate Governance-Kodex sind überwiegend positiv ausgefallen, insbesondere das rasche Vorgehen und die konsequente Umsetzung wurden gelobt[352]. Zahlreiche kritische Detailpunkte haben etwa der Handelsrechtsausschuss des Deutschen Anwaltvereins und der Deutsche

---

347 *Hopt*, ZHR-Beiheft 71, 2002, 27, 29.
348 *Seibert*, BB 2002, 581 f.; *Hopt*, ZHR-Beiheft 71, 2002, 27, 29.
349 *Seibert*, BB 2002, 581, 582.
350 *Ulmer*, ZHR 2002, 150, 154. Ausführlich *Roth/Wörle*, ZGR 2004, 565, 569 ff.
351 *Cromme*, Einführungsrede vom 18. 12. 2001, S. 1. Im Internet abrufbar unter *http://www.corporate-governance-code.de.* S. dazu auch *Köstler/Kittner/Zachert/Müller*, Aufsichtsratspraxis, S. 64.
352 Zu positiven Stimmen aus der Praxis s. etwa *Seibert*, BB 2002, 581, 582.

Notarverein in ihren Stellungnahmen aufgeworfen[353]. Sowohl der Handelsrechtsausschuss des Deutschen Notarvereins als auch der Deutsche Notarverein bezweifelten etwa die grundsätzliche Notwendigkeit einer neben der *Baums*-Kommission eingesetzten weiteren Kodex-Kommission[354]. Inhaltlich unterbreitete der Handelsrechtsausschuss konkrete Vorschläge zur Zahl und zum Wahlverfahren der Aufsichtsratsmitglieder[355], zur möglichen Angleichung des Organhaftungsrechts an internationale Standards[356], zur Vergütung von Unternehmensorganen sowie zur Deregulierung vor dem Hintergrund des bereits erwähnten § 23 Abs. 5 AktG[357]. Darüber hinaus machte der Ausschuss Vorschläge zur Verbesserung der Aktionärsstellung, zur Publizität und zur Abschlussprüfung[358]. Letztere beschränken sich aber im Wesentlichen auf den Hinweis, dass gerade im Bereich der Abschlussprüfung kein Regelungsbedarf bestehe[359].

Der Deutsche Notarverein setzte sich im Zusammenhang mit dem möglichen Corporate Governance-Kodex für die Bundesrepublik Deutschland ebenfalls mit dem Organhaftungsrecht auseinander[360], veröffentlichte Vorschläge zur Gründung der Aktiengesellschaft und zur Bilanzierung[361], zur Struktur monistischer und dualistischer Systeme und zur Vergütung der Organmitglieder[362] sowie zur Hauptversammlung[363]. Daneben machte der Deutsche Notarverein umfangreiche Vorschläge zu Kapitalmaßnahmen wie Kapitalerhöhungen, Aktienoptionsprogrammen[364] und anderen Finanzierungsmodellen[365] und ging ebenfalls auf die Satzungsstrenge des § 23 Abs. 5 AktG ein[366]. Schließlich schlug der Deutsche Notarverein vor, einen

---

[353] Vgl. NZG 2001, 181 ff. und 185 ff. Dazu *Ulmer*, ZHR 2002, 150, 152.
[354] NZG 2001, 185, 187.
[355] NZG 2001, 181, 182.
[356] NZG 2001. 181, 182 f.
[357] NZG 2001, 181, 183.
[358] NZG 2001, 181, 184.
[359] NZG 2001, 181, 184.
[360] NZG 2001, 185, 187. Nach Auffassung des Deutschen Notarvereins wird der Kodex insbesondere für die Beweislastverteilung im Rahmen der Organhaftung relevant.
[361] NZG 2001, 185, 188.
[362] NZG 2001, 185, 189.
[363] NZG 2001, 185, 189. Der Deutsche Notarverein spricht sich gegen eine reine Internet-Hauptversammlung aus. Dazu näher Teil 2 B, S. 112 ff.
[364] Dazu bereits oben Teil 1 B, S. 11 f.
[365] NZG 2001, 181, 190 ff.
[366] NZG 2001, 181, 192.

möglichen Corporate Governance-Kodex auch auf andere Rechtsformen wie etwa die eingetragene Genossenschaft zu erstrecken[367].

Die Kodex-Kommission hat die genannten Vorschläge des Handelsrechtsausschusses des Deutschen Anwaltsvereins und die des Deutschen Notarvereins bis auf diejenigen zur flexiblen Vergütung der Mitglieder der Führungsorgane[368] überwiegend nicht umgesetzt. Denn das Ziel des der Kodex-Kommission übertragenen Auftrags bestand nicht in einer Auseinandersetzung mit zahlreichen juristischen Einzelfragen, sondern in der Erstellung eines übersichtlichen und informativen Regelwerks zur Unternehmensführung und -kontrolle. Am 26. 02. 2002 hat die Kodex-Kommission schließlich den von ihr erarbeiteten Verhaltenskodex für die Vorstände und Aufsichtsräte deutscher, börsennotierter Gesellschaften der Bundesministerin der Justiz vorgelegt, welche den Kodex im September 2002 im amtlichen Teil des elektronischen Bundesanzeigers[369] bekannt machte.

Neben der Kodex-Kommission hat auch der Gesetzgeber einige Vorschläge der *Baums*-Kommission umgesetzt, vor allem durch das Gesetz zur weiteren Reform des Aktien- und Bilanzrechts, zu Transparenz und Publizität (Transparenz- und Publizitätsgesetz, TransPuG)[370]. Der Gesetzgeber hatte zwar bereits vor Erlass des TransPuG seit Mitte der 1990er Jahre zahlreiche gesetzliche Regelungen zur Reform des Aktienrechts verabschiedet[371], auf die im Zusammenhang mit einzelnen Teilbereichen des Kodex noch eingegangen wird[372]. Die wesentlichen Rahmenbedingungen zur Verbesserung der Unternehmensführung und -kontrolle in deutschen börsennotierten Gesellschaften wurden aber zunächst vor allem durch das staatliche

---

[367] NZG 2001, 181, 192.
[368] Näher dazu Teil 2 B, S. 204 ff.
[369] Im Internet unter *http://www.ebundesanzeiger.de* zu finden.
[370] BGBl. I 2002, S. 2681 ff. Der Regierungsentwurf ist abgedruckt in NZG, 2002, 213 ff. Die einzelnen Regelungen des TransPuG werden vorgestellt und besprochen von *Seibert*, NZG 2002, 608 ff.; *ders.*, Das Transparenz- und Publizitätsgesetz (TransPuG), Materialiensammlung, 2003. Zur gesetzlichen Flankierung der Kodex durch das TransPuG, vgl. auch *Berg/Stöcker*, WM 2002, 1569, 1572 ff. Zu den übrigen Neuerungen durch das TransPuG vgl. *Knigge*, WM 2002, 1729 ff. Siehe auch *Schüppen*, ZIP 2002, 1269 ff.; *Hucke/Ammann*, DStR 2002, 689 ff.; *Ihrig/Wagner*, BB 2002, 789 ff.; *Pfitzer/Oser/Orth*, DB 2002, 157 ff. Zu den Auswirkungen des TransPuG auf die hier nicht näher behandelte Genossenschaft und GmbH vgl. *Keßler*, DW 2003, 40 ff. sowie *Gaul/Otto*, GmbHR 2003, 6 ff.
[371] *Seibert*, AG 2002, 417.
[372] Siehe etwa unten Teil 2 B, S. 81 ff. und S. 128 ff.

TransPuG und durch den Kodex, ein Regelwerk von Verhaltensmaßstäben ohne Gesetzesqualität[373], vorgegeben.

Neben der Einsetzung der Kodex-Kommission und dem Erlass des TransPuG hat die Bundesregierung am 25. 02. 2003 einen Maßnahmenkatalog zur Stärkung der Unternehmensintegrität und des Anlegerschutzes vorgestellt, der auf einem 10-Punkte-Programm vom 28. 06. 2002 beruht[374]. Danach sollte vor allem das Recht der Aktionäre gestärkt werden, eine Haftungsklage der Gesellschaft gegen ihre Organe gemäß § 147 AktG[375] durchzusetzen. Zu diesem Zweck sollte nach einem neuen § 148 Abs. 1 S. 1 AktG eine Aktionärsminderheit die Möglichkeit auf Einleitung einer Klage nach § 147 AktG erhalten, wenn sie ein Prozent des Grundkapitals hält oder ihre Anteile einen Börsenwert von 100.000 € erreichen[376]. Im Gegenzug dazu sollte der Haftungsmaßstab für Vorstands- und Aufsichtsratsmitglieder gemäß § 93 Abs. 1 AktG der aus dem US-amerikanischen Recht entnommenen „business judgement rule" angepasst werden. Nach dieser Regelung scheidet eine Erfolgshaftung der Organmitglieder gegenüber der Gesellschaft aus, wenn sie nach bestem Wissen und Gewissen eine Entscheidung getroffen haben, die sich später als unternehmerische Fehlentscheidung erweist[377]. Hierdurch sollten die Erfolgsaussichten der geplanten erweiterten Klagemöglichkeit wieder etwas begrenzt werden[378]. Außerdem sollten nach dem Maßnahmenkatalog die Bilanzregeln des HGB an internationale Rechnungslegungsgrundsätze angepasst und damit zusammenhängend die Rolle des Abschlussprüfers gestärkt werden[379].

---

[373] Dazu näher Teil 1 C, S. 61 ff.

[374] Im Internet unter *http://www.bmj.bund.de/ger/service/pressemitteilungen/10000668.html.* Dazu *Seibert*, BB 2003, 693 ff.; *Kiethe*, ZIP 2003, 707 ff.

[375] Gemäß § 147 Abs. 1 S. 1 AktG können Ersatzansprüche der Gesellschaft gegen Vorstand und Aufsichtsrat auch dann geltend gemacht werden, wenn eine Minderheit von Aktionären dies verlangt. Näher vgl. *Hüffer*, AktG, § 147 Rdn. 4; *Schmidt*, Gesellschaftsrecht, S. 874 f.; *Wiesner*, in: Münchener Hdb des GesR, Band 4, § 18 Rdn. 4 ff.; *Henn*, Hdb des AktienR, Rdn. 605.

[376] Ausführlich dazu *Jahn*, BB 2005, 5, 10 ff.; *Köhler/Meyer/Maulshagen*, BB 2004, 2623, 2624; *Kiethe* ZIP 2003, 707. Zum Maßnahmekatalog der Bundesregierung auch *Scheffler* AG 2003, R 287; *Wiesner*, ZIP 2003, 1186, 1188.

[377] Siehe ausführlich dazu beispielsweise *Wilsing*, ZIP 2004, 1082, 1089; Stellungnahme des Handelsrechtsausschusses des DAV, NZG 2004, 555 f.

[378] *Jahn*, BB 2005, 5, 11.

[379] Punkte 4 und 5 des Maßnahmenkatalogs.

Desweiteren beinhaltet der Maßnahmenkatalog zahlreiche Vorschläge zur Weiterentwicklung des Corporate Governance-Kodex[380], zur Überwachung der Rechtmäßigkeit konkreter Unternehmensabschlüsse durch eine unabhängige Stelle (Enforcement)[381], zur Fortführung der Börsenreform und Weiterentwicklung des Aufsichtsrechts[382], zur Verbesserung des Anlegerschutzes, vor allem durch bessere Aufklärung der Verbraucher[383], zur Sicherstellung der Verlässlichkeit von Unternehmensbewertungen durch Finanzanalysten und Rating-Agenturen[384] und schließlich zur Verschärfung von Strafvorschriften für Delikte im Kapitalmarktbereich[385].

Die Umsetzung dieses 10-Punkte Plans erfolgt nicht in einem Schritt, sondern in verschiedenen Gesetzgebungsverfahren[386]. Zu diesem Zweck hat das Bundesministerium der Justiz zahlreiche Referenten- und Gesetzesentwürfe vorgestellt, die vom Bundestag überwiegend bereits als förmliche Parlamentsgesetze verabschiedet worden sind. Dazu zählen insbesondere:

- Gesetz zur Verbesserung des Anlegerschutzes (Anlegerschutzverbesserungsgesetz – AnSVG) vom 29. 10. 2004[387].

- Gesetz zur Einführung internationaler Rechnungslegungsstandards und zur Sicherung der Qualität der Abschlussprüfung (Bilanzrechtsreformgesetz – BilReG) vom 04. 12. 2004[388].

---

380 Zu anreizorientierten Vergütungsmodellen Ziff. 3 des Maßnahmenkatalogs, vgl. *http:// www.bmj.bund.de/ger/service/pressemitteilungen/10000668,* S. 4 f. oder zur Rechnungslegung und Abschlussprüfung, vgl. *http://www. bmj.bund.de/ger/service/pressemitteilungen*, S. 6 ff.

381 Punkt 6 des Maßnahmenkatalogs. Näher dazu s. u. Teil 2 B, S. 217 ff.

382 Punkt 7 des Maßnahmenkatalogs.

383 Punkt 8 des Maßnahmenkatalogs.

384 Punkt 9 des Maßnahmenkatalogs.

385 Punkt 10 des Maßnahmenkatalogs.

386 *Seibert*, BB 2003, 693, 698.

387 BGBl. I 2004, S. 2630 ff. Dazu *Köhler/Meyer/Mauelshagen*, BB 2004, 2623, 2629 f.; *Röhrich/Morlin*, AG 2005, R 3 ff. Der vorangegangene Gesetzesentwurf vom 21. 04. 2004 ist abgedruckt in der Sonderbeilage zu NZG 2004/Heft 12. Dazu *Duhnkrack/Hasche*, DB 2004, 1351 ff.; *Holzborn/Israel,* WM 2004, 1948 ff.

388 BGBl. I 2004, S. 3166 ff. Dazu *Hülsmann*, DStR 2005, 166 ff. Vorangegangen waren ein Referentenentwurf vom 15. 12. 2003 und ein Gesetzesentwurf der Bundesregierung vom 24. 06. 2004. Dazu *Hüttemann*, BB 2004, 203 ff.; *Pfitzer/Orth/Hettich*, DStR 2004, 328 ff.; *Scheffler*, AG 2004, R 82 ff.; Stellungnahme des Arbeitskreises Bilanzrecht der Hochschullehrer Rechtswissenschaft, BB 2004, 546 ff.

- Gesetz zur Kontrolle von Unternehmensabschlüssen (Bilanzkontrollgesetz – BilKoG) vom 15. 12. 2004[389].

- Gesetz über die Offenlegung der Vorstandsvergütungen (Vorstandsvergütungs-Offenlegungsgesetz – VorstOG) vom 03. 08. 2005[390].

- Kapitalanleger-Musterverfahrensgesetz (KapMuG) vom 19. 08. 2005[391].

- Gesetz zur Unternehmensintegrität und Modernisierung des Anfechtungsrechts (UMAG) vom 22. 09. 2005[392].

- Diskussionsentwurf für ein Kapitalinformationshaftungsgesetz (KapInHaG) vom 07. 04. 2004[393].

---

[389] BGBl. I 2004, S. 3408 ff. Der Gesetzesentwurf der Bundesregierung vom 24. 06. 2004 ist im Internet abrufbar unter *http:/www.bmj.de/media/archive/513.pdf.* Dazu *Peemöller/Oehler*, BB 2004, 1158 ff.; *Mattheus/Schwab*, BB 2004, 1099 ff.; *Ernst*, BB 2004, 936 ff. Vorangegangen war der entsprechende, in einzelnen Punkten hiervon abweichende „Referentenentwurf eines Gesetzes zur Kontrolle von Unternehmenszusammenschlüssen (Bilanzkontrollgesetz – BilKoG)" vom 08. 12. 2003. Im Internet abrufbar unter *http://www.bmj.bund.de/images/11723.pdf.* Dazu *Hommelhoff/Mattheus*, BB 2004, 93 ff.; *Scheffler*, AG 2004, R 46 f.; *Kinzl*, AG 2004, R 3 f; *Großfeld*, NZG 2004, 105 ff.; Stellungnahme des DAV zum BilKoG, NZG 2004, 220 ff.; Stellungnahme des DAI zum BilKoG. NZG 2004, 224 ff.

[390] BGBl. I 2005, 2267 ff. S. dazu beispielsweise *Fleischer*, DB 2005, 1611 ff.; *Spindler*, NZG 2005, 689 ff.

[391] BGBl. I 2005, 2437 ff. S. dazu die Pressemitteilung des Bundesministeriums der Justiz vom 19. 08. 2005, im Internet abrufbar unter *http://bmj.bund.de.* Zum Regierungsentwurf vgl. etwa *Köhler/Meyer/Maulshagen*, BB 2004, 2623, 2625; *Hess*, WM 2004, 2329 ff. Zum vorangegangenen Diskussionsentwurf vom 07. 04. 2004 vgl. *Reuschle*, NZG 2004, 590 ff.

[392] BGBl. I 2005, S. 2802 ff. S. dazu beispielsweise *Paschos/Neumann*, DB 2005, 1779 ff.; *Grotheer*, WM 2005, 2070 ff.; *Kiethe*, WM 2005, 2122 ff.; *Spindler*, NZG 2005, 825 ff.; *ders.*, NZG 2005, 865 ff.; *Götz/Holzborn*, WM 2006, 157 ff. Zum vorangegangenen Regierungsentwurf vgl. beispielsweise *Schütz*, NZG 2005, 5 ff.; *Gantenberg*, DB 2005, 207 ff.; *Seibert*, WM 2005, 157 ff.; *Weiss/Buchner*, WM 2005, 162 ff. Vorangegangen war diesem ein Referentenentwurf vom 21. 01. 2004. Dazu *Schütz*, DB 2004, 419 ff.; *Thümmel*, DB 2004, 471 ff.; *Seibert/Schütz*, ZIP 2004, 252 ff.; *Diekmann/Lanfermann*, NZG 2004, 249 ff.; *Meilicke/Heidel*, DB 2004, 1479 ff.; *Wilsing*, ZIP 2004, 1082 ff.; Stellungnahme des Handelsrechtsausschusses des DAV, NZG 2004, 555 ff.; *Martens*, AG 2004, 238 ff.

[393] Hierzu ist allein ein nicht öffentlicher Entwurf vorhanden. Vgl. dazu *Köhler/Meyer/Mauelshagen*, BB 2004, 2623, 2625; *Kollmann*, AG 2004, R 463 f.; *Sünner*, DB 2004, 2460 ff.

In Ergänzung zum Deutschen Corporate Governance-Kodex hat die Deutsche Vereinigung für Finanzanalyse und Asset Management (DVFA) auf der Basis des Kodex und weiterer Best Practise-Standards eine Corporate Governance-Scorecard entwickelt[394], die ein praxistaugliches Instrument für Analysten und Investoren darstellen soll[395]. Die Scorecard geht von einem bestimmten Corporate Governance-Grundstandard aus, der sicherstellen soll, dass das geprüfte Unternehmen alle „Soll"-Empfehlungen[396] des Kodex erfüllt. In diesem Fall erreicht das Unternehmen 75% aller empfohlenen Corporate Governance-Standards[397]. Werden die Bestimmungen des Kodex vollständig sowie weitere Best Practise-Standards erfüllt, kann ein Gesamtergebnis von 100% aller von der DVFA für gut befundenen Corporate Governance-Standards erreicht werden[398].

Schließlich ist das am 08. Juli 2002 an der Technischen Universität Berlin am Lehrstuhl von *Prof. Axel v. Werder* gegründete „Berlin Center of Corporate Governance (BCCG)" zu erwähnen[399]. Das Center versteht sich zum einen als empirische Forschungsstelle, die sich zum Ziel gesetzt hat, einen ständig wachsenden Datenbestand über die Unternehmensführungsmodelle deutscher Unternehmen anzulegen. Zum anderen soll das Center Wissenschaft und Unternehmen eine Plattform für den ständigen Austausch zwischen Theorie und Praxis zur Corporate Governance in der Bundesrepublik Deutschland geben[400].

Die Corporate Governance-Diskussion findet damit in der Bundesrepublik Deutschland auf drei verschiedenen Ebenen statt. Der Aktionsplan der Europäischen Kommission, das Maßnahmenprogramm der Bundesregierung und der Deutsche Corporate Governance-Kodex sind derzeit diejenigen Ansätze, mit denen Unternehmensführungs- und Unternehmenskontrollstrukturen in börsennotierten Gesellschaften nachhaltig verbessert werden sollen. Der Kodex ist dabei lediglich eine erste schriftliche Fixierung von für richtig und gut befundenen Führungs- und Kontrollstandards in deutschen Aktiengesellschaften, die sich in der Praxis zu bewähren haben[401]. Auch der Kodex wird sich mit dem Fortschreiten der internationa-

---

394 Im Internet abrufbar unter *http://www.dfva.de.*
395 DVFA-Evaluierungsschema basierend auf dem DCG-Kodex, S. 1.
396 Zum Begriff s. u. Teil 2 B, S. 77.
397 DVFA-Evaluierungsschema basierend auf dem DCG-Kodex, S. 3.
398 DVFA-Evaluierungsschema basierend auf dem DCG-Kodex, S. 3.
399 Im Internet abrufbar unter *http://www.bccg.tu-berlin.de.*
400 Näheres zur Zielrichtung unter *http://www.bccg.tu-berlin.de/main/profil.*
401 Zu der eher schleppenden Umsetzung des Kodex im ersten Quartal des Jahres 2003 vgl. *Lückmann*, Handelsblatt v. 09. 04. 2003, S. 11. Ebenso *Wiskow*, Capital 2003, Heft 6, S. 36 ff.

len Diskussion und des internationalen Wettstreits um die besten Corporate Governance-Systeme weiter verändern[402] und weiter verändern müssen.

III. Stellungnahme

Die bislang in der Literatur vertretenen Corporate Governance-Begriffe sowie das angelsächsische Corporate Governance-System einerseits und das kontinentaleuropäische Corporate Governance-System andererseits zeigen, dass ein einheitlicher und weltweit gültiger Corporate Governance-Begriff nach dem jetzigen Stand der Corporate Governance-Diskussion nicht abschließend herausgearbeitet werden kann. Das monistische, angloamerikanische Board-System gewährt Unternehmen bei der Festlegung seiner Unternehmensverfassung einen weitreichenden Gestaltungsspielraum. Daher sind in diesem System für die Ausgestaltung der Unternehmensverfassung einer Kapitalgesellschaft ganz andere Organisationsformen der Unternehmensführung und der Unternehmenskontrolle denkbar als in einem dualistischen Corporate Governance-System mit seiner gesetzlich vorgeschriebenen Aufgabenverteilung zwischen Vorstand und Aufsichtsrat. Während in einem US-Unternehmen beispielsweise die Leitung des Unternehmens auf einen führungsstarken CEO konzentriert werden kann, ist in der Bundesrepublik Deutschland eine vergleichbare Ausrichtung wegen des geltenden Kollegialprinzips in § 77 Abs. 1 AktG nicht denkbar[403].

Keines der beiden Systeme kann als grundsätzlich überlegenes Corporate Governance-System bezeichnet werden. Aus diesem Grund sind in der Unternehmenspraxis zwischen beiden Corporate Governance-Systemen, wie angedeutet[404], be-

---

[402] Das ist beispielsweise am 07. 11. 2002 geschehen. Ziff. 6.6 Abs. 1 Kodex, der die Offenlegung von Kauf und Verkauf von Aktien der Gesellschaft durch Vorstandsmitglieder empfahl, wurde in § 15a WpHG zu einer gesetzlichen Regelung aufgewertet. Weitere umfangreiche Änderungen erfolgten im Rahmen des Aktionsplans der Europäischen Kommission vom Mai 2003, vgl. Mitteilungen für die Presse vom 21. Mai 2003, abrufbar im Internet unter *http://www.corporate-governance-code.de/News*. Die letzte Änderung erfuhr der Kodex am 2. Juni 2005, mit der die Kodex-Kommission vor allem auf die jüngsten Empfehlungen der EU-Kommission zur Unabhängigkeit von Aufsichtsratsmitgliedern und zur Offenlegung von Vorstandsvergütungen reagierte.

[403] Anderes gilt nur für eine Europäische AG mit monistischer Unternehmensverfassung, die ihren Sitz in der Bundesrepublik Deutschland wählt. Auf diese sind die §§ 76 ff. AktG nicht anwendbar, s. o. Teil 1 B, S. 17 ff.

[404] Dazu siehe oben Teil 1 B, S. 29 ff.

stimmte Annäherungstendenzen festzustellen[405]. Diese Tendenzen lassen die Herausbildung eines einheitlichen Corporate Governance-Begriffs aber nicht erwarten. Der weitreichende Entscheidungsspielraum für Gesellschaften in Common Law-Systemen einerseits und die gesetzgeberisch vorgegebenen Rahmenbedingungen in Civil Law-Systemen andererseits sind rechtskulturell zu verschieden, als dass man einen für beide Systeme gleichermaßen gültigen Corporate Governance-Begriff definieren könnte.

Eng mit dem Problem einer abschließenden Definition von Corporate Governance ist die Frage nach der Entwicklung eines global einheitlichen Corporate Governance-Systems verbunden. Die OECD-Principles of Corporate Governance von 1999 können zwar als eine Initiative zur Formulierung weltweiter Standards von effektiver Unternehmensführung und -kontrolle betrachtet werden. Die OECD-Principles haben aber keine allgemeine Gültigkeit für die Mitgliedstaaten und Nichtmitgliedstaaten der OECD[406]. Außerdem haben sich sowohl vor als auch nach der Veröffentlichung der OECD-Principles zahlreiche Codes of best Practise unabhängig von der Initiative der OECD zur Corporate Governance herausgebildet. Dies trifft etwa auf die USA zu, wo eine ganze Reihe unterschiedlicher Corporate Governance-Regelwerke entwickelt wurden, zugeschnitten auf die Bedürfnisse einzelner Unternehmen. Auch in der Bundesrepublik Deutschland haben insbesondere große börsennotierte Unternehmen firmeninterne Corporate Governance-Kodizes entwickelt. Anders als in den USA wurden in der Bundesrepublik Deutschland aber auf Initiative der Bundesregierung, also auf Initiative eines Verfassungsorgans, mit dem Deutschen Corporate Governance-Kodex allgemeine Maßstäbe für gut befundener Verhaltensstandards für alle in der Bundesrepublik Deutschland notierten Aktiengesellschaften festgelegt.

In den USA ist eine staatliche Einflussnahme der US-Regierung auf strategische Unternehmensführungsführungs- und Kontrollentscheidungen vor allem durch den Sarbanes-Oxley-Act erfolgt[407]. Zweck dieses Gesetzes ist aber nicht die Einführung allgemeiner Corporate Governance-Maßstäbe für börsennotierte US-Unternehmen. Vielmehr sollte durch das Gesetz insbesondere mit der Einführung von Haftungsverschärfungen bei Pflichtverletzungen des Managements gezielt auf konkrete Firmenzusammenbrüche reagiert werden. Der Sarbanes-Oxley-Act ist damit kein all-

---

[405] Vgl. auch Präambel Abs. 4 Kodex, wonach diese Annährungstendenz belege, dass beide Systeme gleichermaßen erfolgreich seien.
[406] *Seibert*, AG 1999, 337, 340.
[407] Dazu siehe Teil 1 B, S. 28 f.

gemeiner Leitfaden für effektive Unternehmensführung, sondern in erster Linie ein Gesetz mit Sanktionscharakter.

Die Entwicklungen auf europäischer Ebene, beginnend mit der First European Conference on Corporate Governance[408] bis zum Aktionsplan der EU-Kommission vom Mai 2003, können ebenfalls nur als erste allgemeine Maßnahmen Europas zur Verbesserung der Unternehmensführung und -kontrolle in den Unternehmen der Mitgliedstaaten verstanden werden. Auch nach der Durchführung Aktionsplans wird das Ergebnis nicht der Erlass eines europäischen Superkodex für Corporate Governance sein. Das wird zum einen aus der kurzfristigen Maßnahme[409] der EU-Kommission zur Errichtung des europäischen Corporate Governance-Forums deutlich[410]. Dieses Forum soll die unterschiedlichen nationalen Kodizes koordinieren und einander annähern, nicht aber auf deren Abschaffung zugunsten eines europäischen Corporate Governance-Kodex hinwirken[411]. Zum anderen zeigt die Verordnung über das Statut der Europäischen Gesellschaft mit dem in Art. 38b SE-VO verankerten Wahlrecht zwischen monistischem und dualistischem Modell deutlich, dass eine abschließende europäische Entscheidung zugunsten des einen oder anderen Systems nicht getroffen werden soll. Daher wird sich bis auf weiteres auch kein einheitliches europäisches Corporate Governance-Modell herausbilden.

Die EU-Kommission sollte allerdings davon Abstand nehmen, im Hinblick auf einzelne Corporate Governance-Maßnahmen zu detaillierte Vorgaben zu machen. *Cromme* und *Säcker* ist daher insoweit zuzustimmen[412]. Denn in Europa sind sämtliche Corporate Governance-Systeme vertreten, deren konkrete Ausgestaltung den einzelnen Mitgliedstaaten unter Weiterentwicklung der darauf zugeschnittenen Regelwerke überlassen bleiben sollte. Die EU sollte deshalb allein allgemeine Rahmenbedingungen zur Verbesserung der Corporate Governance vorgeben, wie dies im Aktionsplan der EU-Kommission vom 21. 05. 2003 geschehen ist. Die jüngsten Vorschläge zur Unabhängigkeit von Aufsichtsratsmitgliedern[413] gehen darüber aber weit hinaus, was nachdrücklich zu kritisieren ist.

---

408 Vgl. Teil 1 B, S. 40 f.
409 Zum Begriff s. o. Teil 1 B, S. 42.
410 Siehe dazu auch *Hopt*, in: *Hommelhoff/Hopt/v. Werder*, Hdb Corporate Governance, S. 37 ff.; *Merkt*, RIW 2004, 1, 5.
411 Zur Kritik an diesem geplanten Forum vgl. *Wiesner*, ZIP 2003, 977, 979.
412 S. o. Fn. 292.
413 S. o. Teil 1 B, S. 43.

Im Ergebnis stehen sich nach dem jetzigen Stand der Corporate Governance-Diskussion damit zwei unterschiedliche Corporate Governance-Modelle gegenüber. Diese haben ein gemeinsames Ziel zum Gegenstand, die Unternehmensführung und -kontrolle in den von ihrem Anwendungsbereich erfassten Gesellschaften nachhaltig zu verbessern. Die Kodizes dieser Modelle differieren inhaltlich indessen sehr, da sie sich entweder nur an bestimmte Unternehmen wenden oder aber allgemeine Maßstäbe für sämtliche von ihrem Anwendungsbereich erfasste Gesellschaften aufstellen. Damit ist auch die Festlegung eines global einheitlichen Corporate Governance-Modells derzeit nicht denkbar.

C. Rechtsnatur des Kodex

I. Einleitung

Die rechtliche Einordnung des Deutschen Corporate Governance-Kodex ist in der Literatur bislang nicht geklärt. Nach der überwiegenden Ansicht im Schrifttum sind die Regelungen des Kodex allerdings nicht rechtlich verbindlich[414]. Eine unmittelbare Bindungswirkung der Regelungen des Kodex wird deshalb nur für den Fall der freiwilligen Selbstbindung des Unternehmens an den Kodex angenommen[415]. Da das Regelwerk von einem durch das Bundesministerium der Justiz eingesetzten Gremium aufgestellt wurde, herrscht ebenfalls Einigkeit darüber, dass es sich bei dem Kodex nicht um ein förmliches Parlamentsgesetz handelt[416]. Soweit der Kodex lediglich über die bestehende Gesetzeslage informiert, trifft dies schon deshalb zu, weil der Kodex hierdurch keinerlei selbständige Regelungen zur Unternehmensführung und -kontrolle trifft[417].

Auch im Hinblick auf die Empfehlungen, über die sich die Leitungsorgane der Gesellschaft gemäß § 161 S. 1 AktG i. d. F. des TransPuG jährlich zu erklären haben, und im Hinblick auf die Anregungen kommt dem Kodex nach übereinstimmender

---

[414] Vgl. Begründung zum RegE TransPuG, BR-Drucks. 109/2002, S. 50. *Borges*, ZGR 2003, 508, 514 ff.; *Ringleb*, in: *Ringleb/Kremer/Lutter/v. Werder*, Kodex, Rdn. 51 ff.; *Claussen/Bröcker*, AG 2000, 481, 483, *dies.* DB 2002, 1199; *Erhardt/Nowak*, AG 2002, 336; *Ulmer*, AcP 2002, 143, 169.
[415] Vgl. ausführlich dazu *Borges*, ZGR 2003, 508, 521 ff. S. auch unten Teil 1 C, S. 61 f.
[416] *Claussen/Bröcker*, AG 2000, 481, 482; *dies.*, DB 2002, 1199 ff.; *Lutter*, ZGR 2001, 224, 225; *Peltzer*, NZG 2002, 10, 11; *ders.*, NZG 2002, 593 ff.; *Wolf*, ZRP 2002, 59 ff.; *v. Werder*, DB 2002, 801 ff.; *Seibt*, AG 2002, 249, 250; *ders.*, AG 2003, 465, 470; *Kollmann*, WM-Sonderheft 1, 2003, S. 5; *Ulmer*, ZHR 2002, 150, 159.
[417] So auch *Kollmann*, WM-Sonderheft 1, 2003, S. 5.

Auffassung in der Literatur keine Gesetzesqualität zu[418]. Diese Übereinstimmung deckt sich mit der Auffassung des Bundesministeriums der Justiz, das bei der Veröffentlichung des Kodex davon ausging, selbst bei den gemäß § 161 S. 1 AktG i. d. F. des TransPuG erklärungspflichtigen Empfehlungen des Kodex handele es sich nicht um staatliches Recht, sondern um „echte Selbstorganisation der Wirtschaft[419].“ Grundsätze zur Corporate Governance werden daher teilweise auch als „Softlaw“[420] oder als „private Regelwerke für Verhaltensweisen von aktienrechtlichen Organen“, die als eine Art besondere Geschäftsordnung für die Corporate Governance der Gesellschaften zu verstehen seien[421], bezeichnet[422].

II. Literaturansichten

Der Kodex ist kein Parlamentsgesetz, weil er nicht in der hierfür maßgeblichen Form gemäß Art. 70 ff. GG zustandegekommen ist[423]. Auch die Einordnung als Handelsbrauch gemäß § 346 HGB[424] kommt nicht in Betracht, weil Voraussetzung für diesen eine langjährige tatsächliche Übung unter Kaufleuten ist[425]. Da der Kodex erst im Jahre 2002 der Öffentlichkeit vorgestellt wurde, scheidet eine solche langjährige Übung aus[426].

---

[418] Siehe Fn. 423. Zum Begriff „Empfehlung“ und „Anregung“ s. u. Teil 2 B, S. 77.

[419] Vgl. Mitteilung des Bundesministeriums der Justiz Nr. 9/02 vom 26. Februar 2002. Näher dazu *Seibert*, ZIP 2001, 2192; *Ulmer*, ZHR 2002, 150, 159; BB 2002, 582.

[420] Siehe etwa *Hommelhoff*, ZGR 2001, 246; *Kronke*, FS für Lutter, 2000, S. 1458 f.; *Semler/Wagner*, NZG 2003, 553, 554. Dagegen *Schulze-Osterloh*, ZIP 2001, 1433, 1436 sowie *Ulmer*, ZHR 2002, 150, 161.

[421] *Kollmann*, WM-Sonderheft 1, 2003, S. 5 mit weiteren Nachweisen.

[422] Nach der Auffassung von *Seibt* handele es sich bei dem Kodex um ein außerrechtlich-normatives Dokument, vgl. *Seibt*, AG 2003, 465, 471. Gegen die Einordnung als privates Regelwerk ausdrücklich *Wolf*, ZRP 2002, 59, 60 sowie *Seidel*, ZIP 2004, 285 ff.

[423] Dazu umfassend *Sannwald*, in: *Schmidt-Bleibtreu/Klein*, GG, Vorb. v. Art. 70 Rdn. 1 ff.; *Kunig*, in: *v. Münch/Kunig*, GG, Art. 70 Rdn. 5 ff.; *Stein/Frank*, Staatsrecht, S. 115 ff.; *Ipsen*, Staatsrecht I, Rdn. 219 ff.

[424] S. dazu *Ruß*, in: *Glanegger/Güroff/Kirnberger/Kusterer/Peuker/Ruß/Selder/Stuhlfelner*, HGB, § 346 Rdn. 1; *Baumbach/Hopt*, HGB, § 346 Rdn. 1; *Brox*, Handels- und WertpapierR, Rdn. 13; *Canaris*, Handelsrecht, § 24 Rdn. 1.

[425] *Ruß*, in: *Glanegger/Güroff/Kirnberger/Kusterer/Peuker/Ruß/Selder/Stuhlfelner*, HGB, § 346 Rdn. 3; *Baumbach/Hopt*, HGB, § 346 Rdn. 12 ff.; *Brox*, Handels- und WertpapierR, Rdn. 13; *Canaris*, Handelsrecht, § 24 Rdn. 5; *Claussen/Bröcker*, AG 2000, 481, 483.

[426] H. M., vgl. *Ulmer*, ZHR 2002, 150, 160; *Claussen/Bröcker*, AG 2000, 481, 483; *Schulze-Osterloh*, ZIP 2001, 1433, 1436; *Berg/Stöcker*, WM 2002, 1569, 1571; *Borges*, ZGR 2003, 508, 517; *Seibt*, AG 2002, 249, 251.

Ein Ansatz in der Literatur sieht in dem Kodex eine Auslegungshilfe für den Richter bei der Ausfüllung aktienrechtlicher und kapitalmarktrechtlicher Vorschriften[427]. Der Kodex könnte auf diese Weise den entscheidenden Richter bei der Auslegung eines gesetzlichen Tatbestandsmerkmals unterstützen[428], beispielsweise bei der Frage, ob ein Organmitglied sich gegenüber der AG schadensersatzpflichtig gemacht hat, wenn das Mitglied die Regelungen des Kodex missachtet. Gemäß § 93 Abs. 2 AktG sind Vorstandsmitglieder der Gesellschaft zum Schadensersatz verpflichtet, wenn sie ihre Pflichten verletzen. Die gleiche Haftung trifft gemäß §§ 116, 93 Abs. 2 AktG Aufsichtsratmitglieder, sofern sie eine Pflichtverletzung verursachen. Was unter einer Pflichtverletzung i. S. v. § 93 Abs. 2 AktG[429] zu verstehen ist, regelt das Gesetz nicht. Die Verhaltensmaßstäbe des Kodex könnten aber einen allgemein gültigen Standard für sorgfältiges Organhandeln aufstellen und somit für den entscheidenden Richter eine Konkretisierungshilfe bei der Ausfüllung des Begriffs der Pflichtverletzung i. S. v. § 93 Abs. 2 AktG darstellen[430]. Sie wären in diesem Fall etwa mit technischen Regeln (DIN-Normen)[431] oder den allgemein anerkannten Grundsätzen ordnungsgemäßer Unternehmensleitung (GoU) und Unternehmensüberwachung (GoÜ) oder den Grundsätzen ordnungsgemäßer Buchführung (GoB) vergleichbar.

Der Deutsche Corporate Governance-Kodex weist nach der Auffassung von *Borges* deutliche Parallelen zu DIN-Normen auf[432]. Die Bestimmungen des Kodex legten nach *Borges* wie DIN-Normen die sachlich angemessene Ausübung einer bestimmten Tätigkeit fest und seien wie diese rechtlich nicht verbindlich, sondern würden zunächst nur aufgrund freiwilliger Akzeptanz und freiwilliger Anwendung Bedeutung erlangen. Daher seien die Regelungen des Kodex wie DIN-Normen als Fach-

---

[427] *Seibt*, AG 2002, 249, 251; *Borges*, ZGR 2003, 508, 518 ff.

[428] Im Verwaltungsrecht bezeichnet man diese Bewertungshilfe als antizipiertes Sachverständigengutachten, welches dem Richter die Ausfüllung eines unbestimmten Rechtsbegriffs erleichtern soll, vgl. *Schwerdtfeger*, Öffentliches Recht, Rdn. 78; BVerwGE 55, 250, 256; *Sendler*, NJW 1986, 2907, 2913. Verbindliche Auslegungshilfen sind beispielsweise sog. normenkonkretisierende Verwaltungsvorschriften, etwa gemäß §§ 48, 51 BImSchG, vgl. *Schwerdtfeger*, Öffentliches Recht, Rdn. 78 m. w. N.

[429] Dazu etwa *Hüffer*, AktG, § 93 Rdn. 3 ff.; *Mertens*, in: KölnKomm-AktG, Band 2, § 93 Rdn. 6 ff.; *Grunewald*, Gesellschaftsrecht, S. 252 ff.; *Eisenhardt*, Gesellschaftsrecht, Rdn. 552 f.; *Schmidt*, Gesellschaftsrecht, S. 815 f.; *Henn*, Hdb des AktienR, Rdn. 591 ff.

[430] *Seibt*, AG 2002, 249, 251. Ausführlich zu diesem Problemkreis vgl. *Bertrams*, Diss., S. 82 ff.

[431] Dazu *Palandt-Heinrichs*, § 276 Rdn. 18; *MüKo-Wagner*, § 823 Rdn. 578; BGHZ 103, 341 ff.; 139, 17 ff.; *Hüffer*, AktG, § 76 Rdn. 15c.

[432] *Borges*, ZGR 2003, 508, 518.

normen einzuordnen[433]. Entscheidend gegen eine Gleichsetzung mit DIN-Normen spricht, dass sich Unternehmen zur Anwendung und Beachtung dieser Normen nicht gesetzlich zu erklären haben. Eine mit § 161 AktG i. d. F. des TransPuG vergleichbare gesetzliche Erklärungspflicht liegt für DIN-Normen nicht vor.

Die GoU und die GoÜ legen allgemeine und besondere, aus der Betriebswirtschaftslehre entwickelte Handlungsprinzipien fest, die sich ansatzweise auch im Kodex finden[434]. Ein allgemein akzeptierter Bestand geschriebener GoU und GoÜ ist aber bislang nicht entwickelt worden[435]. Der Kodex enthält hingegen bereits konkrete geschriebene Verhaltensmaßstäbe. Die GoB i. S. v. § 238 HGB[436] werden etwa von *Baumbach/Hopt* zutreffend als unbestimmter Rechtsbegriff eingeordnet, weil sich ihr konkreter Inhalt nicht genau ermitteln lasse[437]. Unbestimmte Rechtsbegriffe sind hingegen nicht geeignet, die Rechtsnatur des Kodex näher zu begründen. Damit erübrigt sich auch ein Vergleich zwischen den Regelungen des Kodex und den Grundsätzen ordnungsgemäßer Buchführung[438]. Ein Gericht sollte zumindest derzeit in den Regelungen des Kodex keine entscheidende Konkretisierungshilfe im Hinblick auf §§ 93 Abs. 2, 116 AktG erkennen[439].

Im Ergebnis ist festzuhalten: Die bislang in der Corporate Governance-Diskussion verwendeten Bezeichnungen wie echte Selbstorganisation der Wirtschaft, Softlaw sowie privates Regelwerk oder besondere Geschäftsordnung für die Corporate Governance der Gesellschaften u. a. lassen keine Rückschlüsse auf die Rechtsnatur des Deutschen Corporate Governance-Kodex zu. Inwiefern sich die Wirtschaft durch diese Maßstäbe tatsächlich selbst organisiert hat, wie es nach Einschätzung des Bundesministeriums der Justiz der Fall sein soll, muss bezweifelt werden. Zum einen greift der Staat durch die gesetzliche Erklärungspflicht gemäß § 161 AktG i. d. F. des TransPuG[440] in den Willensbildungsprozess der Unternehmen bei der Or-

---

[433] *Borges*, ZGR 2003, 508, 518.

[434] *v. Werder*, in: *Ringleb/Kremer/Lutter/v. Werder*, Kodex, Rdn. 456.

[435] *v. Werder*, in: *Ringleb/Kremer/Lutter/v. Werder*, Kodex, Rdn. 456.

[436] Im Zusammenhang mit dem Kodex etwa erwähnt von *Borges*, ZGR 2003, 508, 515 ff. und *Ulmer*, ZHR 2002, 150, 161 ff.

[437] *Baumbach/Hopt*, HGB, § 238 Rdn. 11.

[438] Zutreffend ebenso *Borges*, ZGR 2003, 508, 516.

[439] So aber offenbar *Borges*, ZGR 2003, 508, 520 f. mit Hinweis auf eine Entscheidung des AG Hamburg, ZIP 2001, 2147. Das Gericht hatte darin entschieden, dass der Verhaltenskodex für Insolvenzverwalter die Auswahlkriterien des § 56 InsO zur Bestellung eines Insolvenzverwalters näher festlegte und auf diese Weise eine mittelbare Bindungswirkung für das Insolvenzgericht entfaltete, vgl. AG Hamburg, ZIP 2001, 2147, 2148.

[440] Dazu ausführlich s. u. Teil 2 C, S. 243 ff.

ganisation ihrer Corporate Governance-Systeme ein, indem die Unternehmen sich jährlich zur Umsetzung oder Nichtumsetzung der Empfehlungen des Kodex zu erklären haben. Zum anderen ist der Kodex nach seiner Entstehungsgeschichte[441] nicht unmittelbar durch eine von der Wirtschaft eingesetzte Kommission entstanden. Führende Unternehmen in der Bundesrepublik Deutschland haben vielmehr nach US-amerikanischem Vorbild eigene und speziell auf die Bedürfnisse ihres Unternehmens zugeschnittene Corporate Governance-Kodizes entwickelt[442], deren Zulässigkeit neben dem Deutschen Kodex nicht bestritten wird[443]. Dieses Nebeneinander von eigenständig entwickelten Corporate Governance-Standards und dem Kodex der staatlich eingesetzten Kodex-Kommission verdeutlichen, dass von einer echten Selbstorganisation der Wirtschaft im Zusammenhang mit dem Deutschen Corporate Governance-Kodex nicht gesprochen werden kann. Damit stellt der Kodex im Zusammenhang mit der gesetzlichen Erklärungspflicht in § 161 AktG i. d. F. des TransPuG[444] für die deutsche Rechtswissenschaft ein rechtliches Novum dar, dessen allgemeine Rechtsnatur sich nicht abschließend bestimmen lässt.

Fest steht damit auch, dass die Regelungen des Kodex nicht verbindlich sind. Eine unmittelbare Bindungswirkung des Kodex für die Gesellschaft kommt deshalb nur durch eine wirksame, gesellschaftsinterne Umsetzung in Betracht. Für eine solche Umsetzung werden in der Literatur verschiedene Möglichkeiten vorgeschlagen. Die Regelungen des Kodex könnten etwa in bereits bestehende, firmeneigene Corporate Governance-Kodizes eingearbeitet[445] oder in die Satzung oder eine entsprechende Geschäftsordnungen aufgenommen werden; außerdem werden bezüglich der Regelungen des Kodex, die sich an einzelne Organmitglieder richten[446], dienstvertragliche Regelungen genannt[447].

---

[441] Dazu siehe oben Teil 1 B, S. 47 ff.
[442] Zu den Corporate Governance-Kodizes der Deutschen Bank AG, MLP AG und SAP AG siehe oben Fn. 328.
[443] Vgl. etwa *Kollmann*, WM-Sonderheft 1, 2003, S. 6 sowie bereits oben Teil 1 B, S. 44; *v. Werder*, in: *Ringleb/Kremer/Lutter/v. Werder*, Kodex, Rdn. 5.
[444] Zu ihr ausführlich s. u. Teil 2 C, S. 243 ff.
[445] Zu den neben dem Kodex für zulässig gehaltenen Hauskodizes vgl. beispielsweise *Seibt*, AG 2003, 465, 468 f. mit Hinweisen zu Gegenstimmen in Fn. 33.
[446] Vgl. etwa Ziff. 4.3.4 und 4.3.5 Kodex.
[447] *Borges*, ZGR 2003, 508, 522 f.; *Semler/Wagner*, NZG 2003, 553, 557 f.; *Ringleb*, in: *Ringleb/Kremer/Lutter/v. Werder*, Kodex, Rdn. 1549; *Ettinger/Grützediek*, AG 2003, 353, 355 f.; *Lutter*, ZHR 2002, 523, 536 ff.; *Ulmer*, ZHR 2002, 150, 173 ff.; *Claussen/Bröcker*, DB 2002, 1199 ff.; *Seibt*, AG 2002, 249, 258 f.

Zwischen den einzelnen Organmitgliedern ist allerdings zu unterscheiden. Mit einem gemäß § 84 Abs. 1 AktG bestellten Vorstandsmitglied schließt die AG[448] regelmäßig einen Dienstvertrag nach den Vorschriften der §§ 611 ff. BGB ab. Dieser Dienstvertrag wird auch als Anstellungsvertrag bezeichnet[449]. Aufsichtsratsmitglieder werden in der Praxis hingegen regelmäßig nicht auf der Grundlage eines Anstellungsvertrages tätig, es sei denn, dass die AG mit dem einzelnen Aufsichtsratsmitglied ausdrücklich einen solchen Vertrag abgeschlossen hat[450].

Eine einheitliche Umsetzung der Kodexregelungen durch ihre Einbeziehung in die Anstellungsverträge von Organmitgliedern ist also nur dann möglich, wenn die AG ausdrücklich auch mit den Aufsichtsratsmitgliedern einen Anstellungsvertrag abschließt. Aber auch in diesem Fall können nur bestimmte Kodexbestimmungen umgesetzt werden. Da ein Anstellungsvertrag die persönlichen Rechte[451] und Pflichten[452] des Organmitglieds in seinem Verhältnis zur AG regelt, kann der Vertrag nur solche Kodexbestimmungen aufnehmen, die ausdrücklich an die Mitglieder des Vorstands oder des Aufsichtsrats adressiert sind. Dies sind beispielsweise die Bestimmungen über die Offenlegung von Interessenkonflikten[453] oder die Zusammensetzung der Vergütung[454]. Die genannten Bestimmungen könnte die AG direkt in den Anstellungsvertrag aufnehmen und auf diese Weise zu vertraglich verbindlichen Pflichten aufwerten. Dadurch wäre eine einheitliche Umsetzung jedenfalls dieser Verhaltensmaßstäbe sichergestellt.

Im Hinblick auf zukünftige Anstellungsverträge ist eine Einbeziehung der Kodexregelungen unproblematisch[455], bei bestehenden Anstellungsverträgen stellt diese Einbeziehung aber eine Vertragsänderung dar, die der Zustimmung jedes betroffenen Organmitgliedes bedarf[456].

---

[448] Die AG wird hierbei gemäß § 112 AktG durch den Aufsichtsrat vertreten.

[449] Zum Beispiel durch das Gesetz in § 84 Abs. 1 Satz 5 AktG. S. näher hierzu *Liebscher*, in: *Müller/Rödder*, Handbuch AG, § 6 Rdn. 33.

[450] S. dazu beispielsweise *Semler*, in: MüKo-AktG, Band 3, § 101 Rdn. 156.

[451] Zum Beispiel die Art und den Umfang der Vergütung.

[452] Zum Beispiel die Art und den Umfang der Tätigkeit.

[453] Ziff. 4.3 Kodex für die Vorstandsmitglieder und Ziff. 5.5 Kodex für die Aufsichtsratsmitglieder.

[454] Ziff. 4.2.3 Kodex für die Vorstandsmitglieder und Ziff. 5.4.7 Kodex für die Aufsichtsratsmitglieder.

[455] Für die Anstellung von Vorstandsmitgliedern ist gemäß § 112 AktG der Aufsichtsrat zuständig.

[456] *Semler/Wagner*, NZG 2003, 553, 558. *Lutter*, ZHR 2002, 523, 537; *Seibt*, AG 2002, 249, 259.

III. Kodex und Gesetzesvorbehalt

Auch wenn sich die Rechtsnatur des Kodex nicht abschließend bestimmen lässt, muss das Regelwerk der Verfassung entsprechen[457]. Möglicherweise hätte der Deutsche Corporate Governance-Kodex als förmliches Parlamentsgesetz erlassen werden müssen[458]. Eine solche Pflicht des Gesetzgebers kann sich aus dem Prinzip des Vorbehalts des Gesetzes ergeben[459]. Nach diesem Grundsatz muss das Parlament alle wesentlichen Entscheidungen durch den Erlass von förmlichen Gesetzen selbst regeln[460]. Eine Entscheidung für die Bürger der Bundesrepublik Deutschland kann nach der Wesentlichkeitstheorie des BVerfG aus rechtsstaatlichen und aus demokratischen Gesichtspunkten wesentlich sein[461]. Sowohl das Rechtsstaatsprinzip als auch das Demokratieprinzip sind in der Verfassung, in Art. 20 GG, verankert[462].

1. Rechtsstaatsprinzip

Aus rechtsstaatlicher Sicht ist eine Entscheidung wesentlich, wenn sie für die Verwirklichung der Grundrechte des Bürgers von erheblicher Bedeutung ist[463]. Die rechtsstaatliche Komponente ist insbesondere dann einschlägig, wenn der Staat die Grundrechte des Einzelnen beschränkt[464]. Fraglich ist, ob der Kodex in Verbindung mit der gesetzlichen Erklärungspflicht gemäß § 161 AktG i. d. F. des TransPuG in die Grundrechte der unter seinen Anwendungsbereich fallenden Unternehmen eingreift. In Betracht kommt ein Eingriff in den eingerichteten und ausgeübten Gewerbebetrieb eines von ihm erfassten Unternehmens. Der eingerichtete und ausgeübte Gewerbebetrieb wird als sonstiges Recht i. S. v. § 823 Abs. 1 BGB geschützt,

---

[457] Zutreffend *Seidel*, ZIP 2004, 285, 289 ff.

[458] In diese Richtung *Kollmann*, WM-Sonderheft 1, 2003, S. 6; *Claussen/Bröcker*, AG 2000, 481, 482; *Ulmer*, ZHR 2002, 150, 162. Allgemein zur Frage der Verfassungsmäßigkeit eingesetzter Privatgremien im Zusammenhang mit § 342 HGB, vgl. *Kirchhof*, ZGR 2000, 681, 685 unter Bezugnahme auf BVerfGE 47, 285, 312 ff.; 64, 207, 214; 78, 32, 36; *Heintzen*, BB 1999, 1050, 1051.

[459] *Schwerdtfeger*, Öffentliches Recht, Rdn. 59.

[460] BVerfGE 34, 165, 192 f.; 41, 251, 259 f.; 47, 46, 78 ff.; 49, 90, 126; 58, 257, 269.

[461] Zur Wesentlichkeitstheorie siehe beispielsweise *Schwerdtfeger*, Öffentliches Recht, Rdn. 215 ff.

[462] *Hofmann*, in: *Schmidt-Bleibtreu/Klein*, GG, Art. 20 Rdn. 57 ff. und Rdn. 41 ff.; *Schnapp*, in: *v. Münch/Kunig*, GG, Art. 20 Rdn. 13 ff. sowie Rdn 24 ff.; *Stein/Frank*, Staatsrecht, S. 55 ff. und S. 148 ff.

[463] BVerfGE; 40, 237, 248 f.; 41, 251, 260 f.; 47, 46, 79; 58, 257, 269 ff.

[464] *Ipsen*, Staatsrecht I, Rdn. 786.

wenn der Eingriff gegen den Betrieb als solchen gerichtet ist[465], ein spezieller deliktsrechtlicher Tatbestand nicht eingreift[466] und eine umfassende Interessenabwägung zwischen dem Inhaber des Gewerbebetriebs und dem Eingreifenden ergibt, dass der Eingriff nicht hinnehmbar ist[467]. Durch die Anerkennung des eingerichteten und ausgeübten Gewerbebetriebs als sonstiges Recht i. S. v. § 823 Abs. 1 BGB wollte der BGH Lücken im deliktischen Unternehmensschutz schließen[468].

Auf das Verfassungsrecht ist dieser Zweck nicht uneingeschränkt übertragbar. Deshalb ist umstritten, ob der eingerichtete uns ausgeübte Gewerbebetrieb von der Eigentumsgarantie des Art. 14 GG geschützt wird. Dem BVerfG zufolge ist jedenfalls die Substanz des Unternehmens von Art. 14 Abs. 1 GG erfasst, nicht aber bloße Lagevorteile und zukünftige Gewinnchancen[469]. Art. 14 Abs. 1 GG schützt also nur Rechtspositionen, die das Unternehmen zum Zeitpunkt des Eingriffs bereits erworben hat, nicht aber in der Zukunft liegende Chancen und Verdientsmöglichkeiten[470]. Letztere können allein unter den Schutzbereich des Art. 12 Abs. 1 GG fallen, wenn der Betriebsinhaber hierauf vertrauen durfte[471].

a. Literaturansichten

Seidel verweist u. a. auf die zu Art. 12 Abs. 1 GG entwickelte Rechtsprechung und Literatur, wonach dieses Grundrecht auch die freie Gründung und Führung von Unternehmen nach ökonomischen Gesichtspunkten und unbeeinflusst von staatlichen Kontrollen und Auflagen gewähre. Eine freie Führung der Gesellschaft sei durch den Kodex nicht gewährleistet, so dass das Regelwerk verfassungswidrig in Art. 12 GG eingreife[472]. Außerdem nimmt *Seidel* eine mittelbare rechtliche Bindungswirkungswirkung der erklärungspflichtigen Kodexempfehlungen an. Diese ergebe sich schon aus der durch *v. Werder/Talaulicar/Kolat* empirisch festgestellten Akzeptanz

---

[465] Sog. Betriebsbezogenheit des Eingriffs. Vgl. dazu beispielsweise *Palandt-Sprau*, § 823 Rdn. 128 m. w. N.

[466] Zum Beispiel §§ 823 Abs. 2, 824 oder 826 BGB.

[467] S. umfassend zum Eingriff in den eingerichteten und ausgeübten Gewerbebetrieb in zivilrechtlicher Hinsicht beispielsweise *Palandt-Sprau*, § 823 Rdn. 126 ff. m. w. N.

[468] Vgl. schon BGHZ 2, 387, 393 f.

[469] BVerfGE 58, 300, 352 f.

[470] Vgl. zu, Ganzen *Bryde*, in: *v. Münch/Kunig*, GG, Art. 14 Rdn. 18 ff.

[471] S. hierzu beispielsweise *Manssen*, in: *v. Mangoldt/Klein/Starck*, GG, Art. 12 Rdn. 287.

[472] *Seidel*, ZIP 2004, 285, 291 mit weiteren Nachweisen; *ders.*, NZG 2004, 1095 f. Vgl. im Übrigen hierzu BVerfGE 30, 292, 312; 50, 290, 363; 53, 1, 13; 65, 196, 209 f.; BVerwGE 75, 109, 114.

des Kodex durch die Praxis[473] sowie aufgrund der besonderen Autorität der Bundesregierung, der die Kodexempfehlungen zuzurechnen seien[474]. Im Ergebnis hält *Seidel* den Kodex auch deshalb für verfassungswidrig, weil dieser sich auf keine Rechtsgrundlage stützen lasse[475]. *Ettinger/Grützediek* bejahen ebenfalls einen Grundrechtseingriff durch den Kodex, qualifizieren diesen jedoch als rein privatrechtliches Regelwerk und gehen daher weiteren verfassungsrechtlichen Fragen nicht nach[476]. *Heintzen* erkennt in dem Deutschen Corporate Governance-Kodex ein staatliches Regelwerk[477], bezweifelt aber ebenfalls einen Grundrechtseingriff in Art. 12 GG[478]. Die erforderliche Rechtsgrundlage für den Kodex ergebe sich jedenfalls aus der „Aufgabe der Bundesregierung zur Staatsleitung[479]."

b. Stellungnahme

Ein zielgerichteter staatlicher Grundrechtseingriff in Art. 14 Abs. 1 und Art. 12 Abs. 1 GG liegt nicht vor, weil börsennotierte Aktiengesellschaften in der Bundesrepublik Deutschland nicht verpflichtet sind, die Bestimmungen des Kodex zu befolgen. Möglicherweise übt der Kodex aber einen faktischen Zwang für die Unternehmen auf Befolgung seiner Bestimmungen aus. Börsennotierte Aktiengesellschaften haben sich über die Empfehlungen des Kodex jährlich zu erklären und diese Erklärung gemäß § 161 S. 2 AktG i. d. F. des TransPuG zu veröffentlichen. Sofern diese Erklärung negativ ausfallen sollte, könnte dies in der Öffentlichkeit als Zeichen schlechter Unternehmensführung angesehen werden mit der Folge, dass die zunächst ablehnende Gesellschaft die Empfehlungen des Kodex im nächsten Geschäftsjahr doch umsetzen wird. In der Literatur deuten zahlreiche Stimmen mit *Seidel*[480] eine solche Rechtswirkung des Kodex an, ausführliche Stellungnahmen sind hierzu aber bislang nur vereinzelt aufgetaucht[481]. Selbst wenn man eine faktische Zwangswirkung des Kodex im Zusammenhang mit der Entsprechenserklärung

---

[473] Siehe ausführlich dazu unten Teil 2 C, S. 266 ff.

[474] *Seidel*, ZIP 2004, 285, 290. Eine solche Zurechnung ergebe sich daraus, dass die Bundesregierung die Kodex-Kommission eingesetzt habe, der Bundesadler verwendet und das Bundesministerium der Justiz zudem inhaltlich auf den Kodex Einfluss nehme, diesen inhaltlich überprüfe und öffentlich anerkenne, vgl. ausführlich *Seidel*, ZIP 2004, 285, 286 ff.

[475] *Seidel*, NZG 2004, 1095, 1096.

[476] *Ettinger/Grützediek*, AG 2003, 353, 355.

[477] *Heintzen*, ZIP 2004, 1933, 1934 f.

[478] *Heintzen*, ZIP 2004, 1933, 1936.

[479] *Heintzen*, ZIP 2004, 1933, 1936 f.

[480] S. o. Teil 1 C, S. 68 f.

[481] Vgl. die Übersicht bei *Seidel*, ZIP 2004, 285, 290. S. hierzu auch *Körner*, NZG 2004, 1148, 1150 f.

gemäß § 161 AktG i. d. F. des TransPuG bejahen wollte – wofür vieles spricht –, ist diese verfassungsrechtlich nur dann relevant, wenn daraus ein mittelbarer Grundrechtseingriff[482] folgt. Das bemisst sich allein nach den durch das BVerfG aufgestellten Grundsätzen über die Zulässigkeit mittelbarer Grundrechtseingriffe. Mit diesen Grundsätzen setzt sich keine der angeführten Auffassungen auseinander.

Bei faktischen oder bloß mittelbaren Eingriffen stellt die höchstrichterliche Rechtsprechung die Frage, ob der Schutzzweck des betroffenen Grundrechts neben einem zielgerichteten Eingriff nach seiner Funktion auch vor faktischen, mittelbaren Eingriffen schützen will[483]. Hintergrund ist die Erkenntnis, dass jedes Grundrecht nur vor bestimmten spezifischen Gefahrensituationen schützen, nicht aber das allgemeine Lebensrisiko abwehren will[484].

Art. 14 GG hat die Funktion, im Rahmen des eingerichteten und ausgeübten Gewerbebetriebes den wirtschaftlichen Wert des Unternehmens in seiner Gesamtheit auch vor faktischen Grundrechtseingriffen zu schützen[485]. Der Deutsche Corporate Governance-Kodex hat hingegen die Aufgabe, flexible Verhaltensmaßstäbe für die Leitungsorgane in börsennotierten Aktiengesellschaften aufzustellen und weiterzuentwickeln. Inwiefern eine börsennotierte Gesellschaft sich diesen Verhaltensmaßstäben unterwerfen will, liegt in ihrem unternehmerischen Ermessen. Denn auch eine vollständige Ablehnung der Anwendung der Kodexempfehlungen ist möglich[486]. Eine solche vollständige Negativerklärung haben Aktiengesellschaften, die an der Frankfurter Wertpapierbörse gehandelt werden, bislang zwar nicht abgegeben[487]. Dies spricht für einen mittelbaren Grundrechtseingriff des Kodex insbesondere gegenüber größeren börsennotierten Aktiengesellschaften. Dennoch greift die-

---

[482] Zum Begriff BVerwGE 71, 183, 192, BVerwG DVBl. 1994, 478, 479. Zusammenfassend *Sachs*, JuS 1995, 303.

[483] Siehe etwa BVerfGE 37, 1, 17 f.; 76, 1, 46; 98, 218, 258 f. sowie BVerwGE 71, 183, 192; BVerwG DVBl. 1994, 478, 479. Zur Lehre vom sog. funktionalen Schutzbereich, vgl. *Schwerdtfeger*, Öffentliches Recht, Rdn. 447 mit weiteren Nachweisen; *Pieroth/Schlink*, Staatsrecht II, Rdn. 240 f.

[484] *Schwerdtfeger*, Öffentliches Recht, Rdn. 447; *Krebs*, in: *v. Münch/Kunig*, GG, Art. 19 Rdn. 60.

[485] *v. Münch*, Staatsrecht II, Rdn. 681.

[486] Vgl. Teil 2 C, S. 257 ff.

[487] *v. Werder*, Pressemitteleitung zum Kodex Report 2005 v. 11. 03. 2005, S. 5. Im Internet abrufbar unter *http://www.bccg.tu-berlin.de.* Eine große Zahl kleinerer börsennotierter Unternehmen lehnte den Kodex aber 2003 noch vollständig ab, vgl. *Oser/Orth/Wader*, DB 2003, 1337, 1341. Vgl. zur Befolgung des Kodex im Jahr 2003 auch *Seibt*, AG 2003, 465, 466; *v. Werder*, DB 2003, 1857, 1863.

se Zwangswirkung nicht derart in den Gewerbetrieb eines Unternehmens ein, dass dessen wirtschaftlicher Gesamtwert im Ganzen gefährdet wäre. Das gilt auch dann, wenn ein Unternehmen in Zukunft ihre Unternehmensorganisation an die Verhaltensmaßstäbe des Kodex anpassen, die allgemeine Akzeptanz der Kodex-Empfehlungen in der Praxis also noch zunehmen sollte. Damit liegt nach den Maßstäben des BVerfG kein mittelbarer Grundrechtseingriff des Kodex in Art. 14 GG vor.

Art. 12 Abs. 1 GG schützt nach seiner Funktion nur vor solchen Beeinträchtigungen, die gerade auf die berufliche Betätigung bezogen sind. Es genügt nicht, dass eine gesetzliche Regelung oder ihre Anwendung unter bestimmten Umständen Rückwirkungen auf die Berufstätigkeit entfaltet[488]. Mittelbare Folgewirkungen einer gesetzlichen Regelung stellen selbst dann keinen grundrechtsrelevanten Eingriff in Art. 12 Abs. 1 GG dar, wenn diese die bestehende Marktsituation so verändern, dass die Marktteilnehmer zu neuen unternehmerischen Entscheidungen veranlasst werden[489]. Die faktischen Auswirkungen der in § 161 AktG i. d. F. des TransPuG festgelegten Erklärungspflicht zu den Kodex-Empfehlungen wird dazu führen, dass neue unternehmerische Entscheidungen erforderlich werden, um das Unternehmen auf die Anforderungen und Vorgaben des Deutschen Corporate Governance-Kodex einzustellen. Dies allein reicht aber für einen mittelbaren Grundrechtseingriff nach der dargestellten Rechtsprechung des BVerfG zu Art. 12 GG nicht aus. Dementsprechend ist durch § 161 AktG i. d. F. des TransPuG auch nicht der Schutzbereich von Art. 12 GG betroffen. Die rechtsstaatliche Komponente der Wesentlichkeitstheorie ist somit nicht einschlägig.

2. Demokratieprinzip

In demokratischer Hinsicht ist der Gesetzgeber gefordert, die wesentlichen politischen Entscheidungen in einem Parlamentsgesetz selbst zu regeln[490]. Fraglich ist, ob der Deutsche Corporate Governance-Kodex als wesentliche politische Entscheidung des Staates angesehen werden kann. Dafür spricht, dass der Kodex zahlreiche neue Verhaltensmaßstäbe für die Leitungsorgane in sämtlichen börsennotierten Aktiengesellschaften in der Bundesrepublik Deutschland aufstellt. Der Kodex betrifft damit unmittelbar das Aktienrecht, und dieses wird als zentraler Bestandteil des Wirtschaftsrechts angesehen, in welchem der Staat den rechtlichen Ordnungsrah-

---

[488] So ausdrücklich BVerfGE 98, 218, 258.
[489] BVerfGE 37, 1, 17 f. sowie BVerfGE 98, 218, 259.
[490] *Schwerdtfeger*, Öffentliches Recht, Rdn. 215.

men zu setzen habe, nicht aber eine Selbstregelungskommission der Wirtschaft[491]. Dagegen spricht allerdings, dass der wesentliche rechtliche Ordnungsrahmen für das Aktienrecht durch den Gesetzgeber mit dem Erlass des Aktiengesetztes und zahlreicher Spezialgesetze bereits gesetzt wurde[492]. Dieser Ordnungsrahmen wird durch den Kodex lediglich konkretisiert, indem etwa der ohnehin schon kraft Gesetzes bestehende Aufgabenkatalog von Vorstand und Aufsichtsrat durch die Verhaltensregeln des Kodex näher ausgestaltet wird. Damit ist auch die demokratische Komponente der Wesentlichkeitstheorie nicht einschlägig.

---

[491] So beispielsweise *Hüffer*, AktG, § 76 Rdn. 15c.

[492] *Kollmann*, WM-Sonderheft 1, 2003, S. 6; *Claussen/Bröcker*, DB 2002, 1199.

A. Einleitung

Dieser Teil greift einige besonders umstrittene Probleme in der aktuellen Corporate Governance-Diskussion heraus, beispielsweise die Zulässigkeit der Übertragung von Redebeiträgen der Aktionäre im Internet während der Hauptversammlung[493], die Organisation von Aufsichtsratsausschüssen[494] oder die Vereinbarkeit des Kodex mit den gesetzlichen Regelungen zur unternehmerischen Mitbestimmung nach dem MitbestG 1976[495]. Die Darstellung dieser Probleme erfolgt dabei im Zusammenhang mit den einzelnen Regelungskomplexen des Kodex, deren Inhalt nachfolgend kurz dargestellt wird.

Der Kodex ist in sieben Abschnitte aufgeteilt. Diese sind:

- Präambel (Ziff. 1 Kodex): Die Präambel verdeutlicht die Ziele des Kodex. Danach enthält der Kodex international und national anerkannte Standards guter und verantwortungsvoller Unternehmensführung (Verbesserungsfunktion)[496]. Zudem soll der Kodex das deutsche Corporate Governance-System transparent und nachvollziehbar machen (Informationsfunktion)[497], um das Vertrauen in die Leitung und Überwachung von deutschen, börsennotierten Aktiengesellschaften zu fördern[498]. Die nachfolgenden Abschnitte des Kodex versuchen diese beiden Funktionen innerhalb ihres Regelungsbereichs auszufüllen.

- Aktionäre und Hauptversammlung (Ziff. 2 Kodex): Dieser Abschnitt wiederholt überwiegend die geltende Rechtslage und dient damit vor allem der Informationsfunktion des Kodex. Im Übrigen enthält der Kodex in Ziff. 2 Vorschläge zum Einsatz moderner Kommunikationsmittel bei der Durchführung der Hauptversammlung[499]. Die technische Weiterentwicklung, insbesondere die des Inter-

---

[493] S. u. Teil 2 B, S. 87 ff.
[494] S. u. Teil 2 B, S. 133 ff.
[495] S. u. Teil 2 B, S. 147 ff.
[496] Präambel Abs. 1 S. 1 Kodex.
[497] Präambel Abs. 1 S. 2 Kodex.
[498] Präambel Abs. 1 S. 3 Kodex.
[499] Vgl. Ziff. 2.3.1 bis 2.3.4 Kodex.

nets, soll auf diese Weise für die Unternehmenspraxis nutzbar gemacht werden[500].

- Zusammenwirken von Vorstand und Aufsichtsrat (Ziff. 3 Kodex): Durch Ziff. 3 soll eine verbesserte Zusammenarbeit zwischen dem Leitungsorgan (Vorstand) und dem Überwachungsorgan (Aufsichtsrat) erreicht werden. Hierzu enthält der Abschnitt Bestimmungen, die einen intensiveren Informationsaustausch zwischen beiden Organen bezwecken[501] sowie Bestimmungen, die gemeinsame Maßnahmen von Vorstand und Aufsichtsrat gegenüber den Aktionären näher regeln[502]. Außerdem gibt Ziff. 3 allgemeine Verhaltensmaßstäbe vor, die an Vorstand und Aufsichtsrat gleichzeitig gerichtet sind[503].

- Vorstand (Ziff. 4 Kodex): Der Abschnitt des Kodex über den Vorstand wiederholt in Ziff. 4.1 gesetzliche Vorschriften über die Aufgaben und die Zuständigkeiten des Vorstandes[504] und dient damit der Information über die bestehende Gesetzeslage. Daneben enthält der Kodex in Ziff. 4.2 Vorschläge zur Gestaltung und Offenlegung der Vergütung und in Ziff. 4.3 Vorschläge zur Offenlegung von Interessenkonflikten gegenüber dem Aufsichtsrat. Beide Regelungen bezwecken eine erhöhte Transparenz auf der Ebene der Unternehmensführung und dienen somit der Verbesserungsfunktion.

- Aufsichtsrat (Ziff. 5 Kodex): Dieser Abschnitt wiederholt in Ziff. 5.1 wie Ziff. 4.1 für den Vorstand die gesetzlichen Aufgaben und Zuständigkeiten des Aufsichtsrates[505] und regelt in Ziff. 5.4 ebenso die Zusammensetzung der Vergütung und in Ziff. 5.5 die Behandlung von Interessenkonflikten. Zusätzlich enthält Ziff. 5 in Ziff. 5.3 einen Abschnitt über die Bildung von fachlich qualifizierten Aufsichtsratsausschüssen. Dadurch soll insbesondere die Effizienz der Aufsichtsratsarbeit gesteigert werden[506]. Ziff. 5.2 formuliert die Aufgaben und Befugnisse des Aufsichtsratsvorsitzenden und hebt sich damit von Ziff. 4 ab,

---

[500] Zu diesem Ziel der aktuellen Corporate Governance-Diskussion in der Bundesrepublik Deutschland s. bereits o. Teil 1 A, S. 2.
[501] Vgl. beispielsweise Ziff. 3.2, 3.4, 3.5 Kodex.
[502] Vgl. beispielsweise Ziff. 3.7 Kodex zum Verhalten der Organe bei einem Übernahmeangebot gegenüber den Aktionären.
[503] Vgl. beispielsweise Ziff. 3.1 Kodex, wonach Vorstand und Aufsichtsrat zum Wohl des Unternehmens eng zusammenarbeiten.
[504] §§ 76 ff. AktG.
[505] Ziff. 5.1 Kodex.
[506] So ausdrücklich Ziff. 5.3.1 S. 2 Kodex.

der eine vergleichbare Regelung für den Vorstandsvorsitzenden nicht vorsieht. Dadurch soll vor allem die herausragende Bedeutung des Aufsichtsratsvorsitzenden in der Praxis unterstrichen werden[507].

- Transparenz (Ziff. 6 Kodex): Bereits nach der Präambel soll der Kodex das deutsche Corporate Governance-System transparent machen[508]. Sämtliche Bestimmungen von Ziff. 6 konkretisieren daher diesen Leitgedanken. Dabei regt der Kodex bei der Veröffentlichung von Informationen über das Unternehmen wiederum die Verwendung des Internets an[509]. Um das Informationsbedürfnis ausländischer Anleger zu befriedigen, schlägt der Kodex vor, die Internetseite des Unternehmens auch in englischer Sprache zu verfassen[510].

- Rechnungslegung und Abschlussprüfung (Ziff. 7 Kodex): Die Bestimmungen zur Rechnungslegung stellen in Ziff. 7.1 vor allem die Informationsfunktion des Konzernabschlußberichts für die Anleger heraus. Ziff. 7.2 enthält Regelungen über die Vergabe des Prüfungsauftrags an den Abschlussprüfer und die dabei zu beachtenden Anforderungen. Herausragendes Kriterium ist gemäß Ziff. 7.2.1 die Sicherstellung der Unabhängigkeit des Abschlussprüfers. Dadurch soll das Vertrauen der Anleger in die Zuverlässigkeit der Rechnungslegung von börsennotierten Aktiengesellschaften gestärkt werden.

Die gesetzliche Einbindung des Kodex erfolgt durch die Entsprechenserklärung gemäß § 161 AktG i. d. F. des TransPuG. Diese Vorschrift bestimmt:

> „Vorstand und Aufsichtsrat der börsennotierten Gesellschaft erklären jährlich, dass den vom Bundesministerium der Justiz im amtlichen Teil des elektronischen Bundesanzeigers bekannt gemachten Empfehlungen der 'Regierungskommission Deutscher Corporate Governance Kodex' entsprochen wurde und wird oder welche Empfehlungen nicht angewendet wurden und werden. Die Erklärung ist den Aktionären dauerhaft zugänglich zu machen[511]."

---

507 So die Begründung von *Kremer*, in: *Ringleb/Kremer/Lutter/v. Werder*, Kodex, Rdn. 959.
508 Präambel Abs. 1 S. 2 Kodex.
509 Ziff. 6.8 S. 1 Kodex.
510 Ziff. 6.8 S. 2 Kodex.
511 Näher zu § 161 AktG i. d. F. des TransPuG siehe unten Teil 2 C, S. 243 ff.

Wichtig für das Verhältnis des TransPuG und des Kodex zueinander ist, dass das TransPuG und die einzelnen Regelungen des Kodex nicht isoliert zu betrachten sind[512]. Sowohl das Gesetz als auch die Verhaltensmaßstäbe des Kodex sind Instrumente zur Verbesserung der Unternehmensführung und -kontrolle in deutschen Aktiengesellschaften und stehen deshalb in einer Wechselwirkung zueinander.

Überblicksmäßig können die Regelungen des Kodex und des TransPuG in zwei Gruppen eingeteilt werden. Während die erste Gruppe die Rechte der Aktionäre und der sonstigen Unternehmensbeteiligten insbesondere durch Transparenz- und Informationsgebote stärken will, wendet sich die andere Gruppe unmittelbar an die Leitungsorgane der deutschen Aktiengesellschaft. Im Vordergrund der zweiten Gruppe steht dabei die Besetzung und Unabhängigkeit der Organe, ihre Informationsrechte und -pflichten sowie die Vergütung[513]. Da sich diese Untersuchung hauptsächlich mit dem Kodex auseinandersetzt, werden die Regelungen des TransPuG zur Verbesserung der Corporate Governance nicht selbständig abgehandelt[514], sondern in die Erörterungen zu den einzelnen Regelungskomplexen des Kodex einbezogen. Nicht näher untersucht werden die Regelungen des Kodex, die lediglich die bestehende Gesetzeslage wiederholen. Auf sie wird zurückgegriffen, wenn sie im Zusammenhang mit den Empfehlungen und Anregungen des Kodex neue Anreize für die Verbesserung der Unternehmensführung und -kontrolle setzen.

---

[512] *Kollmann*, WM-Sonderheft 1, 2003, S. 7.
[513] Näher zu dieser Unterteilung *Kollmann*, WM-Sonderheft 1, 2003, S. 7.
[514] So aber *Kollmann*, WM-Sonderheft 1, 2003, S. 1 ff.

B. Regelungskomplexe des Kodex

Die Bestimmungen des Kodex lassen sich rechtstechnisch in drei verschiedene Kategorien[515] einteilen. Neben Regelungen, die lediglich die verbindliche Gesetzeslage wiederholen, stehen zum einen *Empfehlungen*, die sich an der Formulierung „soll"[516] im Kodextext erkennen lassen.

Zum anderen arbeitet der Kodex mit *Anregungen*, die durch die Formulierungen „sollte" oder „kann"[517] hervortreten. Der Grund für diese Unterteilung ergibt sich aus den beiden Funktionen des Kodex, der Informationsfunktion und der Verbesserungsfunktion. Beide Funktionen werden bereits durch den ersten Absatz der Präambel angedeutet. Dabei herrscht bislang lediglich Einigkeit darüber, dass es sich bei den Empfehlungen und Anregungen des Kodex nicht um verbindliches Gesetzesrecht handelt[518]. Insgesamt enthält der Kodex, abgesehen von den informationellen Bestimmungen, derzeit 82 Empfehlungen und 19 Anregungen[519]. Die Empfehlungen sind teils an die Organe Vorstand oder Aufsichtsrat, teils an die einzelnen Mitglieder dieser Organe, zum Teil aber auch an die Gesellschaft als solche gerich-

---

[515] So die Bezeichnung von *Berg/Stöcker*, WM 2002, 1569, 1571. Grundlegend zum Deutschen Corporate Governance-Kodex vgl. *v. Werder*, DB 2002, 801 ff.; *ders.*, in: *Ringleb/Kremer/Lutter/v. Werder*, Kodex, Rdn. 1 ff.; *Peltzer*, NZG 2002, 593 ff.; *ders.*, Deutsche Corporate Governance, 2003; ZIP-Dokumentation: Deutscher Corporate Governance Kodex, ZIP 2002, 452 ff.; *Lutter*, ZHR 2002, 523 ff.; *Seibert*, AG 2002, 417 ff.; *Wolf*, ZRP 2002, 59 f.; *Ulmer*, ZHR 2002, 150 ff.; *Kollmann*, WM Sonderheft 1, 2003, S. 1 ff.; *Köstler/Kittner/Zachert/Müller*, Aufsichtsratspraxis, S. 64 f.; *Hüffer*, AktG, § 76 Rdn. 15b f.; *Pfitzer/Oser/Wader*, DB 2002, 1120; *Ehrhardt/Nowak*, AG 2002, 336 ff.; *Claussen/Bröcker*, DB 2002, 1199 ff.; *Schüppen*, DB 2002, 1117; *ders.*, ZIP 2002, 1269 ff. Aus der Wirtschaftspresse vgl. Börsenzeitung Nr. 29 vom 12. 12. 2002; Wirtschaftswoche Nr. 6 vom 31. 01. 2002; Managermagazin Nr. 4 aus 2002; Capital Nr. 2 aus 2002. *Seibt*, AG, 2002, 249 ff.; *ders.*, AG 2003, 465 ff.; *Krieger*, FS für Ulmer, 2003, S. 365 ff.

[516] Vgl. Präambel Abs. 6 S. 1 Kodex.

[517] Vgl. Präambel Abs. 6 S. 4 Kodex.

[518] *Seibt*, AG 2002, 249, 250; *Köstler/Kittner/Zachert/Müller*, Aufsichtsratspraxis, S. 63; *Hüffer*, AktG, § 76 Rdn. 15c; *Ringleb*, in: *Ringleb/Kremer/Lutter/v. Werder*, Kodex, Rdn. 51 ff.; *Schmidt*, Gesellschaftsrecht, S. 767. Ausführlich zur Rechtsnatur des Kodex s. o. Teil 1 C, S. 61 ff.

[519] Die genaue Anzahl schwankt, da der Kodex gemäß Präambel Abs. 9 jährlich überprüft und bei Bedarf angepasst werden soll. Zur uneinheitlichen Zählweise der Empfehlungen in der Literatur vgl. *v. Werder/Talaulicar/Kolat*, DB 2003, 1857, 1858; *dies.*, DB 2004, 1377. Vgl. dazu auch die Ausführungen von *Cromme* anlässlich der Pressekonferenz der Kodex-Kommission v. 11. 03. 2005, S. 2.

tet[520]. Sie unterscheiden sich von den Anregungen dadurch, dass lediglich Abweichungen von den Empfehlungen durch die Unternehmensführung nach § 161 AktG in der Fassung des Transparenz- und Publizitätsgesetzes offenzulegen sind[521].

I. Präambel des Kodex

Nach seiner Präambel (Ziff. 1 Abs. 1 Kodex) stellt der Deutsche Corporate Governance-Kodex

> „wesentliche gesetzliche Vorschriften zur Leitung und Überwachung deutscher börsennotierter Gesellschaften (Unternehmensführung) dar und enthält international und national anerkannte Standards guter und verantwortungsvoller Unternehmensführung. Der Kodex soll das deutsche Corporate Governance System transparent und nachvollziehbar machen. Er will das Vertrauen der internationalen Anleger, der Kunden, der Mitarbeiter und der Öffentlichkeit in die Leitung und Überwachung deutscher, börsennotierter Aktiengesellschaften fördern."

Damit wird eine doppelte Zielrichtung des Kodex deutlich[522]. Zum einen soll der Kodex die Anleger, darunter vor allem diejenigen ausländischer Herkunft, über die bestehende Gesetzeslage zum System der Unternehmensführung und -kontrolle in deutschen Aktiengesellschaften informieren (Informationsfunktion). Deshalb wird in weiten Teilen des Kodex die Gesetzeslage wiedergegeben[523]. Zum anderen versucht der Kodex selbst auf eine Verbesserung der Corporate Governance in deutschen, börsennotierten Aktiengesellschaften hinzuwirken, indem er durch die Empfehlungen und Anregungen börsennotierten Aktiengesellschaften wirksame Instrumente zur Verbesserung bereits bestehender oder zur Entwicklung neuer Corporate Governance-Strukturen vorgibt (Verbesserungsfunktion). Der Kodex gibt den Unternehmen dadurch gewissermaßen einen Leitfaden[524] guter Corporate Governance an die Hand.

---

[520] Näher dazu Seibt, AG 2003, 465, 470 f. Zur Auslegung einzelner Kodexbestimmungen *Seibt*, AG 2003, 465, 472 ff. Nach *Lutter*, ZHR 2002, 523, 525 stellen die Empfehlungen das eigentliche Herzstück des Kodex dar.

[521] *Berg/Stöcker,* WM 2002, 1569, 1571. Näher dazu Teil 2 C, S. 243 ff.

[522] Hierzu *Seibt*, AG 2002, 249, 250; *Ulmer*, ZHR 2002, 150, 151.

[523] *Ulmer,* ZHR 2002, 150, 151; *Lutter*, ZHR 2002, 523, 524.

[524] Einen solchen Leitfaden hat *Peltzer*, Deutsche Corporate Governance, 2003, erstellt.

Ausdrücklich adressiert ist der gesamte Kodex nach der Präambel an börsennotierte Gesellschaften[525]. Damit sind börsennotierte Aktiengesellschaften i. S. v. § 3 Abs. 2 AktG gemeint. Eine Gesellschaft ist im Sinne dieser Vorschrift börsennotiert, wenn ihre Aktien an einem Markt zugelassen sind, der von staatlich anerkannten Stellen geregelt und überwacht wird, regelmäßig stattfindet und für das Publikum mittelbar oder unmittelbar zugänglich ist. Solche Märkte sind der amtliche Markt, §§ 30 ff. BörsG und der geregelte Markt, §§ 49 ff. BörsG, nicht aber der Freiverkehr nach § 57 BörsG[526]. Zwischen DAX-Gesellschaften einerseits und mittleren und kleineren börsennotierten Aktiengesellschaften andererseits differenziert der Kodex nicht, da der Kodex nach seiner Zielsetzung insbesondere eine Informationsquelle für internationale Investoren darstellen soll[527]. Eine Bedeutung der Leitlinien des Kodex für nicht börsennotierte Unternehmen ist dadurch aber nicht ausgeschlossen. Zwar wird allgemein angenommen, gute Corporate Governance beeinflusse maßgeblich die Entscheidung institutioneller Anleger und führe deshalb zu höheren Aktienkursen, weshalb gerade börsennotierte Gesellschaften über eine gute Corporate Governance verfügen sollten[528]. Andererseits kann der Kodex aber auch nicht notierten Unternehmen Anregungen zur Verbesserung ihrer bestehenden Unternehmensstruktur liefern. Insbesondere Gesellschaften, die einen Börsengang planen, sollten die Kodextauglichkeit ihrer Unternehmensführung und -kontrolle anhand des Kodex überprüfen und entsprechende Verbesserungen bereits vor dem Börsengang vornehmen[529]. Aus diesem Grund empfiehlt die Kodex-Kommission die Beachtung des Kodex auch für nicht börsennotierte Gesellschaften[530].

II. Aktionäre und Hauptversammlung gemäß Ziff. 2 Kodex

Der Regelungsabschnitt über die Aktionäre und die Hauptversammlung besteht aus insgesamt zehn Unterziffern mit einem eindeutigen Schwerpunkt auf der Hauptver-

---

[525] Vgl. Präambel Abs. 8 S. 1 Kodex.

[526] Vgl. *v. Werder*, in: *Ringleb/Kremer/Lutter/v. Werder*, Kodex, Rdn. 128. Dazu *Winnefeld*, BilanzHdb, J Rdn. 375 ff.; *Hoffmann-Becking*, in: Münchener Hdb des GesR, Band 4, § 2 Rdn. 13; *Hüffer*, AktG, § 3 Rdn. 6; *Raiser*, Recht der Kapitalgesellschaften, § 9 Rdn. 31 ff.; *Henn*, Hdb des AktienR, Rdn. 24. *Lenenbach*, Kapitalmarkt - und Börsenrecht, S. 129 ff.

[527] *Kollmann*, WM-Sonderheft 1, 2003, S. 6.

[528] So schon das Anliegen der OECD-Principles, vgl. *Seibert*, AG 1999, 337, 344 f.

[529] Darauf weist bereits *Baums*, Bericht der Regierungskommission Corporate Governance, Rdn. 11 hin.

[530] Vgl. Präambel Abs. 8 S. 2 Kodex. Eine andere Frage ist, ob deutsche mittelständische Unternehmen nicht möglicherweise einen eigenen Corporate Governance Kodex benötigen. Dazu beispielsweise *Thümmel*, BB 2004 (Heft 27), Die erste Seite.

sammlung. Insgesamt sind die Empfehlungen und Anregungen dieses Abschnittes des Kodex eher schwach ausgeprägt[531], der Schwerpunkt des Regelwerkes ist hier nicht verankert. Einen eigenen Unterabschnitt bildet die Einladung zur Hauptversammlung, Ziff. 2.3 Kodex. Es fällt auf, dass dieser Abschnitt im Wesentlichen die geschriebene Gesetzeslage gemäß §§ 118 ff. AktG wiederholt, er also hauptsächlich der Information dient.

Anderes gilt für den Unterabschnitt „Einladung zur Hauptversammlung". Dieser Abschnitt setzt mit der Mehrzahl seiner Empfehlungen und der Anregung in Ziff. 2.3.4 Kodex einen deutlichen Akzent auf den Einsatz moderner Kommunikationsmittel bei der Vorbereitung und Durchführung der Hauptversammlung[532]. Gemäß Ziff. 2.3.3 Kodex

> „soll die Gesellschaft allen in- und ausländischen Finanzdienstleistern, Aktionären und Aktionärsvereinigungen, die dies vor nicht länger als einem Jahr verlangt haben, die Einberufung der Hauptversammlung mitsamt den Einberufungsunterlagen mitteilen, auf Verlangen auch auf elektronischem Wege."

Außerdem

> „sollte den Aktionären die Verfolgung der Hauptversammlung über moderne Kommunikationsmittel (z.B. Internet) ermöglicht werden",

Ziff. 2.3.4 Kodex, und gemäß Ziff. 2.3.1 S. 3 Kodex

> „soll der Vorstand die vom Gesetz für die Hauptversammlung verlangten Berichte und Unterlagen einschließlich des Geschäftsberichts nicht nur auslegen und den Aktionären auf Verlangen übermitteln, sondern auch auf der Internet-Seite der Gesellschaft zusammen mit der Tagesordnung veröffentlichen."

Mit diesen Regelungen greift der Abschnitt den Regierungsauftrag auf, die rasante Entwicklung von Informations- und Kommunikationstechnologien zu nutzen[533]. Im Folgenden wird zunächst ein kurzer Überblick über das Recht der Hauptversammlung unter Einbeziehung seiner Änderungen vor allem durch das Namensaktienge-

---

[531] *Ulmer*, ZHR 2002, 150, 156.

[532] Zur allgemeinen Verwendung des Internets vgl. die Transparenzregelungen des Kodex in Ziff. 6 Kodex. Dazu siehe unten Teil 2 B, S. 203 ff.

[533] *Baums*, Bericht der Regierungskommission Corporate Governance, S. 1 f. sowie Rdn. 246 ff.; *Baums*, ZHR-Beiheft 71, 2002, 13, 15.

setz (NaStraG)[534], das TransPuG[535] und das UMAG[536] gegeben. Nachfolgend wird der Frage nachgegangen, inwiefern durch die Einberufung und insbesondere durch die Durchführung der Hauptversammlung mittels elektronischer Medien die Einflussnahmemöglichkeit der Aktionäre auf den Ablauf und die Beschlussfassung in der Hauptversammlung gewährleistet werden kann. Schließlich wird auf die gesetzlichen Regelungen des TransPuG zur Rechtsstellung der Aktionäre eingegangen.

1. Recht der Hauptversammlung vor und nach Erlass des Kodex

Die Hauptversammlung ist das Organ der Aktiengesellschaft, in dem die Aktionäre gemäß § 118 Abs. 1 AktG ihre Rechte ausüben[537]. Die wesentlichen Aufgaben der Hauptversammlung sind in § 119 AktG festgelegt. Besonders bedeutsam ist danach die Wahl der Aufsichtsratsmitglieder der Anteilseigner gemäß § 119 Abs. 1 Nr. 1 AktG[538] sowie die Entlastung der Mitglieder des Vorstands und des Aufsichtsrats gemäß § 119 Abs. 1 Nr. 3 AktG[539]. Daneben sind ungeschriebene Zuständigkeiten der Hauptversammlung anerkannt. Diese erfassen Entscheidungen, die die Grundlagen der Gesellschaft betreffen[540].

Die dargestellten Zuständigkeiten der Hauptversammlung sind durch die neueste Corporate Governance-Entwicklung beibehalten worden. Wesentliche Änderungen sind hingegen im Hinblick auf das Kommunikationsverhalten in der Gesellschaft

[534] Gesetz zur Namensaktie und zur Erleichterung der Stimmrechtsausübung vom 18. 01. 2001, BGBl. I 2001, S. 123 ff. Zum NaStraG siehe *Seibert*, ZIP 2001, 53 ff.; *Zetzsche*, ZIP 2001, 682 ff.; *Weber*, NZG 2001, 337 ff. Eine kurze Zusammenstellung der wesentlichen Entwicklungen im Aktienrecht seit der Mitte der Neunziger Jahre des letzten Jahrhunderts findet sich bei *Seibert*, AG 2002, 417 sowie bei *Kindler*, NJW 2001, 1678, 1679.

[535] S. dazu bereits oben Teil 1 B, S. 53.

[536] S. dazu bereits oben Teil 1 B, S. 56.

[537] Vgl. umfassend *Raiser*, Recht der Kapitalgesellschaften, § 16 Rdn. 1 ff.; *Semler*, in: Münchener Hdb des GesR, Band 4, § 34 Rdn. 1 ff.; *Henn*, Hdb des AktienR, Rdn. 685 ff.; *Kubis*, in: MüKo-AktG, Band 4, § 118 Rdn. 1 ff.

[538] Zur Wahl der Arbeitnehmervertreter gemäß §§ 9 ff. MitbestG siehe ausführlich u. Teil 2 B, S. 124 ff.

[539] So beispielsweise die Hervorhebung von *Raiser*, Recht der Kapitalgesellschaften, § 16 Rdn. 2 und 5.

[540] Näher zu solchen Entscheidungen vgl. *Raiser*, Recht der Kapitalgesellschaften, § 16 Rdn. 11 ff.; *Henn*, Hdb des AktienR, Rdn. 691; *Kubis*, in: MüKo-AktG, Band 4, § 119 Rdn. 31 ff. Aus der Rechtsprechung vgl. etwa BGHZ 83, 122 – *Holzmüller* = NJW 1982, 1703 ff. Dazu *Semler*, in: Münchener Hdb des GesR, Band 4, § 34 Rdn. 11; *Bungert*, BB 2004, 1345 ff.

erfolgt, vor allem durch das NaStraG[541]. Ebenfalls zu nennen sind das Gesetz zur Kleinen Aktiengesellschaft[542], das Gesetz zur Kontrolle und Transparenz im Unternehmensbereich (KonTraG)[543] und das Stückaktiengesetz[544], die sich allerdings nicht allein auf das Recht der Hauptversammlung beschränkten.

Das NaStraG zeigte erste Ansätze, die Informationsversorgung der Aktionäre auszubauen und hob einige Formvorschriften auf, um den Entscheidungsprozeß in der Aktiengesellschaft zu beschleunigen. So modifizierte das NaStraG etwa das zwingende Schriftformerfordernis bei der Erteilung der Vollmacht zur Stimmrechtsausübung in der Hauptversammlung. Gemäß § 135 Abs. 1 S. 1 AktG i. d. F. des NaStraG darf ein Kreditinstitut nach dem Wortlaut der Vorschrift „das Stimmrecht für Aktien, die ihm nicht gehören und als deren Inhaber es nicht im Aktienregister eingetragen ist, nur dann ausüben, wenn es bevollmächtigt ist.“ Eine Schriftform der Vollmachtserteilung schreibt § 135 Abs. 1 S. 1 AktG damit nicht mehr vor, die Schriftform wird vielmehr zur Disposition der Satzung gestellt[545].

Daneben hielt das NaStraG aber im Wesentlichen an dem Prinzip der Präsenzversammlung fest, obwohl bereits die OECD-Grundsätze zur Corporate Governance aus dem Jahr 1999 empfahlen, die Aktionäre mit Hilfe moderner Technologien am Unternehmensgeschehen zu beteiligen[546]. Daher waren börsennotierte Aktiengesellschaften in der Bundesrepublik Deutschland zumindest nach diesen Vorschriften[547] nicht verpflichtet, ihren Aktionären die Ausübung der Stimm-, Rede-, und Auskunftsrechte durch elektronische Kommunikationsmedien zu gewährleisten[548]. Allerdings sprachen sich schon vor Erlass des Kodex einige Stimmen in der Literatur für den umfassenden Einsatz moderner Technologien bei Vorbereitung und Durchführung der Hauptversammlung aus. Die Online-Teilnahme der Aktionäre

---

541 S. hierzu auch *Baums*, Bericht der Regierungskommission Corporate Governance, Rdn. 246.
542 BGBl. I 1994, S. 1961; dazu *Lutter*, AG 1994, 429 ff.; *Kindler*, NJW 1994, 3041 ff.
543 BGBl. I 1998, S. 786; hierzu *Zimmer*, NJW 1998, 3521; *Peemöller/Keller*, DStR 1997, 1986 ff.
544 Gesetz über die Zulassung von Stückaktien (Stückaktiengesetz – StückAG) vom 25. März 1998 (BGBl. I 1998, S. 389).
545 *Noack*, ZIP 2001, 57.
546 OECD-Grundsätze Ziff. I. C. 3, *Seibert*, AG 1999, 337, 344.
547 Umfassend zur Rechtslage im Hinblick auf die Vorbereitung und Durchführung der Hauptversammlung im Internet nach Inkrafttreten des NaStraG, des Formvorschriften und AnpassungsG und TransPuG vgl. *Mimberg*, ZGR 2003, 21 ff.
548 *Riegger*, ZHR 2001, 204, 215; *Habersack*, ZHR 2001, 172, 202.

sollte zur Einsparung von Zeit und Kosten beitragen und stünde deshalb auch im Interesse der Mitglieder der Leitungsorgane[549].

Diese Ansätze aufgreifend wurde das Recht der Hauptversammlung ein weiteres Mal, und zwar durch das TransPuG geändert, wobei insbesondere der Bericht der *Baums*-Kommission zahlreiche inhaltliche Grundlagen lieferte. In einem ersten Schritt führte das TransPuG durch § 25 S. 1 AktG i. d. F. des TransPuG den elektronischen Bundesanzeiger ein. Dieser soll die Funktion eines einheitlichen elektronischen deutschen Unternehmensregisters erfüllen, in dem alle Daten der Handelsregister, sämtliche Bekanntmachungen im Bundesanzeiger und die Daten des vormaligen Bundesaufsichtsamtes für den Wertpapierhandel auf einer einzigen für alle zugänglichen Internetseite zusammenführt werden[550]. Dadurch verwirklicht das TransPuG gemäß § 25 S. 1 AktG i. d. F. des TransPuG i. V. m. § 121 Abs. 3 S. 1 AktG[551] gleichzeitig den Vorschlag der *Baums*-Kommission zum Recht der Hauptversammlung, jeder Aktiengesellschaft die Möglichkeit einzuräumen, die Einberufung der Hauptversammlung auf ihrer Website zu veröffentlichen[552].

Weitere Änderungen im Recht der Hauptversammlung vollzog das Gesetz zur Unternehmensintegrität und Modernisierung des Aktienrechts (UMAG)[553], und zwar insbesondere für die Anmeldung gemäß § 123 AktG und für die Einschränkung des Fragerechts gemäß § 131 AktG[554].

2. Einsatz moderner Kommunikationsmittel

Die Reichweite der durch das TransPuG eingeführten Möglichkeiten und der durch das UMAG vollzogenen Änderungen ist noch nicht abschließend geklärt[555]. Frag-

[549] *Riegger*, ZHR 2001, 204, 215. Umfangreiche Vorschläge zum Einsatz moderner Kommunikationsmittel im Zusammenhang mit der Hauptversammlung formulieren beispielsweise *Habersack*, ZHR 2001, 172, 195 ff.; *Than*, FS für Peltzer, 2001, S. 587 ff.; *Claussen*, AG 2001, 161 ff. *Noack/Spindler*, Unternehmensrecht und Internet, S. 13 bis 35.

[550] Dazu *Seibert*, NZG 2002, 608 f.; *Noack*, DB 2002, 620 f.; *ders.*, AG 2003, 537 ff.; *ders.*, NZG 2004, 297, 299; *Schwarz*, MMR 2003, 23, 24.

[551] Der Ausdruck Gesellschaftsblatt in § 121 Abs. 3 S. 1 AktG ist schon seit dem NaStraG nicht wörtlich zu nehmen, denn die Satzung der Gesellschaft kann gemäß § 25 S. 2 AktG in der Fassung des NaStraG „elektronische Informationsmedien als Gesellschaftsblätter bezeichnen“. Dazu *Noack*, DB 2002, 620, 621.

[552] *Baums*, Bericht der Regierungskommission Corporate Governance, Rdn. 249.

[553] Siehe dazu bereits oben Teil 1 B, S. 56.

[554] Näher dazu s. u. Teil 2 B, S. 96 ff.

[555] Siehe dazu insbesondere *Mimberg*, ZGR 2003, 21 ff.

lich ist, welche Informationen über die Hauptversammlung neben der bloßen Einberufung noch von der Gesellschaft im elektronischen Bundesanzeiger veröffentlichen werden sollen, insbesondere, ob über die reinen Versammlungsdaten auch die Tagesordnung oder etwaige Beschlussvorschläge veröffentlicht werden dürfen[556].

Eine gesetzliche Verpflichtung zur umfassenden Information auf der Website der Gesellschaft über geschäftliche Transaktionen – vor allem die Offenlegung des Geschäftsberichts über die Gegenstände der Tagesordnung[557] – und gesellschaftsinterne Vorgänge schreibt das TransPuG nicht vor. Das Gesetz folgt damit wiederum einem Vorschlag der *Baums*-Kommission, die sich gegen eine gesetzliche Vorschrift und für eine Kodex-Regelung in dieser Frage aussprach[558]. Dem ist die Kodex-Kommission mit ihrer Empfehlung in Ziff. 2.3.1 Kodex gefolgt[559]. Da die Gesellschaften gemäß § 161 S. 1 AktG i. d. F. des TransPuG, wonach börsennotierte Aktiengesellschaften sich jährlich über die Anwendung oder Nichtanwendung der Kodexempfehlungen zu erklären haben, von dieser Empfehlung abweichen können[560], bleibt es bis auf die Veröffentlichung der reinen Versammlungsdaten im Internet bei der bisherigen Rechtslage. Danach hat der Vorstand die für die Hauptversammlung erforderlichen Berichte und Unterlagen, in dem Geschäftsraum der Gesellschaft zur Einsicht der Aktionäre auszulegen, § 175 Abs. 2 S. 1 AktG, der Hauptversammlung vorzulegen, § 176 Abs. 1 S. 1 AktG und auf Verlangen eine Abschrift zu erteilen, § 175 Abs. 2 S. 2 AktG[561].

Entscheidende Neuerungen enthält das TransPuG für das Recht der Gegenanträge und Wahlvorschläge[562]. Gegenanträge von Aktionären zur Hauptversammlung brauchen künftig nicht mehr gedruckt und versandt zu werden, sondern können gemäß § 126 Abs. 1 S. 1 AktG im Internet allgemein zugänglich gemacht werden. Sie können dafür unter erleichterten Bedingungen gestellt, und sie können umfangreicher begründet werden. Außerdem bekommen die Aktionäre mehr Zeit, um sie

---

[556] Vgl. *Noack*, DB 2002, 620, 622.

[557] Nach jetziger Rechtslage sind lediglich Gegenstände der Tagesordnung, über die die Hauptversammlung beschließen soll, durch Vorstand und Aufsichtsrat gemäß § 124 Abs. 2 AktG bekanntzumachen. Dazu *Hüffer*, AktG, § 124 Rdn. 8.

[558] *Baums*, Bericht der Regierungskommission Corporate Governance, Rdn. 97.

[559] Dazu *Noack*, AG 2003, 537, 542.

[560] Zu der Entsprechenserklärung gemäß § 161 AktG in der Fassung des TransPuG s. u. Teil 2 C, S. 243 ff.

[561] *Noack*, DB 2002, 620, 622.

[562] Siehe dazu *Mimberg*, ZHR 2003, 21, 32 ff.; *Noack*, NZG 2003, 241, 243; *ders.*, BB 2003, 1393 ff.; *ders.*, NZG 2004, 297, 299.

einzureichen. Während die Frist für die Übersendung von Gegenanträgen nach bisherigem Recht eine Woche nach Bekanntmachung der Einberufung der Hauptversammlung betrug, haben Aktionäre jetzt gemäß §§ 126, 127 AktG i. d. F. des TransPuG bis zu zwei Wochen vor dem Tag der Hauptversammlung Zeit, ihre Anträge einzureichen[563]. Das wiederum hatte bereits die *Baums*-Kommission vorgeschlagen[564].

Die Auffassungen in der Literatur zu den Informationsregelungen des TransPuG und des Kodex befassen sich teilweise speziell mit einzelnen Vorschriften, zu finden ist aber auch generelle Kritik. Die Regelung des § 126 AktG i. d. F. des TransPuG etwa ist in der Literatur nahezu einhellig begrüßt worden. Besonders ausländische Aktionäre profitierten von dieser Regelung, da nach der bisherigen Geschäftspraxis keine Mitteilungen i. S. v. § 126 AktG an diese Aktionärsgruppe versandt würden[565]. Ansatzweise wird die Vorschrift aber auch kritisch betrachtet. Nach *Noack* etwa darf § 126 AktG i. d. F. des TransPuG nicht dazu führen, dass Gegenanträge irgendwo auf einer unübersichtlichen Website der Gesellschaft versteckt würden und auf diese Weise der Zweck einer umfassenden Information auch internationaler Anleger über die Gegenanträge vereitelt werde. Daher wird teilweise vorgeschlagen, die Aktionäre sollten über den Fundort der Gegenanträge informiert werden, anderenfalls könnte dies den Vorwurf begründen, der Gegenantrag sei nicht zugänglich gemacht worden[566]. Darüber hinaus habe das Einstellen von Gegenanträgen auf der Website des Unternehmens zur Folge, dass diese veröffentlicht würden, was bislang nicht der Fall sei[567]. Daher müsse zumindest dieser Teil der Website mit einem Zugangscode versehen werden. Den Aktionären könnten zur Einsichtnahme und Stellung von Gegenanträgen PIN- und TAN[568]- Nummern wie beim Electronic Banking zugeteilt werden[569].

Generell wird kritisiert, dass derzeit nicht jeder Aktionär über einen Internetanschluss verfüge, was insbesondere einige kleinere Aktionärsvereinigungen anmahnen; desweiteren ist nach *Seibert* und *Kollmann* beispielsweise der nicht unerhebli-

---

563 *Schwarz*, MMR 2003, 23, 24. Dazu *Noack*, NZG 2003, 241, 244.
564 *Baums*, Bericht der Regierungskommission Corporate Governance, Rdn. 102 und Rdn. 249.
565 *Seibert*, NZG 2002, 608, 611.
566 *Noack*, DB 2002, 620, 622. Zu einer möglichen Anfechtung des Beschlusses, wenn das Verstecken der Gegenanträge für die fehlerhafte Beschlussfassung ursächlich war s. *Werner*, in: Großkomm AktG, § 126 Rdn. 4.
567 *Noack*, DB 2002, 620, 623.
568 Abkürzung für Transaktionsnummer.
569 Vgl. die Vorschläge zur Online-Teilnahme bei *Riegger*, ZHR 2001, 204, 208.

che Kostenaufwand für ein Informationsversorgung der Aktionäre durch das Internet zu beachten[570].

Dieser Kritik ist im Wesentlichen zuzustimmen. Weder der Kodex noch das TransPuG bedenken die finanziellen und technischen Organisationsmöglichkeiten insbesondere kleinerer Aktiengesellschaften. Vor allem diese Unternehmen werden sich aufgrund der neuen Regelungen mit der Tatsache auseinandersetzen müssen, dass der Einsatz des Internets kostspielig und der technisch Aufwand noch relativ hoch ist[571]. Darüber hinaus gehen sowohl das TransPuG als auch der Kodex offenbar davon aus, dass jeder Aktionär über einen Internetzugang verfügt. Diese Annahme geht an der derzeitigen Nutzung des Internets in der Bundesrepublik Deutschland vorbei. Mitte Mai 2003 verfügten lediglich 46% aller Deutschen über einen Internetanschluss, und 61% der Unternehmen in der Bundesrepublik Deutschland planten, die Möglichkeiten des Internets für sich zu nutzen[572]. Bis August 2004 hat sich die Zahl der privaten Internetnutzer auf lediglich 52% erhöht[573]. Damit sind zumindest derzeit die praktischen Voraussetzungen für eine ausschließliche Informationsversorgung der Aktionäre durch das Internet nicht gegeben. Allerdings ist auch zu bedenken, dass Verbreitung und technische Weiterentwicklung des Internets weiter vorangetrieben werden, und auch kleinere Unternehmen an dieser Entwicklung trotz des damit verbundenen technischen Aufwandes nicht dauerhaft vorbeigehen können.

Im Hinblick auf die Regelung des § 126 S. 1 AktG i. d. F. des TransPuG ist festzustellen, dass diese Vorschrift zwar für Aktiengesellschaften in der Bundesrepublik Deutschland nicht zwingend ist. Sofern aber ein Unternehmen zukünftig Gegenanträge und Wahlvorschläge der Aktionäre auf seiner Website im Internet gemäß § 126 AktG i. d. F des TransPuG veröffentlichen will, wird der technische Aufwand noch deutlich höher ausfallen, als im Rahmen bloßer Informationsversorgung der Aktionäre auf der Website. In diesem Fall werden die Festlegung von Zugangsberechtigungen in Gestalt von PIN-Codes und die Verteilung von Transakti-

---

570 *Seibert*, NZG 2002, 608, 611; *Kollmann*, WM-Sonderheft 1, 2003, S. 8.

571 Bedenken auch bei *Kollmann*, WM-Sonderheft 1, 2003, S. 8.

572 Mitteilung des statistischen Bundesamtes für das Jahr 2002, abrufbar im Internet unter *http://www.destatis.de*. Vgl. dazu die umfassende Studie der Landesanstalt für Medien Nordrhein-Westfalen, im Internet unter *http://www.lfm-nrw.de* in Zusammenarbeit mit dem Europäischen Zentrum für Medienkompetenz GmbH, im Internet unter *http://www.ecmc.de*, sowie dem Europäischen Medieninstitut (EIM), im Internet unter *http://www.eim.de*.

573 Vgl. Handelsblatt v. 05. 08. 2004, S. 1. Näher dazu unter *http://www.destatis.de*.

onsnummern erforderlich[574], was die finanziellen Möglichkeiten kleinerer Aktiengesellschaften stark belasten dürfte. Es wird deshalb abzuwarten sein, inwieweit Aktiengesellschaften in der Bundesrepublik Deutschland innerhalb der nächsten Geschäftsjahre tatsächlich diejenigen technischen Voraussetzungen schaffen werden, die für die praktische Umsetzung von § 126 AktG i. d. F. des TransPuG erforderlich sind.

a. Übertragung der Hauptversammlung im Internet

Im Zusammenhang mit der Übertragung, der Teilnahme und der Stimmrechtsausübung in der Hauptversammlung haben sich in den letzten Jahren viele Gesellschaften das Internet zunutze gemacht. Am weitesten ging die Deutsche Telekom AG. Ihre Hauptversammlung kann jeder Internetnutzer online verfolgen[575].

Zahlreiche Stimmen in der Literatur diskutierten vor Erlass des TransPuG die Frage, wer über die Übertragung entscheidet, welche Inhalte übertragen werden und wer bei der Übertragung zusehen darf, etwa nur die Aktionäre oder jedermann, der die Website der Gesellschaft benutzt[576]. Weder der Kodex noch das TransPuG geben hierauf eine eindeutige Antwort. Das TransPuG sieht gemäß § 118 Abs. 3 AktG lediglich vor, dass es der Satzung/Geschäftsordnung überlassen werde, die Übertragung der Hauptversammlung in Ton und Bild (also auch im Internet) zu regeln[577]. Der Kodex formuliert in Ziff. 2.3.4 Kodex eine Anregung für die Gesellschaft, den Aktionären die Verfolgung der Hauptversammlung z. B. über das Internet zu ermöglichen[578]. Damit bleibt es nach der bisherigen Rechtslage dem Satzungsgeber überlassen, ob er die Übertragung der Hauptversammlung im Internet überhaupt zulässt, welche Inhalte übertragen werden dürfen und wie die Zugangsberechtigungen ausgestaltet werden.

---

[574] Dazu bereits Teil 2 B, S. 85.

[575] *Noack*, DB 2002, 620, 623. Auch andere Gesellschaften haben seit Inkrafttreten des TransPuG hiervon Gebrauch gemacht, vgl. *Noack*, NZG 2004, 297, 299.

[576] *Noack*, DB 2002, 620, 623; *Noack/Spindler*, Unternehmensrecht und Internet, S. 13, 17 f.; *Noack/Spindler*, Unternehmensrecht und Internet, S. 57, 59; *Claussen*, AG 2001, 161, 168 ff.; *Zetzsche*, ZIP 2001, 682, 683; *Bröckler/Schouler*, in: *Zetzsche*, Virtuelle HV, Rdn. 120 f.; *Schwarz*, MMR 2003, 23 ff.

[577] Dazu *Seibert*, NZG 2002, 608, 611; *Noack*, NZG 2003, 241, 245.

[578] Von den Anregungen des Kodex kann die Gesellschaft abweichen, ohne dass sie sich hierüber gemäß § 161 AktG in der Fassung des TransPuG erklären muss, vgl. Teil 2 C, S. 243.

aa. Zulässigkeit der öffentlichen Übertragung der Hauptversammlung

Trotz der Regelungen des TransPuG und des Kodex, welche die öffentliche Übertragung der Hauptversammlung auf eine gesetzliche Grundlage stellen wollen[579], wird in der Literatur die Zulässigkeit einer öffentlichen Hauptversammlung insbesondere im Internet diskutiert[580]. Vor Erlass des § 118 Abs. 3 AktG i. d. F. des TransPuG, wonach die Satzung oder die Geschäftsordnung gemäß § 129 Abs. 1 AktG bestimmen kann, dass die Hauptversammlung in Ton und Bild übertragen werden darf, vertrat die *hM* in der Literatur die Ansicht, ohne eine entsprechende gesetzliche Regelung verstoße eine öffentliche Übertragung der Hauptversammlung in Bild und Ton gegen das allgemeine Persönlichkeitsrecht der Aktionäre. Dem Aktionär, der von seinem Rederecht[581] Gebrauch mache, stehe deshalb gegen die öffentliche Übertragung seines Redebeitrags ein Widerspruchsrecht zu[582]. Diese Meinung orientierte sich an der bisherigen Rechtsprechung des Bundesgerichtshofs, der eine Tonbandaufzeichnung der Hauptversammlung nur dann für zulässig hält, wenn dies vorher angekündigt wurde und der Aktionär der Aufnahme seines Beitrags zugestimmt hatte[583].

Nach Erlass des § 118 Abs. 3 AktG i. d. F. des TransPuG ist zwar eine gesetzliche Regelung zur Übertragung der Hauptversammlung vorhanden, nach *Mimberg* stellt sich aber dennoch die Frage, ob diese Vorschrift den verfassungsrechtlichen Anforderungen zum Schutz des allgemeinen Persönlichkeitsrechts des Aktionärs in der Hauptversammlung genügt[584]. *Schwarz* hingegen hält eine solche Verletzung für unproblematisch nicht gegeben[585]. Nach der Ansicht von *Spindler* ist eine öffentliche Übertragung der Hauptversammlung insbesondere wegen der Rechtsprechung des BGH[586] zu Tonbandmitschnitten von Redebeiträgen oder Fragen der Ak-

---

[579] *Knigge*, WM 2002, 1729, 1730.

[580] Vgl. insbesondere *Mimberg*, ZGR 2003, 21, 49 ff.; *Hucke/Ammann*, DStR 2002, 689, 691.

[581] Zum Rederecht des Aktionärs in der Hauptversammlung vgl. BGH NJW 1971, 2225; *Henn*, Hdb des AktienR, Rdn. 812 ff.; *Hüffer*, AktG, § 118 Rdn. 9; *Schmidt*, Gesellschaftsrecht, S. 840 f.; *Eisenhardt*, Gesellschaftsrecht, Rdn. 593 f.; *Wiesner*, in: Münchener Hdb des GesR, Band 4, § 17 Rdn. 12.

[582] *Goedecke/Heuser*, BB 2001, 369, 372; *Habersack*, ZHR 2001, 172, 184; *Hasselbach/Schumacher*, ZGR 2000, 258, 263; *Zetzsche*, ZIP 2001, 682, 683; *Than*, FS für Peltzer, 2001, S. 588.

[583] BGHZ 127, 107, 109.

[584] Zweifelnd *Mimberg*, ZGR 2003, 21, 51; *Hucke/Ammann*, DStR 2002, 689, 691. Allgemein zur Kollision des Rechts auf informationelle Selbstbestimmung mit den Anwendungsmöglichkeiten des Internets vgl. *Hornung*, MMR 2004, 3 ff.

[585] *Schwarz*, MMR 2003, 23 ff.

[586] BGH, Urteil vom 19. 09. 1994 – II ZR 248/92 = BGHZ 127, 107 ff.

tionäre problematisch[587]. Danach muss der Leiter einer Hauptversammlung auf die Absicht, die Redebeiträge auf Tonträger mitzuschneiden, ausdrücklich aufmerksam machen und die Teilnehmer darauf hinweisen, dass sie für die Dauer ihres Redebeitrages die Unterbrechung der Aufnahme verlangen können[588]. Dadurch soll sichergestellt werden, dass durch die Tonbandaufzeichnung nicht in unzulässiger Weise in das allgemeine Persönlichkeitsrecht der Redner eingegriffen wird[589]. Im Ergebnis stünde dieses Urteil nach der Auffassung von *Spindler* einer Übertragung der Hauptversammlung im Internet aber nicht entgegen, weil bei einem entsprechenden Hinweis des Versammlungsleiters jeder Aktionär nicht mit der unkontrollierbaren Aufzeichnung seiner Beiträge rechnen müsse. Im Übrigen dürfe jedem Aktionär bei einem solchen Hinweis das Risiko des Mitschnitts seines Beitrags durch Dritte geläufig sein[590].

Die Rechtsprechung zur Zulässigkeit von Videoaufzeichnungen wurde kürzlich durch das BAG konkretisiert[591]. Danach sind heimlich installierte Videokameras zur Überwachung von Arbeitnehmern zulässig, wenn der konkrete Verdacht einer strafbaren Handlung oder schwerer Verfehlungen zu Lasten des Arbeitgebers besteht und weniger einschneidende Mittel zur Verdachtsaufklärung nicht zur Verfügung stehen[592]. Das LG Frankfurt a. M. hat zudem bereits entschieden, dass die Hauptversammlung einer AG in Bild und Ton veröffentlicht werden darf, wenn die Hauptversammlung der AG dies mehrheitlich beschlossen hat. Eine Verletzung des allgemeinen Persönlichkeitsrechts eines in einer solchen Versammlung sprechenden Aktionärs komme dann nicht in Betracht[593].

bb. Stellungnahme

Die dargestellten Ansichten in der Literatur können allenfalls erste Ansätze zum Problem der Kollision zwischen dem allgemeinen Persönlichkeitsrecht der Aktionäre und der Nutzung des Internets zur Übertragung der Hauptversammlung lie-

---

587 *Spindler*, ZGR 2000, 421, 434 f.
588 BGHZ 127, 107, 109.
589 BGHZ 127, 107, 109.
590 *Spindler*, ZGR 2000, 421, 435.
591 BAG, Urteil vom 27. 03. 2003 – 2 AZR 51/02 = NJW 2003, 3436 ff. In Fortführung dieser Rechtsprechung LG Zweibrücken, Beschluss vom 03. 11. 2003 – Qs 10/03 u. Qs 11/03 = NJW 2004, 85 f.
592 BAG NJW 2003, 3436, 3437. Vgl. allgemein zur Überwachung von Arbeitnehmern durch Videokameras *Tinnefeld/Viethen*, NZA 2003, 468 ff.
593 LG Frankfurt a. M., Urteil vom 29. 10. 2004 – 3-13 O 79/03.

fern. Auch ein Rückgriff durch *Spindler* auf die Entscheidung des BGH zur Übertragung von Tonbandaufzeichnungen ist in diesem Zusammenhang wenig hilfreich. Diese Entscheidung bezog sich auf den Mitschnitt von Aktionärsbeiträgen während der laufenden Hauptversammlung durch die Gesellschaft selbst. Sie ist deshalb mit den Aufzeichnungsmöglichkeiten durch beispielsweise gesellschaftsexterne Personen unter Nutzung des Internets nicht zu vergleichen. Die Entscheidung des BAG über heimliche Aufzeichnungen von Arbeitnehmern mittels einer versteckten Kamera zeigt zumindest, dass in bestimmten Grenzen der Einsatz moderner Medien auch ohne die Zustimmung des Betroffenen zulässig ist. Die durch das BAG entwickelten Grenzen, der konkrete Verdacht einer strafbaren Handlung oder schwere Verfehlungen zu Lasten des Arbeitgebers, sind auf das hier vorliegende Problem allerdings nicht übertragbar. Anknüpfungspunkt für den Einsatz des Kommunikationsmittels Internet zur Übertragung der Hauptversammlung sind keine möglichen Verfehlungen der Aktionäre. Hintergrund sind vielmehr Überlegungen zur Modernisierung der Hauptversammlungsdurchführung insgesamt[594]. Da im Übrigen höchstrichterliche Rechtsprechung zur Veröffentlichung von Hauptversammlungen beispielsweise im Internet noch nicht vorliegt, soll im Folgenden eine eigenständige Bewertung des Problems versucht werden.

Das allgemeine Persönlichkeitsrecht der Aktionäre wird gemäß § 823 Abs. 1 BGB als „sonstiges Recht" im Sinne dieser Vorschrift geschützt[595] und verfassungsrechtlich aus Art. 1 Abs. 1 GG i. V. m. Art. 2 Abs. 1 GG abgeleitet[596]. Es stellt ein umfassendes subjektives Recht auf Achtung der Persönlichkeit dar[597]. Sein Schutzbereich umfasst die Persönlichkeit in zweifacher Hinsicht[598]. Das Persönlichkeitsrecht gewährt ein Abwehrrecht gegen Eingriffe in die Individualsphäre[599], die Privat-

---

594 So bereits der Regierungsauftrag an die *Baums*-Kommission, vgl. *Baums*, Bericht der Regierungskommission Corporate Governance, S. 2.

595 H. M. vgl. etwa *Palandt-Sprau*, § 823 Rdn. 83 ff.; *MüKo-Wagner*, § 823 Rdn. 172 ff.; *Staudinger-Hager*, § 823 Rdn. B 125; *Soergel-Zeuner*, § 823 Rdn. 70 ff.; *Medicus*, Bürgerliches Recht, Rdn. 615 ff.

596 BVerfGE 90, 263, 270; 96, 56, 63; 47, 46 ff.; 49, 286 ff.; 35, 202 ff.; *Pieroth/Schlink*, Staatsrecht II, Rdn. 373; *Kunig*, in: *v. Münch/Kunig*, GG, Art. 2 Rdn. 30 ff; *Starck*, in: *v. Mangoldt/ Klein/Starck*, GG, Band 1, Art. 1 Rdn. 44 ff.

597 BGHZ 13, 334, 338; 24, 72, 78; *Palandt-Sprau*, § 823 Rdn. 84. Dazu umfassend *Larenz/Canaris*, Schuldrecht BT, Band II 2, § 80 S. 489 ff.; *Brox/Walker*, Schuldrecht BT, § 41 Rdn. 21 ff.; *Soergel-Zeuner*, § 823 Rdn. 70 ff.; *MüKo-Wagner*, § 823 Rdn. 172 ff.; *Eckert*, Schuldrecht BT, Rdn. 1611 ff.; *Spindler*, in: *Bamberger/Roth*, BGB, Band 2, Vor § 823 Rdn. 10.

598 *Palandt-Sprau*, § 823 Rdn. 86.

599 Dazu BAG NJW 1990, 2272 f.; *Soergel-Zeuner*, § 823 Rdn. 73; *Larenz/Canaris*, Schuldrecht BT, Band II 2, § 80 S. 498 ff.; *Eckert*, Schuldrecht BT, Rdn. 1613.

sphäre[600] sowie die Intimsphäre[601]. Den weitestgehenden Schutz genießt dabei die Intimsphäre, in die der Staat grundsätzlich überhaupt nicht eingreifen darf[602]. Der geringste Schutz kommt der Individualsphäre des Einzelnen zu[603]. Außerdem gewährt das Persönlichkeitsrecht in dynamischer Hinsicht ein subjektives Recht auf freie Entfaltung der Persönlichkeit und aktive Entschließungs- und Handlungsfreiheit[604].

Möglicherweise stellt § 118 Abs. 3 AktG i. d. F. des TransPuG einen Eingriff in die Individualsphäre des Aktionärs dar. Denn nach dieser Vorschrift kann die Satzung oder die Geschäftsordnung bestimmen, dass die Hauptversammlung in Bild und Ton übertragen wird, ohne dass der einzelne redeberechtigte Aktionär auf eine solche Festlegung Einfluss nehmen kann. Der Redebeitrag des Aktionärs wird nach dieser Vorschrift also auch ohne seine Zustimmung im Internet übertragen werden können, wenn eine entsprechende Festlegung in der Satzung oder Geschäftsordnung der Aktiengesellschaft getroffen wurde.

Die Individualsphäre schützt das Selbstbestimmungsrecht und bewahrt die persönliche Eigenart des Menschen in seinen Beziehungen zur Umwelt, seinem öffentlichen, wirtschaftlichen und beruflichen Wirken[605]. Zumindest die wirtschaftliche Tätigkeit eines Aktionärs ist damit durch § 118 Abs. 3 AktG i. d. F. des TransPuG betroffen, so dass diese Vorschrift in die Individualsphäre des einzelnen Aktionärs als Bestandteil des allgemeinen Persönlichkeitsrechts eingreift.

Fraglich ist, ob dieser Eingriff verfassungsrechtlich gerechtfertigt ist. Die Verfassungsmäßigkeit von Eingriffen in das allgemeine Persönlichkeitsrecht beurteilt das BVerfG wie bei allen Eingriffen des Gesetzgebers in Grundrechte anhand des Verhältnismäßigkeitsgrundsatzes[606]. Nach dem Grundsatz der Verhältnismäßigkeit muss ein in Grundrechte eingreifendes Gesetz geeignet, erforderlich und verhält-

---

[600] Dazu BVerfG NJW 2000, 1021, 1026; BGH NJW 1996, 1128, 1129 f.; *Brox/Walker*, Schuldrecht BT, § 41 Rdn. 23 ff.; *Eckert*, Schuldrecht BT, Rdn. 1613; *Soergel-Zeuner*, § 823 Rdn. 73.

[601] Dazu BGH NJW 1988, 1984 f.; BGH NJW 1999, 2893, 2894 f.; *Larenz/Canaris*, Schuldrecht BT, Band II 2, § 80 S. 503 f.

[602] BGH NJW 1988, 1984 ff.; *Palandt-Sprau*, § 823 Rdn. 87.

[603] BVerfGE 7, 198 ff.; BGHZ 45, 296 ff.; BGH NJW-RR 95, 301 ff.

[604] *Palandt-Sprau*, § 823 Rdn. 86.

[605] Aus der umfangreichen Rechtsprechung zur Individualsphäre vgl. etwa BVerfG NJW 1980, 2070 ff.; BGH NJW 1993, 2925 f.; BGHZ 107, 384, 391. Vgl. auch die Hinweise bei *Palandt-Sprau*, § 823 Rdn. 87.

[606] Vgl. zum Verhältnismäßigkeitsgrundsatz BVerfGE 19, 342, 348; 38, 348, 368; *Schnapp*, JuS 1983, 850 ff.; *Schwerdtfeger*, Öffentliches Recht, Rdn. 96 ff.

nismäßig im engeren Sinne sein, um das mit dem Gesetz verfolgte gesetzgeberische Ziel zu fördern[607]. Geeignet ist ein Gesetz, wenn es zur Erreichung des angestrebten Zwecks tauglich ist; es ist erforderlich, wenn kein milderes Mittel denkbar ist, das angestrebte Ziel gleich wirksam zu fördern[608].

Der Gesetzgeber verfolgte mit der Regelung des § 118 Abs. 3 AktG i. d. F. des TransPuG das Ziel, die Audio- und Videoübertragung der Hauptversammlung auch im Internet auf eine gesetzliche Grundlage zu stellen und dem Satzungsgeber die Entscheidung über solche Übertragungen zu überlassen[609]. Es ist kein milderes Mittel ersichtlich, dieses Ziel gleich effektiv zu fördern. § 118 Abs. 3 AktG i. d. F. des TransPuG ist damit geeignet und erforderlich im Sinne des Verhältnismäßigkeitsgrundsatzes.

Ein Gesetz ist verhältnismäßig im engeren Sinne, wenn die Intensität des Eingriffs nicht offensichtlich außer Verhältnis zu dem Rechtsgut steht, das eingeschränkt werden soll[610]. Inwiefern der Eingriff offensichtlich außer Verhältnis steht, wird insbesondere bei Eingriffen in das allgemeine Persönlichkeitsrecht durch eine umfangreiche Interessen- und Güterabwägung beurteilt[611]. Auf der einen Seite ist die Individualsphäre des Aktionärs, dessen Redebeitrag öffentlich übertragen werden soll, auf der anderen Seite das Informationsinteresse derjenigen Aktionäre, die nicht körperlich an der Hauptversammlung der Aktiengesellschaft teilnehmen können, zu berücksichtigen.

---

607 *Schwerdtfeger*, Öffentliches Recht, Rdn. 97; *v. Münch*, Staatsrecht II, Rdn. 263; *Pieroth/Schlink*, Staatsrecht II, Rdn. 279; *Stein/Frank*, Staatsrecht, S. 240 ff.; *Sommermann*, in: *v. Mangoldt/Klein/Starck*, GG, Band 2, Art. 20 Abs. 3 Rdn. 287 ff.; *Hofmann*, in: *Schmidt-Bleibtreu/Klein*, GG, Art. 20 Rdn. 73 ff.

608 *Schwerdtfeger*, Öffentliches Recht, Rdn. 97; *v. Münch*, Staatsrecht II, Rdn. 266; *Pieroth/Schlink*, Staatsrecht II, Rdn. 283 ff.; *Stein/Frank*, Staatsrecht, S. 242; *Sommermann*, in: *v. Mangoldt/Klein/Starck*, GG, Band 2, Art. 20 Abs. 3 Rdn. 314.

609 *Noack*, NZG 2003, 241, 245 sowie Fn. 577.

610 BVerfGE 30, 292, 316; 67, 157, 178; 90, 145, 173; *Schwerdtfeger*, Öffentliches Recht, Rdn. 465 f.; *Stern*, Staatsrecht III/2, S. 782 ff.; *Pieroth/Schlink*, Staatsrecht II, Rdn. 289; *v. Münch*, Staatsrecht II, S. 238; *Stein/Frank*, Staatsrecht, S. 243; *Hofmann*, in: *Schmidt-Bleibtreu/Klein*, GG, Art. 20 Rdn. 74.

611 Dazu BVerfGE 17, 306 ff.; 65, 1, 43 f. Seit BGHZ 13, 334, 338 ebenso ständige Rechtsprechung des BGH; *Larenz/Canaris*, Schuldrecht BT, Band II 2, § 80 S. 498; *Brox/Walker*, Schuldrecht BT, § 41 Rdn. 55; *Soergel-Zeuner*, § 823 Rdn. 73; *Pieroth/Schlink*, Staatsrecht II, Rdn. 382 ff.

Der Gesetzgeber des TransPuG war der Ansicht, der Eingriff in das allgemeine Persönlichkeitsrecht sei schon deshalb gerechtfertigt, weil die lediglich technisch zugeschalteten Aktionäre über den gleichen Informationsstand verfügen müssten wie die an der Hauptversammlung physisch teilnehmenden Aktionäre[612]. Aktionäre, die eine umfassende Übertragung ihres Redebeitrages und dessen Aufzeichnung ablehnten, könnten einen Vertreter an ihrer Stelle sprechen lassen[613].

Für diese Ansicht könnte § 53a AktG sprechen. Nach dieser Vorschrift sind Aktionäre unter gleichen Voraussetzungen gleich zu behandeln[614]. Damit hat der Gesetzgeber im Rahmen des § 53a AktG den Verfassungsauftrag gemäß Art. 3 Abs. 1 GG, wonach alle Menschen vor dem Gesetz gleich sind[615], einfachgesetzlich konkretisiert[616]. Da der Gesetzgeber des TransPuG mit § 118 Abs. 3 AktG i. d. F. des TransPuG vor allem gleiche Informationsstandards von anwesenden und nicht anwesenden Aktionären sicherstellen wollte, ließe sich argumentieren, § 118 Abs. 3 AktG i. d. F. des TransPuG verfolge gerade eine Zielvorstellung des § 53a AktG und verwirkliche dadurch den Verfassungsauftrag gemäß Art. 3 Abs. 1 GG.

Dennoch bleiben Zweifel an der Verfassungsmäßigkeit von § 118 Abs. 3 AktG i. d. F. des TransPuG, da der Gesetzgeber mit seiner kurzen Gesetzesbegründung eine umfassende Interessenabwägung offensichtlich nicht vorgenommen hat. Der Vorschlag, einen Vertreter anstelle des Aktionärs sprechen zu lassen, ändert nichts daran, dass der Redebeitrag des Aktionärs inhaltlich einer breiten Öffentlichkeit zugänglich gemacht wird, wenn die Gesellschaft gemäß § 118 Abs. 3 AktG i. d. F. des TransPuG eine entsprechende Übertragung der Hauptversammlung in Ton und Bild festlegt[617]. Demjenigen Aktionär, der sein Rederecht ausüben will, bleibt da-

---

612 Begründung zum RegE TransPuG, BT-Drucks. 14/8769, S. 19 f.

613 Begründung zum RegE TransPuG, BT-Drucks. 14/8769, S. 19 f.

614 Dazu ausführlich *Hüffer*, AktG, § 53a Rdn. 3; *Schmidt*, Gesellschaftsrecht, S. 462 ff.; *Bungeroth*, in: MüKo-AktG, Band 2, § 53a Rdn. 3 ff.; *Wiesner*, in: Münchener Hdb des GesR, Band 4, § 17 Rdn. 11 ff.; *Eisenhardt*, Gesellschaftsrecht, Rdn. 620; *Grunewald*, Gesellschaftsrecht, S. 248 f.

615 Ausführlich zum Gleichheitssatz *Gubelt*, in: *v. Münch/Kunig*, GG, Art. 3 Rdn. 1 ff.; *Schwerdtfeger*, Öffentliches Recht, Rdn. 491 ff.; *Kannengießer*, in: *Schmidt-Bleibtreu/Klein*, GG, Art. 3 Rdn. 1 ff.; *v. Münch*, Staatsrecht II, Rdn. 566 ff.; *Pieroth/Schlink*, Staatsrecht II, Rdn. 428 ff.; *Stern*, Staatsrecht III/1, S. 1356 ff.

616 § 53a AktG hat deshalb nur klarstellenden Charakter, vgl. *Hüffer*, AktG, § 53a Rdn. 1; *Wiesner*, in: Münchener Hdb des GesR, Band 4, § 17 Rdn. 9; *Raiser*, Recht der Kapitalgesellschaften, § 12 Rdn. 55; *Bungeroth*, in: MüKo-AktG, Band 2, § 53a Rdn. 2. S. dazu auch *Henn*, Hdb des AktienR, Rdn. 21 m. w. N.

617 Kritisch auch *Mimberg*, ZGR 2003, 21, 51.

mit allein die Möglichkeit, sich einer breiten Öffentlichkeit zu stellen oder auf sein Rederecht zu verzichten. Der Gesetzgeber hat damit einseitig das Informationsinteresse der nicht physisch an der Hauptversammlung teilnehmenden Aktionäre berücksichtigt. Hinter diesem Interesse tritt das allgemeine Persönlichkeitsrecht des redeberechtigten Aktionärs zurücktritt, da auch ein Widerspruch des Aktionärs gegen die Veröffentlichung seines Redebeitrags nichts an dessen Übertragung gemäß § 118 Abs. 3 AktG i. d. F. des TransPuG änderte.

Fraglich ist, ob aus dieser einseitigen Interessenausrichtung von § 118 Abs. 3 AktG i. d. F. des TransPuG auf die Verfassungswidrigkeit der Regelung geschlossen werden kann. Der Gesetzgeber hat beim Erlass von Normen zur Regelung gegenwärtiger gesellschaftlicher Verhältnisse und zukünftiger Entwicklungen grundsätzlich einen weiten Beurteilungsspielraum[618]. In diesen Beurteilungsspielraum greift das BVerfG, indem es eine Norm gemäß § 95 Abs. 3 S. 1 BVerfGG[619] für nichtig erklärt, nur dann ein, wenn die Rechtsgüterabwägung des Gesetzgebers „offensichtlich fehlsam war oder der Wertordnung des Grundgesetzes widerspricht[620]." Was darunter zu verstehen ist, legt das BVerfG nicht abstrakt fest. Das BVerfG stellt in neueren Entscheidungen auf die „Grenze der Zumutbarkeit" für den Grundrechtsträger ab, wobei die „Schwere des Eingriffs" sowie „die Dringlichkeit der ihn rechtfertigenden Gründe gegeneinander abzuwägen sind[621]." Dabei hat der Gesetzgeber zu beachten, dass durch den Eingriff das Grundrecht nicht in seinem Wesensgehalt gemäß Art. 19 Abs. 2 GG angetastet wird[622]. Somit stellt sich die Frage, ob § 118 Abs. 3 AktG i. d. F. des TransPuG diese vom BVerfG aufgestellte Zumutbarkeitsschwelle überschreitet und das allgemeine Persönlichkeitsrecht der Aktionäre, die einer öffentlichen Übertragung ihrer Redebeiträge widersprechen, in seinem Wesensgehalt angetastet wird.

---

[618] Zur sog. Einschätzungsprärogative des Parlaments vgl. *Schwerdtfeger*, Öffentliches Recht, Rdn. 462; *v. Münch*, Staatsrecht II, Rdn. 265; *Oeter*, in: *v. Mangoldt/Klein/Starck*, GG, Band 2, Art. 72 Rdn. 65 ff.; *Pieroth/Schlink*, Staatsrecht II, Rdn. 282; *Stern*, Staatsrecht III/2, S. 1352 ff.

[619] Dazu *Stern*, Staatsrecht III/2, S. 1348 ff.; *Schmidt-Bleibtreu*, in: *Maunz/Schmidt-Bleibtreu/Klein/Bethge*, BVerfGG, § 95 Rdn. 32 ff.; *Rennert*, in: *Umbach/Clemens*, BVerfGG, § 95 Rdn. 70 ff.

[620] BVerfGE 24, 267, 406; 50, 50, 51; 13, 97 ff.

[621] BVerfGE 61, 291, 312; 68, 155, 171; 68, 272, 282.

[622] Dazu *Krebs*, in: *v. Münch/Kunig*, GG, Art. 19 Rdn. 19 ff.; BVerfGE 31, 58, 69; 47, 300, 357; *Schwerdtfeger*, Öffentliches Recht, Rdn. 467 ff.; *Stein/Frank*, Staatsrecht, S. 244 f.; *Stern*, Staatsrecht III/2, S. 837 ff.; *Hofmann*, in: *Schmidt-Bleibtreu/Klein*, GG, Art. 19 Rdn. 16 ff.

Das TransPuG greift in den am geringsten geschützten Bereich des allgemeinen Persönlichkeitsrechts, die Individualsphäre, ein. Ein schwerer Eingriff in das allgemeine Persönlichkeitsrecht liegt somit nicht vor. Andererseits ist aber auch eine besondere Dringlichkeit für diesen Eingriff nicht festzustellen. Der Gesetzgeber des TransPuG wollte durch die Regelung des § 118 Abs. 3 AktG i. d. F. des TransPuG allein die Aktiengesellschaft über das Ausmaß der Übertragung einer Hauptversammlung entscheiden lassen, nicht aber eine spezifische Gefahrensituation im Zusammenhang mit dem Aktienrecht regeln. Durch diese Regelung wird das allgemeine Persönlichkeitsrecht nicht in seinem Wesensgehalt angetastet, obwohl es im Hinblick auf das Informationsinteresse der nicht physisch an der Hauptversammlung teilnehmenden Aktionäre zurücktritt. Bis auf die Übertragung seines Redebeitrags wird die Individualsphäre des einzelnen Aktionärs während der Hauptversammlung durch § 118 Abs. 3 AktG i. d. F. des TransPuG nicht weiter eingeschränkt. Diese Einschränkung kann angesichts des gesetzgeberischen Ziels, möglichst gleichwertige Informationsverhältnisse zwischen anwesenden und zugeschalteten Aktionären zu schaffen[623], nicht als offensichtlich fehlsam bezeichnet werden. Im Ergebnis verletzt § 118 Abs. 3 AktG i. d. F. des TransPuG damit nicht das allgemeine Persönlichkeitsrecht gemäß Art. 1 Abs. 1 GG i. V. m. Art. 2 Abs. 1 GG. Dementsprechend werden die Aktionäre, deren Redebeitrag im Internet übertragen wird, für diesen Fall auch nicht durch § 823 Abs. 1 BGB geschützt.

Neben der verfassungsrechtlichen Problematik sollte jede Aktiengesellschaft aber in praktischer Hinsicht überlegen, welches Maß an Öffentlichkeit sie zulassen will[624]. Trotz der Regelung des § 118 Abs. 3 AktG i. d. F. des TransPuG geht die bislang hM davon aus, die Hauptversammlung sei in erster Linie eine gesellschaftsinterne Angelegenheit[625]. Eine rein virtuelle Hauptversammlung sei, abgesehen von den damit verbundenen technischen Schwierigkeiten, auch nach Erlass dieser Vorschrift weiterhin nicht zulässig[626].

---

[623] Dazu oben Teil 2 B, S. 87 mit Fn. 577.

[624] *Hucke/Ammann*, DStR 2002, 689, 691; *Schwarz*, MMR 2003, 23, 25.

[625] Dazu *Hüffer*, AktG, § 118 Rdn. 16; *Habersack*, ZHR 2001, 183 ff.; *Raiser*, Recht der Kapitalgesellschaften, § 15 Rdn. 7; *Eisenhardt*, Gesellschaftsrecht, Rdn. 574.

[626] Etwa *Hucke/Ammann*, DStR 2002, 689, 691; *Eisenhardt*, Gesellschaftsrecht, Rdn. 575; *Habersack*, ZHR 2001, 172, 183 ff.; *Riegger*, ZHR 2001, 204, 216 ff.; *Zetzsche*, ZIP 2001, 682 ff. Zu diesem Problem s. unter Teil 2 B, S. 102 ff.

b. Online-Teilnahme und Auskunftsrecht gemäß § 131 AktG

Bei der Teilnahme an der Hauptversammlung unter Einsatz moderner Kommunikationsmittel ist zwischen Aufsichtsratsmitgliedern und Aktionären zu unterscheiden. In besonderen Fällen ist es zulässig, dass ein Aufsichtsratsmitglied in der Hauptversammlung sich per Bild- und Tonübertragung zuschaltet und nicht persönlich anwesend ist, § 118 Abs. 2 AktG i. d. F. des TransPuG. Diese Regelung will insbesondere die Bereitschaft ausländischer Persönlichkeiten fördern, in deutschen Aufsichtsräten mitzuwirken[627] und wendet sich ebenfalls an den Satzungsgeber[628]. Fraglich ist, ob bei diesen Persönlichkeiten die für die Ausübung des Aufsichtsratsamtes erforderliche Sachkunde gegeben ist. Die Frage nach der Sachkunde der Aufsichtsratmitglieder ist allerdings ein allgemeines Problem der Qualifikation[629] von Aufsichtsratsmitgliedern in deutschen Aktiengesellschaften insgesamt und daher noch gesondert zu erörtern[630].

Das Teilnahmerecht der Aktionäre an der Hauptversammlung ist nicht ausdrücklich im Aktiengesetz geregelt, es wird vielmehr vom Aktienrecht vorausgesetzt[631]. Anderes gilt für das Stimmrecht, §§ 133 ff. AktG, das Auskunftsrecht, § 131 AktG, und das Anfechtungsrecht, §§ 243 ff. AktG. Inhaltlich umfasst das Teilnahmerecht das Recht auf Anwesenheit und das Recht auf Mitberatung[632]. Diese Rechtslage wiederholt der Kodex in Ziff. 2.2.3 Kodex:

> „Jeder Aktionär ist berechtigt, an der Hauptversammlung teilzunehmen, dort das Wort zu Gegenständen der Tagesordnung zu ergreifen und sachbezogene Fragen und Anträge zu stellen."

aa. Umfang des Auskunftsrechts gemäß § 131 AktG

Der Kodex enthält mit dieser Formulierung in Ziff. 2.2.3 Kodex keinerlei Neuregelungen zu dem weiterhin bestehenden Problem, in welchem Umfang ein Aktionär von seinen Teilnahmerechten während der Hauptversammlung Gebrauch machen kann. Gemäß § 131 Abs. 1 S. 1 AktG ist

---

[627] *Noack*, DB 2002, 620, 624.

[628] Einen Vorschlag für eine entsprechende Satzungsänderung in der Einladung zur Hauptversammlung findet sich in der *Börsenzeitung* vom 22. 03. 2002, S. 21.

[629] Dazu *Henn*, Hdb des AktienR, Rdn. 638.

[630] Vgl. Teil 2 B, S. 155 ff.

[631] *Hüffer*, AktG, § 118, Rdn. 9.

[632] *Hüffer*, AktG, § 118, Rdn. 9.

„jedem Aktionär auf Verlangen in der Hauptversammlung Auskunft über Angelegenheiten der Gesellschaft zu geben, soweit sie zur sachgemäßen Beurteilung des Gegenstandes der Tagesordnung erforderlich ist."

Inhaber des Informationsrechts ist jeder Aktionär der Gesellschaft[633], also auch derjenige, der lediglich eine einzige Aktie besitzt. Solange ein Aktionär gemäß § 131 Abs. 1 S. 1 AktG sachbezogene Fragen über die „Angelegenheiten der Gesellschaft[634]" und entsprechende Anträge stellt, besteht daher für jeden Aktionär die Möglichkeit, die Dauer der Hauptversammlung erheblich in die Länge zu ziehen. Allein in Fällen des Rechtsmissbrauchs gemäß § 242 BGB, wonach der einzelne seine Rechte nur im Rahmen von Treu und Glauben mit Rücksicht auf die Verkehrssitte ausüben darf[635], versagt die Rechtsprechung den umfassenden Informationsanspruch gemäß § 131 Abs. 1 AktG[636]. Dazu muss allerdings ein offensichtlicher Missbrauch des Aktionärs vorliegen[637]. Diesen hat das OLG Frankfurt a. M. beispielsweise in einem Fall angenommen, in dem ein Aktionär mehr als 25.000 Einzelangaben zu annähernd 5.000 verschiedenen Vorgängen in der AG gefordert hat[638]. Unter dem Gesichtspunkt des widersprüchlichen Verhaltens gemäß § 242 BGB[639] sind Fragen von Aktionären zudem rechtsmissbräuchlich, wenn ein Aktionär eine Vielzahl von Fragen stellt, später einige davon auf Tonband diktiert und nach Schluss der Hauptverhandlung fehlende Auskunft über die nicht diktierte Frage rügt[640].

Regelmäßig lehnt die Rechtsprechung einen offensichtlichen Missbrauch aber ab, denn das Informationsrecht steht dem Aktionär als zwingendes Recht zu, das nicht

---

633 *Schmidt*, Gesellschaftsrecht, S. 843. *Wiesner*, in Münchener Hdb des GesR, Band 4, § 17 Rdn. 5; *Grunewald*, Gesellschaftsrecht, S. 286 ff.; *Henn*, Hdb des AktienR, Rdn. 869 ff.

634 Zum Begriff BayObLG, AG 1999, 320, 321; *Hirte*, Kapitalgesellschaftsrecht, Rdn. 514 ff.; *Semler*, in: Münchener Hdb des GesR, Band 4, § 37 Rdn. 7 ff.; *Henn*, Hdb des AktienR, Rdn. 871. *Schmidt*, Gesellschaftsrecht, S. 843.

635 Zu den Anwendungsbereichen dieses zentralen Grundsatzes im Bürgerlichen Recht vgl. *Palandt-Heinrichs*, § 242 Rdn. 16 ff., 58 ff., 98 ff.

636 Vgl. etwa BayObLG NJW 1974, 2094; OLG Frankfurt, ZIP 1983, 1204 f. Dazu *Hüffer*, AktG, § 131 Rdn. 33 f.; *Schmidt*, Gesellschaftsrecht, S. 845 m. w. N.

637 BGHZ 32, 159, 166 zu Mitwirkungspflichten des Aktionärs bei umfangreichen Fragestellungen; BGHZ 36, 121, 135; Dazu *Henn*, Hdb des AktienR, Rdn. 885.

638 OLG Frankfurt, Beschluss vom 22. 07. 1983 – 20 W 843/82 = AG 1984, 25, 26.

639 S. dazu *Palandt-Heinrichs*, § 242 Rdn. 55 ff.

640 LG Mainz, Beschluss vom 13. 07. 1987 – 10 HO 141/86 = AG 1988, 169, 170 f.

durch ein weit verstandenes Missbrauchsverbot ausgehöhlt werden darf[641]. Dem entspricht die weitreichende Bedeutung dieses Rechts. Das Recht auf Information wird als das wichtigste Kontrollrecht des Aktionärs angesehen, da diese vor einer Beschlussfassung in der Hauptversammlung über die wesentlichen Entscheidungsgrundlagen durch die Leitungsorgane zunächst in Kenntnis gesetzt werden müssen[642]. Sachbezogene Fragen zu diesen Entscheidungsgrundlagen sind daher stets zulässig.

Diese Rechtslage hat in der Vergangenheit dazu geführt, dass Aktionäre in einigen Hauptversammlungen den Vorstand vor wesentlichen Beschlussfassungen mit umfangreichen Fragen überhäuft haben, und zwar ohne Rücksicht darauf, ob die gefragten Informationen nicht bereits vor der Hauptversammlung vorab zur Verfügung standen[643]. Derartige Aktionäre werden in der Literatur auch als räuberische Aktionäre bezeichnet, da sie ihren Informationsanspruch gemäß § 131 AktG lediglich dazu benutzten, um Hauptversammlungsbeschlüsse wegen angeblicher Verletzung ihres Auskunftsrechts im Nachhinein anzufechten[644]. Dabei ist aber zu beachten, dass der Begriff des räuberischen Aktionärs nicht auf die vorgenannte Aktionärsgruppe beschränkt ist. Geprägt wurde diese Bezeichnung durch ein Verhalten von Kleinaktionären Ende der 1990er Jahre, die erklärten, den Vollzug von Grundlagenbeschlüssen[645] in der Hauptversammlung durch eine Anfechtungsklage zu blockieren und gleichzeitig diese Erklärung mit dem Angebot verbanden, die Anfechtungsklage gegen die Zahlung einer „Lästigkeitsprämie“ zurückzunehmen[646]. Der BGH verwarf solche Anfechtungsklagen mit dem Hinweis auf § 242 BGB, weil der Aktionär einer solchen Klage nicht die Durchsetzung seiner mitgliedschaftlichen Rechte bezwecke, sondern die Zahlung einer ihm nicht gebührenden

---

641 Vgl. aus der umfangreichen Rechtsprechung zu Informationspflichtverletzungen im Aktienrecht BGHZ 149, 158 ff.; BGHZ 122, 211, 239; BGHZ 119, 1, 19; *Schmidt*, Gesellschaftsrecht, S. 845 f. mit Beispielsfällen.

642 *Bayer*, ZHR-Beiheft 71, 2002, 137, 147 m. w. N.

643 *Reichert*, ZHR-Beiheft 71, 2002, 165, 180 mit Hinweis in Fn. 68 auf die Hauptversammlung der Daimler Benz AG vom 18. 09. 1998, bei der 47 Aktionäre in 77 Redebeiträgen das Wort ergriffen und 450 Fragen gestellt hätten. Vgl. hierzu ebenfalls die Verhandlungen des 63. Deutschen Juristentages, O 90; O 94 f.; O 99; O 101 ff.; O 124 ff.; O 134 f.; O 140; O 156.

644 Zum Begriff des räuberischen Aktionärs vgl. etwa *Habersack*, ZIP 2001, 1230, 1231; *Jahn*, BB 2005, 5 ff.

645 Grundlagenbeschlüsse sind beispielsweise Konzernbildungs-, Verschmelzungs- und Umwandlungsbeschlüsse. Vgl. näher zum Begriff *Reichert*, in: *Müller/Rödder*, Handbuch AG, § 5 Rdn. 27 ff.

646 Näher zu rechtsmissbräuchlichen Anfechtungsklagen beispielsweise *Jäger*, AG, § 24 Rdn. 185 ff.

Sonderleistung[647]. Im Zusammenhang mit der Ausübung des mitgliedschaftlichen Rederechts tauchte dieser Begriff wieder auf, weil viele Aktionäre durch einen extensiven Gebrauch ihres Rederechts angeblich eine sinnvolle Beschlussfassung in der Hauptversammlung blockierten[648]. *Sünner* beispielsweise teilt diese Aktionäre in drei Gruppen ein, und zwar in „professionelle Atkionärsopponenten", die ihr Frage- und Rederecht exzessiv ausnutzten[649], in „berufsmäßige Gegenantragsteller"[650] sowie in die Gruppe der „Selbstdarsteller und verkappten Volksbelustiger[651]."

In der Literatur sind vor diesem Hintergrund zahlreiche Ansätze vorgeschlagen worden, Redebeiträge und Fragen von Aktionären zu beschränken und damit einer erheblichen Ausdehnung der Hauptversammlung entgegenzuwirken[652]. Die *Baums*-Kommission etwa schlug vor, bereits im Vorfeld der Hauptversammlung schriftlich beantwortete Fragen sowie auf der Website der Gesellschaft abrufbare Informationen von § 131 AktG auszuschließen[653] und das Fragerecht der Aktionäre pro Tagesordnungspunkt auf fünf Fragen zu begrenzen[654]. Für die Anfechtung eines Hauptversammlungsbeschlusses gemäß § 243 Abs. 1 AktG[655] wegen Informationspflichtverletzung forderte die *Baums*-Kommission einen Mindestanteilsbesitz des anfechtenden Aktionärs. Danach solle beispielsweise der Anfechtungskläger im Zeitpunkt der Beschlussfassung entweder über einen Aktienbesitz im Umfang von 1% des Grundkapitals oder mit einem Börsen- oder Marktwert von 100.000 € verfügen[656].

An anderer Stelle hingegen spricht sich die *Baums*-Kommission generell gegen die Einführung eines Mindestanteils für die Zulässigkeit einer Anfechtungsklage ge-

---

[647] BGHZ 107, 296, 311. Dazu und zu ähnlich gelagerten Fällen des BGH *Jäger*, AG, § 24 Rdn. 185.

[648] Vgl. beispielsweise *Sünner*; AG 2000, 492 ff. m. w. N.

[649] *Sünner*, AG 2000, 492, 494.

[650] *Sünner*, AG 2000, 492, 495.

[651] *Sünner*, AG 2000, 492, 495.

[652] *Baums*, Bericht der Regierungskommission Corporate Governance, Rdn. 105 ff. und 130 ff.; *Hommelhoff*, ZGR 1990, 447 ff.; *ders.*, ZGR 1993, 452, 471; *Bayer*, ZGR 1995, 613, 617 f.; *ders.*, NJW 2000, 2609, 2616; *Reichert*, ZHR-Beiheft 71, 2002, 165, 179 ff.

[653] *Baums*, Bericht der Regierungskommission Corporate Governance, Rdn. 105.

[654] *Baums*, Bericht der Regierungskommission Corporate Governance, Rdn. 106.

[655] Gemäß § 243 Abs. 1 AktG kann ein Beschluss der Hauptversammlung wegen Verletzung des Gesetzes oder der Satzung durch Klage angefochten werden.

[656] *Baums*, Bericht der Regierungskommission Corporate Governance, Rdn. 139.

mäß §§ 241 ff. AktG aus[657]. Desweiteren soll eine Anfechtung wegen Informationspflichtverletzung gemäß § 243 Abs. 4 AktG grundsätzlich nur noch bei wesentlichen Verstößen zulässig sein[658]. Schließlich soll ein Anfechtungsrecht wegen Informationspflichtverletzung bei Bewertungsfragen, für die ein Spruchverfahren eröffnet ist, generell ausgeschlossen sein[659].

Bewertungsfragen haben die Einstufung und Bilanzierung von Vermögenswerten der Gesellschaft zum Gegenstand[660]. Diese sind wiederum etwa für den Umfang der Gewinnausschüttung oder Abfindungen an die Aktionäre bedeutsam[661]. Als selbständiges gerichtliches Verfahren steht das Spruchverfahren gemäß § 1 SpruchG[662] Aktionären offen, die beispielsweise aufgrund eines Hauptversammlungsbeschlusses aus der Gesellschaft ausgeschlossen werden und sich gegen die Bewertung der durch die Gesellschaft festgesetzten Abfindung wenden[663]. Solche Fälle sieht das Aktiengesetz etwa in den §§ 305 Abs. 5, 320b Abs. 2, 327f Abs. 1 S. 2 AktG sowie § 210 UmwG[664] vor[665]. So betrifft § 327f Abs. 1 S. 2 AktG die

---

657 *Baums*, Bericht der Regierungskommission Corporate Governance, Rdn. 145.

658 *Baums*, Bericht der Regierungskommission Corporate Governance, Rdn. 140.

659 *Baums*, Bericht der Regierungskommission Corporate Governance, Rdn. 134. Dieser Vorschlag der Regierungskommission setzt entsprechende Empfehlungen des 63. Deutschen Juristentages um. Vgl. dazu Beschlüsse der Abteilung Wirtschaftsrecht, in: Verhandlungen des 63. Deutschen Juristentages Leipzig 2000, Bd. II 1, S. O 76; *Baums*, Verhandlungen des 63. Deutschen Juristentages Leipzig 2000, Bd. I, F 129.

660 Dazu *Henn*, Hdb des AktienR, Rdn. 351 und 1012 ff.

661 *Schmidt*, Gesellschaftsrecht, S. 917. *Krieger*, in: Münchener Hdb des GesR, Band 4, § 70 Rdn. 104 ff.

662 Gesetz zur Neuordnung des gesellschaftsrechtlichen Spruchverfahrens (Spruchverfahrensneuordnungsgesetz – SpruchG) vom 12. Juni 2003 (BGBl. I 2003, S. 838). Siehe dazu die Stellungnahme des Bundesministeriums der Justiz vom 29. 08. 2003, im Internet abrufbar unter *http:// www.bmj.de/enid/0,0/58.html*.

663 Ausführlich zur Ausweitung des Spruchverfahrens vgl. *Vetter*, ZHR 2004, 8, 16 ff.

664 Umwandlungsgesetz (UmwG) vom 28. Oktober 1994 (BGBl. I 1994, S. 3210), zuletzt geändert am 26. März 2002 (BGBl. I 2002, S. 1163, 1164).

665 Im Einzelnen ist das neue Spruchverfahrensneuordnungsgesetz auf folgende Fälle anzuwenden: Ausgleich für außenstehende Aktionäre und Abfindung solcher Aktionäre bei Beherrschungs- und Gewinnabführungsverträgen gemäß §§ 304 und 305 AktG (§ 1 Nr. 1), Abfindung von ausgeschiedenen Aktionären bei der Eingliederung von Aktiengesellschaften (§ 1 Nr. 2), Barabfindung von Minderheitsaktionären, deren Aktien durch Beschluss der Hauptversammlung auf den Hauptaktionär übertragen worden sind, sog. squeeze out gemäß § 327a bis 327 f AktG (§ 1 Nr. 3) sowie die Zuzahlung an Anteilsinhaber oder der Abfindung von Anteilsinhabern anlässlich einer Umwandlung von Rechtsträgern, §§ 15, 34, 176 bis 181, 184, 186, 196 oder 212 des Umwandlungsgesetzes (§ 1 Nr. 4).

Abfindung von Minderheitsaktionären, die im Fall des sog. „Squeeze Out" gemäß §§ 327a ff. AktG aus der Aktiengesellschaft ausgeschlossen werden. Dies kann die Hauptversammlung gemäß § 327a Abs. 1 AktG auf Antrag eines Mehrheitsaktionärs beschließen, wenn dieser mindestens 95% der Anteile hält. Die Regelungen des Squeeze Out gemäß §§ 327a ff. AktG sind nach der Auffassung einiger Gerichte[666] verfassungsgemäß, während eine abschließende Klärung dieser Frage durch das BVerfG noch aussteht[667]. Dementsprechend strittig wird diese Frage in der Literatur diskutiert[668]. Grundsätzlich geht das BVerfG aber davon aus, dass das durch Art. 14 Abs. 1 GG gewährleistete Anteilseigentum nicht gegen den Verlust der Mitgliedschaft und der aus ihr folgenden Herrschaftsrechte schützt[669]. Es ist deshalb wenig wahrscheinlich, dass das BVerfG auf eine entsprechende Verfassungsbeschwerde die §§ 327a AktG für verfassungswidrig erklären wird.

Wegen der Unangemessenheit der Abfindung können die Aktionäre somit zwar nicht den sie ausschließenden Hauptversammlungsbeschluss anfechten, wohl aber die Höhe der Abfindung im Spruchverfahren durch das gemäß § 306 Abs. 1 AktG zuständige Landgericht, in dessen Bezirk der Sitz der Gesellschaft liegt, neu festsetzen lassen[670].

Teilweise kritisiert werden die Vorschläge der Regierungskommission zur Einschränkung des Informationsrechts gemäß § 131 AktG etwa von *Bayer*[671]. So sei beispielsweise das Spruchverfahren schon generell nicht der richtige Ort, um In-

---

[666] So beispielsweise OLG Hamburg, Beschluss vom 11. 09. 2003 – 11 W 30/03 = NZG 2004, 45, 46; Mit anderer Begründung OLG Köln, Beschluss vom 06. 10. 2003 – 18 W 35/03 = BB 2003, 2307, 2309. Zustimmend *Aha*, BB 2003, 2310.

[667] Das BVerfG hat bisher eine Verfassungsbeschwerde gegen die §§ 327a ff. AktG nicht zur Entscheidung angenommen, da der Beschwerdeführer zuvor nicht den ordentlichen Rechtsweg ausgeschöpft hatte, vgl. BVerfG, Beschluss vom 20. 09. 2002 – 1 BvR 1681/02 = EWiR 2003, 141 f. mit Anmerkung *Drygala*. Für den Fall der Umwandlung einer Gesellschaft nach dem UmwG 1956 hat das BVerfG allerdings den Ausschluss von Minderheitsaktionären für vereinbar mit Art. 14 GG (Eigentumsgarantie) erklärt, vgl. BVerfG, Urteil vom 29. 11. 1961 – 1 BvL 16/60 = BVerfGE 14, 263, 277 ff.

[668] Für verfassungskonform hält diese Regelungen etwa *Aha*, BB 2003, 2310. Ebenso *Hüffer*, AktG, § 327a Rdn. 4 m. w. N. Kritisch aber *Hanau*, NZG 2002, 1040, 1042 ff.

[669] Vgl. etwa BVerfG, Beschluss vom 23. 08. 2000 – 1 BvR 68/95 und 1 BvR 147/97 = BVerfG NJW 2001, 279, 280.

[670] Dazu *Hüffer*, AktG, § 306 Rdn. 2; *Krieger*, in: Münchener Hdb des GesR, Band 4, § 70 Rdn. 111 ff. *Henn*, Hdb des AktienR, Rdn. 363. Zur Vereinbarkeit der Abfindung mit Art. 14 GG vgl. *Schmidt*, Gesellschaftsrecht, S. 951.

[671] *Bayer*, ZHR-Beiheft 71, 2002, 137, 148 ff.

formationspflichtverletzungen geltend zu machen[672]. Der generelle Anfechtungsausschluss werde der Bedeutung des Informationsrechts als wesentlichstes Mitgliedschaftsrecht[673] nicht gerecht, so dass dem Aktionär deshalb auch und gerade bei Informationspflichtverletzungen das „scharfe Schwert der Anfechtungsklage“ zustehen müsse[674]. *Bayer* befürwortet hingegen die generelle Unzulässigkeit einer Anfechtung von Hauptversammlungsbeschlüssen in den Fällen einer unwesentlichen Informationspflichtverletzung, soweit dadurch die sog. Relevanz-Rechtsprechung des BGH im Grundsatz bestätigt werde[675].

Der Begriff Relevanz-Rechtsprechung sollte allerdings mit Bedacht verwendet werden, weil er sich nicht allein auf das Aktienrecht beschränkt. Im Versicherungsrecht versteht man darunter beispielsweise eine Verwirkung des Leistungsanspruchs des Versicherungsnehmers gegen den Versicherer, wenn jener seine Obliegenheiten im Versicherungsfall verletzt, es sei denn, das konkrete Fehlverhalten wäre auch einem ordentlichen Versicherungsnehmer unterlaufen. Jede vorsätzliche Obliegenheitsverletzung führt danach zum Verlust des Leistungsanspruchs, auch wenn sich die Verletzung nicht konkret auf den Schadenshergang oder die Schadenshöhe ausgewirkt hat[676]. Die vorsätzliche Obliegenheitsverletzung muss aber generell geeignet sein, berechtigte Interessen des Versicherers ernsthaft zu gefährden[677].

Nach dem für das Aktienrecht entwickelten Begriff der Relevanz-Rechtsprechung stellt eine Informationspflichtverletzung durch die Gesellschaft stets einen relevanten und damit gemäß § 243 Abs. 1, Abs. 4 AktG anfechtbaren Verfahrensfehler dar, es sei denn, dass ausnahmsweise vom Standpunkt einer objektiven Beurteilung

---

672 *Bayer,* ZHR-Beiheft 71, 2002, 137, 150 sowie S. 152.
673 Dazu bereits Teil 2 B, S. 96.
674 *Bayer*, ZHR-Beiheft 71, 2002, 137, 149.
675 *Bayer*, ZHR-Beiheft 71, 2002, 137, 149.
676 BGH, Urteil vom 07. 12. 1983 – IV a ZR 231/81 = VersR 84, 228 ff. Vgl. zur Relevanzrechtsprechung im Versicherungsrecht auch *v. Bühren*, Hdb VersR, § 1 Rdn. 233 ff.; *Prölss/Martin*, VVG, § 6 Rdn. 101 m. w. N.
677 Das trifft etwa regelmäßig beim vorsätzlichen Verschweigen von Kfz-Schäden zu, vgl. BGH VersR 84, 228, 229. Ebenso OLG Hamm, Urteil vom 03. 07. 1987 – 20 U 339/86 = VersR 238 ff.

aus zwischen dem Gesetzesverstoß in seinem konkreten Erscheinungsbild und der Vernichtung des Beschlusses kein angemessenes Verhältnis besteht[678].

Befürwortet werden die Vorschläge der *Baums*-Kommission im Wesentlichen von *Reichert*[679]. Das Zusammenwirken sämtlicher Vorschläge der Kommission sei ein geeignetes Instrument, um effektive Hauptversammlungsabläufe wiederherzustellen[680]. Entgegen *Bayer* würde der Wegfall des „scharfen Schwerts der Anfechtungsklage" jedenfalls bei Bewertungsfragen nicht dazu führen, dass das Informationsrecht der Aktionäre vom Vorstand weniger ernst genommen würde, da der Aktionär bei Nichtbeantwortung zulässiger Bewertungsfragen weiterhin das Auskunftserzwingungsverfahren gemäß § 132 AktG[681] betreiben könne. Dieses Verfahren sei auf sämtliche Informationspflichtverletzungen auszudehnen[682]. Im Übrigen sei auch das Spruchverfahren geeignet, den Vorstand zu einer ordnungsgemäßen Information gegenüber den Aktionären anzuhalten, da es nicht im Interesse der Unternehmen liegen könne, die Aktionäre durch mangelhafte Angaben in ein für die betroffenen Gesellschaften kostspieliges Spruchverfahren zu zwingen[683].

Die Bundesregierung hat sich in ihrem Gesetzesentwurf zum UMAG im Wesentlichen der Auffassung der *Baums*-Kommission angeschlossen[684]. Einen Mindestanteilsbesitz für die Zulässigkeit von Anfechtungsklagen bei Informationspflichtverletzungen hat die Bundesregierung hingegen nicht berücksichtigt, sondern vielmehr generell auf dieses Erfordernis verzichtet[685].

Im Hinblick auf eine Beschränkung des Rederechts sollte § 131 Abs. 2 AktG ein Satz angefügt werden. Danach sollte gelten:

---

[678] So schon BGHZ 36, 121, 139. Zur neueren Rechtsprechung vgl. BGHZ 119, 1, 18 f.; BGHZ 122, 211, 238 ff. sowie BGH DStR 2004, 1967, 1970 = ZIP 2004, 2186, 2190. S. auch *Hüffer*, AktG, § 243 Rdn. 13 sowie Rdn. 12 ff. m. w. N.; *Henn*, Hdb des AktienR, Rdn. 915; *Semler*, in: Münchener Hdb des GesR, Band 4, § 41, Rdn. 33. Als zu konturenlos bezeichnet *Reichert,* ZHR-Beiheft 71, 2002, 165, 184 diese Rechtsprechung.

[679] *Reichert*, ZHR-Beiheft 71, 2002, 165, 179 ff.

[680] *Reichert*, ZHR-Beiheft 71, 2002, 165, 184.

[681] Gemäß § 132 Abs. 1 AktG entscheidet das Landgericht, in dessen Bezirk die Gesellschaft ihren Sitz hat, auf Antrag des Aktionärs, ob der Vorstand die geforderte Information gemäß § 131 AktG zu erteilen hat. Zum Auskunftserzwingungsverfahren vgl. umfassend *Henn*, Hdb des AktienR, Rdn. 893 ff.; *Hüffer*, AktG, § 132 Rdn. 3 ff.

[682] *Reichert*, ZHR-Beiheft 71, 2002, 165. 184.

[683] *Reichert*, ZHR-Beiheft 71, 2002, 165, 185.

[684] Vgl. Begründung zum UMAG-E v. 17. 11. 2004, S. 19 ff.

[685] Begründung zum UMAG-E v. 17. 11. 2004, S. 56.

„Die Satzung oder Geschäftsordnung gemäß § 129 kann den Versammlungsleiter ermächtigen, das Frage- und Rederecht des Aktionärs zeitlich angemessen zu beschränken und Näheres zu bestimmen."

Was unter angemessen im Sinne dieser neuen Vorschrift zu verstehen ist, wird von Rechtsprechung und Wissenschaft noch näher herausgearbeitet werden müssen. Die Regierungsbegründung zu diesem Punkt ist eher dürftig. Bei der Ausfüllung des Tatbestandsmerkmals angemessen könne sich der Versammlungsleiter davon leiten lassen, dass eine normale Hauptversammlung, in der keine tiefgreifenden unternehmensstrukturellen Maßnahmen erörtert sind, in 4-6 Stunden abgewickelt sein sollte. Dies setze freilich voraus, dass auch die Länge der Beiträge des Vorstands den Aktionären noch Raum lasse[686]. Im Übrigen verweist die Bundesregierung auf die Rechtsprechung des BVerfG, wonach die Gerichte nach Art. 14 Abs. 1 GG gehalten seien, auch einer missbräuchlichen Handhabung des Fragerechts entgegenzutreten[687]. Vereinzelte Auffassungen in der Literatur schließen sich dem an[688] während sich die überwiegende Meinung jedenfalls zum ähnlich lautenden Vorschlag im Referentenentwurf zum UMAG v. 28. 01. 2004 kritisch äußert[689].

Zudem sollten Fragen zu Informationen gemäß § 131 Abs. 3 Nr. 7 AktG-E nicht mehr zugelassen werden, soweit Auskünfte hierzu auf der Internetseite der Gesellschaft über mindestens sieben Tage vor Beginn und in der Hauptversammlung durchgängig zugänglich sind[690]. Der Sinn und Zweck dieser Neuregelungen soll darin liegen, die Hauptversammlung von typischen Standardfragen, vom Vortrag von Statistiken, Listen, Regularien und Aufstellungen zu und entlasten und dadurch

---

[686] Begründung zum UMAG-E v. 17. 11. 2004, S. 35 f.

[687] Begründung zum UMAG-E v. 17. 11. 2004, S. 36.

[688] *Seibert*, WM 2005, 157, 160; *Jahn*, BB 2005, 5, 9. Kritisch *Gantenberg*, DB 2005, 207, 212 sowie *Schütz*, NZG 2005, 5, 11. Der Referentenentwurf sah eine Beschränkungsbefugnis des Versammlungsleiters kraft Gesetzes in einem neuen § 131 Abs. 3 Nr. 7 AktG-E vor. Vgl. dazu *Seibert/Schütz*, ZIP 2004, 252, 255. Grundsätzlich positiv auch die Stellungnahme des Handelsrechtsausschusses des DAV, NZG 2004, 555, 558.

[689] Vgl. *Diekmann/Leuering*, NZG 2004, 249, 255; *Meilicke/Heidel*, DB 2004, 1479, 1480; *Weißhaupt*, WM 2004, 705, 707 f.; *Wilsing*, ZIP 2004, 1082, 1084 f.; *Martens*, AG 2004, 238, 241 ff.

[690] Vgl. Begründung UMAG-E v. 17. 11. 2004, S. 7. Dazu *Jahn*, BB 2005, 5, 8; *Seibert*, WM 2005, 157, 161; *Gantenberg*, DB 2005, 207, 212; *Schütz*, NZG 2005, 5, 11. Näher zu ähnlichen Regelungen im Referentenentwurf *Seibert/Schütz*, ZIP 2004, 252, 256; *Diekmann/Leuering*, NZG 2004, 249, 256. Zustimmend *Meilicke/Heidel*, DB 2004, 1479, 1480. Zweifelnd *Martens*, AG 2004, 238, 244. Ebenso Stellungnahme des Handelsrechtsausschusses des DAV, NZG 2004, 555, 559.

Zeit zu gewinnen für eine inhaltliche Diskussion[691]. Beide Regelungen hat der Gesetzgeber durch Verabschiedung des UMAG am 22. 09. 2005 mittlerweile umgesetzt.

Das Anfechtungsrecht der Aktionäre wegen Verletzung von Informationspflichten wird in § 243 Abs. 4 AktG umfassend neu gestaltet. § 243 Abs. 4 S. 1 AktG-E sollte danach die allgemeine Regelung für diesbezügliche Anfechtungsklagen beinhalten:

> „Wegen unrichtiger, unvollständiger oder verweigerter Erteilung von Informationen kann nur angefochten werden, wenn ein objektiv urteilender Aktionär die Erteilung der Information als wesentliche Voraussetzung für die sachgerechte Wahrnehmung seiner Teilnahme- und Mitgliedschaftsrechte angesehen hätte[692]."

Damit stellt der Regierungsentwurf entgegen dem Vorschlag der *Baums*-Kommission nicht auf die Wesentlichkeit der begehrten Information ab, sondern stellt den „objektiv urteilenden Aktionär" in den Mittelpunkt[693]. § 243 Abs. 4 S. 2 AktG-E betrifft dagegen ausdrücklich nur den Fall der Informationspflichtverletzung im Zusammenhang mit Bewertungsfragen:

> „Auf unrichtige, unvollständige oder unzureichende Informationen in der Hauptversammlung über die Ermittlung, Höhe oder Angemessenheit von Ausgleich, Abfindung, Zuzahlung oder über sonstige Kompensationen kann eine Anfechtungsklage nicht gestützt werden, wenn das Gesetz für Bewertungsrügen ein Spruchverfahren vorsieht."

Hintergrund dieser Regelung sind neben den Empfehlungen der *Baums*-Kommission[694] zwei Entscheidungen des BGH über den Ausschluss von Anfech-

---

691 Begründung zum UMAG-E v. 17. 11. 2004. Zu Sinn und Zweck dieser Regelung vgl. etwa *Noack*, NZG 2004, 297, 301.

692 S. dazu *Schütz*, NZG 2005, 5, 9 f. Zum ähnlich lautenden Vorentwurf im UMAG-E v. 28. 1. 2004 vgl. beispielsweise *Schütz*, DB 2004, 419, 420; *Seibert/Schütz*, ZIP 2004, 252, 256; *Meilicke/Heidel*, DB 2004, 1479, 1483 ff.; *Martens*, AG 2004, 238, 242 f.; Stellungnahme des Handelsrechtsausschusses des DAV, NZG 2004, 555, 562 f.

693 Vgl. ebenso *Schütz*, NZG 2005, 5, 10.

694 Dazu s. o. Teil 2 B, S. 99 ff.

tungsklagen[695] wegen der Verletzung von Informationspflichten bei formenwechselnden Umwandlungen nach dem Umwandlungsgesetz[696]. Gegenstand dieser Verfahren waren Anfechtungs- und Nichtigkeitsklagen einiger Aktionäre gegen einen Hauptversammlungsbeschluss ihrer jeweiligen Gesellschaft[697], wonach die bestehende Gesellschaft in eine nach § 191 Abs. 2 Nr. 3 UmwG zulässige GmbH umgewandelt werden sollte. In beiden Fällen stützten die Aktionäre ihre Klage jeweils vor allem auf eine Verletzung des Auskunftsrechts hinsichtlich der Herleitung, Plausibilität und Angemessenheit des Barabfindungsangebots gemäß § 207 UmwG sowie hinsichtlich des hierfür erforderlichen Prüfungsberichts[698]. Der BGH wies in beiden Fällen die erhobenen Anfechtungs- und Nichtigkeitsklagen unter Hinweis auf §§ 210, 212 UmwG ab. Gemäß § 210 UmwG kann eine Klage gegen die Wirksamkeit des Umwandlungsbeschlusses nicht darauf gestützt werden, dass das Angebot zu § 207 UmwG zu niedrig bemessen ist oder dass die Barabfindung im Umwandlungsbeschluss nicht oder nicht ordnungsgemäß angeboten worden ist. Zugunsten der Wirksamkeit des Umwandlungsbeschlusses können entsprechende Rügen nur im ausdrücklich dafür vorgesehenen Spruchverfahren gemäß §§ 305 ff. UmwG erhoben werden[699]. Der BGH war der Auffassung, dieser Gesetzeszweck würde umgangen, sofern Aktionäre aufgrund von Informationspflichtverletzungen, die unmittelbar im Zusammenhang mit dem Barangebot stehen, durch eine Anfechtungsklage die Wirksamkeit des Umwandlungsbeschlusses doch noch beseitigen könnten. Solche Informationspflichtverletzungen könnten deshalb nicht Gegenstand einer Anfechtungsklage sein[700].

Diesen Ansatz griff das Bundesministerium der Justiz in seinem Gesetzesentwurf zum UMAG auf. Nach § 243 Abs. 4 S. 2 AktG-E sollten sämtliche Beschlussmän-

[695] BGH, Urteil vom 18. 12. 2000 – II ZR 1/99 = BGHZ 146, 179 ff. = ZIP 2001, 199 ff.; BGH, Urteil vom 29. 01. 2001 – II ZR 368/98 = ZIP 2001, 412 ff.; Begründung zum UMAG-E v. 17. 11. 2004, S. 57.

[696] Gemäß § 1 Abs. 1 UmwG können Rechtsträger mit Sitz im Inland umgewandelt werden durch Verschmelzung (Nr. 1), durch Spaltung (Aufspaltung, Abspaltung, Ausgliederung, Nr. 2), durch Vermögensübertragung (Nr. 3) oder durch Formwechsel (Nr. 4). Ein Formenwechsel liegt gemäß §§ 190 ff. UmwG vor, wenn ein Rechtsträger seine bisherige Gesellschaftsform in eine andere zulässige Rechtsform (§ 191 Abs. 2 UmwG) umwandelt.

[697] Beide sind Gesellschaften mit beschränkter Haftung.

[698] Ein solches Barabfindungsangebot muss der formenwandelnde Rechtsträger gemäß § 207 UmwG jedem Anteilseigner unterbreiten, der gegen den Umwandlungsbeschluss Widerspruch zur Niederschrift erklärt. Vgl. näher zum jeweiligen Sachverhalt BGH ZIP 2001, 412 sowie BGHZ 146, 179, 180 f.

[699] Zum Begriff des Spruchverfahrens siehe bereits oben Teil 2 B, S. 100 f.

[700] BGHZ 146, 179, 183 sowie BGH ZIP 2001, 412, 413 ff.

gel, die Bewertungsfragen wie die Höhe oder Angemessenheit von Leistungen, Abfindungen oder Zuzahlungen betreffen, die Wirksamkeit des entsprechenden Beschlusses nicht beeinträchtigen[701]. Anfechtungsklagen wegen bewertungsbezogener Informationsmängel sind danach generell ausgeschlossen[702]. Auch diese Regelung verabschiedete der Gesetzgeber mittlerweile durch das UMAG.

Der Auffassung des Bundesministeriums der Justiz schließt sich in der Literatur etwa *Schütz*. Danach seien die Erwägungen des BGH für alle bewertungsbezogenen Informationsmängel verallgemeinerungsfähig, soweit der Gesetzgeber auch das weitestgehende Informationsdefizit, das Fehlen einer gesetzlich vorgeschriebenen Leistung, Abfindung oder Zuzahlung dem Spruchverfahren zugewiesen habe[703]. Kritisch äußert sich hingegen der Handelsrechtsausschuss des DAV. Ein vollständiger Anfechtungsausschluss gemäß § 243 Abs. 4 S. 2 AktG habe zur Folge, dass besonders wichtige Informationen in Bezug auf Bewertungsfragen vollständig weggelassen werden dürften[704]. Ebenfalls kritisch bewerten diese Regelung *Meilicke/Heidel*[705]. Im Falle der vollständigen Informationsverweigerung bleibe eine Anfechtung auch nach der Neufassung von § 243 Abs. 4 AktG allerdings möglich. Die Anfechtungsklage soll bei solchen Extremfällen als zusätzliches Schutzinstrument erhalten bleiben[706].

bb. Stellungnahme

Das praktische Bedürfnis von Aktiengesellschaften, das Rederecht auskunftsberechtigter Aktionäre in den Fällen zu beschränken, in denen dieses Recht dazu benutzt wird, durch eine Vielzahl von Fragen den Gang der Hauptversammlung und eine effektive Beschlussfassung zu blockieren, ist verständlich. Dennoch können die hierzu gemachten Vorschläge nur teilweise überzeugen. Das gilt insbesondere auch für die nahezu vollständige Umsetzung der Vorschläge der *Baums*-Kommission durch das UMAG.

---

[701] Vgl. Begründung zum UMAG-E v. 17. 11. 2004, S. 57. Näher dazu *Schütz*, DB 2004, 419, 421; *Jahn*, BB 2005, 5, 10 m. w. N.

[702] Die in § 1 Nr. 1 - 4 SpruchG aufgezählten Fälle sind insoweit nicht abschließend, vgl. Begründung zum UMAG-E v. 17. 11. 2004, S. 57.

[703] *Schütz*, DB 2004, 419, 421 mit Hinweis auf BGHZ 146, 179, 183 ff. in Fn. 43. *Diekmann/Leuering*, NZG 2004, 249, 254 sehen hierin eine bedeutsame Klarstellung für die Praxis. Zustimmung ebenfalls bei *Jahn*, BB 2005, 5, 10.

[704] Stellungnahme des Handelsrechtsausschusses des DAV, NZG 2004, 555, 563.

[705] *Meilicke/Heidel*, DB 2004, 1479, 1483 mit Hinweis auf *dies.*, BB 2003, 1805 ff.

[706] Begründung zum UMAG-E v. 17. 11. 2004, S. 56.

Problematisch ist zunächst § 131 Abs. 2 AktG. Die Festlegung der Rede- und Fragezeit durch den Versammlungsleiter im Vorfeld des einzelnen Aktionärsbeitrags mag ein taugliches Mittel sein, um den Ablauf der Hauptversammlung zu beschleunigen und besonders redefreudige Aktionäre auf ein bestimmtes Zeitkontingent zu verweisen. Durch § 131 Abs. 2 AktG wird der Gesetzgeber dieses Ziel aber nicht erreichen. Mit der Formulierung „angemessen" in § 131 Abs. 2 AktG sind vielmehr neue Streitigkeiten zwischen Aktionär und Versammlungsleiter über die Auslegung dieses Tatbestandsmerkmals vorprogrammiert. Damit wird ein neues Feld für Anfechtungsklagen nach § 243 Abs. 1 AktG geschaffen, was der Intention des Gesetzesentwurfs zum UMAG gerade zuwiderläuft. Der Gesetzgeber sollte deshalb in § 131 Abs. 2 AktG je nach dem Inhalt des angekündigten Redebeitrags bzw. nach der Komplexität der zu stellenden Frage konkrete Zeitspannen vorgeben, innerhalb derer der Versammlungsleiter entscheidet, wie lang der konkrete Beitrag tatsächlich dauern soll. Diese Lösung hätte den Vorteil, dass schon von Gesetzes wegen eine Maximalzeit für einen konkreten Beitrag festgelegt wird, auf die sich jeder einzelne Aktionär einstellen kann und das Anfechtungsrisiko von Entscheidungen des Versammlungsleiters bei der Festlegung der Rede- und Fragzeit entsprechend minimiert wird. Über diese maximale Zeitspanne könnte dann auch der Satzungsgeber nicht disponieren. Das folgt wiederum aus § 23 Abs. 5 AktG, wonach die Satzung nur dann von den Vorschriften des AktG abweichen kann, wenn es das Gesetz ausdrücklich zulässt[707].

Eingeschränkte Zustimmung verdient der Vorschlag der Regierungskommission über bereits im Vorfeld der Hauptversammlung schriftlich beantwortete Fragen von Aktionären. Solche Fragen sollten in der Hauptversammlung grundsätzlich nicht mehr thematisiert werden dürfen, um zumindest insoweit das denkbare Fragenpotential einzuschränken. Problematisch an einer entsprechenden Änderung des § 131 AktG ist aber, dass sich auch nach der schriftlichen Antwort durch die Gesellschaft weitere Nachfragen stellen können. Derartige Nachfragen dürfen durch eine Neuregelung des § 131 AktG nicht vollständig ausgeschlossen werden. Anderenfalls könnte die Gesellschaft komplexe Fragestellungen, die im Vorfeld der Hauptversammlung auftauchen, durch eine kurze schriftliche Stellungnahme beantworten und allein damit ihrer Informationspflicht gemäß § 131 AktG nachkommen.

Im Hinblick auf Informationen, die auf der Website der Gesellschaft gemäß § 131 Abs. 3 Nr. 7 AktG veröffentlicht werden, ist wiederum zu beachten, dass nicht je-

---

[707] S. ausführlich zur Satzungsstrenge o. Teil 1 B, S. 15.

der Aktionär über einen Internetanschluss verfügt[708]. Der Informationsanspruch dieser Aktionärsgruppe kann damit auch nicht durch eine solche Veröffentlichung erfüllt werden. Auch insoweit vermag das UMAG nicht zu überzeugen, auch wenn das Ziel, Zeit für inhaltliche Diskussionen zu gewinnen, anzuerkennen ist.

Uneingeschränkt zuzustimmen ist der *Baums*-Kommission im Hinblick auf die Beschränkung des Anfechtungsrechts auf wesentliche Informationspflichtverletzungen im Sinne der angeführten Relevanz-Rechtsprechung bei Verfahrensfehlern. § 243 Abs. 4 S. 1 AktG i. d. F. des UMAG hat zwar tatbestandlich das Kriterium der Wesentlichkeit nicht übernommen[709]. Inhaltlich weicht das Gesetz aber hierdurch nicht von der aktienrechtlichen[710] Relevanz-Rechtsprechung ab. Sofern aus der Sicht eines objektiven Aktionärs die Informationspflichtverletzung im Verhältnis zur Sanktion der Nichtigkeit eines Hauptversammlungsbeschlusses als unerheblich anzusehen ist, muss der Informationsanspruch zugunsten einer effektiven Beschlussfassung in der Gesellschaft zurücktreten. Anderenfalls würde jedes messbare Informationsdefizit ein Anfechtungsrecht begründen, eine sinnvolle Beschlussfassung in der Hauptversammlung wäre wegen der ständig drohenden Anfechtungsmöglichkeit damit nicht mehr möglich. Allerdings wird man nicht davon ausgehen können, dass mit der Einführung des unbestimmten Begriffs „objektiver Aktionär" lediglich die auch im Aktienrecht verwendete Relevanz-Rechtsprechung auf eine gesetzliche Grundlage gestellt wird[711]. Die Neufassung von § 243 AktG muss vielmehr für alle denkbaren Fallkonstellationen offenstehen, in denen eine wesentliche Informationsverletzung durch die Leitungsorgane der Gesellschaft in Betracht kommt. Nach Inkrafttreten des UMAG wird es Aufgabe der Rechtsprechung sein, sowohl den Begriff der Informationspflichtverletzung als auch den des objektiven Aktionärs näher zu konkretisieren und einzelne Fallgruppen zu bilden, die diesen Begriff ausfüllen[712]. Diese müssen nicht zwingend mit der bisherigen Relevanz-Rechtsprechung i. S. d. Aktienrechts übereinstimmen.

Die Darstellungen der Bundesregierung hierzu sind äußerst vage. Danach muss „der fragliche Umstand ... bei Anlegung eines objektiven Beurteilungsmaßstabes

[708] Dazu bereits oben Teil 2 B, S. 87 f.

[709] Das begrüßen *Diekmann/Leuering*, NZG 2004, 249, 253.

[710] Vgl. Begründung zum UMAG-E v. 17. 11. 2004, S. 56. Zum problematischen Begriff der Relevanz-Rechtsprechung s. o. Teil 2 B, S. 102.

[711] In diese Richtung *Bayer*, ZHR-Beiheft 71, 2002, 137, 149. Kritisch zu Recht *Martens*, AG 2004, 238, 243.

[712] Zur Ausfüllung unbestimmter Rechtsbegriffe durch die Rechtsprechung vgl. BVerfGE 33, 303, 341 = JuS 1972, 664 Nr. 1; BVerfGE 49, 168, 183; *Kopp/Schenke*, VwGO, § 114 Rdn. 23 ff.

für die Meinungsbildung des Aktionärs über einen bestimmten Beschlussgegenstand ein so wesentliches Element darstellen, dass der Aktionär ohne die vorherige ordnungsgemäße Erteilung der Information der Beschlussvorlage nicht zugestimmt hätte[713]." Diese Begründung konstruiert ein Kausalitätserfordernis, das an gleich zwei unbestimmte Begriffe „objektiver Beurteilungsmaßstab" und „wesentliches Element" anknüpft. Für die Auslegung des Kerntatbestandsmerkmals objektiver Aktionär in § 243 Abs. 4 S. 1 AktG ist damit wenig gewonnen.

Keine Zustimmung verdient der Vorschlag der Regierungskommission, einen Mindestbesitzanteil zur Begründung des Anfechtungsrechts bei Informationspflichtverletzungen zu fordern. Zum einen steht dieser Vorschlag im Widerspruch zu der Forderung der Kommission, generell auf die Einführung eines Mindestanteils bei aktienrechtlichen Anfechtungsklagen gemäß § 241 ff. AktG zu verzichten[714]. Zum anderen hätte diese Einführung eines Mindestbesitzanteils zur Folge, dass Kleinaktionären bei Informationspflichtverletzungen durch den Vorstand der Anfechtungsweg gemäß § 243 Abs. 1 AktG vollständig verschlossen wäre. Zahlreiche Stimmen aus der Literatur bezeichnen die Einführung eines Mindestanteilsbesitzes im Interesse einer effektiven Hauptversammlungsdurchführung zwar schon generell als wünschenswert[715]. Im Ergebnis verstößt eine solche Rechtsschutzverkürzung aber gegen den Gleichbehandlungsgrundsatz gemäß § 53a AktG, wonach alle Aktionäre unter gleichen Voraussetzungen gleich zu behandeln sind[716]. Liegt somit eine Informationsverletzung durch den Vorstand vor, muss auch der Kleinaktionär die Möglichkeit haben, den entsprechenden Hauptversammlungsbeschluss durch Anfechtung zu beseitigen. Richtigerweise hat der Gesetzesgeber des UMAG diesen Vorschlag der *Baums*-Kommission deshalb nicht umgesetzt, sondern vollständig auf das Erfordernis eines Mindestbesitzanteils verzichtet.

Der Vorschlag der *Baums*-Kommission zur generellen Begrenzung des Fragerechts auf fünf Fragen ist ebenfalls abzulehnen. Durch eine derart starre Grenze wird nicht zwischen komplexen und weniger komplexen Fragestellungen differenziert. Eine Vorschrift zur Regelung der Anzahl von Aktionärsfragen sollte sich daher flexibel

---

[713] Begründung zum UMAG-E v. 17. 11. 2004, S. 56.

[714] Vgl. insoweit nochmals *Baums*, Bericht der Regierungskommission Corporate Governance, Rdn. 139 einerseits und Rdn. 145 andererseits.

[715] In diese Richtung etwa *Sünner*, AG 2000, 492, 494 f.; *Hüffer*, FS für Brandner, 1996, S. 67; *Boujong*, FS für Kellermann, 1991, S. 14. Ablehnend aber *Bayer*, ZHR-Beiheft 71, 2002, 137, 142; *ders.*, NJW 2000, 2609, 2617; *Reichert*, ZHR-Beiheft 71, 2002, 165, 171 ff.

[716] Zum Gleichbehandlungsgrundsatz gemäß § 53a AktG siehe bereist oben Teil 2 B, S. 93 ff.

an der Bedeutung des einzelnen Tagesordnungspunktes für die Entwicklung der Gesellschaft orientieren.

Eine generelle Ausdehnung des Spruchverfahrens auf Informationspflichtverletzungen, die Bewertungsfragen betreffen, durch das UMAG ist zu bedauern. Der Sinn und Zweck eines Spruchverfahrens liegt darin, Aktionären eine angemessene Entschädigung für einen Rechtsverlust zuzusprechen[717]. Prüfungsmaßstab des Verfahrens ist also allein die Angemessenheit des durch die Gesellschaft festgesetzten Entschädigungsbetrages[718]. Es ist nicht die Aufgabe des Spruchverfahrens, die Rechtmäßigkeit von Eingriffen der Gesellschaft in die Teilnahmerechte der Aktionäre zu überprüfen. Auch eine Inzidentkontrolle solcher Eingriffe wird dort nicht vorgenommen. Entgegen den Vorstellungen des Bundesministeriums der Justiz und der Auffassung von *Schütz* vermögen auch die beiden Entscheidungen des BGH zum Umwandlungsrecht eine Verallgemeinerung des Anfechtungsausschlusses für alle bewertungsbezogenen Informationspflichtverletzungen nicht zu rechtfertigen. Denn der BGH hebt in diesen Entscheidungen hervor, dass sich der Ausschluss des Anfechtungsrechts „aus dem Zusammenhang mit den Regelungen über das fehlende und das nicht ordnungsgemäße Angebot, die weiter gehend auch Fälle der Beeinträchtigung aktionärsrechtlicher Informationsrechte betreffen“, ergebe[719]. Im Folgenden begründet der BGH dieses Ergebnis mit umfangreichen teleologischen und systematischen Erwägungen insbesondere zu § 210 UmwG[720]. Diese rechtfertigten aus der Sicht des Gerichts für die zu entscheidenden Fälle einen Anfechtungsausschluss wegen Verletzung des allgemeinen aktienrechtlichen Auskunfts- und Fragerechts gemäß § 131 AktG[721]. Damit stellt der BGH allein auf den Sinn und Zweck der im Umwandlungsgesetz enthaltenen Vorschriften zum Barabfindungsangebot gemäß §§ 207, 210, 212 UmwG und ihr Verhältnis zu § 131 AktG ab. Eine verallgemeinerungsfähige Aussage im Hinblick auf sämtliche bewertungsbezogenen Informationsdefizite lässt sich hieraus schon deshalb nicht herleiten, weil anderenfalls § 131 AktG für solche Informationspflichtverletzungen vollständig leer liefe.

[717] Ausführlich zur Funktion des Spruchverfahrens im Gegensatz zur Anfechtungsklage vgl. *Vetter*, ZHR 2004, 8, 12 ff.

[718] Vgl. ausdrücklich zu dieser Zielrichtung des Gesetzes die Pressemitteilung des Bundesministeriums der Justiz zum SpruchG vom 29. 08. 2003 unter *http://www.bmj.de*.

[719] Vgl. BGH ZIP 2001, 412, 413; BGHZ 146, 179, 183 mit jeweils ausführlichen Erläuterungen zu den einschlägigen Vorschriften des UmwG.

[720] Zur systematischen Auslegung dieser Vorschrift durch den BGH im Zusammenhang mit Informationspflichtverletzungen vgl. BGH ZIP 2001, 412, 415.

[721] Siehe etwa BGH ZIP 2001, 412, 414; BGHZ 146, 179, 188.

Faktisch mag ein drohendes kostspieliges Spruchverfahren entsprechend den Ausführungen *Reicherts* geeignet sein, den Vorstand zu einer ordnungsgemäßen Informationspolitik gegenüber den Aktionären der Gesellschaft anzuhalten. Rechtlich wird im Spruchverfahren allein über die Angemessenheit der Abfindung und nicht über den Eingriff in das mitgliedschaftliche Informationsrecht gemäß § 131 AktG entschieden. Im Ergebnis ist deshalb der Ansicht von *Bayer*[722] zuzustimmen, wonach das Spruchverfahren schon funktionell nicht der richtige Ort für die Geltendmachung von Informationspflichverletzungen ist.

c. Virtuelle Hauptversammlung

aa. Zulässigkeit einer virtuellen Hauptversammlung

Die Art und Weise der Teilnahme an der Hauptversammlung, insbesondere die Zulässigkeit einer reinen Online-Teilnahme, regelt weder ausdrücklich das TransPuG noch enthält der Kodex dazu Empfehlungen oder Anregungen.

Gegen eine reine Online-Teilnahme mit elektronischer Stimmrechtsabgabe wenden sich zahlreiche Stimmen in der Literatur. Nach der Auffassung von *Mimberg*, *Habersack* und *Riegger* beispielsweise liegt eine Präsenz des Online-Aktionärs i. S. v. § 118 Abs. 1 AktG nicht vor, so dass sich dieser auch nicht in rechtlich wirksamer Weise an der Hauptversammlung beteiligen könne[723]. Im Übrigen habe der Gesetzgeber des TransPuG am Grundsatz der Präsenz-Hauptversammlung festhalten wollen, § 23 Abs. 5 AktG eröffne dementsprechend für den Satzungsgeber keinen Dispositionsspielraum[724]. Dies ergäbe sich auch aus § 121 Abs. 3 S. 2 AktG, wonach die Hauptversammlung an einem bestimmten „Ort" stattzufinden habe und der Aktionär sich zur Ausübung seines Stimmrechts gemäß § 118 Abs. 1 AktG an diesem Ort erscheinen müsse[725].

---

[722] S. o. Teil 2 B, S. 101 f.

[723] *Mimberg*, ZHR 2003, 21, 46; *Habersack*, ZHR 2001, 172, 180; *Riegger*, ZHR 2001, 204, 209 f.; *Riegger/Mutter*, ZIP 1998, 637, 639; *Hüffer*, AktG, § 118 Rdn. 12. Dagegen auch *Kremer*, in: *Ringleb/Kremer/Lutter/v. Werder*, Kodex, Rdn 330. *Muthers/Ulbrich*, WM 2005, 215, 216 ff. Ebenso wohl *Noack*, NZG 2004, 297, 300 f. Nicht eindeutig *Hirte*, FS für Buxbaum, 2000, S. 291. Umfangreiche Nachweise bei *Kubis*, in: MüKo-AktG, Band 4, § 118 Rdn. 24.

[724] So die Interpretation von *Kubis*, in: MüKo-AktG, Band 4, § 118 Rdn. 27.

[725] *Vollhard*, in: MüKo-AktG, Band 4, § 134 Rdn. 84 mit weiteren Literaturhinweisen in Fn. 235; *Hommelhoff/Teichmann*, in: *Dörner/Menold/Pfitzer/Oser*, Reform des AktienR, S. 115.

Schwarz spricht sich hingegen für die Zulässigkeit einer virtuellen Hauptversammlung aus[726]. Um eine gleichwertige Präsenzversammlung zu schaffen, müsse aber notwendigerweise die Ausübung des Rede- und Fragerechts nach § 131 AktG durch die Aktionäre per Internet im virtuellen Raum möglich sein. Dazu fehlten größeren Aktiengesellschaften jedenfalls derzeit die technischen Möglichkeiten[727].

Ob § 118 Abs. 1 AktG einer rein virtuellen Hauptversammlung tatsächlich entgegensteht, muss bezweifelt werden, da § 118 Abs. 1 AktG die Art und Weise der Teilnahme schlicht nicht vorschreibt. Auch § 121 Abs. 3 S. 2 AktG lässt mit der Formulierung „Ort" nicht den Schluss zu, dass ein Aktionär sich zur Ausübung seiner mitgliedschaftlichen Teilnahmerechte zwingend an einer bestimmten Lokalität aufhalten muss, eine Teilnahme vom heimischen Computer aus also von vornherein rechtlich unzulässig ist[728]. Sinn und Zweck der Regelungen über die Hauptversammlung gemäß §§ 118 ff. AktG ist ein Zusammentreffen der Aktionäre zur wirksamen Wahrnehmung ihrer Informations- und Beteiligungsrechte gegenüber den Verwaltungsorganen der Aktiengesellschaft. Auf welche Weise dieses Zusammentreffen organisiert wird und mit welchen technischen Hilfsmitteln es durchgeführt wird, lässt sich zwingenden Bestimmungen des Aktienrechts nicht entnehmen. Dafür spricht auch, dass der Gesetzgeber nach dem NaStraG die Zulässigkeit einer reinen Online-Versammlung letztlich offengelassen hat[729]. Eine Satzungsbestimmung, die virtuelle Hauptversammlungen für zulässig erklären, kollidieren daher auch nicht mit § 23 Abs. 5 AktG. Es bleibt damit dem Satzungsgeber überlassen, durch entsprechende Bestimmungen, die unmittelbare Online-Teilnahme von Aktionären zu ermöglichen.

Soll die Durchführung einer Vollversammlung gemäß § 121 Abs. 6 AktG nach diesen Grundsätzen als reine Internet-Hauptversammlung[730] erfolgen, muss die Ausübung sämtlicher Mitwirkungsrechte des Aktionärs (Rede- und Auskunftsrecht,

---

[726] *Schwarz*, MMR 2003, 23, 28. Ebenso *Hasselbach/Schumacher*, ZGR 2000, 258 f. Skeptisch, aber nicht vollständig ablehnend *Hüffer*, AktG, § 118 Rdn. 5a.

[727] *Schwarz*, MMR 2003, 22, 29. Vor Erlass des TransPuG in diese Richtung bereits *Spindler*, ZGR 2000, 421, 441 f.

[728] So aber ausdrücklich *Vollhard*, in: MüKo-AktG, Band 4, § 134 Rdn. 85; zutreffend dagegen *Hasselbach/Schumacher*, ZGR 2000, 258, 260 f.

[729] So richtigerweise *Spindler*, ZGR 2000, 421, 433; dagegen wohl *Hommelhoff/Teichmann*, in: *Dörner/Menold/Pfitzer/Oser*, Reform des AktienR, S. 115; vgl. dazu auch *Mimberg*, ZHR 2003, 21, 47.

[730] Verwendet wird auch der Begriff Cyber-Hauptversammlung, vgl. etwa *Schwarz*, MMR 2003, 23, 28 mit Hinweis auf *Baums*, Bericht der Regierungskommission Corporate Governance, Rdn. 115.

Stimmrecht und Widerspruchsrecht) allerdings technisch gewährleistet sein[731]. Inwiefern dies derzeit technisch realisierbar ist, wird daher von *Schwarz* zu Recht kritisch betrachtet[732]. Problematisch dürfte in diesem Zusammenhang insbesondere die elektronische Ausübung des Stimmrechts bzw. die Stimmrechtsvertretung sein. Das Stimmrecht gemäß §§ 133 AktG ff. soll der Aktionär nach den Vorstellungen der *Baums*-Kommission direkt von zu Hause aus am PC ausüben können. Die Zwischenschaltung eines Vertreters sei nicht mehr notwendig[733]. Das TransPuG griff diesen Vorschlag der *Baums*-Kommission nicht auf, da der Komplex der Stimmrechtsvertretung erst kurz zuvor durch das NaStraG[734] reformiert worden ist[735]. Auch der Gesetzesentwurf des UMAG schweigt zu diesem Komplex, ein sog. „E-Voting" durch den Aktionär ist damit gesetzlich bislang nicht vorgesehen[736].

Im Gegensatz zum TransPuG und zum UMAG nimmt der Kodex zu dieser Frage Stellung. Gemäß Ziff. 2.3.3 Kodex

> „soll die Gesellschaft die Aktionäre auch bei Stimmrechtsvertretung unterstützen. Der Vorstand soll für die Bestellung eines Vertreters für die weisungsgebundene Ausübung des Stimmrechts des Aktionärs sorgen; dieser sollte auch während der Hauptversammlung erreichbar sein."

---

731 *Baums*, Bericht der Regierungskommission Corporate Governance, Rdn. 111 und Rdn. 115. Ebenso *Hasselbach/Schumacher*, ZGR 2000, 258, 262 f.

732 Ebenfalls *Mimberg*, ZHR 2003, 21, 46; *Kollmann*, WM-Sonderheft 1, 2003, S. 8.

733 *Noack*, DB 2002, 620, 624; *Baums*, Bericht der Regierungskommission Corporate Governance, Rdn. 115.

734 Siehe dazu *Mimberg*, ZHR 2003, 21, 48; *Habersack*, ZHR 2001, 172, 182 ff.; *Claussen*, AG 2001, 161, 166; *Spindler*, ZGR 2000, 421, 438; *Zetzsche*, ZIP 2001, 682 ff.; *Than*, FS für Peltzer, 2001, S. 595; *Hommelhoff/Teichmann*, in: *Dörner/Menold/Pfitzer/Oser*, Reform des AktienR, S. 116.

735 *Noack*, DB 2002, 620, 625. Dazu *ders.*, ZIP 2001, 57 ff.; *Goedecke/Heuser*, BB 2001, 369.

736 Kritik daran äußert *Noack*, NZG 2004, 297, 301. Eingeführt wurde allerdings gemäß § 127a AktG ein Aktionärsforum im elektronischen Bundesanzeiger. Gemäß § 127a Abs. 1 AktG können Aktionäre andere Aktionäre darin beispielsweise auffordern, ihr Stimmrecht in bestimmter Art und Weise auszuüben. Mehr als ein lediglich neutraler Aufruf im elektronischen Bundesanzeiger ist damit aber nicht verbunden, vgl. Begründung zum UMAG-E v. 17. 11. 2004, S. 32. Kritisch dazu *Jahn*, BB 2005, 5, 12 f. S. dazu auch *Seibert*, AG 2006, 16 ff.

Der Kodex schließt sich damit denjenigen Stimmen in der Literatur an, die eine vollständige Online-Hauptversammlung für unzulässig halten[737], ohne aber diese Möglichkeit insgesamt auszuschließen.

bb. Teilnahmenachweis bei virtuellen Hauptversammlungen

Voraussetzung für die Teilnahme eines Aktionärs an der Hauptversammlung auch im Internet ist seine Legitimation. Diese richtet sich nach § 123 AktG. In der vor dem UMAG geltenden Fassung des Aktiengesetzes war der Teilnahmenachweis zwar nicht bei Namensaktien, wohl aber bei Inhaberaktien[738] problematisch. Das folgte aus § 123 Abs. 2 AktG. Gemäß § 123 Abs. 2 S. 1 AktG in der vor dem UMAG geltenden Fassung konnte die Satzung die Teilnahme an der Hauptversammlung oder die Ausübung des Stimmrechts davon abhängig machen, dass die Aktien bis zu einem bestimmten Zeitpunkt vor der Versammlung hinterlegt wurden, ferner davon, dass sich die Aktionäre vor der Versammlung anmeldeten[739]. Während bei ausgegebenen Namensaktien gemäß § 67 Abs. 2 AktG unwiderleglich derjenige als Aktionär vermutet wird, der im Aktienregister als Aktionär eingetragen ist, gilt eine solche Vermutung für Inhaberaktionäre nicht. Der Nachweis der Berechtigung bei Inhaberaktien war also schwieriger, wenn die Satzung gemäß § 123 Abs. 2 AktG entsprechende Hinterlegungspflicht vorsah.

Die *Baums*-Kommission schlug deshalb vor, die Möglichkeit eines satzungsmäßigen Hinterlegungserfordernisses zu beseitigen und die Teilnahme an der Hauptversammlung oder die Ausübung des Stimmrechts nur noch davon abhängig zu machen, dass sich die Aktionäre vor der Versammlung anmelden und ihre Aktionärsstellung durch eine Bescheinigung nachweisen[740]. Während der Gesetzgeber des TransPuG diesen Vorschlag nicht übernommen hat, gestaltete das UMAG § 123 Abs. 2 bis 4 AktG vollständig um[741]. Insbesondere die dargestellte Hinterlegungs-

---

737 Vgl. Fn. 723.

738 Aktien können gemäß § 10 Abs. 1 AktG entweder auf den Inhaber oder auf den Namen lauten. Sie müssen gemäß § 10 Abs. 2 AktG auf den Namen lauten, wenn sie vor der vollen Leistung des Ausgabebetrages ausgegeben werden. Näher zur Abgrenzung vgl. *Henn*, Hdb des AktienR, Rdn. 31 ff.; *Hüffer*, AktG, § 10 Rdn. 4; *Noack/Zetzsche*, WM 2004, 1 ff.

739 Näher zu dieser Möglichkeit *Hüffer*, AktG, § 123, Rdn. 5 ff.; *Henn*, Hdb des AktienR, Rdn. 760; *Kubis*, in: MüKo-AktG, Band 4, § 123 Rdn. 10 ff.

740 *Baums*, Bericht der Regierungskommission Corporate Governance, Rdn. 104. Der Nachweis der Bescheinigung soll dabei auch durch elektronische Übermittlung erfolgen können; dazu auch *Zetzsche*, in: *Zetzsche*, Virtuelle HV, Rdn. 90 ff.

741 Begründung zum UMAG-E v. 17. 11. 2004, S. 27 ff. Siehe dazu auch *Wilsing*, ZIP 2004, 1082, 1086 f.

möglichkeit gemäß § 123 Abs. 2 S. 1 AktG wurde abgeschafft. Dies soll der Tatsache Rechnung tragen, dass in der heutigen Kapitalmarktpraxis kaum noch reale Aktenurkunden im Umlauf sind. Außerdem erhofft man sich hierdurch eine erleichterte Stimmrechtsausübung ausländischer Investoren[742]. Für Inhaberaktien enthält § 123 Abs. 3 AktG i. d. F. des UMAG allerdings eine Sonderregelung. Danach kann die Satzung bei Inhaberaktien zusätzlich bestimmen, wie die Berechtigung zur Teilnahme an der Hauptversammlung oder zur Ausübung des Stimmrechts zu belegen ist[743]. Zum Schutz der Aktionäre reicht aber der Nachweis des depotführenden Kreditinstituts in Textform aus[744]. Hat der Aktionär seine Inhaberschaft belegt[745], so führt dies entsprechend § 67 Abs. 2 AktG gemäß § 123 Abs. 3 S. 4 AktG zu der unwiderleglichen Vermutung seiner Mitgliedschaft.

Die Vorschriften des UMAG über eine erforderliche Anmeldung zur Hauptversammlung regelt § 123 Abs. 2 S. 1 AktG für Inhaber- und Namensaktien gleichermaßen. Grundsätzlich geht das UMAG davon aus, dass eine Anmeldung zur Hauptversammlung nicht mehr erforderlich ist[746], stellt die Einführung eines Anmeldungserfordernisses gemäß § 123 Abs. 2 S. 2 AktG aber in das Ermessen des Satzungsgebers. Schreibt die Satzung eine Anmeldung vor, so genügt es gemäß § 123 Abs. 2 S. 3 AktG, wenn der Aktionär sich nicht später als am siebten Tag vor der Versammlung anmeldet.

Die Änderungen des UMAG im Hinblick auf die Anmeldung zur Hauptversammlung und zu entsprechenden Nachweispflichten sind zu begrüßen. Bedenkt man die gängige Aktionärspraxis, wonach auch bei einem durch die Satzung vorgeschriebenen Hinterlegungserfordernis die Aktien nicht hinterlegt werden, sondern regelmäßig lediglich eine Anmeldung durch Vorlage einer Bankbescheinigung erfolgt[747], ist der Wegfall dieses Erfordernis nach § 123 Abs. 3 AktG sinnvoll. Eine unterschiedliche Behandlung von Inhaber- und Namensaktien beim Zugang zur Hauptversammlung durch den Gesetzgeber ist angesichts dieser Praxis nicht sachdien-

---

[742] Begründung zum UMAG-E v. 17. 11. 2004, S. 26. Näher hierzu und zu weiteren geplanten Änderungen durch das UMAG in diesem Zusammenhang vgl. *Seibert/Schütz*, ZIP 2004, 252, 254; *Diekmann/Leuering*, NZG 2004, 249, 256.

[743] § 123 Abs. 3 S. 1 AktG-E. Dazu Begründung zum UMAG-E v. 17. 11. 2004, S. 27 f. Vgl. auch *Noack*, NZG 2004, 297, 303. Kritisch *Wilsing*, ZIP 2004, 1082, 1086.

[744] § 123 Abs. 3 S. 2 AktG-E. Dazu Begründung zum UMAG-E v. 17. 11. 2004, S. 27 f.

[745] Der Berechtigungsnachweis muss sich gemäß § 123 Abs. 3 S. 3 AktG-E auf den 14. Tag vor der Hauptversammlung beziehen. Dazu Begründung zum UMAG-E v. 17. 11. 2004, S. 28 f.

[746] Begründung zum UMAG-E v. 17. 11. 2004, S. 27.

[747] Näher dazu Begründung zum UMAG-E v. 17. 11. 2004, S. 27.

lich. Besondere unternehmensinterne Strukturen können eine unterschiedliche Behandlung von Inhaberaktionären allerdings gebieten, so dass der Gesetzgeber richtigerweise für solche Fälle einen Ermessensspielraum des Satzungsgebers in § 123 Abs. 3 AktG vorgesehen hat. Diesem Zweck dient auch die Einführung der gesetzlichen Vermutung in § 123 Abs. 3 S. 4 AktG für Inhaberaktien. Inwiefern durch den beabsichtigten vereinfachten Zugang zur Hauptversammlung tatsächlich neue Anreize vor allem für ausländische Investoren erzielt werden, bleibt hingegen abzuwarten.

d. Weitere technische Möglichkeiten

Neben dem Einsatz des Internets werden im Zusammenhang mit der Durchführung der Hauptversammlung in der Literatur auch andere technische Möglichkeiten wie Ton- und Bildübertragungen[748] sowie Parallel- und Satellitenversammlungen[749] diskutiert. Unter einer Parallel- und Satellitenversammlung versteht man die Abhaltung einer zentralen Hauptversammlung, bei der mehrere Versammlungen von Aktionären gleichzeitig per Satellit zugeschaltet sind. Diese Möglichkeit wird insbesondere im Zusammenhang mit grenzüberschreitenden Hauptversammlungen internationaler Konzerne diskutiert, bei denen nicht sämtliche Aktionäre persönlich anwesend sein können[750].

Dabei stellen sich allerdings zahlreiche praktische Probleme, die hier nur kurz angedeutet werden sollen. Zum einen erfordert eine Satellitenversammlung im fremdsprachigen Ausland eine Simultanübersetzung sämtlicher Beiträge und Reden, um den Informationsanspruch aller Aktionäre erfüllen zu können. Zum anderen dürfen auch die weltweit bestehenden Zeitdifferenzen nicht unterschätzt werden. So ist etwa die Zeitdifferenz zwischen New York, Tokio und Bundesrepublik Deutschland zu groß, als dass eine Satellitenversammlung gleichzeitig möglich wäre. Die Gleichzeitigkeit ist aber unverzichtbares Kriterium für die Durchführung der Hauptversammlung[751]. Eine grenzüberschreitende Satellitenversammlung ist damit,

---

[748] Dazu *Baums*, Bericht der Regierungskommission Corporate Governance, Rdn. 108; *Riegger*, ZHR 2001, S. 204, 210; *Hüffer*, AktG, § 118 Rdn. 16; *Eckardt*, in: *Geßler/Hefermehl/Eckardt/Kropff*, AktG, § 118 Rdn. 42; *Riegger/Mutter*, ZIP 1998, 637, 638; *Wagner*, NZG 2002, 57 ff.

[749] Hierzu *Baums*, Bericht der Regierungskommission Corporate Governance, Rdn. 110; *Schwarz*, MMR 2003, 23, 25 ff.; *Vollhard*, in: MüKo-AktG, Band 4, § 134 Rdn. 86.

[750] Vgl. *Balz*, Tele-Hauptversammlung, abrufbar im Internet unter *http://www.jura.uni-duesseldorf.de/service/hv/tele-hv.htm.*

[751] Zum Verfahren der Hauptversammlung vgl. *Schmidt*, Gesellschaftsrecht, S. 839 ff.; *Semler*, in: Münchener Hdb des GesR, Band 4, § 36 Rdn. 5 ff.; *Henn*, Hdb des AktienR, Rdn. 746 ff.

obwohl sie nach *Balz* wünschenswert wäre, aufgrund dieser praktischen Hindernisse nicht durchführbar[752].

3. Aktionärsrechte nach dem TransPuG

Auch das TransPuG enthält nur wenige Regelungen zur Rechtsstellung der Aktionäre. Erwähnenswert sind in diesem Zusammenhang insbesondere die §§ 58 Abs. 2, Abs. 5, 174 Abs. 2 Nr. 2 AktG. Nach diesen Vorschriften kann in der Satzung der Aktiengesellschaft vereinbart werden, dass der erwirtschaftete Jahresüberschuss nicht durch Barauszahlung, sondern durch Sachausschüttung erfolgt[753]. Die Sachausschüttung war zwar auch nach alter Rechtslage möglich, es war aber umstritten, ob diese Form der Ausschüttung der Zustimmung durch die Aktionäre bedurfte[754]. Diesen Streit hat der Gesetzgeber des TransPuG jetzt entschieden und mit der Vorschrift des § 58 Abs. 5 AktG i. d. F. des TransPuG den Entscheidungsspielraum der Hauptversammlung im Hinblick auf die Art und Weise der Gewinnausschüttung erweitert[755].

4. Zusammenfassung

Abschließend ist festzuhalten, dass weder der Kodex noch das TransPuG den Einsatz moderner Kommunikationsmittel bei der Vorbereitung und Durchführung der Hauptversammlung umfassend regeln. Das TransPuG formuliert überwiegend offene Tatbestände, die durch den Satzungsgeber auszufüllen sind[756]. Der Kodex enthält in dieser Frage lediglich Empfehlungen, von denen die Gesellschaft abweichen kann und in Ziff. 2.3.4 Kodex eine Anregung, die die Gesellschaft nicht zu beachten braucht. Letztlich entscheidet allein der Satzungsgeber, auf welche Art und Weise er technische Mittel zur Gestaltung der Hauptversammlung einsetzt. Die praktischen Schwierigkeiten bei der Durchführung von Satellitenversammlungen

---

[752] Umfassend zu den praktischen und logistischen Problemen von Satellitenhauptversammlungen siehe *Balz*, Tele-Hauptversammlung, abrufbar im Internet unter *http://www.jura.uni-duesseldorf.de/service/hv/tele-hv.htm.*

[753] Näher dazu *Hoffmann-Becking*, ZHR-Beiheft 71, 2002, 215, 222; *Müller*, NZG 2002, 752, 757. Umfassend *Knigge*, WM 2002, 1729, 1735; *Holzborn/Bunnemann*, AG 2003, 671 ff.

[754] Ausführlich dazu *Bayer* in: MüKo-AktG, Band 2, § 58 Rdn. 105 ff.

[755] *Kollmann*, WM-Sonderheft 1, 2003, S. 7. Nicht geregelt hat der Gesetzgeber aber die Frage, was genau unter Sachausschüttung zu verstehen ist, und ob die Sachausschüttung zum Marktwert oder zum Buchwert vorzunehmen ist. Siehe zu diesem Problemkreis beispielsweise *Tübke*, Diss. sowie *Müller*, NZG 2002, 752, 758 f.; *Ihrig/Wagner*, BB 2002, 789, 796.

[756] Vgl. §§ 118 Abs. 2, 3, 126 AktG in der Fassung des TransPuG.

dürften aber einer Abhaltung der Hauptversammlung in dieser Form entgegenstehen[757].

Eine reine Online-Hauptversammlung ohne körperliche Anwesenheit der Aktionäre (virtuelle Hauptversammlung) ist nach der hier vertretenen Auffassung zwar zulässig, birgt aber Anfechtungsrisiken gemäß §§ 243 ff. AktG. Es ist beispielsweise nicht abschließend geklärt, inwieweit technische Störungen der Kommunikation während der Online-Hauptversammlung zur Anfechtung berechtigen. Die *Baums*-Kommission hält ein Anfechtungsrisiko gemäß § 243 Abs. 1 AktG für nicht gegeben, weil die Verteilung des Risikos bei technischen Störungen sich nach den allgemeinen Grundsätzen zur Abgrenzung der Risikosphären richte[758]. Danach könne eine von der Gesellschaft nicht zu vertretende Störung der Kommunikation nicht die Anfechtbarkeit eines Hauptversammlungsbeschlusses begründen[759]. Was hingegen unter einer nicht zu vertretenden Störung nach Ansicht der *Baums*-Kommission zu verstehen ist, lässt sich ihrem Bericht nicht entnehmen. Daher wird man den allgemeinen Verschuldensmaßstab des § 276 BGB anzuwenden haben.

Auch ein technisch hochwertiges firmeninternes Netzwerk wird die Gefahr des Auftretens von Fehlern und Störungen bei einer reinen Online-Hauptversammlung nicht gänzlich ausschließen können, wenn man die enorme Belastung des Netzwerkes durch die gleichzeitige Internetaktivität aller an der Versammlung teilnehmenden Aktionäre bedenkt. Dem wird auch nicht der Vorschlag der *Baums*-Kommission abhelfen können, den Aktionären nur die Ausübung einzelner mitgliedschaftlicher Rechte, etwa nur das Stimmrecht, durch das Internet zu ermöglichen, um auf diese Weise zu verhindern, dass die Hauptversammlung durch die Online-Ausübung des Rede-, Frage- und Auskunftsrechts erheblich in die Länge gezogen wird[760]. Denn darin liegt eine Ungleichbehandlung gegenüber Aktionären einer Präsenzversammlung, die sachlich nicht zu rechtfertigen ist.

Sofern sich daher ein Unternehmen für die Durchführung einer reinen Online-Hauptversammlung entscheidet, muss es für die Installation eines Netzwerkes sorgen, das die Ausübung sämtlicher mitgliedschaftlicher Mitwirkungsrechte gewährleistet[761], also insbesondere auch des Rede-, Frage- und Auskunftsrechts. Auch ein

---

[757] Zur Satellitenversammlung siehe bereits oben Teil 2 B, S. 117.
[758] *Baums*, Bericht der Regierungskommission Corporate Governance, Rdn. 117.
[759] *Baums*, Bericht der Regierungskommission Corporate Governance, Rdn. 117.
[760] *Baums*, Bericht der Regierungskommission Corporate Governance, Rdn. 118.
[761] Davon geht letztlich auch die Regierungskommission Corporate Governance aus, vgl. Fn. 759.

solches Netzwerk wird aber, wie dargelegt[762], ein Anfechtungsrisiko nicht vollständig ausschließen können.

III. Regelungen des Kodex in Bezug auf Vorstand und Aufsichtsrat

Die Abschnitte „Zusammenwirken von Vorstand und Aufsichtsrat", „Vorstand" und „Aufsichtsrat", Ziff. 3, Ziff. 4 und Ziff. 5 Kodex, stellen mit über 50 Unterziffern den Hauptregelungskomplex des Kodex dar. Sie sind durch die Kodex-Kommission entwickelt worden, um auf der einen Seite die Zusammenarbeit der beiden Verwaltungsorgane in der Aktiengesellschaft zu stärken, Ziff. 3 Kodex. Auf der anderen Seite richten sie sich gezielt an jedes einzelne Verwaltungsorgan selbst, um bestehende mangelhafte Strukturen sowohl im Aufsichtsrat als auch im Vorstand zu korrigieren, Ziff. 4 und Ziff. 5 Kodex[763]. Insgesamt versucht der Kodex durch diese Regelungen eines der Hauptanliegen der Corporate Governance-Diskussion zu verwirklichen, nämlich die Informationskultur[764] und das Kommunikationsverhalten in deutschen Aktiengesellschaften zu verbessern.

Nach den Regelungsadressaten sind die einzelnen Bestimmungen danach zu unterscheiden, ob sich eine Regelung an das Organ als solches oder an die einzelnen Mitglieder von Vorstand und Aufsichtsrat richtet[765]. Letztere Gruppe von Regelungen setzt sich vor allem mit Interessenkonflikten auseinander, die bei den Organmitgliedern auftreten können, sowie mit Geschäften von Organmitgliedern mit der Aktiengesellschaft und ihr Handeln mit Aktien der Gesellschaft, Ziff. 4.3, Ziff. 5.5 und Ziff 6.6 Kodex[766].

1. Regelungsschwerpunkt des Kodex

Die größte Anzahl der Empfehlungen und Anregungen, nämlich etwa zwei Fünftel aller Verhaltensregeln, richtet sich an den Aufsichtsrat und dessen Zusammenwirken mit dem Vorstand (Ziff. 3 und 5 Kodex); der an den Vorstand als Organ adressierte Abschnitt (Ziff. 4.1 Kodex) enthält keine einzige Empfehlung oder Anregung[767]. Der Kodex versucht auf diese Weise vornehmlich die Überwachung der

---

[762] Siehe oben Teil 2 B, S. 119 f.

[763] Siehe nochmals zur Zielsetzung des Kodex *Cromme*, Einführungsrede v. 18. 12. 2001. Im Internet abrufbar unter *http://www.corporate-governance-code.de*.

[764] Grundlegend hierzu *Baums*, ZHR-Beiheft 71, 2002, 13, 14 f.

[765] Insoweit *Ulmer*, ZHR 2002, 150, 154 f.

[766] *Ulmer*, ZHR 2002, 150, 155.

[767] Vgl. *Ulmer*, ZHR 2002, 150, 155.

Unternehmensführung durch den Aufsichtsrat zu verbessern. In seinem Zentrum steht deshalb entgegen den Vorschlägen des Berliner Initiativkreises der Aufsichtsrat[768]. Diese Zielrichtung verdeutlicht der Kodex auch durch seinen Aufbau: Der Kodex regelt einerseits Komplexe, die für beide Leitungsorgane gleichermaßen gelten. Sowohl an den Aufsichtsrat als an den Vorstand sind beispielsweise Abschnitte über die „Aufgaben und Zuständigkeiten"[769], „Zusammensetzung und Vergütung"[770] sowie über „Interessenkonflikte"[771] adressiert. Darüber hinaus sind dem Aufsichtsrat aber die zusätzlichen Abschnitte „Aufgaben und Befugnisse des Aufsichtsratsvorsitzenden", Ziff. 5.2 Kodex, und „Bildung von Ausschüssen", Ziff. 5.3 Kodex gewidmet. Diese Organisationsvorschriften lassen sich für den Vorstand im Kodex nicht finden.

Während die Bildung von Ausschüssen die Arbeitsfähigkeit und Effektivität des Aufsichtsrates erhöhen soll, sollen die Verhaltensmaßstäbe des Kodex, die an den Aufsichtsratsvorsitzenden adressiert sind, insbesondere die Kommunikation zwischen Aufsichtsratsvorsitzendem und Vorstandsvorsitzendem steigern.

2. Regelungen über die Zusammensetzung der Leitungsorgane

Im Rahmen der Vorschriften über die Zusammensetzung der Leitungsorgane liegt der Schwerpunkt des Regelwerks ebenfalls beim Aufsichtsrat. Das TransPuG hingegen enthält zur Besetzung des Vorstandes, § 76 AktG, sowie des Aufsichtsrats, §§ 95 f. AktG, keine neuen Vorgaben[772].

a. Aufsichtsrat

Der Kodex trifft neben den gesetzlichen Vorschriften über die Wahl und Zusammensetzung des Aufsichtsrates gemäß §§ 95-99, 101, 106, 119 Abs. 1 Nr. 1 AktG[773] zahlreiche ergänzende Bestimmungen:

---

[768] *Peltzer/v.Werder*, AG 2001, 1, 2 sowie bereits oben Teil 2 B, S. 74; *Ulmer*, ZHR 2002, 150, 155; *Peltzer*, NZG 2002, 593, 594.
[769] Ziff. 4.1 Kodex (Vorstand), Ziff. 5.1 Kodex (Aufsichtsrat).
[770] Ziff. 4.2 Kodex (Vorstand), Ziff. 5.4 Kodex (Aufsichtsrat).
[771] Ziff. 4.3 Kodex (Vorstand), Ziff. 5.5 Kodex (Aufsichtsrat).
[772] *Kollmann*, WM-Sonderheft 1, 2003, S. 9.
[773] Dazu umfassend *Henn*, Hdb des AktienR, Rdn. 621 ff.; *Grunewald*, Gesellschaftsrecht, S. 255 ff.; *Eisenhardt*, Gesellschaftsrecht, Rdn. 559 ff.; *Schmidt*, Gesellschaftsrecht, S. 829 ff.; *Hoffmann-Becking*, in: Münchener Hdb des GesR, Band 4, § 30 Rdn. 13 ff.

Der Aufsichtsrat soll eine Altershöchstgrenze festlegen, Ziff. 5.4.1 S. 2 Kodex, und bei der Wahl der Aufsichtsratsmitglieder soll darauf geachtet werden, dass dem Aufsichtsrat jederzeit Mitglieder angehören, die ausreichend qualifiziert[774] sind, Ziff. 5.4.1 S. 1 Kodex. Vor allem die unzureichende Qualifikation der Aufsichtsratsmitglieder wird als wesentliche Schwachstelle der Unternehmenskontrolle in deutschen Unternehmen angesehen[775]. Darüber hinaus sollen dem Aufsichtsrat nicht mehr als zwei ehemalige Vorstände angehören. Auch darf nach Ziff. 5.4.2 Kodex keine Person in den Aufsichtsrat gewählt werden, die als Berater oder Organ für wesentliche Wettbewerber des Unternehmens tätig ist[776]. Dadurch soll eine unabhängige Beratung und Überwachung des Vorstands durch den Aufsichtsrat ermöglicht werden.

Wer wesentlicher Wettbewerber im Sinne dieser Regelung sein soll, wird in der Literatur bislang nicht eingehend diskutiert. *Kremer* schlägt beispielsweise vor, Wesentlichkeit gemäß Ziff. 5.4.2 Kodex dann anzunehmen, wenn durch den Wettbewerb des Unternehmens ca. 1/3 oder 1/4 des Konzernumsatzes betroffen wird[777]. Dieser Vorschlag ist wenig hilfreich. *Kremer* nennt im Hinblick auf die Beeinträchtigung des Konzernumsatzes durch den Wettbewerber zwei verschiedene Richtwerte, die zudem nur ungefähr erreicht zu werden brauchen. Das dürfte eher zu einer Verunsicherung der Kodexadressaten führen. Entscheidendes Kriterium sollte deshalb die konkrete Marktposition des Unternehmens sein. Diese lässt sich in Anlehnung an die Vorschriften der §§ 1 ff. des Gesetzes gegen Wettbewerbsbeschränkungen (GWB)[778] durch Abgrenzung des räumlich und sachlich relevanten Marktes festlegen[779]. Maßgeblich ist dabei die Sicht des Nachfragers der Leistung oder der Ware[780]. Danach sind zu einem Markt alle Waren oder gewerbliche Leistungen zu zählen, die sich nach ihren Eigenschaften, ihrem Verwendungszweck und Preis so nahe stehen, dass sie aus der Sicht des Nachfragers für einen bestimmten Bedarf als geeignet angesehen werden, nachdem dieser sie verglichen und als austauschbar

---

[774] Dazu *Schiessl*, AG 2002, 593, 597; *Peltzer*, NZG 2002, 593, 597; *Baums*, Bericht der Regierungskommission Corporate Governance, Rdn. 51 ff.

[775] Etwa *Hopt*, ZHR-Beiheft 71, 2002, 27, 44 f. Näher dazu s. u. Teil 2 B, S. 155 ff.

[776] *Seibert*, BB 2002, 581, 583.

[777] *Kremer*, in: *Ringleb/Kremer/Lutter/v. Werder*, Kodex, Rdn. 1045.

[778] BGBl. I 1998, 2546 ff., zuletzt geändert am 01. 09. 2005 (BGBl. I 2005, 2676).

[779] Ausführlich dazu *Bunte*, KartellR, S. 185 ff.; *Bechtold*, GWB, § 19 Rdn. 3 ff.; *Richter*, in: *Wiedemann*, Hdb des KartellR, § 20 Rdn. 41 ff.

[780] Sog. Funktionelle Austauschbarkeit, vgl. *Bechtold*, GWB, § 19 Rdn. 13; *Bunte*, KartellR, S. 188 f.; *Wagemann*, in: *Wiedemann*, Hdb des KartellR, § 16 Rdn. 46 ff.

erachtet hat[781]. Hat ein Unternehmen nach diesen Kriterien seine Marktposition bestimmt, kann es in einem zweiten Schritt festlegen, welche Konkurrenten als wesentliche Wettbewerber in Betracht kommen. Das können aufgrund der Vielzahl der denkbaren Marktpositionen eines Unternehmens auch solche sein, die beispielsweise aufgrund höherer Kapazitäten einen größeren Marktanteil besitzen und den Umsatz des Unternehmens deutlich nicht bis zu den von *Kremer* vorgeschlagenen Richtwerten beeinträchtigen.

Desweiteren hat jedes Aufsichtsratsmitglied darauf zu achten, dass ihm für die Wahrnehmung seiner Aufgaben genügend Zeit zur Verfügung steht, Ziff. 5.4.3 S. 1 Kodex. Wer dem Vorstand einer börsennotierten Gesellschaft angehört, soll insgesamt nicht mehr als fünf Aufsichtsratsmandate in konzernexternen börsennotierten Gesellschaften wahrnehmen, Ziff. 5.4.3 S. 2 Kodex[782]. Auf diese Qualifikations- und Unabhängigkeitsanforderungen des Kodex wird im Rahmen der Diskussion um das bestehende gesetzliche System der unternehmerischen Mitbestimmung noch ausführlich eingegangen[783].

Zur Verbesserung der Organisationsstrukturen im Aufsichtsrat soll sich dieser eine Geschäftsordnung geben, Ziff. 5.1.3 Kodex, und sofern ein Aufsichtsratsmitglied in einem Geschäftsjahr an weniger als der Hälfte der Sitzungen des Aufsichtsrates teilgenommen hat, soll dies im Bericht des Aufsichtsrats vermerkt werden, Ziff. 5.4.6 Kodex. Auf eine Empfehlung zur Verkleinerung des Aufsichtsrates verzichtet der Kodex[784]. Gerade die Besetzung des Aufsichtsrats stellt aber eines der Hauptprobleme der jetzigen Corporate Governance-Diskussion dar, so dass im Folgenden hierauf näher eingegangen wird.

---

[781] *Bunte*, KartellR, S. 189; *Bechtold*, GWB, § 19 Rdn. 5 ff.; *Wagemann*, in: *Wiedemann*, Hdb des KartellR, § 20 Rdn. 54 ff.

[782] Diese Empfehlung wird im Zusammenhang mit möglichen Interessenkonflikten von Aufsichtsratsmitgliedern im noch eingehender besprochen, vgl. Teil 2 B, S. 155 ff.

[783] S. u. Teil 2 B, S. 147 ff.

[784] Dies wird teilweise bedauert, vgl. etwa *Kollmann*, WM-Sonderheft 1, 2003, S. 10, da auch durch eine Verkleinerung die Effizienz des Aufsichtsrates gesteigert werden könne. Ebenso *Breuer*, FAZ v. 27. 11. 2002, S. 15. Näher dazu Teil 2 B, S. 126 ff.

aa. Besetzung des Aufsichtsrats

(1) Überblick über das Mitbestimmungsgesetz 1976

Die Größe und die Zusammensetzung des Aufsichtsrates sind jedenfalls für mitbestimmte[785] Unternehmen weitestgehend gesetzlich vorgegeben, so dass der Unternehmenspraxis diesbezüglich nur geringe Gestaltungsmöglichkeiten verbleiben[786].

Größe und Zusammensetzung des Aufsichtsrats in einer Aktiengesellschaft[787] regelt das Aktiengesetz in §§ 95, 96 AktG. Gemäß § 95 S. 1 AktG richtet sich die Größe des aktienrechtlichen Aufsichtsrats nach der Höhe des Grundkapitals der Gesellschaft. Beträgt dieses mehr als 10.000.000 €, ist der Aufsichtsrat gemäß § 95 S. 4 AktG mit höchstens 21 Mitgliedern zu besetzen[788]. Für die konkrete Zusammensetzung des aktienrechtlichen Aufsichtsrats verweist § 95 S. 5 AktG auf das jeweils maßgebliche und insoweit speziellere Mitbestimmungsrecht[789]. Danach können im Einzelfall bei der Zusammensetzung des Aufsichtsrats das MitbestG 1976[790], das

---

[785] Zu den einzelnen Mitbestimmungsregeln siehe den Überblick bei *Hanau*, ZGR 2001, 75, 76 ff. sowie sogleich auf S. 116. Zum Gestaltungsspielraum nicht mitbestimmter Gesellschaften im Hinblick auf die Zusammensetzung des Aufsichtsrats vgl. *Holl*, Diss., S. 94 f.

[786] Vgl. *Kremer*, in: *Ringleb/Kremer/Lutter/v. Werder*, Kodex, Rdn. 904. Dazu *Hoffmann/Preu*, Aufsichtsrat, Rdn. 109 ff.; *Köstler/Kittner/Zachert/Müller*, Aufsichtsratspraxis, Rdn. 172 ff.; *Schmidt*, Gesellschaftsrecht, S. 829 ff. Umfassend zur Besetzung aktienrechtlicher Aufsichtsräte vgl. *Roth/Wörle*, ZGR 2004, 565, 575 ff.

[787] Zur Bildung von Aufsichtsräten in Kommanditgesellschaften auf Aktien (KGaA), bei Genossenschaften (eG) und bei Gesellschaften mit beschränkter Haftung (GmbH), die mehr als 500 Arbeitnehmer beschäftigen, vgl. *Hoffmann/Preu*, Aufsichtsrat, Rdn. 109.4.

[788] Bei einem Grundkapital von mehr als 1.500.000 € sind es 15 und darunter 9 Mitglieder. Die Satzung kann gemäß § 95 S. 2 und S. 3 AktG eine höhere Zahl bestimmen, die aber durch 3 teilbar sein muss.

[789] Zum Anwendungsvorrang des Mitbestimmungsrechts gegenüber § 95 AktG vgl. *Semler*, in: MüKo-AktG, Band 3, § 95 Rdn. 31 ff.; *Raiser*, Recht der Kapitalgesellschaften, § 15 Rdn. 19 ff. Eine allgemeine Darstellung der unternehmerischen Mitbestimmung findet sich im Mitbestimmungsbericht der Kommission von *BDA* und *BDI*, vgl. *Kommission Mitbestimmung*, Bericht, S. 2 ff.

[790] Gesetz über die Mitbestimmung der Arbeitnehmer (Mitbestimmungsgesetz – MitbestG) vom 04. 05. 1976 (BGBl. I 1976, S. 1153), zuletzt geändert am 23. 03. 2002 (BGBl. I 2002, S. 1130). Dazu umfassend *Raiser*, MitbestG, Einl Rdn. 37 ff.; *Hanau/Ulmer*, MitbestG, Einl Rdn. 4 ff.

Montan-Mitbestimmungsgesetz[791] sowie das Mitbestimmungs-Ergänzungsgesetz[792] einschlägig sein. Ein viertes Mitbestimmungsgesetz, das Drittelbeteiligungsgesetz[793], kann gemäß § 96 Abs. 1, 4. Alt. AktG zur Anwendung kommen. Diese Arbeit setzt sich schwerpunktmäßig mit dem MitbestG 1976 auseinander, so dass im Folgenden kurz dessen Anwendungsbereich skizziert werden soll[794].

Das MitbestG 1976 ist vor allem von Kapitalgesellschaften[795] anzuwenden, wenn die Gesellschaft gemäß § 1 Abs. 1 Nr. 2 MitbestG in der Regel mehr als 2.000 Arbeitnehmer beschäftigt. Abhängig von der Unternehmensgröße, ist der Aufsichtsrat gemäß § 7 Abs. 1 MitbestG aus jeweils sechs[796], acht[797] oder zehn[798] Vertretern von Anteilseignern und Arbeitnehmern zu besetzen. Pattsituation im Aufsichtsrat werden durch den Aufsichtsratsvorsitzenden gelöst, dem bei einer erneuten Abstimmung über denselben Gegenstand gemäß § 29 Abs. 2 MitbestG zwei Stimmen zustehen. Der Wahl des Aufsichtsratsvorsitzenden kommt also eine entscheidende

---

[791] Gesetz über die Mitbestimmung der Arbeitnehmer in den Aufsichtsräten und Vorständen der Unternehmen des Bergbaus und der Eisen und Stahl erzeugenden Industrie (Montan-Mitbestimmungsgesetz – MontanMitbestG) vom 21. 05. 1951 (BGBl. I 1951, S. 347), zuletzt geändert am 25. 11. 2003 (BGBl. I 2003, S. 2304). Dazu *Kittner*, Arbeits- und Sozialordnung, S. 903 ff.

[792] Gesetz zur Ergänzung des Gesetzes über die Mitbestimmung der Arbeitnehmer in den Aufsichtsräten und Vorständen der Unternehmen des Bergbaus und der Eisen und Stahl erzeugenden Industrie (Mitbestimmungsergänzungsgesetz – MitbestErgG) vom 07. 08. 1956 (BGBl. I 1956, S. 707), zuletzt geändert am 23. 07. 2001 (BGBl. I 2001, S. 1852). Dazu *Junker*, Arbeitsrecht, Rdn. 832; *Kittner*, Arbeits- und Sozialordnung, S. 904 f.

[793] Das Gesetz über die Drittelbeteiligung (BGBl. I 2004, S. 974) hat gemäß § 15 DrittelbG die noch verbliebenen Regelungen des Betriebsverfassungsgesetzes 1952 (BGBl. I 1952, S. 681) zum 01. 07. 2004 aufgehoben. Dies geschah vorwiegend aus Gründen der Übersichtlichkeit Siehe dazu *Gach*, AG 2004, R 315; *de Beauregard*, DB 2004, 1430 f. Ausführlich zu den Regelungskomplexen des Drittelbeteiligungsgesetzes vgl. beispielsweise *Huke/Prinz*, BB 2004, 2633 ff.

[794] Vgl. umfassend zu aktuellen Rechtsfragen der Aufsichtsratswahl nach dem MitbestG 1976 *Stück*, DB 2004, 2582 ff.

[795] § 1 Abs. 1 Nr. 1 MitbestG erfasst Aktiengesellschaften, Kommanditgesellschaften auf Aktien, Gesellschaften mit beschränkter Haftung und Erwerbs- und Wirtschaftsgenossenschaften. Zu den Ausnahmen auf sog, Tendenzunternehmen, die einen religiösen, karitativen oder erzieherischen Zweck verfolgen siehe § 1 Abs. 4 MitbestG.

[796] Bei einer Beschäftigungszahl von in der Regel weniger als 10.000 Arbeitnehmern, vgl. § 7 Abs. 1 Nr. 1 MitbestG.

[797] Bei einer Beschäftigungszahl von in der Regel über 10.000 aber unter 20.000 Arbeitnehmern, vgl. § 7 Abs. 1 Nr. 2 MitbestG.

[798] Bei einer Beschäftigungszahl von in der Regel über 20.000 Arbeitnehmern, vgl. § 7 Abs. 1 Nr. 3 MitbestG.

Bedeutung zu. Bei ihr haben die Anteilseigner ein Übergewicht. Erreicht kein Kandidat im ersten Wahlgang die erforderliche Zweidrittelmehrheit, so wählen die Vertreter der Anteilseigner den Vorsitzenden gemäß § 27 Abs. 2 Satz 2, 1. Alt. MitbestG 1976 allein, während die Arbeitnehmervertreter gemäß § 27 Abs. 2 Satz 2, 2. Alt. MitbestG 1976 seinen Stellvertreter wählen[799]. Die Parität nach dem MitbestG wird daher auch als eingeschränkte bzw. „hinkende Parität" bezeichnet[800].

Die Wahl der Arbeitnehmervertreter im Aufsichtsrat[801] erfolgt gemäß §§ 9 ff. MitbestG 1976. Danach werden in Unternehmen mit in der Regel mehr als 8.000 Arbeitnehmern die Aufsichtratsmitglieder durch Delegierte gewählt, sofern nicht gemäß § 9 Abs. 1 MitbestG die unmittelbare Wahl (Urwahl) beschlossen wird. Das Wahlverfahren selbst ist in den §§ 10 bis 24 MitbestG 1976 nur in Grundzügen geregelt und wird durch 3 Wahlordnungen näher ausgestaltet[802].

(2) Größe des Aufsichtsrats als Problem effektiver Unternehmenskontrolle

Die Größe des Aufsichtsrats nach den soeben dargestellten Vorschriften[803] wird in der Literatur nahezu übereinstimmend kritisiert. Bisherige Aufsichtsräte bestünden regelmäßig aus einem Gremium von 16 bis 20 Mitgliedern und seien deshalb nicht in der Lage, effektiv zu arbeiten und ihrer Überwachungsaufgabe wirksam nachzukommen[804]. Wenn an den Sitzungen des Aufsichtsrats zudem noch Vorstandsmitglieder, Abschlussprüfer sowie Öffentlichkeits- und Investor-Relations-Beauftrag-

---

[799] Vgl. umfassend zu diesem Wahlverfahren *Raiser*, MitbestG, § 27 Rdn. 5 ff.

[800] *Schmidt*, Gesellschaft, S. 484; *Raiser*, MitbestG, § 29 Rdn. 1. Näher dazu *Hoffmann/Preu*, Aufsichtsrat, Rdn. 117.

[801] Zur Wahl der Anteilseignervertreter im Aufsichtsrat gemäß § 101 AktG vgl. umfassend *Roth/Wörle*, ZGR 2004, 565, 575 ff.

[802] Siehe näher dazu *Kittner*, Arbeits- und Sozialordnung, S. 877 sowie umfassend *Wolff*, DB 2002, 790 ff.; *Raiser*, MitbestG, Vor § 9 Rdn. 1 ff.; *Hanau/Ulmer*, MitbestG, Vor § 9 Rdn. 1 ff.

[803] S. o. Teil 2 B, S. 124 ff.

[804] *Lutter*, ZHR 2001, 224, 229 f; *Peltzer*, NZG 2002, 593, 596; *ders.*, in: *v. Werder*, German Code of Corporate Governance, 2001, S. 35, 38 f.; *Baums*, Bericht der Regierungskommission Corporate Governance, Rdn. 49; *Claussen*, DB 1998, 177, 182; *Hopt*, ZHR-Beiheft 71, 2002, 44; *Bender/Vater*, DStR, 2003, 1807, 1809; *Berrar*, Diss., S. 211; *ders.*, NZG 2001, 1113, 1114 f; *Feddersen*, AG 2000, 385, 394; *Kremer*, in: *Ringleb/Kremer/Lutter/v. Werder*, Kodex, Rdn. 909; *Schiessl*, AG 2002, 593, 599.

te[805] teilnähmen, sei eine fruchtbare Aufsichtsratsarbeit von vornherein nicht zu erwarten[806]. Zudem weist etwa *Berrar* darauf hin, dass nach einer Studie der Aktienkurs eines Unternehmens sich umso besser entwickle, je kleiner der Verwaltungsrat sei[807]. Außerdem müssten deutsche Aufsichtsräte auch deshalb verkleinert werden, weil vergleichbare Aufsichtsgremien im Ausland deutlich weniger Mitglieder haben[808]. So besteht der Board of Directors in den USA auch bei größeren Aktiengesellschaften aus durchschnittlich nur 13 Mitgliedern und in Großbritannien aus 12 bis 13 Mitgliedern[809]. Der Verwaltungsrat in der Schweiz hat 12 und der Aufsichtsrat im dualen System der Niederlande sogar nur 6 Mitglieder. Frankreich hat die Maximalzahl im „Conseil d`Administration" von 24 auf 18 Mitglieder herabgesetzt, üblich sind dort allerdings nur 14 Personen. In Schweden sind im Aufsichtsgremium des Unternehmens regelmäßig nur 10 Mitglieder vertreten[810]. Hinzu kommt, dass die Mitgliederzahl des Überwachungsorgans in monistischen Corporate Governance-Systemen[811] sich aus aktiven Mitgliedern des Managements und den non-executive Directors zusammensetzt. Nur letztere nehmen, wie dargelegt[812], im monistischen Modell die mit dem deutschen Aufsichtsrat vergleichbare Überwachungstätigkeit im Unternehmen wahr. Damit ist die Anzahl derjenigen Mitglieder, die im deutschen Rechtssystem dem Aufsichtsrat zuzurechnen wären, tatsächlich noch geringer[813].

---

805 Die Aufgabe eines Investor Relations-Beauftragten besteht darin, eine transparente und faire Bewertung der Gesellschaft für den Kapitalmarkt herzustellen, vgl. näher Börsen-Zeitung 2003 (Nummer 119), S. 7; *Hommelhoff/Teichmann*, in: *Dörner/Menold/Pfitzer/Oser*, Reform des AktienR, S. 111.

806 *Schwark*, ZHR-Beiheft 71, 2002, 75, 102 mit umfangreichen Hinweisen zur Literaturkritik in Fn. 142. Siehe auch die sarkastische Bemerkung von *Hakelmacher*, Die Falken-Parabel, 1999, S. 23 im Hinblick auf die gesetzlichen Vorschriften zur Größe des Aufsichtsrates: „Damit soll gewährleistet werden, dass der Aufsichtsrat bei größeren Unternehmen mit absoluter Sicherheit eine arbeitsunfähige Größe erreicht, wie sie für rituelle Handlungen erforderlich ist."

807 *Berrar*, NZG 2001, 1113, 1114 mit Hinweis auf *Malik*, Wirksame Unternehmensaufsicht 1997, S. 163.

808 *Berrar*, NZG 2001, 1113, 1114; *ders.*, Diss., S. 211.

809 *Berrar*, Diss., S. 211; *Neubürger*, in: *Hommelhoff/Hopt/v. Werder*, Hdb Corporate Governance, S. 191.

810 Vgl. zum Ganzen *Berrar*, Diss., S. 211; *Neubürger*, in: *Hommelhoff/Hopt/v. Werder*, Hdb Corporate Governance, S. 191.

811 Zum Begriff s. o. Teil 1 B, S. 13 ff.

812 S. o. Teil 1 B, S. 14.

813 *Neubürger*, in: *Hommelhoff/Hopt/v. Werder*, Hdb Corporate Governance, S. 191; *Berrar*, NZG 2001, 1113, 1114 m. w. N.

(a) Reaktionen des Gesetzgebers

Der Gesetzgeber hat auf die umfangreiche Kritik zur Frage der Größe des Aufsichtsrates bislang nicht reagiert und die Größe des deutschen Aufsichtsrats auch nicht an die dargestellten internationalen Standards angeglichen. Insbesondere § 7 MitbestG, wonach maximal bis zu 20 Aufsichtsratsmitglieder bestellt werden müssen[814], blieb unverändert. Zwar sah bereits der Referentenentwurf zum KonTraG[815] für den nach dem MitbestG 1976 zu bildenden Aufsichtsrat eine Verkleinerung auf eine Gesamtzahl von höchstens 12 Mitgliedern vor[816]. In Art. 5 des Entwurfs heißt es:

> „Die Aufsichtsräte der nach dem Mitbestimmungsgesetz mitbestimmten Unternehmen haben 12, 16 und 20 Mitglieder. Es ist in Wirtschaft und Wissenschaft einhellige Meinung, dass Beratungsgremien dieser Größe (zuzüglich anwesende Vorstandsmitglieder und Abschlussprüfer) tendenziell ineffizient sind. Eine Verkleinerung ist ein entscheidender Beitrag zur Verbesserung der Arbeitsqualität der Aufsichtsräte."

Dieser Vorschlag wurde in das KonTraG aber nicht übernommen[817]. Das dürfte darauf zurückzuführen sein, dass eine Änderung des Mitbestimmungsgesetzes unter der vormaligen Regierungskoalition zwischen SPD und Grünen als Tabuthema behandelt wurde[818]. Aber auch unter der jetzigen großen Koalition zwischen CDU und SPD ist eine Änderung des MitbestG 1976 nicht zu erwarten. Das zeigt sich daran, dass nicht einmal eine paritätisch gleichmäßige Mitgliederreduzierung der gemäß § 7 MitbestG zu bildenden Aufsichträte für die Bundesregierung trotz zahlreicher Vorschläge in dieser Richtung in der Literatur[819] derzeit offenbar in Betracht kommt[820].

---

[814] § 7 Abs. 1 Nr. 3 MitbestG 1976.
[815] Dazu siehe oben Teil 2 B, S. 81 ff.
[816] Nachweis zum Referentenentwurf in ZIP 1996, 2129. Dazu *Berrar*, Diss., S. 212 f.; *Claussen*, DB 1998, 177, 182 f.
[817] Dazu *Schwark*, ZHR-Beiheft 71, 2002, 75, 102 m. w. N.
[818] In diese Richtung auch *Bernhard*, ZHR-Beiheft 71, 2002, 119, 122; *Ulmer*, ZHR 2002, 271, 277.
[819] Vgl. etwa *Berrar*, Diss, S. 212.
[820] Entsprechende Vorschläge etwa bei *Berrar*, Diss., S. 212. Siehe zu den politischen Stellungnahmen zum Vorschlag über eine Änderung des MitbestG 1976 näher u. Teil 2 B, S. 154 mit Fn. 973 und Fn. 974.

Auch die *Baums*-Kommission hatte gesetzliche Vorschriften zur Verkleinerung des Aufsichtsrates abgelehnt. Die *Baums*-Kommission habe nach eingehender Abwägung aller für und gegen eine Verkleinerung großer Aufsichtsräte sprechenden Auffassungen sich nicht für einen entsprechenden Vorschlag an den Gesetzgeber entscheiden können, da dieser bereits in den vorhergehenden Beratungen zum KonTraG solche Vorschläge verworfen habe[821]. Daher ist auch durch das TransPuG keine Reduzierung der Aufsichtsratsgröße erfolgt. Eine Änderung des geltenden Mitbestimmungsrechts im Hinblick auf die Größe auch des aktienrechtlichen Aufsichtsrates ist bis auf weiteres nicht zu erwarten[822].

Ein weiterer Ansatz des Regierungsentwurfs zum KonTraG[823], die zwingende Einsetzung eines sog. Aufsichtsrats-Assistenten für bestimmte Gesellschaften, wurde ebenfalls nicht in das Aktiengesetz übernommen. Dieser Assistent sollte eine permanente und unabhängige Überwachung der Geschäftsführung einrichten. Hierdurch könne der Aufsichtsrat laufend mit allen von dieser unabhängigen Person als relevant beurteilten und vom Vorstand unbeeinflussten Informationen versorgt werden, was im Ergebnis ebenfalls der Effizienzsteigerung diene[824]. Das TransPuG hat diesen Vorschlag allerdings nicht weiter verfolgt.

Auch in der Literatur ist die Einrichtung eines Aufsichtsrats-Assistenten nicht unumstritten. Ein Aufsichtsrats-Assistent wird nach der Ansicht etwa von *Wilde* nicht nur keine spürbare Verbesserung der Aufsichtsratstätigkeit herbeiführen, es sei vielmehr zu befürchten, dass eine solche Person im Unternehmen als Fremdkörper oder sogar als eine Art Spitzel angesehen werde[825].

Eine solche Befürchtung erscheint überzogen. Die Einrichtung eines Aufsichtsrats-Assistenten ist gesetzlich nicht vorgeschrieben und bleibt innerhalb der Grenzen der Satzungsstrenge gemäß § 23 Abs. 5 AktG[826] der einzelnen Gesellschaft überlassen. Entscheidet sich diese für einen Aufsichtsrats-Assistenten, hat die Gesellschaft dafür Sorge zu tragen, dass diese Person in den Aufsichtsrat integriert und seine Arbeit von den einzelnen Aufsichtsratsmitgliedern auch angenommen wird. Tat-

---

821 *Baums*, Bericht der Regierungskommission Corporate Governance, Rdn. 49.

822 Näher zum Streit um die erforderliche gesetzliche Änderung des deutschen Mitbestimmungsrechts s. u. Teil 2 B, S. 147 ff.

823 Vgl. BR-Drucks. 561/93, S. 3 sowie S. 21 ff.

824 Näher zur Funktion des geplanten Aufsichtsratsassistenten vgl. *Feddersen*, AG 2000, 385, 395.

825 *Wilde*, in: *Hommelhoff/Hopt/v. Werder*, Hdb Corporate Governance, S. 386 m. w. N.

826 Siehe dazu bereits oben Teil 1 B, S. 15.

sächlich liegen bislang allerdings keine verwertbaren Untersuchungen vor, nach denen ein Aufsichtsrats-Assistent die Tätigkeit des Aufsichtsrats nachhaltig verbessert[827]. Das ist auch nicht zu erwarten. Denn eine zusätzliche, unterstützend tätige Person mag als Ansprechpartner für einzelne Probleme im Aufsichtsrat eine sinnvolle Corporate Governance-Maßnahme darstellen. Sie ändert aber nichts an dem grundsätzlichen Problem der gesetzlich vorgegebenen Größe aktienrechtlicher Aufsichtsräte. Vor diesem Hintergrund hat der Gesetzgeber des TransPuG richtigerweise davon abgesehen, die Einrichtung eines Aufsichtsrats-Assistenten gesetzlich zu verankern[828].

(b) Literaturansichten zur Aufsichtsratsgröße

Angesichts der Untätigkeit des Gesetzgebers hat sich in der Literatur ein weit verbreiteter, aber nicht unumstrittener Vorschlag zur Effizienzsteigerung der Arbeit im Aufsichtsrat herausgebildet: Die Bildung von Aufsichtsratsausschüssen[829]. Diese Tendenz ist vor allem darauf zurückzuführen, dass die innere Organisation des Aufsichtsrats in § 107 AktG[830] vom Gesetzgeber nicht umfassend geregelt wurde, und dem Satzungsgeber somit in dieser Hinsicht gemäß § 23 Abs. 5 S. 2 AktG einen entsprechenden Gestaltungsspielraum eröffnet[831]. Auf Unternehmensebene ist gesetzlich allein der zwingend zu bildende Vermittlungsausschuss gemäß § 27 Abs. 3 MitbestG vorgeschrieben[832]. Danach bildet der Aufsichtsrat unmittelbar nach der

---

[827] *Wilde*, in: *Hommelhoff/Hopt/ v. Werder*, Hdb Corporate Governance, S. 386

[828] Zur Möglichkeit einer Corporate Governance-Arbeitsgruppe im Zusammenhang mit der Entsprechenserklärung gemäß § 161 AktG s. u. Teil 2 C, S. 261 ff.

[829] Vgl. etwa *Holl*, Diss., S. 97; *Schwark*, ZHR-Beiheft 71, 2002, 75, 110 ff. mit umfangreichen Literaturhinweisen in Fn. 217; *Schiessl*, AG 2002, 593, 599; *Berrar*, NZG 2001, 1113, 1114; *Lutter*, ZGR 2001, 224, 229; *Feddersen*, AG 2000, 385, 394; *Kremer*, in: *Ringleb/Kremer/Lutter/v. Werder*, Kodex, Rdn. 974 ff.; *Seibt/Wilde*, in: *Hommelhoff/Hopt/v. Werder*, Hdb Corporate Governance, S. 387 f.; *Lutter/Krieger*, Rechte und Pflichten des Aufsichtsrats, Rdn. 620 ff.; *Leyens*, RabelsZ 2003, 56, 84 ff.

[830] § 107 AktG regelt im Wesentlichen die Wahl des Aufsichtsratsvorsitzenden (§ 107 Abs. 1 AktG), die Anfertigung von Sitzungsniederschriften (§ 107 Abs. 2 AktG) sowie die Möglichkeit der Bildung von Ausschüssen (§ 107 Abs. 3 AktG). Zur inneren Organisation des Aufsichtsrats vgl. *Hoffmann/Preu*, Aufsichtsrat, Rdn. 400 ff.

[831] *Schwark*, ZHR-Beiheft 71, 2002, 75, 110.

[832] Auch in Gesellschaften, die unter das Montan-MitbestG fallen, kann gemäß § 8 Abs. 2 Montan-MitbestG zwingend ein Ausschuss zu bilden sein, vgl. etwa *Rellermeyer*, Diss., S. 14.

Wahl des Aufsichtsratsvorsitzenden und seines Stellvertreters zur Wahrnehmung der in § 31 Abs. 3 S. 1 MitbestG bezeichneten Aufgabe einen Ausschuss[833].

Im Übrigen hat der Gesetzgeber Aktiengesellschaften die Bildung von Ausschüssen freigestellt. Das folgt aus § 107 Abs. 3 S. 1 AktG, wonach der Aufsichtsrat aus seiner Mitte einen oder mehrere Ausschüsse bestellen kann, namentlich, um seine Verhandlungen und Beschlüsse vorzubereiten, oder die Ausführungen seiner Beschlüsse zu überwachen. Die errichteten Ausschüsse können dabei nicht nur vorbereitend tätig werden, sondern selbständig wirksame Beschlüsse fassen, es sei denn, dass bestimmte Beschlüsse kraft Gesetzes ausdrücklich dem Gesamtaufsichtsrat vorbehalten sind, etwa gemäß § 107 Abs. 3 S. 2 i. V. m. § 25 MitbestG[834].

Die Befürworter der Bildung von Aufsichtsratsausschüssen begründen ihre Auffassung im Wesentlichen damit, dass Ausschüsse wegen ihrer geringeren Mitgliederzahl leichter einberufen werden können, was eine effektive zeitnahe Überwachung gewährleiste[835]. Außerdem werde das Verantwortungsgefühl des einzelnen Aufsichtsratsmitglieds gestärkt[836], größere Vertraulichkeit gewährleistet und die Qualifikation des Gesamtgremiums insgesamt erhöht, denn mit der Übernahme konkreter Aufgaben in einem Aufsichtsratsausschuss stiegen gleichzeitig die Qualifikationsanforderungen an die einzelnen Aufsichtsratsmitglieder[837]. Die Befürworter streiten allerdings darüber, auf welche Weise die Bildung von Aufsichtsratsausschüssen in der Praxis gefördert werden soll. Während einige Stimmen eine über § 107 Abs. 3 S. 1 AktG und § 27 Abs. 3 MitbestG hinausgehende gesetzliche Verpflichtung zur Bildung von Ausschüssen[838] fordern, halten andere den Erlass einer

---

[833] Der Vermittlungsausschuss muss beispielsweise gemäß § 31 Abs. 3 S. 1 MitbestG tätig werden, wenn die Mitgliederwahl des gesetzlichen Vertretungsorgans eines Unternehmens aufgrund der gemäß § 31 Abs. 2 MitbestG notwendigen Zweidrittelmehrheit nicht zustande kommt. Näher zu den Aufgaben des Vermittlungsausschusses, vgl. *Raiser*, MitbestG, § 31 Rdn. 15 f.

[834] Hierzu vgl. *Hoffmann-Preu*, Der Aufsichtsrat, Rdn. 152. *Henn*, Hdb des AktienR, Rdn. 668 ff.; *Lutter/Krieger*, Rechte und Pflichten des Aufsichtsrats, Rdn. 623; *Rellermeyer*, Diss., S. 15 ff.

[835] *Holl*, Diss., S. 234 mit weiteren Literaturhinweisen in Fn. 425.

[836] *Holl*, Diss., S. 234 mit weiteren Literaturhinweisen in Fn. 424.

[837] *Holl*, Diss., S. 234 mit weiteren Literaturhinweisen in Fn. 426 und Fn. 427. Zur Qualifikation von Aufsichtsratsmitgliedern siehe ausführlich unten Teil 2 B, S. 155 ff.

[838] Etwa *Lutter*, NJW 1995, 1133, 1134; *ders.*, AG 1994, 176, 177.

bloßen „Soll-Vorschrift“[839] für ausreichend[840]. Teilweise wird der Erlass gesetzlicher Vorschriften zur Frage der Ausschussbildung auch vollständig abgelehnt[841].

Die Gegner einer verstärkten Ausschussbildung warnen davor, eine Vielzahl von Ausschüssen könne zu einem Zuständigkeitschaos sowie einer erheblichen Zusatzbelastung einzelner Aufsichtsratsmitglieder führen. Außerdem entstehe hierdurch eine Rangordnung und ein Informationsgefälle unter den Aufsichtsratsmitgliedern im Unternehmen[842].

Der Gesetzgeber des KonTraG hat davon abgesehen, die Bildung von Ausschüssen und ihrer Sitzungsfrequenz zwingend vorzuschreiben[843]. Auch die *Baums*-Kommission legte keine entsprechende Empfehlung an den Gesetzgeber vor. Sie fürchtete, eine umfangreiche Aufgabendelegation könne zu einer Aushöhlung der Arbeit des Plenums führen, außerdem würde das Plenum häufig über die Arbeiten in den Ausschüssen nicht angemessen informiert[844]. Daher schlug die *Baums*-Kommission vor, die Arbeit der Aufsichtsratsausschüsse solle durch einen neuen § 107 Abs. 3 S. 3 AktG verbessert werden, wonach dem Aufsichtsrat über die Arbeit der Ausschüsse regelmäßig zu berichten ist[845]. Diesem Vorschlag entsprechend führte der Gesetzgeber des TransPuG diese Vorschrift in das Aktiengesetz ein[846], der die geforderte Berichtspflicht gesetzlich vorschreibt[847].

Im Folgenden soll auf den Streit über den Sinn und Zweck der Bildung von Aufsichtsratsausschüssen zur Steigerung der Arbeitseffizienz des Aufsichtsrats nicht mehr grundsätzlich eingegangen werden. Abgesehen davon, dass diesbezüglich

---

[839] Eine „Soll-Vorschrift“ schreibt dem Rechtsanwender eine ganz bestimmte Verhaltensweise für den Regelfall vor, von der nur in besonderen Fällen abgewichen werden darf, vgl. dazu etwa *Kopp/Schenke*, VwGO, § 114 Rdn. 21. Nach dieser Auffassung müssen also regelmäßig Aufsichtsratsausschüsse gebildet werden.

[840] Streitdarstellung bei *Holl*, Diss., S. 235 f.

[841] Etwa *Holl*, Diss., 235 f.

[842] Streitdarstellung bei *Schwark*, ZHR-Beiheft 71, 2002, 75, 110 f. mit Hinweis in Fn. 212 und 213 auf *Sünner*, AG 2000, 492, 496; *Claussen/Bröcker*, AG 2000, 481, 491 sowie *Gelnausen*, in: *Feddersen/Hommelhoff/Schneider*, Corporate Governance, 61, 63 f.

[843] Vgl. aber den Entwurf des Bundesrates, BR-Drucks. 561/97, S. 2 f.

[844] *Baums*, Bericht der Regierungskommission Corporate Governance, Rdn. 56.

[845] *Baums*, Bericht der Regierungskommission Corporate Governance, Rdn. 56 a. E.

[846] *Knigge*, WM 2002, 1729, 1730 f.

[847] Näher zu § 107 Abs. 3 S. 3 AktG i. d. F. des TransPuG s. u. Teil 2 B, S. 131.

schon zahlreiche Abhandlungen veröffentlicht wurden[848], machen die Unternehmen in der Praxis von der Möglichkeit des § 107 Abs. 3 S. 1 AktG regen Gebrauch und richten neben dem obligatorischen Vermittlungsausschuss gemäß § 27 Abs. 3 MitbestG etwa Personalausschüsse, Aufsichtsratspräsidien sowie Ausschüsse für besondere Sachgebiete ein, etwa für Finanzen und Investitionen[849]. Es soll deshalb vor allem der Frage nachgegangen werden, inwiefern die Regelungen des Kodex zur Bildung von Aufsichtsratsausschüssen nachhaltig zur Effizienzsteigerung beitragen werden oder ob nicht die Änderung des deutschen Mitbestimmungsrechts die bessere Alternative darstellt.

(c) Kodexregelungen

Der Deutsche Corporate Governance-Kodex greift in Ziff. 5.3 Kodex die Vorschläge der Kodizes des Frankfurter und Berliner Initiativkreises zur Verbesserung der Corporate Governance in der Bundesrepublik Deutschland[850] auf. Diese empfehlen nicht zwingend die Bildung von Aufsichtsratsausschüssen für sämtliche Aktiengesellschaften, sondern machen diese von den jeweiligen Unternehmensstrukturen abhängig[851]:

> „5.3.1 Der Aufsichtsrat soll abhängig von den spezifischen Gegebenheiten des Unternehmens und der Anzahl seiner Mitglieder fachlich qualifizierte Ausschüsse bilden. Diese dienen der Steigerung der Effizienz der Aufsichtsratsarbeit und der Behandlung komplexer Sachverhalte. Die jeweiligen Ausschussvorsitzenden berichten regelmäßig an den Aufsichtsrat über die Arbeit der Ausschüsse.“

> „5.3.3 Der Aufsichtsrat kann weitere Sachthemen zur Behandlung an einen oder mehrere Ausschüsse verweisen. Hierzu gehören u. a. die Strategie des

---

[848] Vgl. etwa *Holl*, Diss., S. 96 ff.; *Schwark*, ZHR-Beiheft 71, 2002, 75, 111 f. mit jeweils umfangreichen Literaturhinweisen.

[849] Vgl. *Lutter/Krieger*, Rechte und Pflichten des Aufsichtsrats, Rdn. 621; *Hoffmann/Preu*, Aufsichtsrat, Rdn. 150; *Hoffmann-Becking*, in: Münchener Hdb des GesR, Band 4, § 32 Rdn. 6 ff. Eine Pflicht zur paritätischen Besetzung dieser Ausschüsse wird überwiegend abgelehnt, vgl. BGHZ 122, 342, 355 ff. = NJW 1993, 2307 ff.; OLG München AG 1995, 466, 467; *Brandes*, WM 1994, 2177, 2182. Zur anderen Ansicht vgl. die Nachweise bei *Hüffer*, AktG, § 107 Rdn. 21. Ausführlich *Jürgens*, Diss., S. 78 ff.

[850] Siehe dazu bereits Teil 1 B, S. 47 ff.

[851] Vgl. Abschn. III 3 des Frankfurter Kodex, *Schneider/Strenger*, AG 2000, 106, 112 sowie Abschn. IV 3. 4. des Berliner Kodex, *Peltzer/v. Werder*, AG 2001, 1, 11.

> Unternehmens, die Vergütung der Vorstandsmitglieder, Investitionen und Finanzierungen."

> „5.3.4 Der Aufsichtsrat kann vorsehen, dass Ausschüsse die Sitzungen des Aufsichtsrats vorbereiten und darüber hinaus auch anstelle des Aufsichtsrats entscheiden[852]."

Was unter den spezifischen Gegebenheiten des Unternehmens i. S. v. Ziff. 5.3.1 S. 1 Kodex zu verstehen ist, lässt der Kodex offen und überlässt es damit der Entscheidung des Aufsichtsrats, ob und welche Ausschüsse er einrichtet. Selbst wenn in der Praxis die Errichtung von Ausschüssen üblich ist[853], braucht also zumindest nach der Auffassung der Kodex-Kommission nicht jeder Aufsichtsrat Ausschüsse zur effizienten Erledigung seiner Aufgaben zu bilden[854]. Nach der Ansicht von *Lutter/Krieger* hingegen zwingt die Pflicht des Aufsichtsrats zur sachgerechten Organisation seiner Tätigkeit jedenfalls Aufsichtsräte größerer Aktiengesellschaften dazu, von der Möglichkeit der Ausschussbildung Gebrauch zu machen[855].

Eine Pflicht zur sachgerechten Organisation seiner Tätigkeit folgt für den Aufsichtsrat aus § 116 AktG[856], wobei die Anforderungen an die Sorgfaltspflicht nach Art und Größe des Unternehmens verschieden sein können[857]. Eine konkrete Pflicht zur Ausschussbildung statuiert das Aktiengesetz auch für börsennotierte Aktiengesellschaften hierdurch aber nicht. Dieses Verständnis widerspräche § 107 Abs. 3 S. 1 AktG, der nach seinem Wortlaut als Kann-Bestimmung[858] die Bildung von Ausschüssen ausdrücklich in das unternehmerische Ermessen des Aufsichtsrats stellt

---

[852] Ziff. 5.3.2 Kodex enthält eine Sonderregelung zum sog. Prüfungsausschuss (Audit Committee) und wird sogleich behandelt. Vereinzelt enthält der Kodex noch weitere Regelungen zur Ausschussbildung, vgl. etwa Ziff. 5.1.1 Abs. 2 Kodex. Ziff. 5.3 Kodex stellt aber die Zentralnorm des Regelwerks zu den Aufsichtsratsausschüssen dar.

[853] S. dazu schon oben Teil 2 B, S. 130 ff.

[854] Näher dazu *Kremer*, in: *Ringleb/Kremer/Lutter/v. Werder*, Kodex, Rdn. 977.

[855] *Lutter/Krieger*, Rechte und Pflichten des Aufsichtsrats, Rdn. 620.

[856] § 116 S. 1 AktG verweist sinngemäß auf die Verantwortlichkeit des Vorstands nach § 93 AktG. Danach haben die Vorstandsmitglieder im Grundsatz bei ihrer Geschäftsführung die Sorgfalt eines ordentlichen und gewissenhaften Geschäftsleiters anzuwenden, vgl. § 93 Abs. 1 S. 1 AktG.

[857] Vgl. *Hüffer*, AktG, § 116 Rdn. 3; *Semler*, in: MüKo-AktG, Band 3, § 116 Rdn. 100 ff.

[858] Durch „Kann-Vorschriften" schreibt der Gesetzgeber dem Normadressaten kein bestimmtes Verhalten vor, sondern räumt ihm Handlungsspielräume ein. Vgl. hierzu für das Verwaltungsrecht *Kopp/Schenke*, VwGO, § 114 Rdn. 21a.

und dabei nicht zwischen börsennotierten und nicht börsennotierten Gesellschaften differenziert. Der Auffassung von *Lutter/Krieger* kann daher nicht gefolgt werden.

Ziff. 5.3 Kodex enthält desweiteren keine näheren Empfehlungen zur Besetzung, Größe und Anzahl der Aufsichtsratsausschüsse.

Bei der Besetzung der Ausschüsse hat der Aufsichtsrat darauf zu achten, dass die einzelnen Aufsichtsratsmitglieder tatsächlich über die entsprechenden fachlichen Qualifikationen zur Bewältigung des dem einzelnen Ausschuss zugewiesenen Sachthemas verfügen[859]. Anderenfalls wird eine Delegation von Sachthemen auf einzelne Arbeitsgruppen nicht zu einer Entlastung des Gesamtgremiums führen, und es werden keine fachlich qualifizierten Ausschüsse i. S. v. Ziff. 5.3.1 S. 1 Kodex gebildet. Außerdem äußert sich der Kodex nicht zu der umstrittenen Frage, ob Aufsichtsratsausschüsse paritätisch zu besetzen sind[860]. Die paritätische Besetzung eines Aufsichtsratsausschusses wird damit nach den Vorstellungen der Kodex-Kommission weder empfohlen noch ausgeschlossen[861].

Im Zusammenhang mit der Größe von Aufsichtsratsausschüssen werden in der Literatur verschiedene Zahlen genannt. Einigkeit herrscht aber darüber, dass ein Ausschuss nicht nur mit einer Person besetzt werden kann[862]. Darüber hinaus fordert die überwiegende Meinung in Rechtsprechung und Literatur für beschließende Ausschüsse[863] eine Mindestanzahl von drei Mitgliedern, um § 108 Abs. 2 S. 3 AktG nicht zu umgehen[864]. Nach dieser Vorschrift müssen an der Beschlussfassung im Aufsichtsrat mindestens drei Mitglieder teilnehmen[865].

Als Höchstmitgliederzahl wird regelmäßig vorgeschlagen, eine Größenordnung von acht Mitgliedern nicht zu überschreiten. Anderenfalls drohe die mit der Aus-

---

[859] Vgl. *Kremer*, in: *Ringleb/Kremer/Lutter/v. Werder*, Kodex, Rdn. 996 für den Prüfungsausschuss. Siehe ausführlich zur persönlichen und fachlichen Qualifikation von Aufsichtsratsmitgliedern u. Teil 2 B, S. 154 ff.

[860] S. ausführlich dazu *Lutter/Krieger*, Rechte und Pflichten des Aufsichtsrats, Rdn. 635 ff.

[861] Siehe *Kremer*, in: *Ringleb/Kremer/Lutter/v. Werder*, Kodex, Rdn. 985.

[862] *Hüffer*, AktG, § 107 Rdn. 17; *Hoffmann-Becking*, in: Münchener Hdb des GesR, Band 4, § 32 Rdn. 16; *Semler*, in: MüKo-AktG, Band 3, § 107 Rdn. 241.

[863] Zur Möglichkeit der Bildung beschließender Ausschüsse s. o. Teil 2 B, S. 130 f.

[864] BGHZ 65, 190, 192 f.; BGH NJW 1989, 1928, 1929; BGH AG 1991, 389, 399; *Lutter/Krieger*, Rechte und Pflichten des Aufsichtsrats, Rdn. 632; *Hoffmann-Becking*, in: Münchener Hdb des GesR, Band 4, § 32 Rdn. 16.

[865] *Semler*, in: MüKo-AktG, Band 3, § 107 Rdn. 297.

schussbildung angestrebte Steigerung der Arbeitseffizienz im Aufsichtsrat wieder verlorenzugehen[866].

Im Hinblick auf die Anzahl der zu bildenden Ausschüsse gehen die Vorschläge in der Literatur auseinander. *Lutter* etwa ist der Ansicht, jedes börsennotierte Unternehmen habe – neben dem gemäß § 27 Abs. 3 MitbestG obligatorischen Ausschuss – zumindest drei weitere Ausschüsse zu bilden, darunter ein Audit-Committee[867]. *Kremer* schlägt die Bildung eines Präsidiums zur Vorbereitung von Aufsichtsratssitzungen und zur Entscheidung in Eilfällen, einen Personalausschuss, einen Prüfungsausschuss sowie einen Ausschuss für Strategie, Finanzen und Investitionen vor[868]. *Feddersen* unterscheidet zwischen „großen" und „kleinen" Aufsichtsräten, stellt dabei aber im Wesentlichen auf den konkreten Bedarf des Unternehmens ab[869]. Regelmäßig sollten große Aufsichtsräte neben dem Vermittlungsausschuss gemäß § 27 Abs. 3 MitbestG einen Personalausschuss, einen Prüfungsausschuss sowie sonstige Ausschüsse bilden; für kleine Aufsichtsräte empfiehlt *Feddersen* zumindest die Einrichtung eines Personalausschusses[870]. Die *Baums*-Kommission befasst sich zwar mit dem Thema Prüfungsausschuss[871], sieht aber von entsprechenden Vorschlägen zur Einrichtung dieses Ausschusses gegenüber dem Gesetzgeber oder der Kodex-Kommission ab[872].

Sowohl die Anregungen aus der Literatur zur Bildung eines Ausschusses für Strategie, Finanzen und Investitionen, Ziff. 5.3.3 Kodex, als auch die Empfehlung zur Bildung eines sog. Audit Committee (Prüfungssausschuss)[873] hat der Deutsche Corporate Governance-Kodex übernommen. In Ziff 5.3.2 Kodex empfiehlt die Kodex-Kommission:

> „Der Aufsichtsrat soll einen Prüfungsausschuss (Audit Committee) einrichten, der sich insbesondere mit Fragen der Rechnungslegung und des Risikomana-

---

[866] *Kremer*, in: *Ringleb/Kremer/Lutter/v. Werder*, Kodex, Rdn. 982. *Semler* verweist auf die gängige Praxis, wonach Ausschüsse in der Regel mit drei bis sechs Mitgliedern besetzt seien, vgl. *Semler*, in: MüKo-AktG, Band 3, § 107 Rdn. 299.

[867] *Lutter*, ZGR 2001, 224, 229. Die Forderung nach der Einrichtung eines Prüfungsausschusses (Audit Committee) ist in der Literatur weit verbreitet. Vgl. dazu den Überblick bei *Leyens*, RabelsZ 2003, 57, 98 ff. Zum Prüfungsausschuss sogleich auf S. 136 f.

[868] *Kremer*, in: *Ringleb/Kremer/Lutter/v. Werder*, Kodex, Rdn. 980.

[869] *Feddersen*, AG 2000, 385, 393 f.

[870] *Feddersen*, AG 2000, 383, 394.

[871] *Baums*, Bericht der Regierungskommission Corporate Governance, Rdn. 312 ff.

[872] *Baums*, Bericht der Regierungskommission Corporate Governance, Rdn. 314.

[873] So die englische Übersetzung.

gements, der erforderlichen Unabhängigkeit des Abschlussprüfers, der Erteilung des Prüfungsauftrags an den Abschlussprüfer, der Bestimmung von Prüfungsschwerpunkten und der Honorarvereinbarung befasst. Der Vorsitzende des Prüfungsausschusses soll über besondere Kenntnisse und Erfahrungen in der Anwendung von Rechnungslegungsgrundsätzen und internen Kontrollverfahren verfügen. Er sollte kein ehemaliges Vorstandsmitglied der Gesellschaft sein."

Der Prüfungsausschuss soll das Plenum vor allem im Rahmen der Abschlussprüfung entlasten[874]. Denn diese Aufgabe ist gemäß § 171 AktG[875] umfangreich und zeitnah zu erledigen. Zu beachten ist allerdings, dass gemäß § 107 Abs. 3 S. 2 AktG die Prüfung von Konzernabschluss und Jahresabschluss sowie der Lageberichte nicht auf einen beschließenden Prüfungsausschuss anstelle des Aufsichtsrats übertragen werden können[876]. Insoweit muss zwingend das Gesamtplenum entscheiden[877], und der Prüfungsausschuss kann gemäß § 107 Abs. 3 S. 1 AktG nur vorbereitend tätig werden[878]. Desweiteren ist nach den Vorstellungen der Kodex-Kommission die Einrichtung eines Prüfungsausschusses nicht grundsätzlich geboten, sondern auch insoweit von den speziellen Gegebenheiten des Unternehmens abhängig[879].

---

874 *Kremer*, in: *Ringleb/Kremer/Lutter/v. Werder*, Kodex, Rdn. 986. Zur Diskussion um die Einrichtung von Audit Committees vor Erlass des Kodex vgl. umfassend *Ranzinger/Blies*, AG 2001, 455, 456 ff.; *Leyens*, RabelsZ 2003, 57, 98 ff.; *Scheffler*, ZGR 2003, 236, 245 f.; *Altmeppen*, ZGR 2004, 390 ff.; *Schäfer*, ZGR 2004, 416 ff.

875 Gemäß § 171 Abs. 1 AktG hat der Aufsichtsrat den Jahresabschluss, den Lagebericht und den Vorschlag für die Verwendung des Bilanzgewinns zu prüfen, bei Mutterunternehmen (§ 290 Abs. 1, 2 des Handelsgesetzbuches auch den Konzernabschluss und den Konzernlagebericht. Zu den einzelnen Aufgaben der Prüfungsausschüsse vgl. umfassend *Altmeppen*, ZGR 2004, 390, 405 ff.; *Schäfer*, ZGR 2004, 416, 421 ff.

876 Zum Regelungsgehalt von § 107 Abs. 3 S. 2 AktG vgl. schon oben Teil 2 B, S. 131.

877 Daher hatte die *Baums*-Kommission die Einführung einer gesetzlichen Pflicht zur Einführung eines Prüfungsausschusses bedacht, letztlich aber verworfen, vgl. etwa *Schwark*, ZHR-Beiheft 71, 2002, 75, 112.

878 Zur vorbereitenden Tätigkeit von Aufsichtsratsausschüssen gemäß § 107 Abs. 3 S. 1 AktG s. bereits oben Teil 2 B, S. 130 f.

879 Ziff. 5.3.1 Kodex findet auch im Rahmen von Ziff. 5.3.2 Kodex Anwendung, vgl. *Kremer*, in: *Ringleb/Kremer/Lutter/v. Werder*, Kodex, Rdn. 998 mit dem Hinweis in Rdn. 990 darauf, dass der Prüfungsausschuss nach Ziff. 5.3.2 Kodex nicht mit dem US-amerikanischen Audit Committee im einstufigen Corporate Governance System zu vergleichen ist. Ebenso *Scheffler*, ZGR 2003, 236, 237 f.; Umfassend *Ranzinger/Blies*, AG 2001, 455, 457 ff.; a. A. offensichtlich *Westhoff*, DStR 2003, 2132, 2133.

Unabhängig von den Vorschlägen zur Bildung unterschiedlicher Ausschüsse trifft der Kodex im Zusammenhang mit der Steigerung der Arbeitstätigkeit des Aufsichtsrats in Ziff. 5.6 Kodex noch eine Regelung zur Selbstevaluierung, wonach der Aufsichtsrat regelmäßig die Effizienz seiner Tätigkeit überwachen soll[880]:

„Der Aufsichtsrat soll regelmäßig die Effizienz seiner Tätigkeit überprüfen."

In der Literatur werden die Kodexregelungen zur Bildung von Aufsichtsratsausschüssen überwiegend begrüßt[881]. Es herrscht aber weitestgehend Einigkeit darüber, dass mit der Intensivierung der Ausschussbildung in der Unternehmenspraxis keine durchgreifende Effizienzsteigerung der Aufsichtsratstätigkeit erzielt werde. Dies liegt etwa nach der Auffassung von *Neubürger*[882] und *Schiessl*[883] vor allem daran, dass die Ausschüsse der Überwachung durch das Gesamtorgan unterlägen und aus diesem Grund nur begrenzt für die Entlastung des Aufsichtsrats sorgen könnten.

(d) Stellungnahme

Der Deutsche Corporate Governance-Kodex unterstützt schon nach seinem Wortlaut in Ziff. 5.3.1 S. 2 Kodex die Befürworter der Bildung von Aufsichtsratsausschüssen. Denn der Kodex hebt in dieser Vorschrift ausdrücklich die angestrebte Effizienzsteigerung im Aufsichtsrat durch die Bildung solcher Ausschüsse hervor. Inwiefern Ziff. 5.3 Kodex aber tatsächlich zu einer solchen Effizienzsteigerung der Arbeit in aktienrechtlichen Aufsichtsräten beitragen wird, muss vor dem Hintergrund der kritischen Stimmen in der Literatur[884] hinterfragt werden.

Positiv ist zunächst bemerkenswert, dass der Gesetzgeber auf eine starre gesetzliche Regelung verzichtet und die Festlegung entsprechender Vorgaben zu Aufsichtsratsausschüssen der Kodex-Kommission überlassen hat. Die Bildung von

---

[880] Näher dazu *v. Werder*, in: *Ringleb/Kremer/Lutter/v. Werder*, Kodex, Rdn. 1131 ff.; *Peltzer*, Corporate Governance, Rdn. 258 ff.

[881] Siehe beispielsweise *Westhoff*, DStR 2003, 2086, 2090; *Wilde*, in: *Hommelhoff/Hopt/v. Werder*, Hdb Corporate Governance, S. 387 mit Fn. 50; *Schiessl*, AG 2002, 593, 597; mit Bedenken *Peltzer*, NZG 2002, 593, 596 f.; kritisch zum Audit Committee *Schwark*, ZHR-Beiheft 71, 2002, 75, 112.

[882] *Neubürger*, in: *Hommelhoff/Hopt/v. Werder*, Hdb Corporate Governance, S. 190.

[883] *Schiessl*, AG 2002, 593, 596. *Peltzer* setzt sich für eine maßvolle Ausschussbildung ein, vgl. *Peltzer*, NZG 2002, 593, 597.

[884] Vgl. Fn. 882 und Fn. 883.

Aufsichtsratsausschüssen kann für den Aufsichtsrat ein geeignetes Mittel zur effektiven Organisation seiner Überwachungstätigkeit gemäß § 111 Abs. 1 AktG[885] sein. Insbesondere Aufsichtsräte in großen börsennotierten Gesellschaften können die anfallenden umfangreichen Sachthemen innerhalb ihrer Delegationsbefugnis gemäß § 107 Abs. 3 S. 2 AktG[886] auf kleinere Arbeitsgruppen verteilen und sich dadurch verstärkt auf ihre Kontrollfunktion gegenüber dem Vorstand konzentrieren[887]. Das zu beurteilen hängt aber entschieden von den konkreten Unternehmensstrukturen der einzelnen Aktiengesellschaft ab, eine gesetzliche Regelung in diesem Bereich ist also wenig hilfreich.

Zu Recht räumt deshalb Ziff. 5.3.1 S. 1 Kodex den einzelnen Aufsichtsräten einen weiten Beurteilungsspielraum ein, ob sie von der Möglichkeit der Ausschussbildung überhaupt Gebrauch machen wollen oder nicht. Den Befürwortern der Bildung von Aufsichtsratsausschüssen ist damit insoweit zuzustimmen, dass gerade in großen börsennotierten Gesellschaften, und an diese ist der Kodex primär gerichtet[888], eine strategisch sinnvolle Delegation von Sachthemen auf einzelne Ausschüsse zu einer Effizienzsteigerung im Aufsichtsrat führen kann. Sie folgt aber keineswegs zwingend hieraus. Denn die bloße Entlastung des Gesamtgremiums durch eine Zuweisung der zu bewältigenden Aufgaben auf kleinere Arbeitsgremien ist formell betrachtet lediglich eine Umverteilung ohne eigenständige Aussagekraft darüber, wie effizient die zugewiesene Aufgabe tatsächlich erledigt wird. Eine Umverteilung auf kleinere Gruppen spricht allenfalls dafür, dass das zugewiesene Sachthema schneller erledigt wird, da die Anzahl der zu erwartenden Diskussionsbeiträge und Meinungen zu diesem Thema geringer ausfällt als im Gesamtorgan. Schnelligkeit bedeutet indessen nicht unbedingt Effizienz. Viel wird deshalb von der Qualifikation der einzelnen in den Ausschüssen arbeitenden Aufsichtsratsmitglieder abhängen[889].

Zustimmung verdient außerdem Ziff. 5.3.1 Kodex insoweit[890], dass diese Bestimmung ausdrücklich eine Berichtspflicht der einzelnen Ausschussvorsitzenden ge-

---

885 Gemäß § 111 Abs. 1 AktG hat der Aufsichtsrat die Geschäftsführung zu überwachen.

886 Siehe dazu bereits oben Teil 2 B, S. 130 ff.

887 Gerade in diese Richtung zielt Ziff. 5.3 Kodex, vgl. *Kremer*, in: *Ringleb/Kremer/Lutter/v. Werder*, Kodex, Rdn. 977.

888 Vgl. oben Teil 2 B, S. 78 sowie Präambel Abs. 8 Kodex.

889 Eine Forderung, die besonders an die Mitglieder des Prüfungsausschusses gestellt wird, vgl. etwa *Scheffler*, ZGR 2003, 236, 246; *Kremer*, in: *Ringleb/Kremer/Lutter/v. Werder*, Kodex, Rdn. 999; *Schiessl*, AG 2002, 593, 597 f.; *Ranzinger/Blies*, AG 2001, 455, 459 m. w. N.

890 Zur Kritik s. sogleich auf S. 140 ff.

genüber dem Aufsichtsrat über die Arbeit der Ausschüsse vorsieht[891]. Einem von den Gegnern der Ausschussbildung befürchteten Informationsgefälle unter den Aufsichtsratsmitgliedern im Unternehmen wird auf diese Weise vorgebeugt[892].

Ist die Entscheidung des Kodex im Hinblick auf das „Ob" der Bildung von Aufsichtsratsausschüssen in börsennotierten Gesellschaften somit grundsätzlich als positiv zu bewerten, kann das Fehlen von Vorschlägen zum „Wie", also zur Organisation der Ausschüsse und zur inhaltlichen Ausgestaltung der Ausschussarbeit, nicht überzeugen. Zwar ließe sich argumentieren, der Kodex habe Größe, Anzahl und Besetzung sowie inhaltliche Vorgaben zur Ausschussarbeit bewusst nicht angesprochen, um auch insoweit den spezifischen Gegebenheiten des Unternehmens Rechnung zu tragen und die Regelung dieser Fragen der individuellen Situation in den einzelnen Aufsichtsräten zu überlassen[893]. Dafür könnte ein Erst-Recht-Schluss sprechen: Wenn die Kodex-Kommission im Hinblick auf das Ob der Ausschussbildung den einzelnen Aufsichtsräten einen weiten Entscheidungsspielraum gewährt, muss dies erst recht für die konkrete Ausgestaltung der Ausschussarbeit gelten.

Eine solche Argumentation greift allerdings nur vordergründig. Es wäre besser gewesen, wenn der Kodex zugleich mit seinen Empfehlungen zur Ausschussbildung zumindest einige nicht erklärungspflichtige Anregungen zur inneren Organisation, Anzahl, Größe und Besetzung in Ziff. 5.3 Kodex mitaufgenommen hätte. Die kurzen Hinweise des Kodex in Ziff. 5.3.3 Abs. 1 Kodex, wonach Ausschüsse u. a. zu Sachthemen wie Strategie, Vergütung der Vorstandsmitglieder, Investitionen und Finanzierungen gebildet werden können, sind dabei wenig hilfreich. Denn hierdurch werden börsennotierte Aktiengesellschaften letztlich im Unklaren darüber gelassen, welche Ausschüsse sie zur Verbesserung ihrer Aufsichtsratsstrukturen bilden sollen und welche Ausschüsse möglicherweise sogar hinderlich und damit überflüssig sind. Die jeweiligen spezifischen Gegebenheiten des Unternehmens werden von Gesellschaft zu Gesellschaft zwar variieren. Dies entbindet aber eine Kodex-Kommission zur allgemeinen Verbesserung der Unternehmensführung und

---

891 Ziff. 5.3.1 S. 3 Kodex wiederholt die durch das TransPuG eingeführte gesetzliche Berichtspflicht der Ausschüsse an den Aufsichtsrat gemäß § 107 Abs. 3 S. 3 AktG i. d. F. des TransPuG, erwähnt allerdings im Gegensatz zur gesetzlichen Vorschrift ausdrücklich den Ausschussvorsitzenden als Berichtspflichtigen. Dazu bereits Teil 2 B, S. 132 sowie *Knigge*, WM 2002, 1729, 1730; *Seibert*, NZG 2002, 608, 610; *Hucke/Ammann*, DStR 2002, 689, 690. *Kollmann*, WM-Sonderheft 1, 2003, S. 10.

892 Zur Vernachlässigung des Informationsgefälles bei vorbereitenden Ausschüssen, vgl. *Holl*, Reform des Aufsichtsrats, S. 97 f.

893 In diese Richtung *Kremer*, in: *Ringleb/Kremer/Lutter/v. Werder*, Kodex, Rdn. 979 ff.

-kontrolle nicht von der Pflicht, zumindest ein allgemeines Modell vorzugeben, anhand dessen sich börsennotierte Aktiengesellschaften im Rahmen der Organisation von Aufsichtsratsausschüssen orientieren können.

Innerhalb eines solchen allgemeinen Modells hätte jedes Unternehmen die Möglichkeit, Anzahl, Größe und Besetzung der Aufsichtsratsausschüsse aufgrund seiner speziellen Unternehmensstrukturen individuell auszugestalten. Dies darf aber nicht zu einer Überfrachtung des Kodex führen. Anderenfalls würde sein Zweck, Aktiengesellschaften in einem relativ kurz gefassten Regelwerk über die in der Bundesrepublik Deutschland vorherrschenden, sinnvollen Unternehmensführungs- und Kontrollstandards zu informieren, umgangen[894]. Vermeiden ließe sich das durch eine erläuternde Anlage zum Deutschen Corporate Governance-Kodex. Diese sollte unabhängig vom Abschnitt des Kodex über die Bildung von Aufsichtsratsausschüssen erklärungsbedürftige Begriffe des Kodex kompakt erläutern und anhand von konkreten Beispielen für den Rechtsanwender transparent machen. Damit ist kein Kommentar zum Deutschen Corporate Governance-Kodex gemeint. Ein solcher Kommentar wäre viel zu umfangreich[895]. Vielmehr hat diese Anlage allein die Aufgabe, unbestimmte Begriffe, die an zahlreichen Stellen des Kodex verwendet werden[896], anhand kurzer Passagen, Schemata oder Modelle[897] näher auszufüllen und damit für Aufsichtsräte und Vorstände verständlich zu machen. An denjenigen Stellen, an denen der Kodex selbst diese Aufgabe erfüllt[898], sollte die Anlage nur

[894] Zum Zweck des Deutschen Corporate Governance-Kodex siehe bereits oben Teil 2 B, S. 73 ff.

[895] Vgl. etwa die bereits bestehenden Kommentare zum Deutschen Corporate Governance-Kodex: *Ringleb/Kremer/Lutter/v. Werder*, Deutscher Corporate Governance Kodex, 2. Aufl., 2005; *Peltzer*, Deutsche Corporate Governance, 2. Aufl., 2004; *Pfitzer/Oser*, Deutscher Corporate Governance Kodex, 2003.

[896] Zum Beispiel Ziff. 2.2.4: „...zügige Abwicklung der Hauptversammlung“, Ziff. 3.1: „...Wohle des Unternehmens...“, Ziff. 3.2 „...strategische Ausrichtung des Unternehmens...“, Ziff. 3.4 Abs. 1: „...ausreichende Informationsversorgung...“, Ziff. 3.4 Abs. 2: „...regelmäßig, zeitnah und umfassend...alle für das Unternehmen relevanten Fragen der Planung, der Geschäftsentwicklung, der Risikolage und des Risikomanagements“, Ziff. 4.1.1: „...Unternehmensinteresse...“, Ziff. 4.1.4: „...angemessenes Risikomanagement und Risikocontrolling...“, Ziff. 5.1.1 Abs. 1: „...Entscheidungen von grundlegender Bedeutung...“ etc.

[897] Ein gelungenes Modell über den Informationsfluss in der AG zwischen verschiedenen Ausschüssen, den Leitungsorganen sowie dem Aufsichtsratsvorsitzenden findet sich etwa bei *Wilde*, in: *Hommelhoff/Hopt/v. Werder*, Hdb Corporate Governance, S. 393.

[898] Vgl. etwa Ziff. 2.2.1 Abs. 2 Kodex. Dort führt der Kodex selbst Beispiele für den unbestimmten Begriff der unternehmerischen Maßnahmen an und versteht darunter insbesondere Unternehmensverträge und Umwandlungen, die Ausgabe von neuen Aktien und von Wandel- und Optionsschuldverschreibungen sowie die Ermächtigung zum Erwerb eigener Aktien.

dann zusätzliche Angaben machen, sofern dies für die Verbesserung der Unternehmensleitung unbedingt erforderlich ist. Dies ist etwa bei Ziff. 5.3.3 Abs. 1 Kodex sowie Ziff. 5.6 Kodex[899] der Fall. Der anzufügenden Anlage käme somit vor allem eine ergänzende und keine kommentierende Funktion zum Kodex zu.

Für die technische Umsetzung der Anlage sollte insbesondere die Website der Kodex-Kommission[900] überarbeitet werden. Es empfiehlt sich, die unbestimmten Begriffe des Regelwerks innerhalb der einzelnen Ziffern der jeweils aktuell veröffentlichten Kodex-Version[901] farblich hervorzuheben und technisch als Link[902] zur Anlage des Kodex auszugestalten. Auf diese Weise kann jeder Internetanwender per Mausklick je nach Bedarf nähere Informationen über diese Begriffe erhalten. Vorstände und Aufsichtsräte könnten hierdurch weitere wertvolle Hinweise zum Thema Corporate Governance[903] und damit zur Optimierung ihrer Leitungsfunktion erlangen. Für weitergehende Informationen kann die Anlage ggf. auf die entsprechende Spezialliteratur verweisen.

Das soll anhand eines Beispiels verdeutlicht werden: Ziff. 5.3.1 Kodex ordnet die Bildung fachlich qualifizierter Ausschüsse an. Die Worte „fachlich qualifizierte Ausschüsse" sind farblich hervorzuheben und mit einem entsprechenden Link zur Anlage des Kodex zu versehen. In der Anlage ist sodann ein allgemeines Modell graphisch darzustellen, wonach sich regelmäßig neben der durch den Kodex bereits erwähnten Ausschüsse[904] auch die Einrichtung eines Präsidiums zur Vorbereitung von Aufsichtsratssitzungen und zur Entscheidung in Eilfällen sowie ein Personalausschuss für die Behandlung der Vorstandsangelegenheiten einschließlich der

---

[899] Dazu s. u. Teil 2 B, S. 143 f.

[900] Vgl. *http://www.corporate-governance.code.de.*

[901] Unter *http://www.corporate-governance-code.de/ger/kodex/index.html* lässt sich auch eine Version des Kodex herunterladen, welche die aktuellen Änderungen des Regelwerks hervorhebt.

[902] Link = englisch Verbindung.

[903] Vgl. allein aus der aktuellen Literatur zur Corporate Governance Diskussion *Baetge/Lutter*, Abschlussprüfung und Corporate Governance, 2003; *Lutter/Krieger*, Rechte und Pflichten des Aufsichtsrats, 2002; *Potthoff/Trescher*, Das Aufsichtsratsmitglied, 2003; *Pfitzer/Oser*, Deutscher Corporate Governance Kodex, 2003; *Ringleb/Kremer/Lutter/v. Werder*, Deutscher Corporate Governance Kodex, 2005; *Hommelhoff/Hopt/v. Werder*, Hdb Corporate Governance, 2003; *Peltzer*, Deutsche Corporate Governance, 2004; *Hirte*, Das TransPuG, 2003.

[904] Vgl. den bereits angesprochenen Prüfungsausschuss gemäß Ziff. 5.3.2 Kodex sowie die Anregung zur Einsetzung von Ausschüssen zur Unternehmensstrategie, zur Vergütung der Vorstandsmitglieder sowie zur Investition und Finanzierung, Ziff. 5.3.3 Abs. 1 Kodex.

langfristigen Nachfolgeplanung anbietet[905]. Anschließend können Hinweise zur weiterführenden Literatur erfolgen[906].

Zu beachten ist, dass die Anlage zum Kodex insbesondere auch für die fremdsprachigen Versionen[907] auf der Website der Kodex-Kommission erarbeitet wird. Gerade ausländische Investoren, die sich über deutsche Corporate Governance-Strukturen informieren wollen, werden nähere Informationen zu den zahlreichen unbestimmten Begriffen des Kodex benötigen. Von ihnen kann eine umfangreiche Auswertung der deutschen Spezialliteratur und Kommentare zum Deutschen Corporate Governance-Kodex nicht erwartet werden. Für diese Anlegergruppe ist eine erläuternde Anlage zum Kodex auf der Website der Kodex-Kommission deshalb besonders hilfreich.

Der technische und finanzielle Aufwand für die Erstellung einer Anlage zum Kodex darf sicherlich nicht unterschätzt werden. Es fallen Kosten für die Erstellung der deutschen Version, ihrer Übersetzung sowie für die technische Umsetzung im Internet auf der Website der Kodex-Kommission an. Angesichts des selbstgesetzten Ziels der Kodex-Kommission, das deutsche Corporate Governance-System auch für internationale Anleger transparent und nachvollziehbar zu machen[908], sollten diese Kosten aber in Kauf genommen werden.

Nicht gelungen ist auch Ziff. 5.6 Kodex, wonach der Aufsichtsrat regelmäßig die Effizienz seiner Tätigkeit überprüfen soll, obwohl die Aufnahme dieser Evaluierungsregelung in den Kodex in der Literatur überwiegend begrüßt wird[909]. Bei dieser Regelung handelt es sich um einen Import der US-Amerikanischen Performancebeurteilung[910] des Board of Directors[911]. Selbst dort haben sich aber noch keine konkreten, allgemein akzeptierten Standards zur Selbstkontrolle des Boards her-

---

905 Siehe dazu bereits oben Teil 2 B, S. 141.

906 In diesem Fall etwa Hinweise zu *Kremer*, in: *Ringleb/Kremer/Lutter/v. Werder*, Kodex, Rdn. 979 f.; *Lutter/Krieger*, Rechte und Pflichten des Aufsichtsrats, Rdn. 621. *Hoffmann/Preu*, Aufsichtsrat, Rdn. 146 ff.

907 Der Kodex ist unter *http://www.corporate-governance-code.de* in englischer, französischer, spanischer und italienischer Sprache abrufbar.

908 Präambel Abs. 1 Kodex.

909 Vgl. stellvertretend für viele *Schiessl*, AG 2002, 593, 600.

910 Hierunter versteht man ein firmeninternes Kontrollsystem, das vor allem die Arbeits- und Darstellungsweise des US-amerikanischen Board of Directors fortdauernd überprüfen und verbessern soll.

911 *Peltzer*, Corporate Governance, Rdn. 261.

ausgebildet[912]. Eine bloße Übernahme der Performancebeurteilung in den Deutschen Corporate Governance-Kodex ohne die Vorgabe eines konkreten Evaluierungssystems ist deshalb nicht sinnvoll. Da ein solches Evaluierungssystem bislang noch nicht entwickelt ist[913], sollte die Anlage zu Ziff. 5.6 Kodex jedenfalls kurz die wesentlichen Grundzüge der US-Amerikanischen Board-Performance darstellen. Dabei handelt es sich um ein dreistufiges Verfahren[914]. In einem ersten Schritt werden diejenigen Kriterien festgelegt, die für die Beurteilung der Leistungsfähigkeit des Boards maßgeblich sein sollen. Dazu zählen vor allem organisatorische Merkmale wie Größe, personelle Zusammensetzung etc.[915] Gegenstand des zweiten Schritts ist die Durchführung der Beurteilung des Boards, wobei nicht abschließend geklärt ist, ob das Board insgesamt oder auch einzelne Mitglieder einer Beurteilung unterzogen werden sollen[916]. Schließlich werden die Ergebnisse der Leistungsbeurteilung ausgewertet und die hieraus zu ziehenden Konsequenzen abgeleitet[917].

Abschließend soll auf die Ansicht *Neubürgers* und *Schiessls* eingegangen werden. Danach sei eine spürbare Effizienzsteigerung der Arbeit des Aufsichtsrats auch durch die dargestellten Ziffern des Kodex über die Bildung von Aufsichtsratsausschüssen nicht zu erwarten, weil der Aufsichtsrat die Ausschüsse überwachen müsse und deshalb nur bedingt entlastet werden könne[918].

Eine allgemeine Überwachungspflicht des Aufsichtsrats gegenüber den von ihm eingesetzten Ausschüssen wurde bereits vor Erlass des KonTraG und des TransPuG angenommen[919]. Diese Pflicht korrespondiert mit der Berichtspflicht der Ausschüsse an den Aufsichtsrat, die durch § 107 Abs. 3 S. 3 AktG i. d. F. des

---

[912] *v. Werder*, in: *Ringleb/Kremer/Lutter/v. Werder*, Kodex, Rdn. 1133 ff. Kritik bei *Peltzer*, Corporate Governance, Rdn. 261.

[913] Etwas konkreter ist in diesem Zusammenhang die Empfehlung der EU-Kommission v. 06. 10. 2004 zur Unabhängigkeit von Aufsichtsratsmitgliedern. Danach soll die Selbstevaluierung u. a. die Zusammensetzung und Arbeitsweise des Aufsichtsrats, die Kompetenz und Leistung der einzelnen Mitgliede und seiner Ausschüsse sowie auf die Gesamtleistung des Aufsichtsrats miteinbeziehen, vgl. näher dazu *Maul/Lanfermann*, DB 2004, 2407, 2408.

[914] Vgl. *v. Werder*, in: *Ringleb/Kremer/Lutter/v. Werder*, Kodex, Rdn. 1134 ff.

[915] Näher dazu *v. Werder*, in: *Ringleb/Kremer/Lutter/v. Werder*, Kodex, Rdn. 1134.

[916] Vgl. *v. Werder*, in: *Ringleb/Kremer/Lutter/v. Werder*, Kodex, Rdn. 1136 ff. m. w. N.

[917] Vgl. *v. Werder*, in: *Ringleb/Kremer/Lutter/v. Werder*, Kodex, Rdn. 1140 m. w. N.

[918] Vgl. Fn. 882 und Fn. 883.

[919] Siehe beispielsweise *Hoffmann-Becking*, in: Münchener Hdb des GesR, Band 4, § 32 Rdn. 21; OLG Hamburg ZIP 1995, 1673, 1676; *Mertens*, in: KölnKomm-AktG, Band 2, § 107 Rdn. 128; *Lutter/Krieger*, Rechte und Pflichten des Aufsichtsrats, Rdn. 628; *Rellermeyer*, Diss., S. 175 ff.

TransPuG 2002 gesetzlich festgeschrieben wurde[920]. Durch die Berichtspflicht soll der Aufsichtsrat einen allgemeinen Eindruck von der Arbeitsweise der einzelnen Ausschüsse und der ordnungsgemäßen Durchführung der an sie delegierten Aufgaben erhalten[921]. Da sich der Aufsichtsrat nach dieser Vorschrift eingehend mit der Arbeit in den Ausschüssen auseinandersetzen soll, spricht einiges dafür, dass es zu einer entsprechenden Entlastung des Gremiums durch die Bildung von Aufsichtsratsausschüssen nicht kommen wird.

Fraglich ist aber, ob eine Entlastung des Aufsichtsrats in diese Richtung Voraussetzung für seine Effizienzsteigerung ist. In der Literatur besteht diesbezüglich ein Widerspruch. Einerseits befürworten, wie dargelegt[922], zahlreiche Stimmen in der Literatur die Bildung von Aufsichtsratsausschüssen deshalb, weil der Aufsichtsrat durch die damit verbundene Übertragung zahlreicher Sachthemen sich auf seine eigentliche Kontrolltätigkeit konzentrieren könne[923]. Nach diesen Stimmen liegt die Entlastung des Aufsichtsrats und die damit verbundene Effizienzsteigerung also gerade in der umfassenden Einrichtung von Aufsichtsratsausschüssen. Andererseits sei eben diese Effizienzsteigerung nach der Auffassung von *Neubürger* und *Schiessl* durch die Kontrollpflicht des Aufsichtsrats gegenüber den Ausschüssen nur bedingt erreichbar.

Dieser Widerspruch ist, etwa durch die Entwicklung einer vermittelnden Ansicht, nicht aufzulösen. Die besseren Argumente sprechen allerdings gegen die Auffassung von *Neubürger* und *Schiessl*. Wenn die Kontrollintensität des Aufsichtsrats gegenüber dem Vorstand in der Unternehmenspraxis tatsächlich durch die Delegation zahlreicher Aufgaben auf seine Ausschüsse gestärkt wird, ist ein wesentliches Ziel der Corporate Governance-Diskussion erreicht. Denn ein Gegenstand dieser Diskussion besteht gerade darin, diejenigen Mindeststandards für die Amtsführung des Aufsichtsrats herauszuarbeiten, durch die Überwachung und Kontrolle im Un-

---

[920] Vgl. *Hoffmann/Preu*, Aufsichtsrat, Rdn. 161. Zur Einführung von § 107 Abs. 3 S. 3 AktG i. d. F. des TransPuG siehe bereits oben Teil 2 B, S. 132.

[921] *Hoffmann-Becking*, in: Münchener Hdb des GesR, Band 4, § 32 Rdn. 21. Durch einen entsprechenden Beschluss kann der Aufsichtsrat auch umfassende Informationen von seinen Ausschüssen verlangen, vgl. *Lutter/Krieger*, Rechte und Pflichten des Aufsichtsrats, Rdn. 655.

[922] S. o. Teil 2 B, S. 130 ff. Nach *Lutter/Krieger*, a. a. O, Rdn. 620 zwinge größere Gesellschaften sogar eine Pflicht zur sachgerechten Organisation diese zur Bildung von Ausschüssen. In diese Richtung auch *Rellermeyer*, Diss., S. 14 ff.

[923] Siehe hierzu bereits Teil 2 B, S. 131.

ternehmensbereich effizienter gestaltet werden können[924]. Dass hiermit eine weitere Kontrollebene des Aufsichtsrats gegenüber seinen Ausschüssen erforderlich wird, muss hingenommen werden. Letztlich ist es allein eine Frage der Organisation im Aufsichtsrat, wie aufwendig diese interne Überwachung der eigenen Ausschüsse gestaltet wird.

Gleichwohl kann auch der anderen Auffassung jedenfalls zum jetzigen Zeitpunkt der Corporate Governance Diskussion nicht uneingeschränkt gefolgt werden. In der Unternehmenspraxis haben nach einer Studie von *v. Werder/Talaulicar* zwar 96,4% der an der Frankfurter Wertpapierbörse notierten umsatzstärksten Unternehmen, die befragt wurden, im Geschäftsjahr 2005 Ziff. 5.3.1 Kodex zum Gegenstand ihrer Unternehmenspolitik gemacht[925]. Es lassen sich aus der Praxis aber bislang keine Zahlen entnehmen, wonach in einer Gesellschaft konkrete Unternehmenskrisen gerade durch die vermehrte Einrichtung von fachlich qualifizierten Ausschüssen verhindert worden wären. Zudem ist die Bildung von Aufsichtsratsausschüssen richtigerweise gesetzlich nicht umfassend vorgeschrieben[926]. Ziff. 5.3 Kodex wird deshalb nicht allein zu einer nachhaltigen Effizienzsteigerung in deutschen Aktiengesellschaften beitragen. Deshalb ist eine Auseinandersetzung mit dem dargestellten System der unternehmerischen Mitbestimmung in der Bundesrepublik Deutschland unumgänglich und erfolgt sogleich.

Dabei soll auf die These einer möglichen paritätisch gleichmäßigen Verkleinerung der Aufsichtsräte durch eine gesetzliche Änderung des MitbestG 1976 nicht weiter eingegangen werden. Denn das Ziel der weiteren Untersuchung besteht in der Herausarbeitung grundsätzlicher Reformansätze zur Neugestaltung der unternehmerischen Mitbestimmung.

---

[924] Vgl. umfassend zu diesem Ansatz der Corporate Governance-Debatte etwa *Hoffmann/Preu*, Aufsichtsrat, Rdn. 102.1 ff. sowie Rdn. 102.4 ff.

[925] *v. Werder/Talaulicar*, DB 2005, 841, 844. Im Jahre 2004 waren dies einer entsprechenden Studie zufolge noch 100%, vgl. *v. Werder/Talaulicar/Kolat*, DB 2004, 1377, 1379. Zu diesem Ergebnis kam auch eine Studie von *Oser/Orth/ Wader*, BB 2004, 1121, 1123.

[926] Hierzu siehe bereits oben Teil 2 B, S. 131.

bb. Probleme der unternehmerischen Mitbestimmung

(1) Literaturkritik

Das bestehende gesetzliche System der unternehmerischen Mitbestimmung nach dem MitbestG 1976 wird als eine der Hauptursachen für mangelhaftes Kontrollverhalten des Aufsichtsrats gegenüber dem Vorstand in börsennotierten Aktiengesellschaften angesehen[927]. Die starren gesetzlichen Regelungen des MitbestG 1976 führten dazu, dass die Arbeitnehmervertreter im Aufsichtsrat ohne Überprüfung ihrer hinreichenden Qualifikation und Unabhängigkeit allein anhand eines gesetzlich vorgegebenen Wahlverfahrens[928] durch die Belegschaft in den Aufsichtsrat entsandt würden[929]. Außerdem würden sich die Arbeitnehmervertreter im Aufsichtsrat vornehmlich an den Interessen ihrer Wählerschaft orientieren[930]. Gegenläufige Interessen von Arbeitnehmer- und Anteilseigner führten zu einer Schwächung des Aufsichtsrats mit der weiteren Folge, dass der Vorstand nur mangelhaft kontrolliert werde[931]. Wegen der Anwesenheit der Arbeitnehmervertreter müsse der Aufsichtsrat vornehmlich Personal- und Sozialthemen behandeln, was seine Kontrolleffizienz gegenüber dem Vorstand ebenfalls mindere[932].

Zudem werden die negativen Auswirkungen der unternehmerischen Mitbestimmung auf die Unternehmenspraxis kritisiert. So habe diese dazu geführt, dass viele

---

[927] Vgl. aus der Literatur etwa *Bernhardt*, ZHR-Beiheft 71, 2002, 119, 121 ff.; *Ulmer*, ZHR 2002, 271 ff.; *v. Werder*, AG 2004, 166 ff.; *Schwark*, AG 2004, 173 ff.; *Säcker*, AG 2004, 180 ff.; *ders.*, BB 2004, 1462 ff.; *Schwalbach*, AG 2004; 186 ff.; *Windbichler*, AG 2004, 190 ff.; *Kirchner*, AG 2004, 197 ff.; *Neubürger*, in: *Hommelhoff/Hopt/v. Werder*, Hdb Corporate Governance, S. 186 ff.; *Fleischer*, AcP 2004, 502, 536 ff. Umfangreiche Auflistung angeblicher Nachteile der unternehmerischen Mitbestimmung auch durch die *Kommission Mitbestimmung*, Bericht, S. 7 ff. Eine ökonomische Kosten- und Nutzenanalyse der gesetzlichen Mitbestimmung versuchen *Sadowski/Junkes/Lindenthal*, ZGR 2001, 110 ff.

[928] Siehe dazu den Überblick in Teil 2 B, S. 124 ff.

[929] In diese Richtung etwa *v. Werder*, AG 2004, 166, 170; *Schwark*, ZHR-Beiheft 71, 2002, 76, 103 ff.; *Schiessl*, ZHR 2003, 235, 240.

[930] So schon *Sünner*, AG 2000, 492, 497. Aus der Praxis wird häufig der ver.di-Vorsitzende *Frank Bsirske* herangezogen, der im Dezember 2002 an der Vorbereitung von Streikmaßnahmen auf mehreren deutschen Flughäfen beteiligt war und gleichzeitig im Aufsichtsrat des Lufthansa Konzerns saß. Dazu ausführlich *Möllers*, NZG 2003, 697 ff. Vgl. im Übrigen auch *Kommission Mitbestimmung*, Bericht, S. 21.

[931] So zum Beispiel *Kirchner*, AG 2004, 197.

[932] Nach *Semler*, in: *Hopt/Kanda/Roe/Wymeersch/Prigge*, Comparative Corporate Governance, S. 267, 276 wird im Aufsichtsrat bis zu 80% der Sitzungszeit mit Fragen der Arbeitnehmervertreter zu diesen Themen verwendet.

Unternehmen die nach § 111 Abs. 4 S. 2 AktG vorgesehenen Zustimmungskataloge beschränkt hätten, um den Einfluss der Arbeitnehmer auf die Unternehmungsführung zu begrenzen[933]. Nach § 111 Abs. 4 S. 2 AktG i. d. F. des TransPuG muss die Satzung oder der Aufsichtsrat bestimmen, dass bestimmte Arten von Geschäften nur mit seiner Zustimmung vorgenommen werden dürfen[934]. Der Zweck dieser Vorschrift, die präventive Kontrolle des Aufsichtsrats gegenüber der Unternehmensführung durch den Vorstand zu stärken, werde deshalb wegen des geltenden Mitbestimmungsrechts gerade nicht erreicht[935]. Allgemein wird die mangelnde Diskussionskultur in der täglichen Praxis der Gesellschaften negativ betrachtet. Ursache hierfür sei die Unterteilung von Arbeitnehmer- und Anteilseignerbänken im Aufsichtsrat durch das MitbestG 1976[936].

Im Hinblick auf die zunehmende Internationalisierung deutscher Unternehmen wird die unternehmerische Mitbestimmung überwiegend für nicht mehr zeitgemäß gehalten[937]. Kritisiert wird vor allem eine Benachteiligung der nicht im Aufsichtsrat vertretenen ausländischen Arbeitnehmer[938]. Trotz internationaler Ausrichtung gerade der großen deutschen Publikumsgesellschaften seien allein deutsche Arbeitnehmervertreter aus deutschen Gesellschaften oder deutschen Gewerkschaften vertreten. Ausländische Arbeitnehmer hätten demgegenüber[939] weder ein passives noch ein aktives Wahlrecht für die Arbeitnehmerbank im Aufsichtsrat[940]. Hinzu komme die abschreckende Wirkung der deutschen Mitbestimmungsregelungen auf ausländische Investoren. Das strikte deutsche Mitbestimmungsmodell habe sich internati-

---

[933] *Schiessl*, AG 2002, 593, 597; *ders.*, ZHR 2003, 235, 240. Kritik auch bei *Neubürger*, in: *Hommelhoff/Hopt/v. Werder*, Hdb Corporate Governance, S. 189.

[934] Durch das TransPuG wurde das frühere Ermessen („kann") in § 111 Abs. 4 S. 2 AktG gestrichen und die Vereinbarung von Zustimmungskatalogen zugunsten des Aufsichtsrats zwingend angeordnet. Man erhoffte sich davon eine Einbindung des Aufsichtsrats in die Willensbildung der Gesellschaft bei wesentlichen Maßnahmen, vgl. RegBegr. zum TransPuG, BT-Drucks. 14/8769, S. 17. Dazu *Hüffer*, AktG, § 111 Rdn. 16 ff.; *Semler*, in: MüKo-AktG, Band 3, § 111 Rdn. 378 ff.

[935] Vgl. Fn. 927.

[936] *Schiessl*, AG 2002, 593, 596; *ders.*, ZHR 2003, 235, 240; *Neubürger*, in: *Hommelhoff/Hopt/v. Werder*, Hdb Corporate Governance, S. 194.

[937] So vor allem *Ulmer*, ZHR 2002, 271. Ebenso *Neubürger*, in: *Hommelhoff/Hopt/v. Werder*, Hdb Corporate Governance, S. 195; *Sünner*, AG 2000, 492, 497.

[938] Vgl. beispielsweise *Kommission Mitbestimmung*, Bericht, S. 9 und 41 ff.

[939] So die ganz herrschende Meinung, vgl. nur LG Düsseldorf, DB 1979, 1451 ff.; *Raiser*, MitbestG, § 7 Rdn. 8 und Rdn. 19; *Hanau/Ulmer*, MitbestG, § 3 Rdn. 23 mit umfangreichen Nachweisen zur h. M.

[940] Siehe dazu *Schiessl*, AG 2002, 593, 594; *ders.*, ZHR 2003, 235, 240; *v. Werder*, AG 2004, 166, 171. Zum Problem auch *Fleischer*, AcP 2004, 502, 542 f.

onal nicht etabliert. Eine weitreichende Einbeziehung der Arbeitnehmer durch ihre Vertreter an der Unternehmensleitung führe dazu, dass sich potentielle ausländische Fusionspartner nach mitbestimmungsfreien Alternativen mit Unternehmen aus anderen Staaten umsähen[941].

Schließlich hätten die jüngsten Urteile des EuGH zur Niederlassungsfreiheit gemäß Art. 43 und Art. 48 EGV[942] in Sachen Überseering[943] und Inspire Art[944] erhebliche Auswirkungen auf das bestehende Mitbestimmungsmodell in der Bundesrepublik Deutschland[945]. Hintergrund dafür ist der Streit um die Sitztheorie. Die Sitztheorie bestimmt das anwendbare Recht nach dem tatsächlichen Sitz der Gesellschaft, der sich nach der Hauptverwaltung des Unternehmens richtet[946]. Ist eine Gesellschaft nach ausländischem Recht gegründet und in der Bundesrepublik Deutschland ansässig, so hat die Sitztheorie zur Folge, dass die Gesellschaft in der Bundesrepublik Deutschland als nicht rechtsfähig behandelt wird, weil sie die zur Erlangung der Rechtsfähigkeit maßgeblichen deutschen Vorschriften nicht eingehalten hat[947]. Auf eine nicht rechtsfähige Gesellschaft kann das MitbestG keine Anwendung fin-

---

[941] Ausführlich zu einem hiermit angeblich verbundenen Wettbewerbsnachteil der Bundesrepublik Deutschland *Ulmer*, ZHR 2002, 271, 273 ff.; *Henssler*, FS für Ulmer, 2003, S. 199 f.; *Götz*, AG 2002, 552, 554. *Kommission Mitbestimmung*, Bericht, S. 8.

[942] Danach ist die Beschränkung der freien Niederlassung von Staatsangehörigen eines Mitgliedstaates sowie von Gesellschaften, die ihren satzungsmäßigen Sitz, ihre Hauptverwaltung oder ihre Hauptniederlassung innerhalb der Gemeinschaft haben, im Hoheitsgebiet eines anderen Mitgliedstaates verboten. Siehe dazu ausführlich *Bröhmer*, in: *Callies/Ruffert*, EUV/EGV, Art. 43 EG-Vertrag Rdn. 5 ff.

[943] *EuGH* v. 05. 11. 2002 – Rs. C-208/00 = GmbHR 2002, 1137 ff. = AG 2003, 37 ff. Dazu bereits oben Teil 1 B, S. 7 f.

[944] *EuGH* v. 30. 09. 2003 – Rs. C-167/01 = AG 2003, 680 ff.

[945] Zu den Auswirkungen dieser Entscheidungen auf das deutsche Mitbestimmungsrecht vgl. etwa *Veit/Wichert*, AG 2004, 14 ff.; *Sandrock*, AG 2004, 57 ff.; *Müller-Bonanni*, GmbHR 2003, 1235 ff.; *Meilicke*, *GmbHR* 2003, 793 ff.; *Paefgen*, DB 2003, 487, 491 f.; *Weller*, DStR 2003, 1800, 1803 f. *Bayer*, BB 2003, 2357, 2363 ff.; *Schwark*, AG 2004, 173, 177 ff. *Zimmer*, NJW 2003, 3585, 3586 ff.; *Altmeppen*, NJW 2004, 97 ff.; *Junker*, NJW 2004, 728 ff.; *Kamp*, BB 2004, 1496 ff.; *Kommission Mitbestimmung*, Bericht, S. 14 ff. Allgemein vgl. *Riegger*, ZGR 2004, 510 ff.

[946] Vgl. etwa BGHZ 78, 318, 334 = NJW 1981, 522 ff.; BGHZ 97, 269, 271 = NJW 1986, 2194 ff.; BayOBLGZ 1998, 195, 197 f.; OLG Zweibrücken ZIP 2000, 2172, 2173; *Hüffer*, AktG, § 1 Rdn. 25; *Heider*, in: MüKo-AktG, Band 1, § 5 Rdn. 18 ff.; *Raiser*, Recht der Kapitalgesellschaften, § 58 Rdn. 10 ff.

[947] So noch beispielsweise BGH v. 21. 03. 1986 – V ZR 10/85 = BGHZ 97, 269 ff.

den[948]. Eine ausländische Gesellschaft müsste sich also zunächst auflösen und nach deutschem Recht unter Beachtung der deutschen Mitbestimmungsregeln neu gründen, wenn sie ihren Verwaltungssitz in der Bundesrepublik Deutschland ansiedeln will. In seinen Entscheidungen Überseering und Inspire Art ist der *EuGH* dieser Konsequenz der Sitztheorie entgegengetreten, ohne dabei allerdings auf Fragen der unternehmerischen Mitbestimmung in den einzelnen Mitgliedstaaten einzugehen oder der Sitztheorie insgesamt eine Absage zu erteilen[949].

Die Entscheidung Überseering hatte eine Vorlage des BGH zum Gegenstand. Im Wesentlichen ging es um die Frage, ob eine Kapitalgesellschaft niederländischen Rechts mit Verwaltungssitz in der Bundesrepublik Deutschland nach deutschem Recht rechts- und parteifähig sein könne. Der BGH verneinte dies unter Hinweis auf die Sitztheorie[950]. Der EuGH entschied für diesen Fall der grenzüberschreitenden Sitzverlegung hingegen anders. Es verstößt nach der Auffassung des Gerichts gegen Art. 43 und Art. 48 EGV, wenn einer Gesellschaft, die nach dem Recht eines Mitgliedstaates gegründet worden ist, in dessen Hoheitsgebiet sie ihren satzungsmäßigen Sitz hat, von demjenigen Mitgliedstaat die Rechtsfähigkeit und damit die Parteifähigkeit abgesprochen wird, in dessen Hoheitsgebiet sie ihren Sitz verlegt[951]. Art. 43 und Art. 48 EGV[952] verpflichteten die Mitgliedstaaten vielmehr, die Rechts- und Parteifähigkeit einer ausländischen Gesellschaft zu achten, die diese nach dem Recht ihres Gründungsstaates besitzt[953]. Mit dem Überseering Urteil gilt also: Jede Gesellschaft, die in einem europäischen Mitgliedstaat nach den dort geltenden Rechtsvorschriften errichtet wurde, ist in der Bundesrepublik Deutschland als rechts- und parteifähig zu behandelnd[954].

---

948 So *Veit/Wichert*, AG 2004, 14. Ebenso *Kamp*, BB 2004, 1496, 1498.; *Bayer*, AG 2004, 534, 535 mit zahlreichen Nachweisen zur hM. Ausführlich zur Sitztheorie vgl. *Meilicke*, GmbHR 2003, 793, 794 ff.

949 Es ist daher äußerst umstritten, ob die Sitztheorie in der Bundesrepublik Deutschland noch aufrecht erhalten werden kann. Zu dieser, hier nicht weiter zu verfolgenden Frage, äußern sich ablehnend *Behrens*, IPRax 2003, 193, 204 ff.; *Binz/Mayer*, GmbHR 2003, 249, 257; *Eidenmüller*, ZIP 2002, 2233, 2234; *Paefgen*, DB 2003, 487; *Meilicke*, GmbHR 2003, 793; einschränkend *Zimmer*, BB 2003, 1, 3; *Lutter*, BB 2003, 7, 10; zustimmend *Kindler*, NJW 2003, 1073; *Wernicke*, EuZW 2002, 758, 760.

950 Konkret ging es um eine „Besloten Vennootschap" (BV). Näher zum Sachverhalt vgl. *Bayer*, BB 2003, 2357, 2361; *Veit/Wichert*, AG 2004, 14.

951 *EuGH* v. 05. 11. 2002 – Rs. C-208/00 = GmbHR 2002, 1137, 1145, Rz. 94.

952 Zum Regelungsinhalt dieser Vorschriften s. o. Fn. 942.

953 *EuGH* v. 05. 11. 2002 – Rs. C-208/00 = GmbHR 2002, 1137, 1145, Rz. 95.

954 Vgl. *Veit/Wichert*, AG 2004, 14, 15.

Die Entscheidung Inspire Art betraf eine Vorlage des Kantongerichts Amsterdam. Dort ging es um die Frage, ob ein niederländisches Gesetz, das sog. WFBV[955], von außerhalb der Niederlande gegründeten Kapitalgesellschaften, die hauptsächlich in den Niederlanden tätig sind[956], beispielsweise verlangen könne, dass die betreffende Gesellschaft als „formal ausländische Gesellschaft" im Handelsregister eingetragen wird und mit dem Zusatz „formal ausländische Gesellschaft" im niederländischen Rechtsverkehr auftreten muss[957]. In Fortführung seiner Entscheidung zu Überseering hat der EuGH die streitigen Bestimmungen des WFBV für unvereinbar mit Art. 43 und Art. 48 EGV erklärt. Wenn ein Zuzugstaat Anforderungen an die Errichtung einer Gesellschaft stelle, die über die Gründungsvorschriften des Heimatstaates hinaus gingen, werde gerade nicht die Rechtspersönlichkeit der Gesellschaft geachtet, die diese nach dem Recht ihres Gründungsstaates besitze[958].

Die überwiegende Ansicht in der Literatur folgert aus diesen Entscheidungen des EuGH umfassende Umgehungsmöglichkeiten des deutschen Mitbestimmungsrechts für deutsche Kapitalgesellschaften. Deutsche Unternehmensgründer könnten beispielsweise eine mitbestimmungsfreie Gesellschaftsform in einem entsprechenden EG-Staat wählen und dann ihre unternehmerische Tätigkeit ausschließlich in die Bundesrepublik Deutschland verlagern[959]. Auf solche Gesellschaften soll das deutsche Mitbestimmungsrecht weder unmittelbar noch analog anwendbar sein[960]. Das MitbestG 1976 sei nicht unmittelbar einschlägig, weil sein Anwendungsbereich gemäß §§ 1 und 4 MitbestG 1976 nur bestimmte Rechtsformen erfasse[961] und

---

955 „Gesetz über formal ausländische Gesellschaften" (WFBV). Ausführlich zu den streitgegenständlichen Regelungen dieses Gesetzes s. *Ziemons*, ZIP 2003, 1913 ff.

956 Eine solche Gesellschaft ist die nach englischem Recht gegründete *Inspire Art Ltd.*

957 Zudem bestimmte das Gesetz, dass solche ausländischen Gesellschaften über ein Mindestkapital verfügen müssen, das dem niederländischen Gesellschaften aufzubringenden Kapital entspricht. Näher zum Sachverhalt vgl. etwa *Veit/Wichert*, AG 2004, 14, 15; *Bayer*, BB 2003, 2357, 2362; *Weller*, DStR 2003, 1800, 1801; *Leible/Hoffmann*, EuZW, 2003, 677.

958 *EuGH* v. 30. 09. 2003 – Rs. C-167/01 = AG 2003, 680, 682, Rz. 95 ff. So bereits die Linie des EuGH in der Überseering-Entscheidung vgl. *EuGH* v. 05. 11. 2002 – Rs. C-208/00 = GmbHR 2002, 1137, 1145, Rz. 95. Siehe näher dazu *Veit/Wichert*, AG 2004, 14, 15 f. Zur Reaktion deutscher Gerichte auf die Entscheidungen des EuGH in Sachen Überseering und Inspire Art vgl. *Schanze/Jüttner*, AG 2003, 661, 664 f.; *Eidenmüller*, JZ 2004, 24, 25 ff.

959 Vgl. etwa *Müller-Bonanni*, GmbHR 2003, 1235, 1236; *Meilicke*, GmbHR 2003, 793, 805; *Paefgen*, DB 2003, 487, 491; *Schwark*, AG 2004, 173, 177 sowie *Kamp*, BB 2004, 1496, 1498; *Kommission Mitbestimmung*, Bericht, S. 15 auch zu weiteren Gestaltungsmöglichkeiten.

960 Vgl. ausführlich *Sandrock*, AG 2004, 57 ff.; *Veit/Wichert*, AG 2004, 14, 16 ff.; *Schwark*, AG 2004, 173, 177 f.; *Paefgen*, DB 2003, 487, 491 f.; *Zimmer*, NJW 2003, 3585, 3590 f.

961 Vgl. ausführlich oben Teil 2 B, S. 124 ff.

im Ausland gegründete Gesellschaften nicht hierunter fielen[962]. Auch eine analoge Anwendung des MitbestG 1976 auf diese Fälle scheidet nach überwiegender Ansicht in der Literatur aus. Die in § 1 Abs. 1 Nr. 1 MitbestG festgelegten Rechtsformen habe der Gesetzgeber bewusst abschließend gewählt, es fehle deshalb an einer für die Analogie erforderlichen planwidrigen Regelungslücke[963].

Kontrovers diskutiert wird in diesem Zusammenhang aber die Zulässigkeit einer Erweiterung der deutschen Mitbestimmung durch den Gesetzgeber auf ausländische Kapitalgesellschaften, die ihren Sitz in die Bundesrepublik Deutschland verlegen. Dies hätte allerdings Auswirkungen auf die in Art. 43 EGV gewährleistete Niederlassungsfreiheit. Die Niederlassungsfreiheit kann zwar durch zwingende Gründe des Allgemeininteresses eingeschränkt werden, was der EuGH in den Verfahren Überseering und Inspire Art nochmals besonders hervorgehoben hat[964]. Nach der überwiegenden Meinung im Schrifttum gehören die deutschen Regelungen zur unternehmerischen Mitbestimmung aber nicht hierzu[965]. Diese stellten kein zwingendes Allgemeininteresse dar, weil zahlreiche Mitgliedstaaten[966] jegliche

---

[962] Unstrittig, vgl. nur *Veit/Wichert*, AG 2004, 14, 16; *Hanau/Ulmer*, MitbestG, Einl Rdn. 33; *Raiser*, MitbestG, § 1 Rdn. 15.

[963] So etwa *Schwark*, AG 2004, 173, 178; *Zimmer*, NJW 2003, 3585, 3590; *Kamp*, BB 2004, 1496, 1499; *Veit/Wichert*, AG 2004, 14, 16 mit weiteren Hinweisen zu den unterschiedlichen Ansichten. Bei der Frage der Anwendbarkeit des MitbestG wollen einige nicht an der Rechtsform, sondern an die Betriebsstätte der ausländischen Gesellschaft anknüpfen, vgl. dazu etwa *Schanze/Jüttner*, AG 2003, 30, 35 m. w. N. Das verstößt hingegen offensichtlich gegen den Wortlaut des § 1 Abs. 1 Nr. 1 MitbestG. So zutreffend *Veit/Wichert*, AG 2004, 14, 17.

[964] *EuGH* v. 05. 11. 2002 – Rs. C-208/00 = GmbHR 2002, 1137, 1145, Rz. 92 f.; *EuGH* v. 30. 09. 2003 – Rs. C-167/01 = AG 2003, 680, 682, Rz. 107. Als solche Gründe hat der EuGH bislang z. B. die Kohärenz des Steuersystems oder den Schutz der öffentlichen Gesundheit anerkannt. Siehe näher dazu *Brechmann*, in: *Callies/Ruffert*, EUV/EGV, Art. 39 EG-Vertrag Rdn. 47; *Sandrock*, AG 2004, 57, 65; *Bayer*, AG 2004, 534. Zur Reichweite der Niederlassungsfreiheit nach Inspire Art vgl. *Ziemons*, ZIP 2003, 1913, 1919; *Eidenmüller/Rehm*, ZGR 2004, 159, 188 ff.; *Leible*, ZGR 2004, 531, 532 ff.

[965] Umfassender Literaturnachweis bei *Bayer*, AG 2004, 534, 536 in Fn. 27 bis Fn. 29.

[966] Innerhalb der EU sind 12 Staaten gänzlich mitbestimmungsfrei. Dies sind Großbritannien, Italien, Spanien, Portugal, Irland, Belgien, Griechenland, Litauen, Lettland, Estland, Malta und Zypern. Vgl. näher hierzu *Kommission Mitbestimmung*, Bericht, S. 11 ff.

Form einer unternehmerischen Mitbestimmung schon grundsätzlich ablehnen[967]. Schließlich werden praktische Schwierigkeiten für eine Erweiterung des MitbestG durch den deutschen Gesetzgeber auch auf ausländische zuziehende Gesellschaften angemahnt. Eine solche Erweiterung griffe tief in die Binnenorganisation der ausländischen Gesellschaft ein, etwa durch den Zwang, einen Aufsichtsrat zu gründen[968]. Das wird vor dem Hintergrund der dargestellten Entscheidungen des EuGH als unzulässiger Eingriff in Art. 43 und 48 EGV betrachtet[969]. Einzelne Stimmen in der Literatur schließen sich dieser Einschätzung allerdings nicht an. So ist es nach der Auffassung etwa von *Thüsing*[970] und *Kamp*[971] dem deutschen Gesetzgeber europarechtlich nicht verwehrt, EU-Auslandsgesellschaften der deutschen Mitbestimmung zu unterwerfen.

Zuletzt stellen auch Teile der neueren Literatur weiterhin ein Legitimationsdefizit bei den Arbeitnehmervertretern im Aufsichtsrat fest. Die Mitbestimmung stehe in einem besonderen Spannungsverhältnis zur Eigentumsgarantie des Art. 14 GG. Die Anteilseigner einer Kapitalgesellschaft trügen das finanzielle Risiko von unternehmerischen Fehleinschätzungen und müssten deshalb in einem auf Privateigentum beruhenden marktwirtschaftlichen System die unternehmerischen Entscheidungen allein treffen. Das Arbeitsplatzrisiko der Arbeitnehmer werde hingegen durch arbeitsrechtliche Schutzregelungen abgefedert. Außerdem sei auch nur mit wenigen Unternehmensentscheidungen ein unmittelbares Arbeitsplatzrisiko verbunden[972].

---

[967] Vgl. hierzu die Nachweise bei *Bayer*, AG 2004, 534, 536 Fn. 43, der diese Argumentation im Ergebnis verwirft, vgl. *Bayer*, AG 2004, 534, 537. Ähnlich *Thüsing*, ZIP 2004, 381, 387. Andere wiederum halten die Unternehmensmitbestimmung nicht für erforderlich, um Arbeitnehmerschutzinteressen im Sinne der EuGH Rechtsprechung durchzusetzen, vgl. etwa *Eidenmüller*, JZ 2004, 24, 28 f.; *Eidenmüller/Rehm*, ZGR 2004, 159, 184 f. Siehe ebenfalls *Kommission Mitbestimmung*, Bericht, S. 17.

[968] Vgl. etwa *Müller-Bonanni*, GmbHR 2003, 1235, 1237 f.; *Kamp*, BB 2004, 1496, 1499; *Veit/Wichert*, AG 2004, 14, 18 m. w. N. In diese Richtung auch *Schwark*, AG 2004, 173, 178; *Paefgen*, DB 2003, 487, 492; *Zimmer*, NJW 2003, 3585, 3591.

[969] Vgl. vor allem *Veit/Wichert*, AG 2004, 14, 18. Abweichend *Kamp*, BB 2004, 1496, 1499 f., der allerdings keine konkreten gesetzlichen Änderungsvorschläge unterbreitet.

[970] *Thüsing*, ZIP 2004, 381 ff. In diese Richtung auch *Leible*, ZGR 2004, 531, 552 f., der aber ähnlich wie die Stimmen in Fn. 961 praktische Bedenken anmeldet.

[971] *Kamp*, BB 2004, 1496 ff.

[972] Vgl. *Junker*, Arbeitsrecht, Rdn. 801; *Hromadka/Maschmann*, ArbeitsR 2, § 15 Rn. 26 f.; *Neubürger*, in: *Hommelhoff/Hopt/v. Werder*, Hdb Corporate Governance, S. 193 f.

Vertreter von Politik und Gewerkschaften treten diesen Stimmen überwiegend entgegen[973]. Die Mitbestimmung sei „unverzichtbarer und wertvoller denn je", weil sie den notwendigen Reformprozess stütze und in den vergangenen Jahren ein hohes Maß an Arbeitsfrieden ermöglicht habe. Bundesrepublik Deutschland sei deshalb auf dem Gebiet der Mitbestimmung international vorbildlich, so dass insoweit keinerlei Reformbedarf bestehe[974].

(2) Kodexregelungen

Empfehlungen oder Anregungen, die sich unmittelbar auf das bestehende Mitbestimmungsmodell in der Bundesrepublik Deutschland auswirken, lassen sich im Kodex nicht finden. Das ist auch nicht weiter überraschend, weil bereits die *Baums*-Kommission keine konkreten Vorschläge zur Änderung des gesetzlichen Systems der unternehmerischen Mitbestimmung unterbreitet hatte[975]. Da sich der Auftrag der Kodex-Kommission zur Entwicklung eines einheitlichen Deutschen Corporate Governance-Kodex im Rahmen dieser Vorschläge halten sollte, waren entsprechende Regelungen im Kodex nicht zu erwarten[976]. Der Hintergrund dafür dürfte sein, dass Regelungen zur Modifizierung der Mitbestimmung, gleichgültig ob es sich um gesetzliche oder um solche eines unverbindlichen Regelwerkes handelt, unter der damaligen Koalition zwischen SPD und Grünen weder gewollt noch durchsetzbar waren[977]. Auch unter der jetzigen großen Koalition zwischen SPD und CDU ist allerdings eine Änderung des gesetzlichen Mitbestimmungssystems nicht zu erwarten[978]. Gleichwohl enthält der Kodex Bestimmungen, die zumindest mittelbar Auswirkungen auf das Problem der unternehmerischen Mitbestimmung nach dem MitbestG 1976 haben werden. Diese lassen sich danach unterscheiden, ob sie

---

[973] Vgl. beispielsweise die Diskussionsbeiträge zur Reformdebatte um die unternehmerische Mitbestimmung von *Huber*, Handelsblatt v. 15. 11. 2004, S. 13 (zu diesem Zeitpunkt zweiter Vorsitzender der IG-Metall); *Clement*, Handelsblatt v. 10. 11. 2004, S. 4 (zu diesem Zeitpunkt Bundeswirtschaftsminister, SPD); *Stiegler*, Handelsblatt v. 10. 11. 2004, S. 4 (zu diesem Zeitpunkt stellvertretender Fraktionschef, SPD); *Schröder*, Handelsblatt v. 16. 11. 2004, S. 3 (zu diesem Zeitpunkt Bundeskanzler, SPD).

[974] *Schröder*, Handelsblatt v. 16. 11. 2004, S. 3. Vorsichtiger äußert sich *Huber*. Jedenfalls eine angemessene Beteiligung ausländischer Arbeitnehmer müsse sichergestellt werden, vgl. *Huber*, Handelsblatt v. 15. 11. 2004, S. 13.

[975] Ohne allerdings den diesbezüglichen Diskussionsbedarf zu verneinen, vgl. *Baums*, Bericht der Regierungskommission Corporate Governance, S. 6.

[976] Vgl. ausführlich zum Regierungsauftrag der *Cromme*-Kommission o. Teil 1 B, S. 49 f.

[977] Entsprechende Kritik hierzu etwa von *Bernhard*, ZHR-Beiheft 71, 2002, 119, 121; *Ulmer*, ZHR 2002, 271, 277. Siehe auch bereits o. Teil 2 B, S. 126 ff.

[978] S. dazu bereits o. Teil 2 B, S. 154.

Maßstäbe für die Qualifikation bzw. die Unabhängigkeit der Aufsichtsratmitglieder aufstellen oder als sonstige Regelungen den Aufsichtsrat als Leitungsorgan der Aktiengesellschaft insgesamt betreffen[979].

(a) Qualifikations- und Unabhängigkeitsanforderungen

Im Hinblick auf die erforderliche Qualifikation und Unabhängigkeit eines Aufsichtsratsmitglieds, enthält Ziff. 5.4.1 Kodex eine allgemein formulierte Generalklausel, die durch weitere Kodex-Regelungen näher konkretisiert wird. Ziff. 5.4.1 Kodex lautet:

> „Bei Vorschlägen zur Wahl von Aufsichtsratsmitgliedern soll darauf geachtet werden, dass dem Aufsichtsrat jederzeit Mitglieder angehören, die über die zur ordnungsgemäßen Wahrnehmung der Aufgaben erforderlichen Kenntnisse, Fähigkeiten und fachlichen Erfahrungen verfügen. Dabei sollen die internationale Tätigkeit des Unternehmens, potenzielle Interessenkonflikte und eine festzulegende Altersgrenze für Aufsichtsratsmitglieder berücksichtigt werden.“

Eine Systematisierung der Regelungen, welche die Qualifikations- und Unabhängigkeitsanforderungen näher bestimmen sollen, gestaltet sich schwierig. Zum Teil sind diese Regelungen über die Ziff. 5.4 und Ziff. 5.5 Kodex verstreut, zum Teil betreffen sie beide Merkmale gleichzeitig. Das ist zunächst in formeller Hinsicht kritikwürdig. Für den Kodexadressaten ist nicht klar erkennbar, welche Regelungen des Kodex die entscheidenden Maßstäbe für die idealen persönlichen Anforderungen eines Aufsichtsratsmitglieds vorgeben. Es wäre deshalb besser gewesen, wenn die Kodex-Kommission die Regelungen zur Qualifikation und Unabhängigkeit von Aufsichtsratsmitgliedern in selbständig Unterabschnitten zu Ziff. 5 Kodex systematisch zusammengestellt und insbesondere für beide Merkmale jeweils eigene Überschriften gewählt hätte.

Versucht man hingegen eine Systematisierung, so wird das durch den Kodex angestrebte Qualifikationsprofil neben den äußerst vagen Vorgaben wie „erforderliche Kenntnisse“, „Fähigkeiten und fachlichen Erfahrungen“ in Ziff. 5.4.1 Kodex allein in Ziff. 5.4.5 Kodex näher ausgestaltet. Danach gilt:

---

[979] Zu ihnen vgl. beispielsweise *Roth/Wörle*, ZGR 2004, 565, 583 f.

„Jedes Aufsichtsratsmitglied achtet darauf, dass ihm für die Wahrnehmung seiner Mandate genügend Zeit zur Verfügung steht. Wer dem Vorstand einer börsennotierten Gesellschaft angehört, soll insgesamt nicht mehr als fünf Aufsichtsratsmandate in konzernexternen Gesellschaften wahrnehmen[980]."

Umfangreichere Regelungen enthält der Kodex hingegen für das Unabhängigkeitsprofil der einzelnen Aufsichtsratsmitglieder. Auszugehen ist zunächst von Ziff. 5.4.2 Kodex. Dieser bestimmt:

„Um eine unabhängige Beratung und Überwachung des Vorstands durch den Aufsichtsrat zu ermöglichen, soll dem Aufsichtsrat eine nach seiner Einschätzung ausreichende Anzahl unabhängiger Mitglieder angehören. Ein Aufsichtsratsmitglied ist unabhängig, wenn es in keiner geschäftlichen oder persönlichen Beziehung zu der Gesellschaft oder deren Vorstand steht, die einen Interessenkonflikt begründet. Dem Aufsichtsrat sollen nicht mehr als zwei ehemalige Mitglieder des Vorstands angehören. Aufsichtsratsmitglieder sollen keine Organfunktion oder Beratungsaufgaben bei wesentlichen Wettbewerbern des Unternehmens ausüben."

Nach der Auffassung der Kodex-Kommission stellt diese Vorschrift die Grundlage dafür dar, dass der Aufsichtsrat weitgehend unabhängig und frei von Interessenkonflikten aus anderer beruflicher Tätigkeit seiner Mitglieder arbeiten kann[981]. Die Vorschrift bezweckt vor allem, dass sowohl auf Anteilseigner- wie auf Arbeitnehmerseite dieselben Personen keine Mandate im Aufsichtsrat von Konkurrenzunternehmen übernehmen[982]. Zahlreiche weitere Interessenkonflikte können sich beispielsweise aus Beziehungen von Aufsichtsratsmitgliedern zu anderen Unternehmen, Banken, Kunden etc. ergeben[983]. Daher versucht die Kodex-Kommission das Merkmal „Interessenkonflikte" in einem eigenständigen Abschnitt unter Ziff. 5.5 Kodex näher zu bestimmen:

---

[980] Satz 2 dieser Ziffer dürfte auch auf die hinreichende Unabhängigkeit des betroffenen Aufsichtsratsmitglied abzielen, so dass es sich hierbei um eine Regelung handelt, die beide Merkmale miteinander vermischt. Näher zu dieser Regelung insbesondere Hinblick auf die gesetzliche Höchstzahlregelung in § 100 Abs. 2 AktG vgl. *Kremer*, in: *Ringleb/Kremer/Lutter/v. Werder*, Kodex, Rdn. 1046 ff.

[981] *Kremer*, in: *Ringleb/Kremer/Lutter/v. Werder*, Kodex, Rdn. 1028.

[982] *Kremer*, in: *Ringleb/Kremer/Lutter/v. Werder*, Kodex, Rdn. 1033 ff.; *Schiessl*, AG 2002, 593, 598.

[983] Ausführlich dazu beispielsweise *Hoffmann/Preu*, Aufsichtsrat, Rdn. 500 ff.; *Semler*, in: Mü-Ko-AktG, Band 3, § 100 Rdn. 117 ff. sowie Rdn. 125 ff.

„Jedes Mitglied des Aufsichtsrats ist dem Unternehmensinteresse verpflichtet. Es darf bei seinen Entscheidungen weder persönliche Interessen verfolgen noch Geschäftschancen, die dem Unternehmen zustehen, für sich nutzen."

„Jedes Aufsichtsratsmitglied soll Interessenkonflikte, insbesondere solche die auf Grund einer Beratung oder Organfunktion bei Kunden, Lieferanten, Kreditgebern oder sonstigen Geschäftspartnern entstehen können, dem Aufsichtsrat gegenüber offen legen."

„Der Aufsichtsrat soll in seinem Bericht an die Hauptversammlung über aufgetretene Interessenkonflikte und deren Behandlung informieren. Wesentliche und nicht nur vorübergehende Interessenkonflikte in der Person eines Aufsichtsratsmitglied sollen zur Beendigung des Mandats führen."

„Berater- und sonstige Dienstleistungs- und Werkverträge eines Aufsichtsratsmitglieds mit der Gesellschaft bedürfen der Zustimmung des Aufsichtsrats."

(b) Sonstige mitbestimmungsrelevante Kodex-Regelungen

Als sonstige Regelungen des Kodex mit möglichen Auswirkungen auf die unternehmerische Mitbestimmung kommen Ziff. 3.3 und Ziff. 3.6 Kodex in Betracht. Ziff. 3.3 Kodex bezieht sich auf § 111 Abs. 4 S. 2 AktG, wonach bestimmte Geschäfte zwingend der Zustimmung des Aufsichtsrats bedürfen, und führt als Beispiele solche Entscheidungen oder Maßnahmen an, die die Vermögens-, Finanz- oder Ertragslage des Unternehmens grundlegend verändern[984]. Eine solche Konkretisierung des Gesetzeswortlauts in § 111 Abs. 4 S. 2 AktG ist zwar zu begrüßen. Mehr als eine Organisationshilfe für die Kodexadressaten ist mit dieser Regelung aber nicht verbunden. Insbesondere ist nicht zu erwarten, dass in der Unternehmenspraxis trotz der Gesetzesänderung in § 111 Abs. 4 S. 2 AktG die Zustimmungskataloge erweitert werden und dadurch die Kontrolleffizienz des Aufsichtsrats steigt, wenn nicht gleichzeitig das bestehende System der unternehmerischen Mitbestimmung maßgeblich verändert wird. Ziff. 3.3 Kodex und § 111 Abs. 4 S. 2 AktG i. d. F. des TransPuG werden deshalb allein nicht zu einer wirksamen Verbesserung der Corporate Governance im Aufsichtsrat beitragen.

---

[984] Näher dazu *Lutter*, in: *Ringleb/Kremer/Lutter/v. Werder*, Kodex, Rdn. 369 ff.

Im Mittelpunkt der Kritik steht Ziff. 3.6 S. 1 Kodex. Dieser bestimmt:

> „In mitbestimmten Aufsichtsräten sollten die Vertreter der Aktionäre und der Arbeitnehmer die Sitzungen des Aufsichtsrats jeweils gesondert, gegebenenfalls mit Mitgliedern des Vorstands, vorbereiten."

Nach der Auffassung von *Neubürger* und *Schiessl* beispielsweise werde durch diese Regelung die notwendige Verbesserung der Diskussionskultur in börsennotierten Aktiengesellschaften nicht erreicht. Die Durchführung getrennter Sitzungen gemäß Ziff. 3.6 Kodex führe im Gegenteile zu einer zementierten Zweiteilung des Aufsichtsrats in zwei Bänke und leiste Lagerdenken Vorschub[985]. *Schwalbach* wirft der Kodex-Kommission mit dieser Regelung eine Förderung von Effizienzverlusten vor[986]. *Hoffmann/Preu* sprechen von einer durch Ziff. 3.6 Kodex verursachten Blockbildung, die, wenn sie schon vor Sitzungsbeginn feststehe, zu einer „Verarmung des Sachgesprächs" führe[987].

(c) Stellungnahme

Den Ansichten zu Ziff. 3.6 Kodex ist uneingeschränkt zuzustimmen. Selbst wenn man davon ausgeht, dass eine Zweiteilung in Arbeitnehmer- und Anteilseignerbänke nicht pauschal stattfinden wird, so sollte der Kodex hierfür zumindest nicht noch zusätzliche Anreize liefern, indem er eine getrennte Sitzungsvorbereitung dieser beiden Gruppen anregt. Man wird der Kodex-Kommission allerdings zugute halten müssen, dass eine solche Blockbildung von ihr mit Ziff. 3.6 Kodex nicht beabsichtigt war, sondern vielmehr organisatorische Gesichtspunkte den Ausschlag für diese Regelung gaben. Denn Hintergrund für die Aufnahme von Ziff. 3.6 Kodex war die Ansicht der Kodex-Kommission, dass jedenfalls in mitbestimmten Gesellschaften die Arbeitnehmervertreter vor den Aufsichtsratssitzungen regelmäßig zusammenkämen, Vorgespräche auf Anteilseignerseite hingegen eher selten seien[988]. Diese Disparität wollte man auflösen[989]. Dennoch ist Ziff. 3.6 Kodex unglücklich formuliert, da für den Kodexadressaten hierdurch der Eindruck erweckt wird, es ent-

---

[985] *Schiessl*, AG 2002, 593, 596; *Neubürger*, in: *Hommelhoff/Hopt/v. Werder*, Hdb Corporate Governance, S. 194. Differenzierend *v. Werder*, in: *Ringleb/Kremer/Lutter/v. Werder*, Kodex, Rdn. 403 ff.

[986] *Schwalbach*, AG 2004, 186, 188.

[987] *Hoffmann/Preu*, Aufsichtsrat, Rdn. 142.

[988] S. ausführlich zur Funktion der Arbeitnehmervorbesprechungen *Köstler/Kittner/Zachert/Müller*, Aufsichtsratspraxis, Rdn. 403 ff.

[989] Vgl. näher *v. Werder*, in: *Ringleb/Kremer/Lutter/v. Werder*, Kodex, Rdn. 403 ff.

spreche guter Corporate Governance, wenn die jeweiligen Gruppen die Aufsichtsratssitzung stets getrennt vorbereiteten. Durch einen solchen Automatismus würde aber eine Situation geschaffen, die einer offenen Diskussionskultur im Aufsichtsrat zuwiderliefe. Es ist deshalb ratsam, Ziff. 3.6 Kodex vollständig zu streichen und durch eine Anregung zum gegenseitigen Informationsaustausch vor den einzelnen Aufsichtsratssitzungen zu ersetzen.

Positiv zu bewerten ist, dass der Kodex in Ziff. 5.4 und 5.5 Kodex selbständige Unabhängigkeits- und Qualifikationsanforderungen aufstellt, die neben den in § 100 AktG vorgeschriebenen persönlichen Voraussetzungen[990] für Aufsichtsratsmitglieder in Aktiengesellschaften Anwendung finden sollen. Das betrifft in erster Linie die Vorschriften des Kodex zur erforderlichen Unabhängigkeit eines Aufsichtsratsmitglieds, die sich insbesondere in den Ziffern 5.5.1 bis 5.5.4 Kodex umfassend mit möglichen Interessenkonflikten von Aufsichtsratsmitgliedern auseinandersetzen. So ist beispielsweise Ziff. 5.5.2 Kodex, wonach bestimmte Beziehungen eines Aufsichtsratsmitglieds zu Kunden, Kreditinstituten, Lieferanten etc. von diesem offenzulegen sind, jedenfalls für diesen Teilbereich geeignet, die Unabhängigkeit des Gesamtaufsichtsrats sicherzustellen.

Leider enthält der Kodex indessen keine Hinweise im Hinblick auf die Rechtsfolge eines festgestellten Interessenkonfliktes. Interessenkonflikte sind gemäß Ziff. 5.5.3 S. 1 Kodex gegenüber der Hauptversammlung lediglich zu berichten und diese über deren Behandlung zu informieren. Wie diese „Behandlung" aussehen soll, lässt der Kodex offen. Einzig Ziff. 5.5.3 S. 2 Kodex formuliert die Empfehlung, dass Aufsichtsratsmitglieder bei wesentlichen und dauerhaften Interessenkonflikten aus ihrem Amt entfernt werden sollen. Was hingegen unter „wesentlichen und nicht nur vorübergehenden Interessenkonflikten" zu verstehen ist, erläutert der Kodex nicht.

Lösungsansätze hierzu könnte die noch zu erstellende Anlage zum Kodex entwickeln, indem dort zunächst eine umfangreiche Liste abstrakt möglicher Interessenkonflikte erarbeitet wird. Diese sollte sich an der in der Literatur gängigen Untertei-

---

[990] Aufsichtsratsmitglieder können danach nur natürliche, unbeschränkt geschäftsfähige Personen sein, § 100 Abs. 1 AktG. Außerdem enthalten §§ 100 Abs. 2, 105 AktG bestimmte gesetzlich festgelegte Inkompatibilitätsvorschriften. Aufsichtsratsmitglied kann danach z. B. nicht sein, wer schon in 10 Handelsgesellschaften mit Pflicht-Aufsichtsrat Mitglied ist oder wer dem Vorstand angehört. Ausführlich hierzu *Lutter/Krieger*, Rechte und Pflichten des Aufsichtsrats, Rdn. 18 ff.; *Semler*, in: MüKo-AktG, Band 3, § 100 Rdn. 22 ff.

lung zwischen einfachen Interessenkonflikten[991], Pflichtenkollisionen[992] und besonderen Interessenkonflikten[993] orientieren. In einem zweiten Schritt sollte die Anlage Kriterien und Beispiele aufführen, die einen Interessenkonflikt als „wesentlich" und „dauerhaft" qualifizieren. Das kann etwa der Fall sein, wenn ein Aufsichtsratsmitglied aus persönlichen Gründen bewusst mehrfach gegen Unternehmensinteressen handelt. Nahe liegend ist ein wesentlicher Interessenkonflikt auch im Falle einer dauerhaften Pflichtenkollision, etwa dann, wenn das betreffende Aufsichtsratsmitglied wegen dieser Kollision mehr oder weniger ständig den Aufsichtsratssitzungen fernbleiben muss[994].

Für die Arbeitnehmervertreter im Aufsichtsrat mitbestimmter Gesellschaften stellt sich allerdings die Frage, ob diese überhaupt als hinreichend unabhängig i. S. v. Ziff. 5.4.1 Kodex angesehen werden können[995]. Da die Arbeitnehmervertreter durch die Belegschaft des Unternehmens gewählt[996] werden und, bis auf die externen Gewerkschaftsvertreter gemäß § 7 Abs. 2 MitbestG[997], selbst Beschäftigte des Unternehmens sind, könnte aufgrund dieses Näheverhältnisses schon grundsätzlich an ihrer Unabhängigkeit gezweifelt werden[998]. „Unabhängig" kann vom Sinn des Wortes her nur derjenige sein, der in keinerlei Geschäftsbeziehung zum Unternehmen steht[999]. Das trifft aber auf die Arbeitnehmervertreter im Aufsichtsrat aufgrund

---

[991] Dazu zählt etwa der Abschluss von Verträgen mit der Gesellschaft oder die Durchführung nachteiliger Maßnahmen wie die Einleitung eines Rechtsstreits gegen die Gesellschaft, vgl. ausführlich *Lutter/Krieger*, Rechte und Pflichten des Aufsichtsrats, Rdn. 775 ff.; *Semler*, in: MüKo-AktG, Band 3, § 100 Rdn. 129 und Rdn. 131.

[992] Insbesondere die Arbeitnehmervertreter im Aufsichtsrat befinden sich in einer solchen Pflichtenkollision, da ihre Wählerschaft einerseits die Wahrnehmung der Arbeitnehmerinteressen von ihnen erwartet, und sie andererseits aber umfassend den Vorstand im Interesse des Unternehmens überwachen sollen, vgl. *Lutter/Krieger*, Rechte und Pflichten des Aufsichtsrats, Rdn. 777. Siehe dazu auch *Semler*, in: MüKo-AktG, Band 3, § 100 Rdn. 134.

[993] Etwa in den Fällen einer Übernahme, vgl. *Lutter/Krieger*, Rechte und Pflichten des Aufsichtsrats, Rdn. 788 ff.; *Semler*, in: MüKo-AktG, Band 3, § 100 Rdn. 183 ff. Ausführlich hierzu *Semler/Stengel*, NZG 2003, 1 ff.

[994] S. ausführlich *Semler*, in: MüKo-AktG, Band 3, § 100 Rdn. 160 ff.

[995] Verneinend beispielsweise *Kommission Mitbestimmung*, Bericht, S. 21. Die Frage, ob Qualifikationsanforderungen gegenüber Arbeitnehmervertretern im Aufsichtsrat satzungsmäßig festgelegt werden können, wird sogleich erörtert. S. u. Teil 2 B S. 164 ff.

[996] Zum Wahlverfahren s. o. Teil 2 B, S. 124 ff.

[997] Diese werden gemäß § 16 Abs. 1 MitbestG von den Delegierten (§§ 9 ff. MitbestG) in geheimer Wahl gewählt.

[998] Das bestreitet hingegen *Habersack*, ZHR 2004, 373, 376.

[999] Zu dieser Definition vgl. etwa *Schwalbach*, AG 2004, 185, 187.

ihres Arbeitsverhältnisses mit der Gesellschaft gemäß § 611 BGB[1000] gerade nicht zu. Dies entspricht im Grundsatz auch der Empfehlung der EU-Kommission zur Unabhängigkeit von Aufsichtsratsmitgliedern vom 15. 02. 2005, deren Umsetzung Ziff. 5.4.2 Kodex dient[1001]. Nach der Definition in Anhang 2 zu dieser Empfehlung sind Arbeitnehmer einer Gesellschaft grundsätzlich „abhängig". Allerdings formuliert die Empfehlung in Anhang 2 nach entsprechenden Protesten der Bundesrepublik Deutschland eine Sonderregelung und nimmt Arbeitnehmervertreter bundesdeutscher, mitbestimmter Gesellschaften generell aus und bezeichnet diese als „unabhängig"[1002]. Ziff. 5.4.2 Kodex stellt das indessen nicht klar. Hintergrund dafür dürfte wiederum sein, dass die Kodex-Kommission zu mitbestimmungsrechtlichen Fragen keine Bestimmungen formulieren sollte[1003].

Die bloße Bezeichnung der Arbeitnehmervertreter in bundesdeutschen, mitbestimmten Gesellschaften in Anhang 2 der EU-Empfehlung vom 15. 02. 2005 als „unabhängig" sagt inhaltlich nichts über eine tatsächliche Abhängigkeit oder Unabhängigkeit des Aufsichtsratsmitglieds aus. Es spricht vielmehr einiges dafür, dass sich die Arbeitnehmervertreter im Aufsichtsrat tatsächlich primär an den Interessen ihrer Wählerschaft orientieren werden und dadurch die Arbeit im Aufsichtsrat einseitig auf Personalthemen und sonstige Belange der Arbeitnehmer fokussiert wird[1004]. Dieser Vorwurf sollte aber entgegen vieler Stimmen in der Literatur[1005] nicht pauschal gegenüber jedem Arbeitnehmervertreter erhoben werden. Denn die auf Anteilseignerseite gemäß § 119 Abs. 1 Nr. 1 AktG[1006] durch die Hauptver-

---

[1000] Der Arbeitsvertrag ist im BGB nicht ausdrücklich geregelt, sondern stellt vielmehr schuldrechtlich einen Dienstvertrag gemäß § 611 BGB dar. Vgl. *Palandt-Weidenkaff*, Einf v § 611 Rdn. 2 und Rdn. 29 ff.

[1001] Ziff. 5.4.2 Kodex wurde neben Ziff. 3.10 und Ziff. 5.3.2 Kodex durch die letzte Kodexnovelle vom 02. 06. 2005 überarbeitet. Ziff. 5.4.3 und Ziff. 5.4.4 Kodex wurden damals neu in das Regelwerk aufgenommen. Vgl. umfassend hierzu den Vortrag des Vorsitzenden der Kodex-Kommission *Cromme* anlässlich der 4. Konferenz Deutscher Corporate Governance-Kodex vom 24. 06. 2005, im Internet abrufbar unter *http://www.corporate-governance-code.de.*

[1002] Vgl. Anhang 2 zur Empfehlung 2005/162/EG = ABl. EG Nr. L 52, S. 51. S. dazu auch *Lieder*, NZG 2005, 569, 571.

[1003] S. dazu bereits o. Teil 2 B, S. 154,

[1004] Vgl. allgemein zu möglichen Interessenkonflikten von Aufsichtsratsmitgliedern ausführlich *Roth/Wörle*, ZGR 2004, 565, 611 ff.

[1005] S. o. Teil 2 B, S. 147 ff. Ablehnend *Habersack*, ZHR 2004, 373, 376.

[1006] Gemäß § 119 Abs. 1 Nr. 1 AktG beschließt die Hauptversammlung über die Bestellung der Mitglieder des Aufsichtsrats, soweit nicht gesetzliche Mitbestimmungsregelungen Anwendung finden. Zu den Befugnissen der Hauptversammlung vgl. *Hoffmann-Becking*, in: Münchener Hdb des GesR, Band 4, § 34 Rdn. 10.

sammlung in den Aufsichtsrat gewählten Personen können im Einzelfall ebenfalls nicht hinreichend unabhängig oder qualifiziert im Sinne von Ziff. 5.4 und 5.5 Kodex sein[1007]. Im Unterschied zu den Anteilseignervertretern bietet das System der unternehmerischen Mitbestimmung aber schon von Gesetzes wegen die Grundlage dafür, dass tendenziell nicht unabhängige Vertreter der Arbeitnehmerschaft in den Aufsichtsrat entsandt werden. Ziff. 5.4.1 und Ziff. 5.4.2 Kodex sind deshalb auf die Arbeitnehmervertreter im Aufsichtsrat nicht anwendbar[1008]. Das aber widerspricht wirksamen Corporate Governance-Standards, die die Unabhängigkeit sämtlicher Organmitglieder fordern[1009]. Die Effizienz der Unabhängigkeitsregelungen des Deutschen Corporate Governance-Kodex muss für mitbestimmte Gesellschaften somit bezweifelt werden.

Nicht gelungen sind die wenigen und sehr vage gehaltenen Bestimmungen des Kodex zur Festlegung von sinnvollen Qualifikationsstandards. Die Ziff. 5.4.1 und Ziff. 5.4.5. S. 1 Kodex wiederholen mit ihren allgemeinen Formulierungen über die erforderlichen „Kenntnisse", „fachlichen Erfahrungen", einer „festzulegenden Altersgrenze", einem ausreichenden Zeitbudget zur Bewältigung der Aufsichtsratstätigkeit etc., ohne diese näher zu konkretisieren, lediglich einige Schlagworte, die in der Literatur schon lange im Zusammenhang mit notwendigen Qualifikationsstandards angesprochen werden[1010].

Hintergrund für diese Zurückhaltung dürfte sein, dass sich ein allgemein gültiges Qualifikationsprofil des idealen Aufsichtsratsmitglieds nur schwer entwickeln lässt. Der BGH hat bislang lediglich Mindeststandards vorgegeben, wonach ein Aufsichtsratsmitglied diejenigen Mindestkenntnisse und -fähigkeiten besitzen oder sich aneignen muss, die es braucht, um alle normalerweise anfallenden Geschäftsvorgänge auch ohne fremde Hilfe verstehen und sachgerecht beurteilen können[1011]. Danach muss ein Aufsichtsratsmitglied jedenfalls kein umfassendes Spezialwissen

---

[1007] Zu Recht differenzierend beispielsweise *v. Werder*, AG 2004, 166, 170.

[1008] So wohl auch die Auffassung der Kodex-Kommission, vgl. *Kremer*, in: *Ringleb/Kremer/Lutter/v. Werder*, Kodex, Rdn. 1013. In diese Richtung auch *Lorenz*, AG 2004, R 274.

[1009] Dieses Ziel des Corporate Governance betont auch die EU-Kommission. Vgl. dazu etwa *Hoffmann-Becking*, ZGR 2004, 355, 358 ff.

[1010] Vgl. nur *Schiessl*, AG 2002, 593, 597; *Sünner* AG 2000, 492, 497 f.; *Schwark*, ZHR-Beiheft 71, 2002, 76, 103 ff. Zur Überarbeitung dieser Regelungen durch die Kodex-Kommission, vgl. *Cromme*, Pressemitteilung vom 11. 03. 2005, S.7.

[1011] BGHZ 85, 293, 295 f. Zu dieser Entscheidung vgl. etwa *Hommelhoff*, in: Münchener Hdb des GesR, Band 4, § 30 Rdn. 2; *Semler*, in: MüKo-AktG, Band 3, § 100 Rdn. 68.

vorweisen[1012], etwa in juristischer, ökonomischer oder bilanzrechtlicher Hinsicht[1013]. Man wird deshalb weder einen allgemeinen Qualifikationskatalog[1014] für Aufsichtsratsmitglieder noch eine Berufsrichtung „Aufsichtsrat" verlangen können[1015].

Ziel muss es aber sein, und dies hätte die Kodex-Kommission klarstellen sollen, dass ein Aufsichtsratsmitglied über die durch den BGH vorgegebenen Anforderungen hinaus, solche Qualifikationsmerkmale aufweist, die nach dem jeweiligen Unternehmenszweck für eine effektive Kontrolle des Vorstands erforderlich sind. Denn die Überwachung ist neben der Beratung und Besetzung des Vorstands gemäß § 111 Abs. 1 AktG[1016] gerade eine Hauptfunktion des Aufsichtsrates. Das bedeutet, dass jedes Aufsichtsratsmitglied sich – notfalls selbständig – diejenigen fachlichen Fähigkeiten aneignen muss, die es in die Lage versetzen, an jedem Geschäftstag die konkrete Unternehmenssituation richtig zu bewerten. Erst hierdurch wird eine effektive Kontrolle in dem konkreten Unternehmen ermöglicht. Da umfassende Kenntnis nicht von jedem Aufsichtsratsmitglied verlangt werden kann, wäre es hilfreich, die Überwachung der einzelnen Kernbereiche eines Unternehmens klar zu strukturieren und dann den hierfür fachlich am besten geeigneten Aufsichtsratsmitgliedern zuzuordnen. Auf diese Weise könnte eine Zuständigkeitsordnung entwickelt werden, wonach, je nach Unternehmensstruktur, die jeweils fachlich geeigneten Aufsichtsratsmitglieder zur Überwachung der Entscheidungen und Maßnahmen des Vorstandes etwa in Sachen Finanzen, Produktion, Einkauf, Vertrieb etc. zuständig sind. Dadurch könnten im Aufsichtsrat flexible Überwachungsgruppen eingerichtet werden, ohne die jeweiligen Aufsichtsratsmitglieder gleichzeitig in geschlossenen Ausschüssen organisieren zu müssen.

Den Überwachungsgruppen dürften nur diejenigen Aufsichtsratsmitglieder angehören, die dem hierfür maßgeblichen konkreten Anforderungsprofil entsprechen. Wer kein entsprechendes Anforderungsprofil aufweist, ist für die Aufsichtsratsarbeit fachlich nicht geeignet. Das verlangt zum einen die eigenständige Entwicklung solcher Anforderungsprofile durch jeden einzelnen Aufsichtsrat, die sich an den Kern-

---

1012 So ausdrücklich BGHZ 85, 293, 296.

1013 Zutreffend *Schwark*, ZHR-Beiheft 71, 2002, 75, 104.

1014 So aber *Claussen/Bröcker*, AG 2000, 481, 490. In diese Richtung ebenfalls *Lutter*, ZIP 2003, 417, 418 f.

1015 Zutreffend *Schwark* ZHR-Beiheft 71, 2002, 75, 105 mit Hinweis etwa auf *Feddersen*, AG 2000, 385, 389 f.

1016 Gemäß § 111 Abs. 1 AktG hat der Aufsichtsrat die Geschäftsführung zu überwachen. S. dazu ausführlich *Roth/Wörle*, ZGR 2004, 565, 566 ff.

bereichen des Unternehmens zu orientieren haben. Zum anderen ist hierfür von jedem Aufsichtsratsmitglied ein hohes Maß an kritischer Selbsteinschätzung erforderlich.

Aufgabe der Kodex-Kommission ist es dabei, über Ziff. 5.6 Kodex[1017] hinaus Maßstäbe für eine Selbstevaluierung des einzelnen Aufsichtsratsmitglieds vorzugeben, sinnvollerweise in der Anlage zum Deutschen Corporate Governance-Kodex. Als einfaches Beispiel für einen ressortübergreifenden, allgemeinen Maßstab soll die bereits in Ziff. 5.4.1 Kodex vorgesehene Altersgrenze[1018] herangezogen werden: Eine Altersgrenze kann eine durchaus sinnvolle Corporate Governance-Maßnahme darstellen, weil hierdurch eine konkrete Nachfolgeplanung auf der Ebene der Unternehmenskontrolle ermöglicht werden kann. Neben der bloßen Erwähnung der Altersgrenze in Ziff. 5.4.1 Kodex hätte es sich aber angeboten, zumindest einen konkreten Zeitrahmen vorzugeben, innerhalb dessen eine Altersgrenze für allgemein sinnvoll befunden wird, ohne diesen Rahmen für absolut zu erklären. Denn es ist wiederum zu beachten, dass eine absolute Altersgrenze zum Ausschluss von Personen führen kann, die gerade über die von Ziff. 5.4.1 Kodex geforderten „fachlichen Erfahrungen" verfügen. Dieser Widerspruch muss von der Kodex-Kommission gelöst werden, etwa durch einen erläuternden Vorschlag. Dieser könnte eine Altershöchstgrenze zwischen 70 und 75 Jahren vorsehen[1019] mit der Maßgabe, diese flexibel nach dem vorhandenen Wissens- und Erfahrungspotential in dem jeweiligen Aufsichtsrat anzuwenden. Aufsichtsratsmitglieder mit unternehmensnotwendigem Spezialwissen beispielsweise könnten auf diese Weise von einer unternehmensinternen Altersregelung ausgenommen werden.

Wesentlicher als diese Detailfragen zu erforderlichen Unabhängigkeits- und Qualifikationsmaßstäben ist aber der Befund, dass eine einheitliche Anwendung auf Anteilseigner- und Arbeitnehmervertreter in mitbestimmten Aktengesellschaften nicht möglich ist[1020]. Selbst wenn ein Unternehmen sich die Mühe machte, einheitliche Qualifikations- und Unabhängigkeitsmaßstäbe für sämtliche Aufsichtsratsmitglieder zu entwickeln, ist es ihm rechtlich verwehrt, diese in ihrer Satzung allgemein gültig festzuschreiben. Die Ursache hierfür liegt wiederum in der unternehmeri-

---

[1017] Gemäß Ziff. 5.6 Kodex soll der Aufsichtsrat regelmäßig die Effizienz seiner Tätigkeit überprüfen. Zur Kritik an dieser Vorschrift s. bereits o. Teil 2 B, S. 143 f.

[1018] Nach *Tödtmann*, Handelsblatt v. 14. 01. 2005, Karriere und Management S. 1, beträgt das Durchschnittsalter deutscher Aufsichtsräte 60 Jahre.

[1019] So beispielsweise *Kremer*, in: *Ringleb/Kremer/Lutter/v.Werder*, Kodex, Rdn. 1022. Ablehnend aber *Schwark*, ZHR-Beiheft 71, 2002, 75, 104 m. w. N.

[1020] Ebenso beispielsweise *Schäfer*, ZGR 2004, 416, 417; *Altmeppen*, ZGR 2004, 390, 401.

schen Mitbestimmung. Gemäß § 100 Abs. 4 AktG kann die Satzung persönliche Voraussetzungen nur für Aufsichtsratsmitglieder fordern, die von der Hauptversammlung ohne Bindung an Wahlvorschläge gewählt oder auf Grund der Satzung in den Aufsichtsrat entsandt werden[1021]. Die Arbeitnehmervertreter werden gemäß §§ 9 ff. MitbestG durch ein gesetzliches Wahlverfahren bestimmt und auf dieser Grundlage gemäß § 7 Abs. 1 MitbestG[1022] in den Aufsichtsrat entsandt. Dementsprechend wären sämtliche konstitutiv festgelegten Qualifikationsstandards für Arbeitnehmervertreter wegen Verstoßes gegen § 100 Abs. 4 AktG gemäß § 23 Abs. 5 AktG nichtig, weil nach dieser Norm von den Vorschriften des AktG durch die Satzung nur dann abgewichen werden darf, wenn es das Gesetz ausdrücklich zulässt[1023]. Eine solche Abweichung lässt § 100 Abs. 4 AktG aber nicht zu.

Keinen Sinn macht es, nur für Anteilseignervertreter Qualifikationsmaßstäbe durch die Satzung verbindlich vorzuschreiben in der Hoffnung, dass dann jedenfalls die Hälfte der Aufsichtsratsmitglieder den gewünschten Qualifikationsanforderungen entsprechen werde. Einer einheitlichen und umfassenden Kontrolle durch den Gesamtaufsichtsrat würde dies sogar zuwiderlaufen. Es bleibt nach der jetzigen Rechtslage mitbestimmten Aktiengesellschaften somit nur die Möglichkeit, die nach ihrem Unternehmenszweck für gut und sinnvoll befundenen Qualifikations- und Unabhängigkeitsanforderungen als unverbindliche Richtlinie auszugeben. Ob diese sich dann auf das Wahlverfahren der Arbeitnehmervertreter auswirken werden, ist aber unwahrscheinlich. Das Wahlverfahren sieht in den §§ 9 ff. MitbestG weder bestimmte Anforderungen an die Qualifikation noch an die Unabhängigkeit eines Vertreters vor. Wahl und Entsendung der Arbeitnehmervertreter erfolgen also unabhängig von solchen Maßstäben. Unverbindliche Qualifikationsprofile könnten sich daher nur mittelbar auf das Wahlverfahren nach dem MitbestG 1976 auswirken, was aber noch unwahrscheinlicher sein dürfte. Für mitbestimmte Gesellschaften ist die Entwicklung unverbindlicher Qualifikations- und Unabhängigkeitsprofile trotz der grundsätzlich als positiv zu bezeichnenden Ansätze im Kodex hierzu deshalb zurzeit nicht zweckmäßig.

[1021] Unter den Begriff persönliche Voraussetzungen in § 100 Abs. 4 AktG fällt auch die satzungsmäßige Festlegung bestimmter fachlicher Kenntnisse bzw. Erfahrungen und damit die Vorgabe bestimmter Qualifikationsprofile durch die Gesellschaft selbst. Vgl. etwa *Semler*, in: MüKo-AktG, Band 3, § 100 Rdn. 64. Siehe dazu auch *Hoffmann-Becking*, in: Münchener Hdb des GesR, Band 4, § 30 Rdn. 2.

[1022] Siehe ausführlich zu dieser Vorschrift o. Teil 2 B, S. 125 f.

[1023] Allgemeine Meinung, vgl. *Lutter/Krieger*, Rechte und Pflichten des Aufsichtsrats, Rdn. 23; *Hüffer*, AktG, § 100 Rdn. 9; *Raiser*, Recht der Kapitalgesellschaften, § 15 Rdn. 37; *Semler*, in: MüKo-AktG, Band 3, § 100 Rdn. 60.

Im Ergebnis ist festzuhalten: Der Kodex stellt in seiner jetzigen Fassung für mitbestimmte, börsennotierte Gesellschaften kein wirksames Mittel zur Sicherung gleichmäßiger Unabhängigkeits- und Qualifikationsstandards für Anteilseigner- und Arbeitnehmervertreter dar. Gleichzeitig ist das Regelwerk mit dem gesetzlichen Wahlverfahren der Arbeitnehmervertreter und deren Entsendung in den Aufsichtsrat gemäß §§ 9 ff. i. V. m. § 7 MitbestG nicht vereinbar. Denn der Kodex gibt Qualifikationsprofile vor, die sich in der Unternehmenspraxis wegen der Vorschrift des § 100 Abs. 4 AktG allein für Anteilseignervertreter satzungsmäßig festschreiben lassen. Das ist insoweit nachvollziehbar, als dass die Kodex-Kommission ebenso wie die *Baums*-Kommission Fragen der Mitbestimmung aufgrund des entsprechenden Regierungsauftrags ausklammern musste.

Eine fakultative Qualifikationsrichtlinie durch das Unternehmen macht genau so wenig Sinn, wie die satzungsmäßige Aufstellung konstitutiver Qualifikationskataloge allein für die Mitglieder der Anteilseigner. Dieser offene Widerspruch lässt sich nur dadurch lösen, dass entweder der Kodex auf sämtliche für gut befundene Qualifikationsprofile verzichtet oder aber eine gesetzliche Mitbestimmung entwickelt wird, die eine einheitliche Umsetzung solcher Standards in mitbestimmten Aktiengesellschaften ermöglicht. Da ersteres nicht ernsthaft in Betracht kommt, wird hier allein der zweiten Variante nachgegangen.

(3) Lösungsansätze

In der rechtswissenschaftlichen Literatur werden verschiedene Lösungsmöglichkeiten vorgeschlagen, das Problem der starren gesetzlichen Regelungen zur unternehmerischen Mitbestimmung anzugehen, um dadurch gleichmäßige Qualifikationsstandards zu sichern und die internationale Wettbewerbsfähigkeit deutscher Unternehmen zu stärken. Das Meinungsspektrum reicht von der vollständigen Abschaffung der unternehmerischen Mitbestimmung[1024] über eine Drittelbeteiligung der Arbeitnehmervertreter[1025] bis hin zur Ausgliederung mitbestimmungsrelevanter Fragen aus dem Aufsichtsrat in ein besonderes Gremium, dem sog. Konsultations-

---

[1024] Ausdrücklich *Ulmer*, ZHR 2002, 271, 277; differenzierend aber *ders.*, AcP 2002, 143, 162 f. Sehr kritisch zur Mitbestimmung auch *Wiesner*, ZIP 2004, 243; *Bernhardt*, ZHR-Beiheft 71, 2002, 119, 121 ff. Zurückhaltender *Jürgens*, Diss., S. 57 ff.

[1025] So beispielsweise *Neubürger*, in: *Hommelhoff/Hopt/v. Werder*, Hdb Corporate Governance, S. 195. Vorbild für die Neuregelung der Arbeitnehmerbeteiligung könnte nach *Huke/Prinz*, BB 2004, 2633, 2638 f. das neue Drittelbeteiligungsgesetz sein. Zu ihm s. Fn. 793. Ebenso *Kommission Mitbestimmung*, Bericht, S. 37.

rat[1026]. Eine ersatzlose Abschaffung der unternehmerischen Mitbestimmung ist unter den gegebenen politischen Umständen nicht durchsetzbar. Wenig praxisrelevant ist auch der Vorschlag über eine Drittelbeteiligung der Arbeitnehmervertreter im Aufsichtsrat. Denn dieser führt nicht zu einer erforderlichen Flexibilisierung des bestehenden Mitbestimmungssystems und kann deshalb allenfalls zu einer Minderung des Problems beitragen. Dementsprechend wird auf diese beiden Ansichten in den folgenden Überlegungen nicht weiter eingegangen. Näher dargestellt und überprüft wird hingegen die Möglichkeit, mitbestimmungsrelevante Fragen aus dem Aufsichtsrat auszugliedern und diese einem besonderen Gremium gegenüber den Leitungsorganen der Aktiengesellschaft zu übertragen[1027]. Zuvor soll allerdings wegen der Auswirkungen der dargestellten Entscheidungen des EuGH in Sachen Überseering und Inspire Art[1028] auf das bundesdeutsche System der unternehmerischen Mitbestimmung europarechtlichen Lösungsmöglichkeiten und deren Übertragbarkeit nachgegangen werden.

(a) Europarechtliche Lösungsmöglichkeiten

Die Entscheidungen des EuGH in Sachen Überseering und Inspire Art haben verdeutlicht, dass sich die Gewährleistungen der Niederlassungsfreiheit gemäß Art. 43 und Art. 48 EGV gegenüber dem deutschen Mitbestimmungssystem für die Fälle der grenzüberschreitenden Sitzverlegung in die Bundesrepublik Deutschland durchsetzen. Den Ansichten, die sowohl eine unmittelbare als auch eine analoge Anwendung des deutschen Mitbestimmungsrechts auf diese Fälle ablehnen, ist zuzustimmen. Das gilt insbesondere für die Auffassung, dass anderenfalls auch solchen Gesellschaften die Pflicht zur Einrichtung eines Aufsichtsrates auferlegt würde, deren Gründungsstaat als Vertreter beispielsweise des monistischen Corporate Governance-Systems[1029] ein selbständiges Kontrollgremium gar nicht kennt. Ein solcher Eingriff in die Unternehmensstruktur ist nicht mit der Niederlassungsfreiheit vereinbar, weil er im Ergebnis der Gesellschaft ein duales Unternehmensführungssystem aufzwingen würde, der durch zwingende Gründe des Allgemein-

---

[1026] So ausdrücklich *v. Werder*, AG 2004, 166, 172 f.; *Säcker*, AG 2004, 180, 185 f.; *ders.*, BB 2004, 1462, 1463 f.; *Windbichler*, AG 2004, 190, 195 f.; *Kirchner*, AG 2004, 197, 198 ff.; *Kommission Mitbestimmung*, Bericht, S. 37 ff. Zu alternativen Formen der Mitbestimmung vgl. auch *Schiessl*, ZHR 2003, 235, 254 ff.

[1027] S. u. Teil 2 B, S. 175.

[1028] S. dazu ausführlich o. Teil 2 B, S. 149 ff.

[1029] In diesem System besteht in der Gesellschaft nur ein einziges Leitungsorgan, s. ausführlich dazu o. Teil 1 B S. 13 f.

wohls[1030] nicht gerechtfertigt ist[1031]. Deshalb ist auch eine Erweiterung des deutschen Mitbestimmungsrechts auf ausländische Kapitalgesellschaften durch den deutschen Gesetzgeber entgegen der Stimmen von *Thüsing* und *Kamp*[1032] nicht zulässig.

Gleichzeitig zeigen die Urteile des EuGH aber auch, dass der deutsche Gesetzgeber nach Alternativen suchen sollte, um die mit den Entscheidungen des EuGH verbundenen Umgehungsmöglichkeiten der unternehmerischen Mitbestimmung[1033] so unattraktiv wie möglich zu gestalten. Als eine solche Möglichkeit könnte die im Europarecht im Zusammenhang mit der Gründung einer Europäischen Aktiengesellschaft (SE)[1034] vorgesehene Einrichtung eines besonderen Verhandlungsgremiums zur Aushandlung relevanter Mitbestimmungsfragen in Betracht kommen[1035]. Rechtsgrundlage hierfür ist die Richtlinie Nr. 2001/86 des Rates der Europäischen Union vom 08. 10. 2001 „zur Ergänzung des Statuts der Europäischen Gesellschaft hinsichtlich der Beteiligung der Arbeitnehmer"(SE-RL)[1036]. Vorbild für die SE-RL war das Mitbestimmungsmodell der sog. *Davignon Sachverständigengruppe*, die der EU-Kommission im Mai 1997 ihren Abschlussbericht[1037] vorlegte und darin primär eine Verhandlungslösung zur Aushandlung von Mitbestimmungsfragen vorschlug. Sekundär sollte eine Auffangregelung zur Sicherung bestimmter Mitbe-

---

[1030] Zu den im Einzelnen in Betracht kommenden Rechtfertigungsgründen für Eingriffe in Art. 43 und 48 EGV s. die Literaturhinweise in Fn. 942.

[1031] Dagegen ausdrücklich beispielsweise *Bayer*, AG 2004, 534, 538, der darauf verweist, dass nach der SE-VO für die Europäische Aktiengesellschaft jeder Mitgliedstaat die Möglichkeit einer mitbestimmten Organisationsverfassung anbieten müsse. Dieses Modell könne dann auf sämtliche „normale" Aktiengesellschaften ausgedehnt werden. *Bayer* übersieht, dass das Mitbestimmungsmodell für die Europäische Aktiengesellschaft ausdrücklich für diese entwickelt wurde und daher gerade nicht einfach übertragen werden kann. S. dazu näher unten Teil 2 B, S. 173 ff.

[1032] S. o. Teil 2 B, S. 153.

[1033] Dazu s. o. Teil 2 B, S. 139 ff.

[1034] Zu ihr und den möglichen Gründungsformen s. bereits o. Teil 1 B, S. 16 ff.

[1035] Sog. Verhandlungslösung. Dieses orientiert sich an der Richtlinie über Europäische Betriebsräte vom 22. 09. 1994, ABl. EG Nr. L 254, S. 64. Dazu umfassend *Weiss*, NZA 2003, 177, 179 f. Die Europäische Betriebsratsrichtlinie wurde durch das Gesetz über Europäische Betriebsräte – EBRG vom 28. 10.1996 (BGBl. I 1996, S. 1548), zuletzt geändert am 21. 12. 2000 (BGBl. I 2000, S. 1983), in nationales Recht umgesetzt. Siehe dazu *Kittner*, Arbeits- und Sozialordnung, S. 530 ff.

[1036] Richtlinie Nr. 2001/86/EG des Rates vom 08. 10. 2001, ABl. EG Nr. L 294/22 vom 10. 11. 2001. Dazu *Horn*, DB 2005, 147, 151 f.; *Oetker*, BB-Special 1/2005, 2 ff.

[1037] Im Internet abrufbar unter *http://europa.eu.int/comm/employment_social/soc-dial/labour/davignon/davi_de*.htm.

stimmungsstandards eingreifen[1038]. Die Richtlinie schreibt dementsprechend kein allgemeines Mitbestimmungssystem vor. Arbeitgeber und Arbeitnehmer sollen sich gemäß Art. 4 SE-RL vielmehr auf ein beliebiges Modell für die neue Gesellschaft einigen[1039]. Zu diesem Zweck bilden die Arbeitnehmer gemäß Art. 3 Abs. 2 SE-RL zunächst ein besonderes Verhandlungsgremium, das sich aus Arbeitnehmern aller beteiligten Gesellschaften zusammensetzen muss[1040]. Die Leitungsorgane der SE und das besondere Verhandlungsgremium können sodann gemäß Art. 4 Abs. 2 SE-RL eine umfassende Vereinbarung über die Beteiligung der Arbeitnehmer in der SE treffen. Die Beteiligten können sogar auf eine Mitbestimmung vollständig verzichten. Das folgt aus Art. 3 Abs. 6 SE-RL, wonach mit qualifizierter Mehrheit[1041] beschlossen werden kann, auf die Aufnahme von Verhandlungen überhaupt zu verzichten[1042]. Die Intention der Richtlinie geht aber dahin, dass sich die Beteiligten über alle wesentlichen Fragen der Mitbestimmung einigen. Dazu zählen insbesondere der Geltungsbereich[1043], die Zusammensetzung des Vertretungsorgans sowie die Anzahl seiner Mitglieder und die Sitzverteilung[1044], die Befugnisse und das Verfahren zur Unterrichtung und Anhörung des Vertretungsorgans[1045] sowie die

---

[1038] Vgl. Abschlussbericht (o. Fn. 1037), Rdn. 41 ff. Näher dazu vgl. *Heinze*, ZGR 2002, 66, 70 ff.; *Veit/Wichert*, AG 2004, 14, 19; *Köstler*, in: *Theisen/Wenz*, Europäische AG, S. 335 m. w. N.; *Fleischer*, AcP 2004, 502, 534.

[1039] Vgl. *Oetker*, BB-Special 1/2005, 2, 4 f.; *Veit/Wichert*, AG 2004, 14, 19. Siehe umfassend zur Mitbestimmung in der Europäischen Aktiengesellschaft *Reichert/Brandes*, ZGR 2003, 767 ff.; *Köstler*, ZGR 2003, 800 ff.; *Herfs-Röttgen*, NZA 2001, 424 ff.; *dies.* NZA 2002, 358 ff.; *Heinze*, ZGR 2002, 66, 77 ff.; *Hirte*, NZG 2002, 1, 6 f.; *Henssler*, FS für Ulmer, 2003, S. 196 ff.; *Wollburg/Banerjea*, ZIP 2005, 277 ff.

[1040] Zu den Einzelheiten vgl. *Horn*, DB 2005, 147, 151 f.; *Oetker*, BB-Special 1/2005, 2, 5 ff.; *Reichert/Brandes*, ZGR 2003, 767, 772 ff.; *Köstler*, ZGR 2003, 800, 806 ff.; *Kraushaar*, BB 2003, 1614, 1615 ff.; *Kallmeyer*, AG 2003, 197, 199; *ders.*, ZIP 2004, 1442 ff.; *Habersack*, Europäisches GesR, Rdn. 412 f. Ein übersichtliches Schaubild hierzu ist bei *Köstler*, in: *Theisen/Wenz*, Europäische AG, S. 376 zu finden.

[1041] Zum Abstimmungsverfahren und den erforderlichen Mehrheitsverhältnissen vgl. im Einzelnen Art. 3 Abs. 4 i. V. m. Abs. 6 SE-RL.

[1042] Allgemeine Meinung vgl. etwa *Horn*, DB 2005, 147, 152; *Oetker*, BB-Special 1/2005, 2, 10; *Reichert/Brandes*, ZGR 2003, 767, 774; *Henssler*, FS für Ulmer, 2003, S. 197; *Herfs-Röttgen*, NZA 2002, 358, 363; *Kallmeyer*, AG 2003, 197, 200; *Teichmann*, ZGR 2002, 383, 393. Diese Möglichkeit sieht auch das bundesdeutsche SEEG vor, vgl. § 16 Abs. 2 S. 2 SEBG. Siehe dazu *Ihrig/Wagner*, BB 2004, 1749, 1754; *Wisskirchen/Prinz*, DB 2004, 2638, 2640. Allgemein zu den Verhandlungsmodalitäten sie beispielsweise *Heinze*, ZGR 2002, 66, 80 ff. *Köstler*, in: *Theisen/Wenz*, Europäische AG, S. 343 ff.

[1043] Art. 4 Abs. 2 Buchst. a SE-RL.

[1044] Art. 4 Abs. 2 Buchst. b SE-RL.

[1045] Art. 4 Abs. 2 Buchst. c SE-RL.

Häufigkeit der Sitzungen und die Aufbringung der finanziellen Mittel des Vertretungsorgans[1046].

Problematisch an diesem Ansatz ist, dass das Prinzip der Verhandlungslösung durch zahlreiche Bestandsschutzregelungen zugunsten bestehender nationaler Mitbestimmungssysteme, insbesondere zugunsten des deutschen[1047], wieder durchbrochen wird. Hintergrund dafür war die jahrelang von deutscher Seite geäußerte Befürchtung, die Möglichkeit zur Gründung einer Europäischen Aktiengesellschaft würde zu einer „Flucht aus der deutschen Mitbestimmung" führen[1048].

Durch die SE-RL sollten diese Bedenken ausgeräumt werden, mit der Konsequenz, dass sich die deutsche Haltung inhaltlich nahezu vollständig durchgesetzt hat. Bei der Gründung einer SE durch Umwandlung[1049] beispielsweise muss die getroffene Vereinbarung gemäß Art. 4 Abs. 4 SE-RL in Bezug auf alle Komponenten der Arbeitnehmerbeteiligung zumindest das gleiche Ausmaß gewährleisten, das in der Gesellschaft besteht, die in eine SE umgewandelt werden soll. Ist also eine deutsche Gesellschaft an der Umwandlung beteiligt, so muss der Standard des deutschen, in Europa am stärksten ausgeprägten Mitbestimmungsrechts gewährleistet werden. Das gleiche gilt für die Fälle, in denen die Beteiligten keine Einigung über die Mitbestimmung erzielen. Dann greift eine Auffangregelung gemäß Art. 7 SE-RL i. V. m. Teil 3 des Anhangs der SE-RL, die sicherstellen soll, dass sich wiederum das stärkste nationale Mitbestimmungsmodell durchsetzt[1050]. Voraussetzung ist aber gemäß Art. 7 Abs. 2 SE-RL, dass eine derartige Mitbestimmung in einer der beteiligten Gesellschaften vorhanden war. Darüber hinaus sind, außer in den Fällen der Umwandlung gemäß Art. 3 Abs. 4 SE-RL, qualifizierte Mehrheitserfordernisse nötig, wenn die Beteiligten eine Absenkung des bestehenden Mitbestimmungsstandards in einer Gesellschaft vereinbaren[1051]. Eine solche „Minderung der Mitbestimmungsrechte" liegt gemäß Art. 3 Abs. 4 i. V. m. Art. 2 Buchst. k SE-RL vor, wenn die in der Vereinbarung vorgesehene Arbeitnehmerbeteiligung im Aufsichts-

---

[1046] Art. 4 Abs. 2 Buchst. d und Buchst. e SE-RL.

[1047] Kein anderes Land sieht weitergehende Beteiligungsrechte der Arbeitnehmer auf Unternehmensebene vor. Vgl. dazu etwa *Habersack*, Europäisches GesR, Rdn. 412.

[1048] Siehe dazu bereits Teil 1 B, S. 16.

[1049] Hierzu und zu den anderen Gründungsformen s. bereits o. Teil 1 B S. 16 f.

[1050] So ausdrücklich Teil 3 Buchst. a und Buchst b Anhang SE-RL. Näher dazu *Reichert/Brandes*, ZGR 2003, 767, 778 ff.; *Heinze*, ZGR 2002, 66, 88 ff.; *Teichmann*, ZGR 2002, 383, 394; *Weiss*, NZA 2003, 177, 181 f.; *Kübler*, ZHR 2003, 222, 227.

[1051] S. näher dazu *Reichert/Brandes*, ZGR 2003, 767, 776 ff.; *Hirte*, NZG 2002, 1, 7; *Köstler*, in: *Theisen/Wenz*, Europäische AG, S. 344 f.

oder Verwaltungsorgan der SE geringer ist als der auf der Arbeitnehmerseite entfallende Anteil der Aufsichtsrats- oder Verwaltungsorgansitze in einer der Gründungsgesellschaften[1052].

In der Literatur gehen viele Stimmen davon aus, dass diese Abschwächung der Verhandlungslösung zugunsten der Durchsetzung vor allem des deutschen Mitbestimmungsmodells für die Bundesrepublik Deutschland insgesamt einen erheblichen Standortnachteil bedeuten wird. Denn gründungswillige Gesellschaften aus dem Europäischen Ausland würden sich keine deutschen SE-Partner aussuchen, sondern lieber mitbestimmungsfreie Gesellschaften oder solche mit geringerem Standard in anderen Mitgliedstaaten wählen[1053]. Diese Ansichten stimmen damit im Wesentlichen mit der Meinung überein, dass das deutsche Mitbestimmungsmodell schon grundsätzlich eine abschreckende Wirkung gegenüber ausländischen Investoren entfalte, wodurch der Wirtschaftsstandort Bundesrepublik Deutschland gefährdet werde[1054].

Zum jetzigen Zeitpunkt erscheint dieser Vorwurf recht pauschal. Fusionen wie *DaimlerChrysler*[1055] und *Aventis*[1056] können als Beispiele dafür herangezogen werden, dass das deutsche Mitbestimmungsmodell internationalen Unternehmenszusammenschlüssen unter Beteiligung deutscher Unternehmen nicht entgegenstehen muss[1057]. Eine allgemeine Tendenz ausländischer Investoren, wonach diese das

---

[1052] Siehe ausführlich dazu *Herfs-Röttgen*, NZA 2002, 358, 361; *Weiss*, NZA 2003, 177, 182; *Reichert/Brandes*, ZGR 2003, 767, 777; *Hirte*, NZG 2002, 1, 7.

[1053] So beispielsweise *Ulmer*, ZHR 2002, 271, 275; *Kübler*, ZHR 2003, 222, 227 f.; *Habersack*, Europäisches GesR, Rdn. 412; *Lutter*, BB 2002, 1, 5; *Heinze*, ZGR 2002, 66, 94 f. Differenzierend *Nagel*, DB 2004, 1299, 1303 f.; *Kommission Mitbestimmung*, Bericht, S. 6 und 7.

[1054] Zu dieser Meinung s. bereits o. Teil 2 B, S. 148.

[1055] Die Fusion zwischen den Automobilkonzernen *Daimler-Benz* und *Chrysler* wurde am 12. November 1998 durch den Vollzug des vereinbarten Aktienaustausches herbeigeführt. Der Zusammenschluss zog einen bisher nicht abgeschlossenes Wirtschaftsverfahren nach sich, in dem den Fusionsbeteiligten vorgeworfen wird, sie hätten den Zusammenschluss von Anfang an als Übernahme und nicht als Zusammenschluss von gleichberechtigten Partnern vereinbart. Vgl. dazu etwa die Pressemitteilung der dpa vom 10. 02. 2004, im Internet abrufbar unter *http://www.stuttgarter-zeitung.der/stz/page/detail.php/680534.*

[1056] Der Pharmaziekonzern *Aventis* ist im Dezember 1999 aus dem Zusammenschluss der beiden traditionsreichen Unternehmen *Hoechst* (gegründet 1863) und *Rhône-Poulenc* (gegründet 1895) hervorgegangen. 2004 ist *Aventis* durch den kleineren französischen Wettbewerber *Sanofi-Synthélabo* übernommen worden, vgl. Handelsblatt v. 10. 08. 2004, S. 11. Kritisch dazu beispielsweise *Olsen*, Börsenzeitung v. 27. 04. 2004 (Nr. 80), S. 8.

[1057] Siehe dazu *Schwark*, AG 2004, 173, 175 f.

deutsche Mitbestimmungsrecht grundsätzlich als abschreckend empfinden, ist zudem bislang nicht belegt, beispielsweise anhand einer umfassenden und repräsentativen Erhebung. Je nach Zugehörigkeit zu einer bestimmten Interessengruppe werden die Auswirkungen des deutschen Mitbestimmungsmodells im Ausland deshalb entweder als positiv[1058] oder negativ[1059] bewertet. Vor diesem Hintergrund sollte die erste Gründungsphase Europäischer Aktiengesellschaften seit dem 08. 10. 2004 zunächst abgewartet werden, bevor über Standortvorteile bzw. -nachteile in den einzelnen Mitgliedstaaten geurteilt wird.

Zuzugeben ist allerdings, dass die Einschränkung der Verhandlungslösung durch die gerade dargestellten Bestandsschutzregelungen zugunsten vor allem des deutschen Mitbestimmungsmodells ein falsches Signal setzt. Die Durchsetzung des deutschen Mitbestimmungsmodells in einer neu zu gründenden SE schwächt nicht nur die Verhandlungsposition eines gründungsbereiten deutschen Unternehmens gegenüber seinen ausländischen Gründungspartnern. Sie schließt auch von vornherein Verhandlungskonzepte aus, die dem ausländischen Partner entgegenkommen würden und gleichzeitig eine umfassende gleichberechtigte Mitbestimmung aller beteiligten Arbeitnehmer in der neuen SE gewährleisten könnten. Denkbar wären beispielsweise flexible Kooperationsvereinbarungen zwischen den Arbeitnehmern und den Arbeitgebern in einer Europäischen Aktiengesellschaft ohne Bindungszwang an ein bestimmtes Mitbestimmungssystem eines Mitgliedsstaates. Die SE-RL führt also dazu, dass, sobald ein deutsches Unternehmen an einer SE-Gründung beteiligt sein soll, ein flexibles Mitbestimmungsmodell in Anlehnung an den konkreten Unternehmenszweck der neuen SE nicht entwickelt werden kann. Vielmehr wird das deutsche Mitbestimmungsmodell der neuen Gesellschaft regelrecht aufgezwungen. Dieser Mangel an Flexibilität durch die SE-RL muss nachdrücklich kritisiert werden. Denn es kann jedenfalls nicht ausgeschlossen werden, dass sich Gründungsbeteiligte aus dem Europäischen Ausland diesem Zwang durch die SE-RL nicht aussetzen wollen. Viel wird aber von der Attraktivität der deutschen Gesellschaft, ihrer Stärke am Markt, dem vorhandenen technischen Know-how und ihrem Entwicklungspotential abhängen. Diese Merkmale können, und das zeigen Zusammenschlüsse wie *DaimlerChrysler* und *Aventis*, so stark überwiegen, dass eine ausländische gründungsbereite Gesellschaft sich für die deutsche Gesellschaft als Fusionspartner und damit gegen eine mitbestimmungsfreie Variante ent-

---

[1058] *Vitols*, Unternehmensführung und Arbeitsbeziehungen in deutschen Tochtergesellschaften großer ausländischer Unternehmen, 2001, Gutachten im Auftrag der *Hans-Böckler-Stiftung*. Im Internet abrufbar unter *http://www.boeckler.de*.

[1059] Siehe bereits die in Fn. 927 erwähnten Stimmen aus der Literatur sowie aus der Presse etwa *Bohl*, Mitbestimmung irritiert ausländische Investoren, FAZ v. 20. 09. 2003, S. 14.

scheidet. Ob dies im Fall der Europäischen Aktiengesellschaft so sein wird, muss, wie erwähnt, zunächst abgewartet werden.

Entscheidender als die Prognose über einen möglichen Standortnachteil der BRD durch die SE-RL ist für diese Untersuchung aber die Frage, ob sich das Mitbestimmungsmodell der Europäischen Aktiengesellschaft überhaupt als allgemein gültiges System in der Bundesrepublik Deutschland einführen ließe. Eine solche Einführung müsste zunächst rechtlich zulässig sein. In einem zweiten Schritt stellt sich die Frage, ob sie praktisch sinnvoll ist.

Rechtlich könnte das Modell der Verhandlungslösung, verbunden mit einer Auffangregelung für den Fall der Nichteinigung nach dem Vorbild der SE-RL das bestehende deutsche Mitbestimmungsrecht ersetzen[1060]. Das wäre verfassungsrechtlich zulässig. Das BVerfG hat in seinem sog. Mitbestimmungsurteil zwar entschieden, dass die erweiterte Mitbestimmung der Arbeitnehmer nach dem MitbestG 1976 mit den Grundrechten der von dem Gesetz erfassten Gesellschaften vereinbar ist[1061]. Insbesondere sind nach der Auffassung des Gerichts Art. 14 Abs. 1 (Eigentumsgarantie), Art. 9 Abs. 1 (Vereinigungsfreiheit), Art. 12 Abs. 1 (Berufsfreiheit) und Art. 2 Abs. 1 (allgemeine Handlungsfreiheit) GG nicht verletzt[1062]. Der Gesetzgeber habe beim Erlass neuer Gesetze eine umfassende Einschätzungsprärogative, die ihm eine Prognoseentscheidung über die zukünftige Auswirkung des MitbestG 1976 erlaubt habe. Das BVerfG könne nur die dieser Prognose zugrunde liegenden Erwägungsgründe des Gesetzgebers überprüfen. Ein Verfassungsverstoß sei in dieser Hinsicht jedenfalls nicht feststellbar, weil der Gesetzgeber sich an einer „sachgerechten und vertretbaren Beurteilung des erreichbaren Materials orientiert“ habe[1063]. Damit erteilt das BVerfG den Vertretern, die von einem grundsätzlichen Legitimationsdefizit der Arbeitnehmervertreter im Aufsichtsrat ausgehen, eine deutliche Absage, die auch gegenüber den neueren Ansichten hierzu[1064] weiterhin Bestand hat.

[1060] Für die Verhandlungslösung sprechen sich beispielsweise *Fleischer*, AcP 2004, 502, 539 und *Bayer*, AG 2004, 534, 538 aus. Für eine „Vereinbarungslösung“, orientiert an der Europäischen Betriebsräte-Richtlinie, plädiert die *Kommission Mitbestimmung*, Bericht, S. 28 ff.

[1061] BVerfG, Urteil vom 01. 03. 1979 – 1 BvR 532, 533/77, 419/78 und 1 BvL 21/78 = BVerfGE 50, 290 ff. = BVerfG NJW 1979, 699 ff.

[1062] BVerfGE 50, 290, 339 ff. = BVerfG NJW 1979, 699, 702 ff.

[1063] BVerfGE 50, 290, 334 = BVerfG NJW 1979, 699, 701.

[1064] S. o. Teil 2 B, S. 153.

Gleichwohl hat das BVerfG dem MitbestG 1976 in seinem Urteil keinen umfassenden Bestandsschutz bescheinigt. Gerade wegen der mit dem neuen MitbestG 1976 verbundenen ungewissen Folgewirkungen obliegt es nach der Ansicht des Gerichts dem Gesetzgeber, das Mitbestimmungsgesetz nachträglich ggf. „technisch zu verbessern, offen gebliebene Fragen zu regeln und etwaige Friktionen abzumildern“[1065]. Der Gesetzgeber könnte also das bestehende Mitbestimmungssystem umfassend novellieren und zugunsten eines flexiblen Modells mit Priorität auf der Verhandlungslösung ersetzen.

Fraglich ist, ob eine solche gesetzgeberische Maßnahme wünschenswert und vor allem durchsetzbar ist[1066]. Gegen die unbeschränkte Transformation der Verhandlungslösung mit Auffangregelung in bundesdeutsches Recht sprechen mehrere Gründe: Zunächst ist das Mitbestimmungsmodell der SE-RL speziell für die einzelnen Gründungskonstellationen einer Europäischen Aktiengesellschaft entwickelt worden und aus diesem Grunde auch speziell auf diese Gesellschaftsform zugeschnitten[1067]. Eine unangepasste Übertragung in bundesdeutsches Recht scheidet deshalb aus. Darüber hinaus wird ein Mitbestimmungsmodell mit Schwerpunkt auf der Einigung aller relevanten Mitbestimmungsfragen in der Bundesrepublik Deutschland in praktischer Hinsicht kaum zu verwirklichen sein. Gerade in den großen deutschen Konzernen gestaltet sich schon die Verhandlung einzelner Fragen zwischen den Interessengruppen der Arbeitnehmer und Arbeitgeber derart schwierig[1068], dass eine Aushandlung aller für die Mitbestimmung bedeutsamen Fragen nach dem Vorbild von Art. 4 Abs. 2 SE-RL[1069] innerhalb einer angemessenen Frist[1070] nicht möglich sein dürfte. Nicht durchsetzbar ist zudem die Möglichkeit

---

[1065] BVerfGE 50, 290, 336 = BVerfG NJW 1979, 699, 702.

[1066] Zweifel äußert beispielsweise *Schiessl*, ZHR 2003, 235, 254 f. Dafür hingegen *Windbichler*, AG 2004, 190, 196. Für die gesetzliche Einführung einer Verhandlungslösung plädiert auch *Kirchner*, AG 2004, 197, 198.

[1067] Vgl. *Veit/Wichert*, AG 2004, 14, 19.

[1068] Vgl. etwa den Streit bei *DaimlerChrysler* über Kostensenkungen in Höhe von jährlich 500 Mio. €. Dabei ging es um die Angleichung der Arbeitsbedingungen in der Bundesrepublik Deutschland zwischen den Standorten Sindelfingen und Bremen. Ziel war es, einen Arbeitsunterschied von 72 Stunden im Jahr zwischen den Standorten auszugleichen. Allein dieses Unternehmensziel hat wochenlange Verhandlungen zwischen den Interessenvertretern ausgelöst. Siehe näher dazu etwa FAZ v. 13. 07. 2004, S. 9; Handelsblatt v. 13. 07. 2004, S. 1 und S. 7.

[1069] S. dazu o. Teil 2 B, S. 169 f.

[1070] Nach der SE-RL sollen die Verhandlungen gemäß Art. 5 Abs. 1 SE-RL grundsätzlich in sechs Monaten abgeschlossen sein. Die Parteien können aber nach Art. 5 Abs. 2 SE-RL eine Verlängerung auf maximal ein Jahr ab Einsetzung des besonderen Verhandlungsgremiums beschließen.

der SE-RL, auf eine Mitbestimmung innerhalb einer Europäischen Aktiengesellschaft insgesamt zu verzichten. Dementsprechend muss für die Bundesrepublik Deutschland ein Mitbestimmungsmodell entwickelt werden, dass den Aufsichtsrat von Fragen der unternehmerischen Mitbestimmung entlastet, ohne diese aber vollständig abzuschaffen. Als ein mögliches Modell wird die Ausgliederung der unternehmerischen Mitbestimmung aus dem Aufsichtsrat in ein selbständiges Gremium zur Vertretung der Arbeitnehmerinteressen, dem Konsultationsrat, diskutiert.

(b) Ausgliederung mitbestimmungsrelevanter Fragen

Die Herauslösung mitbestimmungsrelevanter Fragen aus dem Aufsichtsrat wird nach der Ansicht einiger Autoren die mitbestimmungsbedingten Effizienzschwächen des Aufsichtsrats beheben und damit insgesamt zu einer Stärkung der Corporate Governance in deutschen börsennotierten Aktiengesellschaften führen[1071]. Der Aufsichtsrat könne dadurch vor allem seine Kontrolltätigkeit gegenüber dem Vorstand erheblich steigern.

Zu diesem Zweck soll ein Konsultationsrat oder „consultation council"[1072] errichtet werden, der aus Vertretern der gesamten in- und ausländischen Belegschaft zusammengesetzt werden soll[1073]. Detaillierte gesetzliche Bestimmungen über die Wahlmodalitäten sollen nicht eingeführt werden, um flexible Regelungen auf der Unternehmensebene im Wege der Verhandlung zuzulassen[1074]. Der Konsultationsrat soll eng mit dem Vorstand und dem Aufsichtsrat vernetzt werden[1075]. Seine Kompetenzen sollen sich auf die unternehmerischen Angelegenheiten des Konzerns erstrecken und Rechte zur Information, Beratung und Stellungnahme umfassen[1076]. Dazu sollen beispielsweise der Vorsitzende des Gremiums und sein Stellvertreter das Recht haben, an den Sitzungen des Aufsichtsrats teilzunehmen und zu allen Tagesordnungspunkten die Meinung der Arbeitnehmerseite vorzutragen, damit der Aufsichtsrat in Kenntnis der Position der Belegschaft entscheiden kann[1077]. Dementsprechend soll eine gesetzliche Pflicht des Aufsichtsrats eingeführt werden,

[1071] S. bereits die in Teil 2 B, S. 147 ff. zitierten Stimmen sowie *Schiessl*, ZHR 2003, 235, 255 f.
[1072] So die Bezeichnung von *v. Werder*, AG 2004, 166, 172.
[1073] *v. Werder*, AG 2004, 166, 172; *Säcker*, AG 2004, 180, 186; *ders.*, BB 2004, 1462, 1463; *Kirchner*, AG 2004, 197, 200.
[1074] *Kirchner*, AG 2004, 197, 200.
[1075] Zum Beispiel durch regelmäßige Teilnahme von Vorstandsmitgliedern an seinen Sitzungen, vgl. *v. Werder*, AG 2004, 166, 172.
[1076] *v. Werder*, AG 2004, 166, 172.
[1077] *Säcker*, AG 2004, 180, 186. In diese Richtung auch *Kirchner*, AG 2004, 197, 199.

wonach sich dieser auch tatsächlich mit den Stellungnahmen des Konsultationsrates auseinandersetzen muss. Ein Vetorecht soll dem Konsultationsrat hingegen nicht zustehen[1078]. Gefordert wird außerdem eine gesetzliche Informationspflicht des Vorstands gegenüber dem Konsultationsrat sowie das Recht des Rates, jederzeit mit den Vorsitzenden der Leitungsorgane Beratungen anberaumen zu können[1079]. Betont wird, dass durch einen solchen Konsultationsrat die Mitbestimmung nicht abgeschafft werde, sondern vielmehr der für die Arbeitnehmer wichtige Partizipationsgedanke[1080] auf Unternehmensebene weiterhin verwirklicht bleibe[1081].

(c) Stellungnahme und eigener Lösungsansatz

Die Forderung nach der Ausgliederung mitbestimmungsrechtlicher Fragen aus dem Aufsichtsrat und der Errichtung eines hierfür zuständigen Konsultationsrates enthält einige positive Ansätze. Zweifellos würde der Aufsichtsrat im Hinblick auf die Auseinandersetzung mit Personal- und Sozialthemen entlastet. Der Aufsichtsrat hätte dann jedenfalls mehr Zeit, um seiner eigentlichen Kontrolltätigkeit gemäß § 111 Abs. 1 AktG gegenüber dem Vorstand nachzukommen. Ob diese wirklich erfolgt und hiermit tatsächlich eine Effektivitätssteigerung verbunden ist, hängt allerdings von jedem Aufsichtsrat selbst ab. Die bloße Einrichtung eines neuen Gremiums für mitbestimmungsrelevante Fragen reicht hierfür allein sicher nicht aus.

Positiv ist auch die Forderung nach einem flexiblen Wahlverfahren bei der Zusammensetzung des Konsultationsrates. Dadurch könnten auch ausländische Arbeitnehmervertreter ihre Interessen in international auftretenden deutschen Konzernen artikulieren. Die bislang bestehende Benachteiligung ausländischer Arbeitnehmer[1082] würde auf diese Weise beseitigt. Vollständig überzeugen kann der dargestellte Vorschlag hingegen nicht. Nachteilig wird sich zum einen der mit der Einrichtung eines neuen Gremiums neben den Leitungsorganen Vorstand und Aufsichtsrat zwangsläufig verbundene erhöhte Verwaltungsaufwand auswirken. Das wird zwar beispielsweise von *Säcker* bestritten. Eine erhöhte Bürokratisierung innerhalb der Aktiengesellschaft sei nicht zu befürchten, da das neue Organ funktio-

---

[1078] *Kirchner*, AG 2004, 197, 199.

[1079] *Kirchner*, AG 2004, 197, 199.

[1080] Zu dieser Hauptfunktion der unternehmerischen Mitbestimmung vgl. umfassend *Hanau/Ulmer*, MitbestG, Einl Rdn. 4; *Raiser*, MitbestG, Einl Rdn. 24 ff.; *Kittner*, Arbeits- und Sozialordnung, S. 879.

[1081] *v. Werder*, AG 2004, 166, 172.

[1082] Diese haben nach ganz hM weder ein aktives noch ein passives Wahlrecht. S. dazu bereits o. Teil 2 B, S. 148.

nal an die Stelle der Institution der Arbeitnehmervorbesprechung[1083] trete[1084]. Dieser Hinweis kann hingegen schon deshalb nicht überzeugen, weil die Einrichtung des Konsultationsrates umfangreiche Fragen der Kompetenzabgrenzung zwischen dem Rat einerseits sowie Vorstand und Aufsichtsrat andererseits aufwirft, deren Klärung notwendigerweise mit einem erhöhten Organisationsaufwand verbunden ist. Wesentlich gravierender wiegt aber, dass die Einrichtung eines Konsultationsrates allein zu einer Verlagerung mitbestimmungsrelevanter Fragen in ein neues Organ führen würde, ohne das Problem der notwendigen Qualifikation und Unabhängigkeit der Aufsichtsratsmitglieder effektiv zu lösen. In seiner Konsequenz führt der Vorschlag dazu, dass im Aufsichtsrat allein die Anteilseignervertreter verblieben, ohne dass deren Qualifikation notwendigerweise überprüft wird. Gerade das ist aber das Ziel von Ziff. 5.4.1 Kodex, wonach die hinreichende Unabhängigkeit und Qualifikation jedenfalls der Anteilseignervertreter im Aufsichtsrat sichergestellt werden soll. Insoweit müsste dieser Vorschlag noch weiter entwickelt werden.

Im Übrigen ist die effektive Arbeit des Aufsichtsrats durch diesen Vorschlag keineswegs gewährleistet. Das gilt jedenfalls dann, wenn eine gesetzliche Pflicht des Aufsichtsrats eingeführt werden soll, wonach sich dieser zu jeder Zeit mit jeder denkbaren Stellungnahme des Konsultationsrates in Mitbestimmungsfragen auseinandersetzen soll. Ein solches Verfahren ist zudem offensichtlich mit einem erhöhten Organisations- und Verwaltungsaufwand verbunden. Damit wird die Einrichtung eines Konsultationsrates in seiner derzeit geplanten Struktur nicht zwingend zu einer Verbesserung der Corporate Governance in deutschen, börsennotierten Aktiengesellschaften führen.

Die dargestellten Ansätze zur Reform der unternehmerischen Mitbestimmung enthalten zwar teilweise positive Vorschläge, eine Lösung des Mitbestimmungsproblems ist mit ihnen aber nicht verbunden. Das ist darauf zurückzuführen, dass bestimmte Modelle, wie beispielsweise die Verhandlungslösung nach dem Vorbild der SE-RL, nicht uneingeschränkt anstelle der bestehenden gesetzlichen Mitbestimmung treten können. Zudem sind einige Auffassungen, wie die vollständige Abschaffung der unternehmerischen Mitbestimmung, politisch nicht durchsetzbar und deshalb praxisuntauglich. Desweiteren treten etwa bei dem Vorschlag, die Mitbestimmung aus dem Aufsichtsrat auszugliedern und einem unabhängigen Gremium zu übertragen, Ungereimtheiten zum Deutschen Corporate Governance-

---

1083 Dazu s. bereits o. Teil 2 B S. 158 f.

1084 *Säcker*, AG 2004, 180, 185 Fn. 35.

Kodex auf. Schließlich sind die Kodexregelungen über die hinreichende Qualifikation und Unabhängigkeit von Aufsichtsratsmitgliedern nicht auf die Arbeitnehmervertreter übertragbar. Dagegen steht § 100 Abs. 4 AktG, der eine konstitutive Festschreibung allgemeingültiger Qualifikationsprofile für Arbeitnehmervertreter durch die Satzung nicht zulässt. Diese zahlreichen Widersprüche zwischen Reformansätzen, Kodex und gesetzlichen Regelungen verhindern im Ergebnis eine nachhaltige Effektivitätssteigerung in den Aufsichtsräten deutscher Unternehmen. Dementsprechend soll hier ein eigener Lösungsansatz versucht werden.

Auszugehen ist von der zutreffenden Forderung des Kodex in Ziff. 5.4.1 Kodex[1085], einheitliche Qualifikations- und Unabhängigkeitsstandards bei den Vorschlägen zur Wahl von Aufsichtsratsmitgliedern vorzugeben. Dabei sollte aber nicht zwischen Anteilseigner- und Arbeitnehmervertretern unterschieden werden. Das wird nur möglich sein, wenn der Kodex mit dem gesetzlichen Wahlverfahren der Arbeitnehmervertreter in §§ 9 ff. MitbestG 1976 und mit § 100 Abs. 4 AktG in Einklang gebracht wird. Dazu ist eine gesetzliche Reform dieser Bestimmungen erforderlich. Anzusetzen ist bei den Regelungen des MitbestG 1976. Das Wahlverfahren in den §§ 9 ff. MitbestG 1976 sollte beibehalten werden, es darf aber nicht zu einer endgültigen Entsendung der Arbeitnehmervertreter in den Aufsichtsrat ohne Qualifikationsüberprüfung führen. Desweiteren sollten die §§ 9 ff. MitbestG 1976 so gefasst werden, dass die Arbeitnehmer von ausländischen Belegschaften angemessen berücksichtigt werden können. Zu diesem Zweck könnten, abhängig vom Anteil der ausländischen Arbeitnehmer an der Gesamtbelegschaft, gesetzliche Quotenregelungen eingeführt werden, die eine solche Berücksichtigung sicherstellen[1086].

Das Wahlverfahren gemäß §§ 9 ff. MitbestG 1976 erhält damit den Charakter eines Vorverfahrens. In diesem Verfahren sollte durch die Belegschaft im Unternehmen entschieden werden, welche Personen als Arbeitnehmervertreter für die Arbeit im Aufsichtsrat in Betracht kommen. Die ausgewählten Vertreter würden dann zunächst in eine Liste eingetragen. Ebenfalls in die Liste eingetragen würden die Vertreter der Anteilseigner. Daher sollte auch § 119 Abs. 1 Nr. 1 AktG novelliert werden, der bislang vorsieht, dass die Anteilseignervertreter durch die Hauptversammlung in den Aufsichtsrat gewählt werden[1087]. Auf der Grundlage dieser Liste könnte in einem zweiten Schritt die Auswahl derjenigen Mitglieder erfolgen, die für die Arbeit im Aufsichtsrat am besten geeignet sind.

[1085] Zur Kritik an dieser Regelung im Hinblick auf ihre Unbestimmtheit s. o. Teil 2 B, S. 158 ff.

[1086] Gegen eine gesetzliche Regelung zur Beteiligung ausländischer Arbeitnehmer spricht sich die *Kommission Mitbestimmung*, Bericht, S. 42 aus.

[1087] Siehe dazu bereits o. Teil 2 B, S. 81.

Fraglich ist, wem die Kompetenz für diese Auswahl zustehen soll. Denkbar wäre etwa die Einrichtung eines speziellen Auswahlgremiums, das sich aus Vertretern des Unternehmens, aber auch aus externen Fachleuten zusammensetzen könnte. Die Einzelheiten sollten der Regelung durch den Satzungsgeber überlassen werden. Es ist allerdings offensichtlich, dass mit der Auswahl der Aufsichtsratsmitglieder eine erhebliche Machtposition innerhalb der Gesellschaft verbunden ist. Diese könnte beispielsweise dazu führen, dass über das Auswahlverfahren die Vertreter der Arbeitnehmer vollständig nicht berücksichtigt werden und ihre Wahl gemäß §§ 9 ff. MitbestG 1976 damit unterlaufen wird. Dieses Risiko könnte sich aber durch folgendes Verfahren minimieren lassen: Der Aufsichtsrat hätte zunächst, wie bereits erwähnt[1088], ausgehend vom jeweiligen Unternehmenszweck die einzelnen Kernbereiche des Unternehmens flexiblen Überwachungsgruppen zuzuordnen, in welche die ausgewählten Aufsichtsratsmitglieder später entsandt würden. Zu diesem Zweck müsste der Aufsichtsrat für jede Überwachungsgruppe ein konkretes Anforderungsprofil erstellen, das durch die Gesellschaft gemäß § 100 Abs. 4 AktG in der Satzung verankert werden könnte. Die eigentliche Auswahl würde dann streng anhand dieser aufgestellten Anforderungsprofile erfolgen. Ein Listenmitglied ohne entsprechendes Profil wäre für die Mitarbeit im Aufsichtsrat ungeeignet und würde deshalb nicht berücksichtigt. Diese Entscheidung wäre unabhängig von der Zugehörigkeit eines Listenmitglieds zur Arbeitnehmer- oder Anteilseignerseite zu treffen. Dadurch könnte sichergestellt werden, dass anhand eines objektiven Auswahlverfahrens nur diejenigen Listenmitglieder tatsächlich in den Aufsichtsrat entsandt werden, die am besten qualifiziert sind.

Eine mögliche Benachteiligung der Arbeitnehmervertreter im Aufsichtsrat wäre mit einem solchen unabhängigen Auswahlverfahren also nicht verbunden. Die Umsetzung dieses Modells in der Praxis dürfte hingegen schwierig sein. Die Aufgabe der bisherigen starren gesetzlichen Mitbestimmung zugunsten eines allein an der Qualifikation des Einzelnen orientierten Auswahlverfahrens wird auf erheblichen Widerstand vor allem auf Seiten der Arbeitnehmerschaft und der Gewerkschaften stoßen[1089]. Dennoch ist gegenüber dem Gesetzgeber festzustellen: Die Qualifikations- und Unabhängigkeitsregelungen des Kodex und die gesetzliche Mitbestimmung befinden sich in ihrer jetzigen Fassung in einem dauerhaften Widerspruch zueinander. Dadurch werden Rechtsanwender und Kodexadressaten verunsichert, was dazu führt, dass einheitliche Qualifikationsstandards in den Aufsichtsräten börsennotier-

---

[1088] S. o. Teil 2 B, S. 163 f.

[1089] So etwa auch die Befürchtung von *Meilicke*, GmbHR 2003, 793, 809, bestätigt durch die Stellungnahmen von Gewerkschaften und Politik, vgl. Teil 2 B, S. 154.

ter Aktiengesellschaften praktisch nicht verwirklicht werden können. Das steht guter Corporate Governance entgegen. Der Gesetzgeber sollte daher diejenigen Maßnahmen veranlassen, die zu einer Vereinbarkeit von MitbestG 1976 und Kodex führen, beispielsweise könnte der Gesetzgeber das MitbestG 1976 in die aufgezeigte Richtung zu ändern. Anderenfalls müsste die Kodex-Kommission auf ihre für die Anteilseignervertreter entwickelten Qualifikationsstandards verzichten. Letzteres würde einen erheblichen Rückschritt für die Corporate Governance-Entwicklung in der Bundesrepublik Deutschland bedeuten, so dass im Ergebnis der Gesetzgeber gefordert ist. Ob dieser sich allerdings an das gesetzliche System der unternehmerischen Mitbestimmung heranwagen und auch insoweit seinen in letzter Zeit so oft nach außen artikulierten Willen zur Einleitung der für die Bundesrepublik Deutschland so dringenden Reformen umsetzen wird, ist eher fraglich. Mit der Feststellung durch das BVerfG in seinem Mitbestimmungsurteil, wonach der Gesetzgeber die Regelungen des MitbestG 1976 vor dem Hintergrund der jeweiligen gesellschaftlichen Situation kritisch überprüfen und ggf. ändern muss[1090], sollte er diesen Mut zur notwendigen Novellierung des deutschen Mitbestimmungsmodels aber aufbringen.

b. Zusammensetzung des Vorstands

Der Vorstand[1091] soll nach den Empfehlungen des Kodex aus mehreren Personen bestehen oder einen Sprecher haben, und eine Geschäftsordnung soll die Geschäftsverteilung und die Zusammenarbeit im Vorstand regeln, Ziff. 4.2.1 Kodex. Bei der Bestellung des Vorstandes durch den Aufsichtsrat regt der Kodex an, dass bei Erstbestellungen die maximale Bestelldauer von fünf Jahren nicht die Regel sein sollte; eine Wiederbestellung vor Ablauf eines Jahres vor dem Ende der Bestelldauer bei gleichzeitiger Aufhebung der laufenden Bestellung soll nur bei Vorliegen besonderer Umstände erfolgen, und eine Altersgrenze für Vorstandsmitglieder soll festgelegt werden, Ziff. 5.1.2 Abs. 2 Kodex. Außerdem soll der Aufsichtsrat mit dem Vorstand für eine gemeinsame Nachfolgeplanung sorgen, Ziff. 5.1.2 Abs. 1 S. 2 Kodex.

Auch mit den Vorschriften über die Zusammensetzung des Vorstandes unterstreicht der Kodex die Reformbedürftigkeit der Überwachungstätigkeit durch den

---

[1090] S. o. Teil 2 B, S. 173 f.

[1091] Gesetzlich geregelt ist die Zusammensetzung des Vorstandes in den §§ 30 Abs. 4, 76 Abs. 2, 78 Abs. 2, 80, 81, 84-87, 88, 89 AktG. Dazu umfassend *Henn*, Hdb des AktienR, Rdn. 538 ff.; *Grunewald*, Gesellschaftsrecht, S. 249 ff.; *Eisenhardt*, Gesellschaftsrecht, Rdn. 549; *Schmidt*, Gesellschaftsrecht, S. 807 ff; *Wiesner*, in: Münchener Hdb des GesR, Band 4, § 20 Rdn. 12 ff.

Aufsichtsrat. Bereits für die Bestellung des Vorstandes formuliert der Kodex konkrete Anweisungen im Hinblick auf Höchstalter, Dauer und die Möglichkeit der Wiederbestellung eines Mitgliedes. Sinnvoll ist auch das eingeführte Erfordernis einer gemeinsamen Nachfolgeplanung, da hierdurch wiederum ein Akzent zur Zusammenarbeit von Vorstand und Aufsichtsrat gesetzt wird[1092].

3. Verbesserung der Kommunikations- und Informationskultur

Eine weitere wesentliche Ursache für defizitäres Kontrollverhalten des Aufsichtsrats gegenüber dem Vorstand sah man in der mangelhaften Information des Aufsichtsrats durch den Vorstand[1093]. Der Gesetzgeber hat mit dem TransPuG hierauf reagiert und in § 90 AktG die Informationsversorgung des Aufsichtsrats umfassend neu geregelt[1094]. Erwähnenswert sind hierbei insbesondere[1095]:

- die Einführung der sog. follow-up- Berichterstattung gemäß § 90 Abs. 1 Nr. 1 AktG i. d. F. des TransPuG[1096], wonach der Vorstand auf früher formulierte Zielvorgaben einzugehen und Abweichungen von diesen zu erläutern hat,

- der konzerndimensionale Bezug der Berichtspflichten des Vorstands gemäß § 90 Abs. 1 S. 2 AktG i. d. F. des TransPuG,

- die Berechtigung einzelner Aufsichtsratsmitglieder, Vorstandsberichte anzufordern, § 90 Abs. 3 S. 2 AktG i. d. F. des TransPuG,

---

1092 Vgl. dazu auch *v. Hein*, ZHR 2002, 464, 493.

1093 *Lutter*, ZHR 2001, 224, 228; *Baums*, Bericht der Regierungskommission Corporate Governance, Rdn. 19 ff. und 318 ff.; *Baums*, ZHR-Beiheft 71, 2002, 13, 19 *Schwark*, ZHR-Beiheft 71, 2002, 75, 87. Zur Stärkung des Aufsichtsrates durch die Neuerungen im Aktienrecht vgl. *Bornmüller*, BuW 2003, 242 ff.

1094 Dazu *Seibert*, NZG 2002, 608, 609; *Bosse*, DB 2002, 1592 ff.; *Götz*, NZG 2002, 599 ff. Die Regierungskommission Corporate Governance unterbreitete zahlreiche Vorschläge zur Art und Weise der Berichterstattung durch den Vorstand gemäß § 90 AktG, *Baums*, Bericht der Regierungskommission Corporate Governance, Rdn. 19 ff. Grundsätzlich werden bei den Berichtspflichten des Vorstandes gemäß § 90 AktG Regel-, Sonder- und Anforderungsberichte unterschieden, vgl. *Knigge*, WM 2002, S. 1729, 1731; *Wiesner*, in: Münchner Hdb des GesR, Band 4, § 25, Rdn. 10 ff.; *Köstler/Kittner/Zachert/Müller*, Aufsichtsratspraxis, Rdn. 456 ff.

1095 Aufstellung nach *Kollmann*, WM-Sonderheft 1, 2003, S. 10.

1096 *Baums*, Bericht der Regierungskommission Corporate Governance, Rdn. 24; *Hucke/Ammann*, DStR 2002, 689, 690; *Knigge*, WM 2002, 1729, 1731.

- Schriftlichkeit und Rechtzeitigkeit der Berichterstattung des Vorstands an den Aufsichtsrat, § 90 Abs. 4 AktG i. d. F. des TransPuG,

- Übermittlung von Dokumenten an den Aufsichtsrat auch auf elektronischem Wege, § 90 Abs. 5 AktG i. d. F. des TransPuG,

- Berechtigung einzelner Aufsichtsratmitglieder, die Einberufung einer Aufsichtsratssitzung zu verlangen, § 110 Abs. 2 AktG i. d. F. des TransPuG,

- Teilnahme von Aufsichtsratsmitgliedern an der Hauptversammlung per Telefon oder Videokonferenz, § 110 Abs. 3 AktG i. d. F. des TransPuG[1097],

- Verpflichtung, einen Katalog von Geschäften aufzustellen, die der Zustimmung des Aufsichtsrats bedürfen, § 111 Abs. 4 S. 2 AktG i. d. F des TransPuG[1098],

- ausdrückliche, gesetzlich geregelte Verschwiegenheitspflicht des Aufsichtsrats, § 116 S. 2 AktG[1099],

- Billigung des Konzernabschluss durch den Aufsichtsrat, §§ 171, 173 AktG i. d. F. des TransPuG.

Das TransPuG verbessert auf diese Weise die Informationsversorgung des Aufsichtsrats und stärkt dessen Überwachungstätigkeit. Dies erfolgt insbesondere durch die Pflicht zur Festlegung eines Katalogs zustimmungspflichtiger Geschäfte zugunsten des Aufsichtsrats gemäß § 111 Abs. 4 S. 2 AktG i. d. F. des TransPuG[1100] und zur Billigung des Konzernabschlusses durch den Aufsichtsrat[1101]. Zu beachten ist aber, dass § 90 AktG bereits vor der Neufassung umfassende Be-

---

[1097] Dazu *Wagner*, NZG 2002, 57 ff.

[1098] Dazu *Knigge*, WM 2002, 1729, 1733; *Lange*, DStR 2003, 376 ff. Zur alten Rechtslage, wonach das Ermessen des Aufsichtsrats sich nur im Einzelfall zu einer Verpflichtung auf Zustimmung verdichtete BGHZ 124, 111, 127; *Thümmel*, DB 1999, 885; *Wiese*, DB 2000, 1901, 1902.

[1099] Dazu umfassend *Kollmann*, WM-Sonderheft 1, 2003, S. 12; *Knigge*, WM 2002, 1729, 1733.

[1100] Die bislang bestehende Kann-Bestimmung in § 111 Abs. 4 S. 2 AktG hat der Gesetzgeber nach Vorschlägen der *Baums*-Kommission in eine Mussbestimmung umgewandelt, *Baums*, Bericht der Regierungskommission Corporate Governance, Rdn. 34 f.; *Seibert*, NZG 2002, 608, 610.

[1101] *Kollmann*, WM-Sonderheft 1, 2003, S. 11.

richtspflichten des Vorstandes normierte[1102]. Deshalb wird auch im Hinblick auf die Einführung der follow-up- Berichterstattung nicht von weitreichenden Veränderungen in der Praxis ausgegangen[1103]. Zudem wendet sich § 90 AktG i. d. F. des TransPuG lediglich an die Organe selbst, nicht aber an ihre Vorsitzenden.

a. Kodexregelungen zur Verbesserung der Information des Aufsichtsrates

Der Kodex ergänzt die durch das TransPuG aufgegriffenen Verbesserungen im Hinblick auf die Informationsversorgung des Aufsichtsrates[1104], er geht aber teilweise auch darüber hinaus. Das Regelwerk konkretisiert die überwiegend allgemein formulierten Tatbestände in § 90 Abs. 1 S. 1 Nr. 1 bis Nr. 4 AktG insbesondere durch die in Ziff. 3 Kodex aufgestellten Verhaltensregeln über das Zusammenwirken von Vorstand und Aufsichtsrat[1105]. Zudem wendet der Kodex sich mit direkten Verhaltensregeln unmittelbar an die Vorsitzenden der beiden Leitungsorgane. Gemäß Ziff. 5.2 Abs. 3 S.1 Kodex

> „soll der Aufsichtsratsvorsitzende mit dem Vorstand, insbesondere mit dem Vorsitzenden bzw. dem Sprecher des Vorstandes, regelmäßig Kontakt halten und mit ihm die Strategie, die Geschäftsentwicklung und das Risikomanagement des Unternehmens beraten."

Damit hat diese recht allgemein formulierte Regel besonders die Verbesserung der Kommunikation zwischen Aufsichtsratsvorsitzenden und Vorstandsvorsitzenden im gewöhnlichen Geschäftsverkehr des Unternehmens zum Ziel[1106].

Daneben enthält der Kodex auch eine Regelung für die Fälle der Sonderinformation des Aufsichtsratsvorsitzenden, § 90 Abs. 1 S. 3 AktG[1107]. Gemäß Ziff. 5.2 Abs. 3 S. 2 Kodex

---

[1102] Dazu *v. Schenck*, NZG 2002, 64, 65. Was den Umfang der Berichtspflicht durch den Vorstand anbelangt, so ist diese durch das KonTraG und die Rechtsprechung bereits erheblich ausgedehnt worden, vgl. *Hommelhoff/Matthews*, AG 1998, 249, 253 ff.; *Wiese*, DB 2000, 1901.

[1103] *Kollmann*, WM-Sonderheft 1, 2003, S. 11; *Götz*, NZG 2002, 599, 600.

[1104] Siehe auch hierzu die Aufstellung bei *Kollmann*, WM-Sonderheft 1, 2003, S. 11.

[1105] Vgl. hierzu die erwähnten Beispiele, Teil 2 B, S. 74.

[1106] In der Literatur wird eine routinemäßig Information des Aufsichtsrats durch elektronische Medien vorgeschlagen, vgl. *v. Schenck*, NZG 2002, 64 ff.

[1107] Zur alten Rechtslage gemäß § 90 Abs. 1 S. 2 AktG, vgl. *Hüffer*, AktG, § 90 Rdn. 9; *Emde*, DB 1999, 1486 ff.

„wird der Aufsichtsratsvorsitzende über wichtige Ereignisse, die für die Beurteilung der Lage und Entwicklung sowie für die Leitung des Unternehmens von wesentlicher Bedeutung sind, unverzüglich durch den Vorsitzenden bzw. Sprecher des Vorstands informiert."

In diesem Fall soll der Aufsichtsratsvorsitzende sodann den Aufsichtsrat unterrichten und erforderlichenfalls eine außerordentliche Aufsichtsratssitzung einberufen, Ziff. 5.2 Abs. 3 S. 3 Kodex.

b. Literaturkritik an Ziff. 5.2 Abs. 3 Kodex

Die ersten beiden Regelungen der Ziff. 5.2 Abs. 3 Kodex sind etwa von *Peltzer* dahingehend kritisiert worden, dass ein umfassender Informationsaustausch zwischen den Vorsitzenden der beiden Leitungsorganen der Aktiengesellschaft die übrigen Mitglieder der Leitungsorgane von wichtigen Informationen abschneide und zu einem Informationsmonopol führe, was bereits früher zu erheblichen Problemen einzelner Gesellschaften geführt habe[1108].

Nach der Auffassung von *Kittner* dürfen keine Informationen einzelnen Aufsichtsratsmitgliedern vorenthalten werden, was vor allem auch für die Arbeitnehmervertreter im Aufsichtsrat gelte[1109]. Dem stehe der Grundsatz der Gleichberechtigung aller Aufsichtsratmitglieder entgegen, der sich aus § 90 Abs. 5 S. 2 AktG ableiten lasse, wonach jedem Aufsichtsratmitglied Berichte, die in Textform erstattet worden sind, auf Verlangen zu übermitteln sind, soweit dies der Aufsichtsrat beschlossen hat[1110]. Organisieren lasse sich dies durch die Aufstellung einer Informationsordnung gemäß §§ 77 Abs. 2, 90 Abs. 3 AktG, in welcher die Modalitäten einer flächendeckenden Information zwischen Vorstand und Aufsichtsrat geregelt werden könnten[1111].

[1108] *Peltzer*, NZG 2002, 593, 596; *ders.* in: *Hommelhoff/Rowedder/Ulmer*, Dritte Gedächtnisvorlesung, S. 49, 66.

[1109] *Köstler/Kittner/Zachert/Müller*, Aufsichtsratspraxis, Rdn. 492. Umfassend zur Gleichberechtigung der Arbeitnehmer im Aufsichtsrat nach dem Mitbestimmungsgesetz (MitbestG) vgl. *Kittner*, Arbeits- und Sozialordnung, S. 877 f.

[1110] *Köstler/Kittner/Zachert/Müller*, Aufsichtsratspraxis, Rdn. 492. Zum Informationsanspruch der Aufsichtsratsmitglieder vgl. umfassend *Hommelhoff*, FS für Stimpel, 1985, S. 603 ff.; *Hüffer*, AktG, § 90 Rdn. 14.

[1111] *Köstler/Kittner/Zachert/Müller*, Aufsichtsratspraxis, Rdn. 476 und 566.

c. Stellungnahme

Diesen Bedenken kann nicht zugestimmt werden. Ziff. 5.2 Abs. 3 Kodex bietet in Ergänzung zu § 90 AktG i. d. F. des TransPuG eine Basis dafür, die Kommunikation zwischen den Leitungsorganen der Aktiengesellschaft weiter auszubauen, indem insbesondere die Vorsitzenden dieser Organe in die Pflicht genommen werden. Damit beabsichtigt diese Bestimmung gerade nicht die Schaffung neuer Informationsmonopole, sondern zielt auf eine Harmonisierung des Informationsverhaltens in der Aktiengesellschaft insgesamt ab. Das verdeutlicht vor allem Ziff. 5.2 Abs. 3 S. 1 Kodex, der eine regelmäßige Kontaktpflege zwischen Vorstandsvorsitzenden und Aufsichtsratsvorsitzenden hervorhebt[1112]. Der Entstehung von Informationsmonopolen wird auch dadurch entgegengetreten, dass Ziff. 5.2 Abs. 3 S. 3 Kodex dem Aufsichtsratsvorsitzenden aufgibt, bei wesentlichen Ereignissen für die Lage und Entwicklung des Unternehmens den Aufsichtsrat zu informieren und ggf. eine außerordentliche Aufsichtsratssitzung einzuberufen. Dadurch gewährleistet der Kodex, dass es bei solchen unternehmensentscheidenden Entwicklungen auch tatsächlich zu einer Rücksprache zwischen Vorstandsvorsitzenden, Aufsichtsratsvorsitzenden und Aufsichtsratsmitgliedern kommt.

Der Grundsatz der Gleichbehandlung aller Aufsichtsratsmitglieder wird durch Ziff. 5.2 Abs. 3 Kodex nicht berührt, da diese Regelung den Aufsichtsrat als Gesamtgremium erwähnt, ohne zwischen einzelnen Aufsichtsratsmitgliedern zu differenzieren. Inwiefern eine Informationsordnung neben den Informationsvorgaben des TransPuG und des Kodex tatsächlich geeignet ist, für eine umfassende und gleichmäßige Information der Aufsichtsratsmitglieder zu sorgen, ist eher fraglich. Sowohl der Kodex als auch das TransPuG enthalten mit den angesprochenen Regelungen[1113] bereits umfangreiche Bestimmungen zur Verbesserung des Informationsverhaltens in deutschen Aktiengesellschaften. Sofern allerdings eine Gesellschaft eine Informationsordnung erlässt, um die Informationspolitik im Unternehmen an den Erfordernissen des TransPuG und des Kodex auszurichten und dadurch eine gleichförmige Information zwischen den Leitungsorganen aufzubauen, kann eine solche Ordnung eine sinnvolle Ergänzung zu den Kodexregelungen und dem TransPuG darstellen.

[1112] Vgl. den Wortlaut der Bestimmung zitiert in Teil 2 B, S. 183.
[1113] Zu den Informationsregelungen des TransPuG vgl. bereits Teil 2 B, S. 181 f.

Neben Ziff. 5.2 Abs. 3 Kodex versucht der Kodex zudem den Informationsaustausch zwischen Vorstand und Aufsichtsrat durch zahlreiche andere Bestimmungen zu fördern. So

> „stimmt der Vorstand die strategische Ausrichtung des Unternehmens mit dem Aufsichtsrat ab und erörtert mit ihm in regelmäßigen Abständen den Stand der Strategieumsetzung“, Ziff. 3.2 Kodex und „informiert den Aufsichtsrat regelmäßig, zeitnah und umfassend über alle für das Unternehmen relevanten Fragen der Planung, der Geschäftsentwicklung, der Risikolage und des Risikomanagements“, Ziff. 3.4 Abs. 2 Kodex.

> „Die ausreichende Informationsversorgung des Aufsichtsrats ist gemeinsame Aufgabe von Vorstand und Aufsichtsrat“, Ziff. 3.4 Abs. 1 Kodex. Dabei „soll der Aufsichtsrat die Informations- und Berichtspflichten des Vorstands näher festlegen“, Ziff. 3.4 Abs. 3 Kodex.

Erwähnenswert ist in diesem Zusammenhang auch Ziff. 3.5 S.1 Kodex:

> „Gute Unternehmensführung setzt eine offene Diskussion zwischen Vorstand und Aufsichtsrat sowie in Vorstand und Aufsichtsrat voraus.“

Nach dem Wortlaut dieser Kodexbestimmung ließe sich annehmen, der Kodex formuliere mit Ziff. 3.5 S. 1 Kodex eine bloße Selbstverständlichkeit. Gerade die fehlende offene Diskussion zwischen den Leitungsorganen der Aktiengesellschaft ist aber vielfach als Ursache schlechter Corporate Governance kritisiert worden, so dass der Appell an eine offene Diskussion in der Aktiengesellschaft richtigerweise in den Kodex aufgenommen wurde. Zu einem unternehmensschädigenden Informationsdefizit bei den Gremiumsmitgliedern in den Leitungsorganen der Aktiengesellschaft dürfte es somit nicht kommen, wenn die dargestellten Verhaltensgrundsätze des Kodex über den Informations- und Gedankenaustausch im Unternehmen eingehalten werden. In diesem Fall wird vielmehr einem der Hauptanliegen der Corporate Governance-Diskussion, der Verbesserung des Informationsaustausches in der Aktiengesellschaft, Rechnung getragen.

d. Stärkung der Rechte von Aufsichtsratsmitgliedern durch das TransPuG

Die Stärkung der Rechte der Aufsichtsratsmitglieder nach dem TransPuG richtet sich vor allem nach den §§ 90 Abs. 3 S. 2, 110 Abs. 2 und Abs. 3 AktG[1114]. Aufsichtsratmitglieder können danach selbst Berichte des Vorstands anfordern[1115] und den Aufsichtsrat in besonderen Fällen einberufen[1116]. Dadurch soll gleichzeitig die Verantwortung des einzelnen Aufsichtsratsmitglieds erhöht werden, und kein Aufsichtsratsmitglied soll sich später darauf berufen können, es habe nichts wissen und deshalb allein auch nichts ausrichten können[1117].

Kritisiert wird diese Regelung etwa von *Kollmann*. Eine Reform sei nicht geboten gewesen, da sich in der Praxis bei einem sachlich begründeten Begehren stets wenigstens ein weiteres Aufsichtsratsmitglied i. S. v. § 110 Abs. 2 AktG[1118] finde. Da nach der Neuregelung jedes einzelne Aufsichtsratsmitglied die Rechte aus § 90 Abs. 3 S. 2, 110 Abs. 3 i. d. F. des TransPuG geltend machen könne, berge dies Missbrauchsgefahren[1119].

Dieser Kritik ist nicht zu folgen. Es wird nicht deutlich, was *Kollmann* unter einem sachlich begründeten Begehren versteht, bei dem sich stets ein weiteres Aufsichtsratsmitglied finden lasse. Vor allem in kleineren Aktiengesellschaften kann ein solches Zusammenfinden zweier Aufsichtsratsmitglieder nicht grundsätzlich angenommen werden. Außerdem liegt der Sinn und Zweck der Informationsregelungen des TransPuG und Kodex gerade auch darin, die Informationsrechte einzelner und damit auch einzelner Aufsichtsratsmitglieder zu stärken[1120].

Im Hinblick auf eventuelle Missbrauchsgefahren lässt sich mit *Knigge* einwenden, dass der Aufsichtsrat in Ausnahmefällen gemäß § 90 Abs. 5 S. 2 AktG die Möglichkeit hat, einzelnen Aufsichtsratsmitgliedern die Aushändigung eines Berichts

---

[1114] Vgl. allgemein zu den individuellen Informationsrechten von Aufsichtsratsmitgliedern *Elsing/Schmidt*, BB 2002, 1705 ff.

[1115] § 90 Abs. 3 S. 2 AktG i. d. F. des TransPuG.

[1116] § 110 Abs. 1 S. 1 AktG i. d. F. des TransPuG. Dazu *Knigge*, WM 2002, 1729, 1731 f.

[1117] *Seibert*, NZG 2002, 608, 610.

[1118] Nach der alten Rechtslage waren für die Einberufung des Aufsichtsrates mindestens zwei Aufsichtsratsmitglieder erforderlich. Dazu *Hüffer*, AktG, § 110 Rdn. 8; *Hoffmann-Becking*, in: Münchener Hdb des GesR, Band 4, § 31 Rdn. 38 f.

[1119] *Kollmann*, WM-Sonderheft 1, 2003, S. 12.

[1120] *Knigge*, WM 2002, 1729, 1731.

zu verweigern[1121] und im Falle der missbräuchlichen Einberufung des Aufsichtsrates gemäß § 110 Abs. 2 AktG i. d. F. des TransPuG dem Einberufungsbegehren des Aufsichtsratsmitglieds keine Folge leisten muss[1122]. Als weitere Regelung zur Verbesserung der Information einzelner Aufsichtsratsmitglieder sind die §§ 90 Abs. 3 S. 2, 110 Abs. 2 AktG damit zu begrüßen.

4. Haftungsbegrenzung durch D&O-Versicherungen

a. Haftungstatbestände

Die Haftung der Organmitglieder in deutschen, börsennotierten Aktiengesellschaften gegenüber der Gesellschaft richtet sich nach §§ 93 Abs. 2, 116 S. 1 AktG. Danach sind Vorstands- und Aufsichtsratsmitglieder, die ihre Pflichten verletzen, der Gesellschaft zum Ersatz des daraus entstehenden Schadens als Gesamtschuldner verpflichtet. Eine Beschränkung der persönlichen Haftung des jeweiligen Organmitglieds gegenüber der Gesellschaft entsprechend § 708 BGB ist in diesen Vorschriften nicht vorgesehen. Nach § 708 BGB hat der geschäftsführende Gesellschafter einer Gesellschaft bürgerlichen Rechts[1123] nur für die eigenübliche Sorgfalt einzustehen. § 708 ist aber eine Ausnahmevorschrift für Personen(handels)gesellschaften und beruht auf dem Gedanken einer engen persönlichen Verbindung der Gesellschafter untereinander[1124]. Im Rahmen der Haftung der Organe in Kapitalgesellschaften[1125] wird diese Haftungsbeschränkung nicht angewendet, weil die Mitgliedschaft in diesen Gesellschaften allein auf einer Kapitalbeteiligung der Gesellschafter und nicht auf enger persönlicher Verbindung beruht[1126].

Eine Haftungsbeschränkung ergibt sich auch nicht aus der Rechtsprechung des BGH zur Haftung von Vorstands- und Aufsichtsratsmitgliedern in Aktiengesellschaften[1127]. In einer Entscheidung in Sachen ARAG/Garmenbeck, hat der

[1121] *Knigge*, WM 2002, 1729, 1732.
[1122] *Knigge*, WM 2002, 1729, 1732 m. w. N.
[1123] Gemäß §§ 105 Abs. 2, 161 Abs. 2 HGB gilt diese Vorschrift auch für die Personenhandelsgesellschaften. Personenhandelsgesellschaften sind die Offene Handelsgesellschaft (OHG) und die Kommanditgesellschaft (KG). Näher dazu *Baumbach/Hopt*, HGB, Einl v § 105 Rdn. 14 ff.
[1124] *Schmidt*, Gesellschaftsrecht, S. 425. Siehe dazu auch *Eisenhardt*, Gesellschaftsrecht, Rdn. 62; *Grunewald*, Gesellschaftsrecht, S. 60 ff.
[1125] Kapitalgesellschaften sind vor allem die AG, Kommanditgesellschaft auf Aktien und die Gesellschaft mit beschränkter Haftung.
[1126] *Schmidt*, Gesellschaftsrecht, S. 425. Zum Haftungsmaßstab bei der AG vgl. auch *Hüffer*, AktG, § 93 Rdn. 14; *Wiesner*, in: Münchener Hdb des GesR, Band 4, § 26 Rdn. 7.
[1127] Siehe dazu bereits Fn. 48.

BGH[1128] für das deutsche Recht zwar die Geltung der aus dem US-amerikanischen Recht stammenden sog. business judgement rule anerkannt[1129]. Durch die business judgement rule wird der Unternehmensleitung ein strategisches Handlungsermessens eingeräumt[1130]. Entscheidungen des Managements, die sich innerhalb dieses Handlungsspielraums bewegen, sind einer gerichtlichen Kontrolle nicht zugänglich, so dass bei Einhaltung der business judgement rule eine Haftung der Unternehmensleitung ausscheidet[1131].

Die business judgement rule ändert aber nichts an dem Verschuldensmaßstab für Organmitglieder deutscher Aktiengesellschaften, wonach diese für die von ihnen begangenen Pflichtverletzungen gegenüber der Gesellschaft unbeschränkt haften. Denn die business judgement rule wird im Rahmen der Frage relevant, ob dem Leitungsorgan einer Aktiengesellschaft tatbestandlich eine Pflichtverletzung vorzuwerfen ist und modifiziert damit nicht den Verschuldensmaßstab im Sinne einer Haftungsbeschränkung wie etwa § 708 BGB[1132].

Gegenüber außenstehenden Dritten (Außenhaftung) haften Aufsichtsrats- und Vorstandsmitglieder unbeschränkt nach den allgemeinen zivilrechtlichen Vorschriften,

---

[1128] BGH, Urteil vom 21. 04. 1997 - II ZR 175/95 = BGHZ 135, 244 ff. Dabei ging es um die Frage, ob der Aufsichtsrat sich gemäß §§ 93 Abs. 2, 116 S. 1 AktG schadensersatzpflichtig machen könne, wenn er Ansprüche der Gesellschaft gegen den Vorstandsvorsitzenden, die dieser aus unseriösen Finanzgeschäften verursacht hat, nicht einklagt. Dies bejahte der BGH, weil die Überwachungsaufgabe des Aufsichtsrats auch darin bestehe, Schadensersatzansprüche gegen einen Vorstandsvorsitzenden eigenverantwortlich zu prüfen, vgl. BGHZ 135, 244, 252. Zu dieser Entscheidung vgl. *Grooterhorst*, ZIP 1999, 1117 ff.; *Hefermehl/Spindler*, in: MüKo-AktG, Band 3, § 93 Rdn. 24 ff.; *Raiser*, Recht der Kapitalgesellschaften, § 14 Rdn. 90 ff.

[1129] Dazu machte auch die Regierungskommission Corporate Governance entsprechende Vorschläge, vgl. *Baums*, Bericht der Regierungskommission Corporate Governance, Rdn. 70.

[1130] *Schmidt*, Gesellschaftsrecht, S. 425 m. w. N. Siehe dazu auch Ziff. 1 des Maßnahmenkatalogs der Bundesregierung vom 25. 02. 2003. Im Internet unter *http://www.bmj.bund.de/ger/service/pressemitteilungen/10000668*, S. 2. Zum Begriff s. auch *Fleischer*, NZG 2004, 1129, 1130 f.

[1131] Ausführlich dazu *Schmidt*, Gesellschaftsrecht, S. 815 f.; *Schwark*, ZHR-Beiheft 71, 2002, 75, 98 ff. m. w. N; *Fleischer*, ZIP 2004, 685 ff.

[1132] Zum Verhältnis von business judgement rule und Verschuldensmaßstab vgl. *Schmidt*, Gesellschaftsrecht, S. 425 f.

etwa gemäß §§ 280, 823 Abs. 1 und Abs. 2, 826 BGB[1133]. Im Verhältnis zu diesem Personenkreis sind die §§ 93 Abs. 2, 116 S. 1 AktG nicht anwendbar.

b. D&O-Versicherungen in der deutschen Versicherungswirtschaft

Die unbeschränkte persönliche Haftung von Aufsichtsrats- und Vorstandsmitgliedern gemäß §§ 93 Abs. 2, 116 S. 1 AktG gegenüber der Gesellschaft[1134] sowie gegenüber Dritten[1135] kann für das einzelne Organmitglied existentielle Konsequenzen haben[1136]. Auf diese weitreichende persönliche Haftung hat die Versicherungswirtschaft durch die Möglichkeit des Abschlusses sog. D&O[1137]-Versicherungen reagiert[1138]. Unter einer D&O-Versicherung versteht man eine Versicherung zur Abdeckung des unbeschränkten Haftungsrisikos von Organmitgliedern[1139]. Dieser Versicherungstyp stammt ursprünglich aus den USA und ist

---

[1133] Vgl. hierzu etwa BGH, Urteil vom 19. 07. 2004 – II ZR 217/03, in dem der Gerichtshof eine persönliche Haftung der Vorstandsmitglieder gegenüber den Aktionären wegen fehlerhafter Ad-hoc Mitteilungen gemäß § 826 BGB festgestellt hat. Unter Ad-hoc Mitteilungen versteht man Tatsachen, die wegen ihrer Auswirkung auf die Vermögens- oder Finanzlage den Börsenpreis der Aktien erheblich beeinflussen können. Diese hat der Vorstand gemäß §§ 15, 15a WpHG sofort zu veröffentlichen, was in dem zitierten Fall aber unterblieb. S. dazu ausführlich etwa *Leisch*, ZIP 2004, 1573 ff. Siehe allgemein zur Ad-hoc Publizität *Wiesner*, in: Münchener Hdb des GesR, Band 4, § 26 Rdn. 86 m. w. N.

[1134] Sog. Innenhaftung. Näher dazu im Rahmen von D&O-Versicherungen *Koch*, GmbHR 2004, 18, 20. Umfassend *Bertrams*, Diss., S. 82 ff. Vgl. auch *Paal*, DStR 2005, 382 ff.

[1135] Sog. Außenhaftung. Näher dazu im Rahmen von D&O-Versicherungen *Koch*, GmbHR 2004, 18, 21. Umfassend *Bertrams*, Diss., S. 233 ff.

[1136] *Schmidt*, Gesellschaftsrecht, S. 426.

[1137] Directors and Officers Liability Insurance.

[1138] Vgl. *Schmidt*, Gesellschaftsrecht, S. 426; *Schwark*, ZHR-Beiheft 71, 2002, 75, 101; *Bayer*, ZHR-Beiheft 71, 2002, 137, 157 ff.; *Kiethe*, BB 2003, 537 ff.; *Buchta*, DStR 2003, 740, 744; *Lange*, DStR 2002, 1626 ff.; *ders.*, BB 2003, 1833 ff.; *Schmitz/Gloeckner*, AG 2003, R 156 ff.; *v. Westphalen*, DB 2005, 431 ff.

[1139] Peltzer, NZG 2002, 593, 595. Dazu *Lange*, ZIP 2001, 1525 ff.; *ders.*, DStR 2002, 1626 ff.; *ders.*, DB 2003, 1833 ff.; *Schüppen/Sanna*, ZIP 2002, 550 ff.; *Schwark*, ZHR-Beiheft 71, 2002, 75, 101; *Bernhardt*, ZHR-Beiheft 71, 2002, 119, 126; *Kästner*, AG 2000, 113 ff.; Zur Haftpflichtversicherung *Ihlas*, Diss.; *Hopt*, in: Großkomm AktG, § 93, Rdn. 518 ff.; *Hüffer*, AktG, § 84 Rdn. 16 und § 113 Rdn. 2; *Koch*, GmbHR 2004, 18, 19.

dort eingeführt worden, um die persönliche Haftung der Directors und Officers[1140] angemessen zu beschränken[1141].

In der Bundesrepublik Deutschland hatten sich die Versicherer bis 1995 u. a. aufgrund einer großen Marktkrise der D&O-Versicherer in den USA Mitte der 1980-Jahre zunächst gegen diesen Versicherungstyp ausgesprochen[1142]. Ab 1995 erkannte man aber an, dass dieser Markt deutschen Kunden nicht vollständig vorenthalten bleiben dürfe[1143]. Daraufhin entwickelte der Gesamtverband der deutschen Versicherungswirtschaft im Juni 1997 Musterbedingungen für D&O-Versicherungen (Allgemeine Versicherungsbedingungen für die Vermögensschaden-Haftpflichtversicherung von Aufsichtsräten, Vorständen und Geschäftsführern [AVB-AVG oder GDV-Bedingungen])[1144]. Seitdem haben sich in der Versicherungspraxis viele verschiedene Bedingungsmodelle herausgebildet, so dass derzeit in der Bundesrepublik Deutschland eine unüberschaubare Vielfalt von D&O-Versicherungen existiert[1145]. Gesetzlich vorgeschrieben ist der Abschluss einer D&O-Versicherung für Kapitalgesellschaften nicht. Bei ihr handelt es sich nach der ganz herrschenden Meinung im gängigen Schrifttum um eine freiwillige Vermögensschadenhaftpflichtversicherung[1146].

Trotz der im Einzelnen sehr unterschiedlichen Versicherungsbedingungen für D&O-Versicherungen in der Bundesrepublik Deutschland liegt nach der überwiegenden Auffassung in der Literatur beim Abschluss einer solchen Versicherung gemäß §§ 74 ff. VVG ein Versicherungsvertrag für fremde Rechnung vor[1147]. Gemäß § 74 Abs. 1 VVG kann die Versicherung von demjenigen, welcher den Vertrag mit dem Versicherer schließt, im eigenen Namen für einen anderen mit oder ohne Benennung der Person des Versicherten genommen werden[1148]. Damit wird

---

[1140] Zum US-amerikanischen Corporate Governance System s. o. Teil 1 B, S. 11 ff.

[1141] *Ringleb*, in: *Ringleb/Kremer/Lutter/v. Werder*, Kodex, Rdn. 509. *Kästner*, AG 2000, 113, 114; *Dreher*, ZHR 2001, 293, 294; *Vetter*, AG 2000, 453.

[1142] ZfV 2001, 435.

[1143] ZfV 2001, 205, 435. Dazu *Lange*, DStR 2002, 1626; *ders.*, DStR 2002, 1674.

[1144] *Kästner*, AG 2000, 113, 114. Zur Entwicklung von D&O-Versicherungen in der Bundesrepublik Deutschland siehe auch *Ringleb*, in: *Ringleb/Kremer/Lutter/v. Werder*, Kodex, Rdn. 512.

[1145] *Kästner*, AG 2000, 113, 114; *Buchta*, DStR 2003, 740, 745; *Koch*, GmbHR 2004, 18.

[1146] Vgl. dazu *Dreher/Görner*, ZIP 2003, 2321, 2323 ff. In diese Richtung auch *Koch*, GmbHR 2004, 160, 169.

[1147] *Mertens*, AG 2000, 447, 448; *Vetter*, AG 2000, 453, 457; *Dreher*, ZHR 2001, 293, 318; *Koch*, GmbHR 2004, 18, 22.

[1148] Dazu *Prölss/Martin*, VVG, § 74 Rdn. 1 ff.; *Dreher*, ZHR 2001, 293, 318 f.; *Hofmann*, PrivatversR, § 5 Rdn. 39 ff.; *Deutsch*, VersicherungsVR, Rdn. 97 ff.

gemäß § 74 Abs. 1 VVG die Gesellschaft Versicherungsnehmer der D&O-Versicherung und nicht das Organmitglied durch Abschluss einer Einzelpolice[1149]. Deshalb ist auch die Gesellschaft Prämienschuldnerin und nicht das einzelne Organmitglied[1150]. Das Organmitglied wird vielmehr Gläubiger der Rechte aus dem Versicherungsvertrag, vgl. § 75 Abs. 1 VVG[1151]. Zu diesen Rechten gehören der Anspruch auf die Versicherungsleistung und ggf. Zinsen, Verzugsschaden und Aufwendungsersatz[1152]. Der Versicherungsfall tritt bei einer D&O-Versicherung ein, wenn ein Organmitglied in Ausübung der versicherten Tätigkeit eine schadensbegründende Pflichtverletzung begeht und von der eigenen Gesellschaft (Innenhaftung) oder von einem Dritten (Außenhaftung) für den eingetretenen Schaden in Anspruch genommen wird. Eine Haftung aus öffentlich-rechtlichen Normen, etwa Steuerschulden, übernimmt der Versicherer hingegen nicht[1153].

c. Deutscher Corporate Governance-Kodex und D&O-Versicherungen

Auch die *Baums*-Kommission befasste sich in ihrem Bericht mit D&O-Versicherungen[1154]. Im Ergebnis hielt die Regierungskommission eine gesetzliche Regelung nicht für notwendig, sondern schlug die Festlegung einer Kodexbestimmung vor[1155]. Die Kodex-Kommission formulierte deshalb in Ziff. 3.8 Abs. 2 Kodex im Zusammenhang mit D&O-Versicherungen eine solche Empfehlung, die für Vorstand und Aufsichtsrat gleichermaßen gilt:

> „Schließt die Gesellschaft für Vorstand und Aufsichtsrat eine D&O-Versicherung ab, so soll ein angemessener Selbstbehalt vereinbart werden.“

[1149] *Kästner*, AG 2000, 113, 114; *Ihlas*, Diss., S. 47 m. w. N.; *Dreher*, ZHR 2001, 293, 317.

[1150] *Kästner*, AG 2000, 113, 115; *Bayer*, ZHR-Beiheft 71, 2002, 137, 158; *Mertens*, AG 2000, 447, 448; *Vetter*, AG 2000, 453, 457. Umstritten ist allerdings, ob die Prämienzahlung durch die Gesellschaft für die versicherten Organmitglieder einen Bestandteil ihrer Gesamtvergütung gemäß §§ 87, 113 AktG darstellt. Umfassende Streitdarstellung bei *Dreher*, ZHR 2001, 293, 295 ff. m. w. N.; *Lange*, DB 2003, 1833, 1834 ff.

[1151] *Kästner*, AG 2000, 113, 115. *Dreher*, ZHR 2001, 293, 297. Ausführlich *v. Westphalen*, DB 2005, 431, 434 ff.

[1152] Dazu *Prölss/Martin*, VVG, § 75 Rdn. 3 m. w. N.

[1153] *Kästner*, AG 2000, 113, 115 m. w. N.; *Dreher*, ZHR 2001, 293, 298. Zu den strafrechtlichen Haftungsrisiken vgl. *Kiethe*, BB 2003, 537, 538.

[1154] *Baums*, Bericht der Regierungskommission Corporate Governance, Rdn. 75 f.

[1155] *Baums*, Bericht der Regierungskommission Corporate Governance, Rdn. 76; *Bernhard*, ZHR-Beiheft 71, 2002, 119, 126. Für eine gesetzliche Regelung plädieren *Schwark*, ZHR-Beiheft 71, 2002, 75, 101 sowie *Bayer*, ZHR-Beiheft 71, 2002, 137, 158. Zum Ganzen vgl. *Ringleb*, in: *Ringleb/Kremer/Lutter/v. Werder*, Kodex, Rdn. 513.

aa. Sinn und Zweck eines vereinbarten Selbstbehalts

Bei einem Selbstbehalt verzichtet der Versicherungsnehmer auf einen Teil der Deckung. Der Selbstbehalt entspricht damit wirtschaftlich einer bewussten Unterversicherung[1156]. Durch eine solche Vereinbarung im Versicherungsvertrag soll der Versicherungsnehmer angehalten werden, Schäden zu vermeiden bzw. so gering wie möglich zu halten[1157]. Außerdem soll verhindert werden, dass der Versicherer mit hohem Verwaltungsaufwand zur Regulierung von Bagatellschäden verpflichtet wird[1158]. Die überwiegende Meinung in der Literatur spricht deshalb einem Selbstbehalt vor allem eine verhaltenssteuernde Funktion zu[1159]. Die Vereinbarung eines Selbstbehalts im Rahmen einer D&O-Versicherungen ist allerdings nur dann sinnvoll, wenn dieser aus der Sicht der Gesellschaft auch tatsächlich eine solche verhaltenssteuernde Funktion entfalten wird[1160]. Diese Frage hat jede Gesellschaft im Hinblick auf ihre jeweiligen Organmitglieder selbst zu beantworten.

Unabhängig von einem konkreten Versicherungstyp ist umstritten, ob der Versicherer auch dann zur Leistung verpflichtet ist, wenn die Haftpflichtforderung unterhalb des vereinbarten Selbstbehalts liegt[1161]. Für eine Leistungspflicht des Versicherers sprechen sich *Späte* und *Schmalzl* aus. Die Möglichkeit zur Vereinbarung eines Selbstbehalts begrenze die Leistungspflicht des Versicherers lediglich in Bezug auf die Verpflichtung zur Zahlung an den Geschädigten, sofern im Versicherungsvertrag nichts anderes klar und unmissverständlich geregelt sei. Daher habe der Versicherer auch Ansprüche, welche den Selbstbehalt nicht erreichen, entweder abzu-

---

[1156] Dazu *Hofmann*, PrivatversR, § 14 Rdn. 23 ff.; *Deutsch*, Versicherungsprivatrecht, Rdn. 276; *Prölss/Martin*, VVG, § 56 Rdn. 9 ff. Umfassend zum Sinn und Zweck des Selbstbehalts vgl. *Dreher/Görner*, ZIP 2003, 2321 ff.

[1157] *Littbarski*, AHB, § 3 Rdn. 180; *Späte*, HaftpflichtV, § 3 Rdn. 60; *Schimikowski*, VersVertrR, Rdn. 317 mit weiteren Ausführungen zu den einzelnen Gestaltungsmöglichkeiten bei der Vereinbarung eines Selbstbehalts. Dazu auch *Schauer*, in: *Honsell*, BerlinKomm zum VVG, § 56 Rdn. 27 sowie *Prölss/Martin*, VVG, § 56 Rdn. 11.

[1158] *Schauer*, in: *Honsell*, BerlinKomm zum VVG, § 56 Rdn. 26; *Prölss/Martin*, VVG, § 56 Rdn. 11. *Littbarski*, AHB, § 3 Rdn. 180 mit weiteren Ausführungen zum Grundgedanken des Selbstbehalts im Rahmen von § 3 III Ziff. 2 Abs. 2 AHB a. F.

[1159] *Seibt*, AG 2003, 465, 474. Zur Funktion von Ziff. 3.8 Abs. 2 Kodex s. auch *v. Westphalen*, DB 2005, 431, 434.

[1160] Zutreffend *Dreher/Görner*, ZIP 2003, 2321, 2325, die auf weitere Aspekte bei der Frage des Abschluss einer D&O-Versicherung sowie auf steuerrechtliche Fragen in diesem Zusammenhang eingehen.

[1161] Umfassend zur Streitdarstellung vgl. *Littbarski*, AHB, § 3 Rdn. 190 f.; *Späte*, HaftpflichtV, § 3 Rdn. 61.

wehren oder aber – je nach Rechtslage – über die endgültige Höhe des Anspruchs mit dem geschädigten Dritten zu verhandeln oder aber ein Anerkenntnis abzugeben[1162].

Gegen eine Leistungspflicht des Versicherers wendet sich beispielsweise *Littbarski*, sofern der Haftpflichtversicherungsanspruch von vornherein unter dem vereinbarten Selbstbehalt liege[1163]. *Littbarski* stellt dabei vor allem auf den Sinn und Zweck der Vereinbarung eines Selbstbehalts ab. Die eigentlich beabsichtigte Entlastung des Versicherers zur Entlastung von kleineren Fällen ginge ins Leere, da er zumindest in eine sachliche Prüfung der Berechtigung der geltend gemachten Ansprüche eintreten müsste[1164].

Der zuletzt genannten Auffassung ist auch im Zusammenhang mit D&O-Versicherungen zuzustimmen. Auch bei diesem Versicherungstyp würde der Sinn und Zweck eines vereinbarten Selbstbehaltes umgangen, müsste der Versicherer sich mit der Geltendmachung von Schäden befassen, die der Höhe nach unterhalb des Selbstbehaltes angesetzt werden. Denn in diesem Fall würde der Versicherer sachlich einen Bagatellschaden prüfen, was durch einen vereinbarten Selbstbehalt gerade vermieden werden soll[1165]. Es sind darüber hinaus auch keine Gründe ersichtlich, warum die Zielrichtung eines vertraglich vereinbarten Selbstbehaltes im Rahmen von D&O-Versicherungen anders zu beurteilen sein sollte. Somit sind auch D&O Versicherer durch die Vereinbarung eines Selbstbehalts mit der Gesellschaft davor geschützt, sachlich die Geltendmachung von Schäden überprüfen zu müssen, die sich unterhalb des Selbstbehalts bewegen.

bb. Angemessener Selbstbehalt

Was unter einem „angemessenen“ Selbstbehalt zu verstehen ist, legt der Kodex nicht fest. Das Problem ist in der versicherungsrechtlichen Praxis Literatur bislang nicht gelöst worden.

[1162] *Späte*, HaftpflichtV, § 3 Rdn. 61.
[1163] *Littbarski*, AHB, § 3 Rdn. 190.
[1164] *Littbarski*, AHB, § 3 Rdn. 191.
[1165] Vgl. zum Sinn und Zweck des Selbstbehaltes bereits die Ausführung Teil 2 B, S. 193 f.

(1) Ansichten in der Versicherungspraxis

In der Versicherungspraxis ging man bereits seit dem Jahre 2001 davon aus, dass die D&O-Versicherung sich in einer Sanierungskrise befinde[1166]. Infolge zahlreicher amerikanischer und europäischer Bilanzskandale[1167] habe sich bereits nach kurzer Zeit gezeigt, dass zu viele Schäden einer zu weiten Deckung gegenüberstünden[1168]. Bis heute ist diese Ansicht weit verbreitet[1169]. Eine erfolgsversprechende Sanierung der D&O-Versicherungswirtschaft könne deshalb marktgerecht nur erfolgen, wenn u. a. deutlich höhere Selbstbehalte vereinbart würden, als dies derzeit der Fall sei[1170]. Anderenfalls drohe wie in den USA ein explosionsartiger Anstieg der Versicherungsprämien für D&O-Versicherungen, der dazu führen werde, dass für einen Großteil der Unternehmen D&O-Versicherungen nicht mehr finanzierbar seien[1171].

Andere Stimmen diskutieren mit Unternehmen und Versicherungsmaklern unabhängig von diesem Problem, wie der Begriff angemessener Selbstbehalt in Ziff. 3.8 Abs. 2 Kodex grundsätzlich auszulegen ist[1172]. Eine solche Diskussion ist auch erforderlich, weil die Kodex-Kommission bislang lediglich angekündigt hat, sich mit der Angemessenheit des Selbstbehaltes näher zu befassen[1173]. Nähere Stellungnahmen der Kommission liegen hierzu aber bislang nicht vor[1174].

Tendenziell soll zwischen Vorständen und Aufsichtsräten unterschieden werden[1175]. Bei Vorständen wird ein Viertel der festen Jahresbezüge als angemessener Selbstbehalt angesetzt, bei Aufsichtsratsmitgliedern beabsichtigt man, den ange-

---

[1166] Siehe etwa ZfV 2001, 435. In diese Richtung auch *Schlicht*, Jahrestagung 2005 des Deutschen Versicherungs-Schutzverbandes, im Internet abrufbar unter *http://www.dvs-schutzverband.de/press/hpt_2005*.

[1167] Siehe hierzu bereits Teil 1 A, S. 1 ff.

[1168] ZfV 2001, 435; ZfV 2003, 207. *Schmitz/Gloeckner*, AG 2003, R 156, R 158.

[1169] ZfV 2003, 96; *Schmitz/Gloeckner*, AG 2003, R 156 ff.; *Lange*, DB 2003, 1833 ff.

[1170] Vgl. ZfV 2003, 96.

[1171] ZfV 2003, 207 mit Hinweis auf den weltgrößten Konzern General Electric, der infolge des Prämienanstiegs für D&O-Versicherungen im Jahre 2003 insgesamt 22,1 Mio. US-$ aufwenden musste, nach 5,8 Mio. US-$ im Vorjahr.

[1172] ZfV 2003, 275.

[1173] Vgl. Pressemitteilung der Kodex-Kommission vom 08. 11. 2002, abrufbar im Internet unter *http://www.corporate-governance-code.de/News*.

[1174] Näher hierzu *Gelhausen/Hönsch*, AG 2003, 367.

[1175] Überblick bei *Dreher/Görner*, ZIP 2003, 2321, 2327.

messenen Selbstbehalt mit der Höhe eines Jahresbezuges des jeweiligen Aufsichtsratsmitgliedes festzulegen[1176].

In der Unternehmenspraxis zeichnet sich derzeit hingegen keine allgemeine Tendenz im Zusammenhang mit der Vereinbarung von Selbstbehalten in D&O-Versicherungen ab. In den Jahren 2003, 2004 und 2005 haben nicht einmal 50% der an der Frankfurter Wertpapierbörse notierten und nach verschiedenen Studien befragten Unternehmen Ziff. 3.8 Abs. 2 Kodex umgesetzt[1177]. Von den DAX-30 Unternehmen[1178] haben hingegen 21 Gesellschaften einen Selbstbehalt i. S. v. Ziff. 3.8 Abs. 2 Kodex vereinbart: Dazu zählen beispielsweise[1179]:

- *Allianz Aktiengesellschaft*[1180] legt 25% der Jahresfestbezüge der Vorstandsmitglieder und 100% der im Geschäftsjahr gezahlten (Fix-)Bezüge der Aufsichtsratsmitglieder als Selbstbehalt fest;

- *MAN Aktiengesellschaft*[1181] schreibt 100.000 € bei Vorstandsmitgliedern und 100% der Jahresbezüge bei Aufsichtsratsmitgliedern vor;

- *Schering Aktiengesellschaft*[1182] legt 25.000 € bei Aufsichtsratsmitgliedern und 50.000 € bei Vorstandsmitgliedern fest;

- *Deutsche Börse Aktiengesellschaft*[1183] schreibt für alle Organmitglieder pauschal 50% der festen Jahresvergütung vor.

[1176] ZfV 2003, 275.

[1177] Vgl. *v. Werder/Talaulicar*, DB 2005, 841, 845 für das Jahr 2005. S. *v. Werder/Talaulicar/Kolat*, DB 2003, 1857, 1860; *dies.*, DB 2004, 1377, 1381 sowie *Oser/Orth/Wader*, DB 2003, 1337, 1339; *dies.*, BB 2004, 1121, 1123 für die Jahre 2003 und 2004.

[1178] Der Deutsche Aktienindex (DAX) bildet das Segment der größten und umsatzstärksten deutschen Unternehmen (sog. Blue Chips) an der Frankfurter Wertpapierbörse ab, vgl. *Gerke*, Börsenlexikon, S. 223. Von diesen Unternehmen bezeichnet der DAX-30 den seit 1988 täglich ermittelten Aktienindex der 30 stärksten notierten Gesellschaften vgl. *Gerke*, Börsenlexikon, S. 211.

[1179] Übersicht entnommen von *Dreher/Görner*, ZIP 2003, 2321, 2322.

[1180] Vgl. „Der Deutsche Corporate Governance Kodex bei der Allianz AG", im Internet abrufbar unter *http://www.allianzgroup.com.*

[1181] Vgl. „Der Deutsche Corporate Governance Kodex bei der MAN AG", im Internet abrufbar unter *http://www.man.de.*

[1182] Siehe unter *http://www.schering,de/unternehmen/corporategovernance/vorstand.htm.*

[1183] Deutsche Börse AG, Geschäftsbericht 2002, S. 102.

(2) Literaturansichten

Übereinstimmend gehen die Literaturansichten bis auf *Kollmann* davon aus, dass der Sinn und Zweck eines Selbstbehalts, seine verhaltenssteuernde Funktion, nicht durch einen zu niedrig bemessenen Betrag unterlaufen werden dürfe[1184].

Kollmann lehnt Ziff. 3.8 Abs. 2 Kodex vollständig ab. Die Vereinbarung eines Selbstbehaltes widerspreche den Interessen des Unternehmens. D&O-Versicherungen dienten in erster Linie der Absicherung der Gesellschaft und dürften einer angestrebten Eigenbegünstigung von Organmitgliedern grundsätzlich nicht zugute kommen. Außerdem werde die Regelung nicht dazu führen, grob fahrlässiges oder vorsätzliches Verhalten von Organmitgliedern zu begrenzen[1185].

Peltzer schlägt ähnlich wie die Versicherungswirtschaft vor, sich bei der Angemessenheit an den Jahresbezügen des betroffenen Organmitglieds zu orientieren. Ohne Differenzierung zwischen Vorstand und Aufsichtsrat seien aber grundsätzlich etwa ein Viertel der Jahresbezüge als angemessen zu veranschlagen, um auf diese Weise die Sorgfaltsanstrengungen der Organmitglieder zu erhöhen[1186]. Ebenso knüpfen *Schüppen/Sanna* an die Vergütungshöhe an, schlagen aber vor, sowohl die Angemessenheit des Selbstbehalts als auch die Vergütungshöhe von Zeit zu Zeit zu überprüfen, ohne aber ein konkretes Prüfungskonzept vorzugeben[1187].

Für eine Differenzierung zwischen Vorstand und Aufsichtsrat sprechen sich *Seibt*[1188] und *Messmer*[1189] aus. Dies gebiete die verhaltenssteuernde Funktion des Selbstbehaltes. Da die Verhaltensanforderungen an Aufsichtsrat und Vorstand unterschiedlich seien, müsse auch im Rahmen des Selbstbehaltes unterschieden werden. Der Aufsichtsrat habe nach dem AktG besonders verantwortungsvolle Aufgaben, so dass Pflichtverletzungen von Aufsichtsratsmitgliedern in der Regel gravie-

---

1184 Vgl. etwa *Seibt*, AG 2003, 465, 474; *Lange*, DB 2003, 1833, 1835 f.; *ders.*, DStR 2002, 1626, 1627 f.; *Kollmann*, WM-Sonderheft 1, 2003, S. 13; *Schüppen/Sanna*, ZIP 2002, 550, 553; *Peltzer*, NZG 2002, 593, 595; *Schiessl*, AG 2002, 593, 595.

1185 *Kollmann*, WM-Sonderheft 1, 2003, S. 13.

1186 *Peltzer*, NZG 2002, S. 593, 595. S. dazu auch *Ringleb*, in: *Ringleb/Kremer/Lutter/v. Werder*, Kodex, Rdn. 522 f.

1187 *Schüppen/Sanna*, ZIP 2002, 550, 553.

1188 *Seibt*, AG 2003, 465, 474.

1189 *Messmer*, VW 2002, 1384, 1386.

rend seien. Daraus folge, dass der Selbstbehalt von Aufsichtsratsmitgliedern höher anzusetzen sei[1190].

Gegen diese Ansicht wenden sich *Dreher/Görner*. Auf die Art und Wahrscheinlichkeit der Pflichtverletzung könne es nicht ankommen, wesentlich sei allein die Intention eines Selbstbehalts, seine verhaltenssteuernde Wirkung im Allgemeinen zu verwirklichen. Dieser Funktion des Selbstbehalts würde es aber gerade widersprechen, wenn man zwischen den einzelnen Organmitgliedern differenziere. Der Aufsichtsrat habe zwar wichtige, im Verhältnis zum Vorstand aber wenige Aufgaben, während Vorstandsmitglieder im täglichen Geschäft ständig Haftungsrisiken ausgesetzt seien[1191]. Dementsprechend müsse ein praktikabler und angemessener Selbstbehalt in einem festen Abzugsbetrag bestehen, der ausgehend von der fixen Jahresvergütung des jeweiligen Organsmitglieds zu ermitteln sei. Eine besondere Risikoposition dürfe keine Rolle spielen[1192].

Auch *Schiessl* tritt nicht für eine Differenzierung zwischen Aufsichtsrats- und Vorstandsmitglieder ein, sonder weist darauf hin, die deutsche Industrie solle weitestgehend einheitliche Maßstäbe herausarbeiten, was unter dem Begriff Angemessenheit in Ziff. 3.8. Abs. 2 Kodex zu verstehen sei. Zudem sollten Unternehmen, die sich bewusst für einen niedrigen Selbstbehalt entschieden, den genauen Selbstbehalt veröffentlichen. Dadurch würden sie dem Vorwurf mangelnder Transparenz entgehen, wenn sich der vereinbarte Selbstbehalt später als nicht angemessen erweist[1193].

Lange ist der Ansicht, die Kodex-Kommission habe mit ihrer unbestimmten Formulierung in Ziff. 3.8. Abs. 2 Kodex, wenn auch unbewusst, erhebliche Unsicherheiten in der Versicherungswirtschaft hervorgerufen. Zur Beurteilung der Angemessenheit eines Selbstbehalts hätte die Kommission daher bestimmen müssen, ob

---

1190 Nach *Messmer* z. B. in Höhe der fixen Jahresvergütung, vgl. VW 2002, 1384, 1386. *Seibt* geht von einem Regelfall aus, wonach sich der Selbstbehalt an ca. 25-50% des Jahresgrundgehalts für Vorstandsmitglieder oder 50% der Jahresfestvergütung für Aufsichtsräte orientieren könne, AG 2003, 465, 474.

1191 *Dreher/Görner*, ZIP 2003, 2321, 2327.

1192 *Dreher/Görner*, ZIP 2003, 2321, 2329.

1193 *Schiessl*, AG 2002, 593, 595. Ebenso *Schwark*, ZHR-Beiheft 71, 2002, 75, 101; *Dreher/Görner*, ZIP 2003, 2321, 2326.

der Selbstbehalt im Verhältnis zur Versicherungssumme, zum Jahreseinkommen oder im Verhältnis zu irgendeiner anderen Bezugsgröße angemessen sein soll[1194].

(3) Stellungnahme

Brauchbare Ansätze aus der Versicherungswirtschaft sind nicht vorhanden, weil die Diskussion über die Angemessenheit des Selbstbehalts derzeit noch keine konkreten Ergebnisse, sondern lediglich einzelne Tendenzen hervorgebracht hat, deren Entwicklung abzuwarten ist. Dies wird durch die derzeit geringe und keineswegs einheitliche Umsetzung von Ziff. 3.8 Abs. 2 Kodex in der Unternehmenspraxis bestätigt. Die vorhandenen unterschiedlichen Versicherungsmodelle in einzelnen DAX-30 Unternehmen deuten allerdings darauf hin, dass jedes Unternehmen aufgrund seiner individuellen Firmenstruktur den Begriff der Angemessenheit in Ziff. 3.8 Kodex jedenfalls so lange selbst bestimmen wird, wie praxistaugliche Vorgaben durch die Kodex-Kommission hierzu fehlen.

Von den angesprochenen Literaturansichten vermag weitestgehend die Auffassung *Langes* zu überzeugen. Gegen eine vollständige Ablehnung von Ziff. 3.8 Abs. 2 Kodex spricht die grundsätzlich begrüßenswerte Zielrichtung dieser Regelung. Es ist entgegen *Kollmann* durchaus denkbar und sogar zu erwarten, dass sich durch die Vereinbarung eines Selbstbehalts nach dessen oben angesprochenem Sinn und Zweck[1195] die Sorgfaltsanstrengungen der Leitungsorgane in Aktiengesellschaften erhöhen werden. Damit dient Ziff. 3.8 Abs. 2 Kodex gerade auch dem Sicherungsinteresse der Gesellschaft und nicht lediglich einer Eigenbegünstigung der Organmitglieder.

Gegen die Ansicht von *Peltzer* spricht, dass sich die Angemessenheit des Selbstbehalts nicht pauschal nach einem Wert von 25% der Jahresbezüge richten sollte, weil die Unternehmensstrukturen börsennotierter Gesellschaften zu verschieden sind, als dass man für diese Frage einen konkreten Wert festlegen könnte[1196]. Konkrete Zahlen können deshalb nur Richtwertcharakter haben, an welchem sich die Unternehmen bei der individuellen Festlegung der Angemessenheit des Selbstbehalts orientieren können[1197].

[1194] *Lange*, DStR 2003, 1833, 1836.
[1195] Teil 2 B, S. 193 f.
[1196] So auch *Messmer,* VW 2002, 1384 ff.
[1197] Näher dazu im Rahmen der Auseinandersetzung mit der Ansicht *Langes*, Teil 2 B, S. 201.

Die Ansicht in der Literatur, Vorstandsmitglieder und Aufsichtsratsmitglieder deshalb nicht gleich zu beurteilen, weil Arbeitnehmervertreter regelmäßig einen Teil ihres Gehaltes an gewerkschaftliche Organisationen abführen müssten[1198], ist bedenklich. Auch der Hinweis von *Seibt* und *Messmer* überzeugt in diesem Zusammenhang nicht. Weder *Seibt* noch *Messmer* legen dar, welche konkreten Aufgabenzuweisungen durch das Aktiengesetz einen höheren Selbstbehalt von Aufsichtsratsmitgliedern rechtfertigen sollten. In dieser Hinsicht ist die Kritik von *Dreher/Görner* berechtigt. Nicht überzeugend ist allerdings der Verweis von *Dreher/Görner* auf die allgemeine Funktion des Selbstbehalts, die einer Unterscheidung zwischen Aufsichtsratsmitgliedern und Vorstandsmitgliedern entgegenstehen soll. Denn diese Funktion wird nicht dadurch beseitigt, dass im Versicherungsvertrag für verschiedene Mitglieder verschiedene Bezugsgrößen festgelegt werden. Entscheidender ist vielmehr die Frage, nach welchen Maßstäben unterschiedlich festgesetzte Bezugsgrößen bewertet werden sollen und ob die konkrete Firmenstruktur eine unterschiedliche Behandlung von Aufsichtsratsmitgliedern und Vorstandsmitgliedern rechtfertigt.

Zuzustimmen ist der Ansicht *Schiessls* insoweit, dass Unternehmen, die bewusst einen niedrigen Selbstbehalt vereinbaren, diesen vollumfängliche veröffentlichen sollten. Durch einen zu niedrig angesetzten Selbstbehalt entsteht die Gefahr, dass die mit Ziff. 3.8 Abs. 2 Kodex bezweckte Appellfunktion zu sorgfältiger Unternehmensführungs- und -kontrolltätigkeit umgangen wird. Wenn eine Gesellschaft bewusst eine solche Gefahr für die Corporate Governance im Unternehmen hervorruft, ist es ihr zuzumuten, diese Gefahrenquelle auch zu veröffentlichen. Nicht überzeugend ist aber der Vorschlag *Schiessls*, nach dem „die deutsche Industrie" berufen sein soll, allgemeine Maßstäbe für die Angemessenheit des Selbstbehaltes zu erarbeiten. Unklar ist, welche Interessengruppe *Schiessl* genau mit der deutschen Industrie meint, die nach seiner Auffassung den Begriff Angemessenheit in Ziff. 3.8 Abs. 2 Kodex ausfüllen soll. Aus der Unternehmenspraxis ist derzeit eine solche Entwicklung jedenfalls nicht zu erwarten. Denn die Empfehlung des Kodex zum Selbstbehalt bei D&O-Versicherungen wird von deutschen Unternehmen bislang nur zurückhaltend umgesetzt[1199]. Dies ist darauf zurückzuführen, dass brauchbare rechtliche Maßstäbe zur Angemessenheit des Selbstbehalts für die deutsche

---

[1198] *Ringleb/Kremer/Lutter/v. Werder*, Kodex, Rdn. 523. Siehe dazu *Köstler/Kittner/Zachert/Müller*, Aufsichtsratspraxis, Rdn. 706. Dagegen aber *Dreher/Görner*, ZIP 2003, 2321, 2328, die anführen, dass auch die Arbeitnehmervertreter gleichberechtigte und gleichverpflichtete Mitglieder im Aufsichtsrat seien. Siehe dazu auch *Schmidt*, Arbeitshilfe von ver.di zum Deutschen Corporate Governance Kodex, im Internet abrufbar unter *http://www.verdi.de.*

[1199] Siehe bereits oben Teil 2 B, S. 196 f.

Unternehmenspraxis gerade fehlen. Es ist deshalb zu wünschen, dass die Kodex-Kommission so bald wie möglich entsprechend ihrer Ankündigung[1200] den Begriff Angemessenheit des Selbstbehalts in Ziff. 3.8 Abs. 2 Kodex näher konkretisiert. Dazu ist es nach der zutreffenden Ansicht *Langes* erforderlich, dass die Kodex-Kommission konkrete Bezugsgrößen für die Angemessenheit des Selbstbehalts formuliert, an denen sich die Gesellschaften orientieren können. Diese können aber, wie dargelegt, nur Richtwerte darstellen. Anhand dieser Richtwerte sollte jede Gesellschaft unter Berücksichtigung aller firmenspezifischen Umstände dann selbst entscheiden, welchen Selbstbehalt sie aufgrund der konkreten firmenspezifischen Situation für angemessen erachtet[1201].

Im Ergebnis sollte die Kodex-Kommission ein allgemeines Modell für D&O-Versicherungen in die Anlage zum Kodex[1202] aufnehmen. Dieses Modell sollte zunächst klarstellen, dass eine Rechtspflicht zum Abschluss von D&O-Versicherungen nicht besteht, eine solche Versicherung mit der Vereinbarung eines Selbstbehalts gemäß Ziff. 3.8 Abs. 2 Kodex aber eine verhaltenssteuernde Wirkung auf die Vorstands- und Aufsichtsratsmitglieder einer Aktiengesellschaft entfalten kann. Im Folgenden sollten allgemeine Richtwerte zur Angemessenheit des Selbstbehaltes in das Modell integriert werden. Auszugehen ist dabei von der wirtschaftlichen Leistungsfähigkeit des einzelnen Organmitgliedes, wobei allerdings ein individuell auf das Vermögen des einzelnen Mitglieds bezogener Selbstbehalt ausscheidet[1203]. Als Maßstab für die finanzielle Leistungsfähigkeit und somit als Kriterium für die Angemessenheit kommt deshalb nur die Vergütung des Organmitglieds in Betracht. Welche zusätzlichen Faktoren bei der Angemessenheit des Selbstbehalts zu berücksichtigen sind, hat jedes Unternehmen selbst festzulegen. Dies sollte das Modell klarstellen. So hängt es von den im jeweiligen Unternehmen vereinbarten Vergütungsmodellen ab, ob bei der Bezugsgröße für die Angemessenheit des Selbstbehalts an fixe[1204] oder feste Bestandteile anzuknüpfen ist. Desweiteren hängt es von dem in der Vergangenheit gezeigten Verhalten der Organmitglieder ab, ob die Schadenswahrscheinlichkeit und die drohende Schadenshöhe bei der

---

1200 Vgl. Fn. 1173.

1201 So beispielsweise *Ringleb/Kremer/Lutter/v. Werder*, Kodex, Rdn. 522.

1202 S. o. Teil 2 B, S. 138 ff.

1203 *Dreher/Görner*, ZIP 2003, 2321, 2326 mit dem Hinweis in Fn. 82 darauf, dass auch im Arbeitsrecht allenfalls ein Fragerecht des Arbeitgebers nach den Vermögensverhältnissen (Schulden etc.) in bestimmten Fällen zulässig ist.

1204 Fixe Bestandteile der Vergütung von Organmitgliedern sind beispielsweise die bereits dargestellten Aktienoptionen für Führungskräfte, s. o. Teil 1 B, S. 11 f.

Bemessung der Angemessenheit zu berücksichtigen sind[1205]. Eine Privilegierung der Arbeitnehmervertreter im Aufsichtsrat bei der Vereinbarung eines angemessenen Selbstbehalts kommt auch dann nicht in Betracht, wenn diese tatsächlich Beträge an gewerkschaftliche Einrichtungen abzuführen haben. Denn dagegen spricht der Grundsatz, dass alle Mitglieder im Aufsichtsrat gleich zu behandeln sind[1206].

Zusätzlich zu den Richtwerten zur Angemessenheit des Selbstbehalts sollte das Modell noch kurze Hinweise zur konkreten Umsetzung im Versicherungsvertrag enthalten. Denkbar wäre die Vereinbarung eines Individualselbstbehalts, der an die individuelle Vergütung des einzelnen Organmitglieds angepasst wird. Möglich wäre aber auch ein pauschalierter Selbstbehalt, der in gleicher Höhe für alle Organmitglieder oder für die Mitglieder eines Organs vereinbart wird (Pauschalselbstbehalt)[1207]. Welche Art der Vereinbarung für die einzelne Gesellschaft vorzugswürdig ist, hängt von ihrer individuellen Vergütungspraxis ab. Werden weitestgehend gleichmäßige Vergütungen gezahlt, bietet sich ein Pauschalselbstbehalt an. Im anderen Fall stellen Individualselbstbehalte die gerechtere Variante dar. Deren Kalkulation ist allerdings mit einem erheblichen versicherungstechnischen Aufwand verbunden[1208], so dass die Vereinbarung von Individualselbstbehalten deutlich kostenintensiver sein dürfte.

5. Zusammenfassung

Zusammenfassend lässt sich für die Abschnitte „Zusammenwirken von Vorstand und Aufsichtsrat“, „Vorstand“ und „Aufsichtsrat“ des Deutschen Corporate Governance-Kodex festhalten, dass sie das Kernstück des Regelwerks mit einem eindeutigen Schwerpunkt auf den Aufsichtsrat darstellen. Das lässt sich sowohl anhand der mehrheitlich an den Aufsichtsrat gerichteten Regelungen des Kodex als auch durch seine Aufbaustruktur belegen. Die Organisations- und Verhaltensvorschriften dieser Abschnitte sind in erster Linie darauf gerichtet, die Kommunikations- und Informationskultur in deutschen Aktiengesellschaften zu verbessern und damit

---

[1205] Dagegen beispielsweise *Dreher/Görner*, ZIP 2003, 2321, 2327, die eine Aufteilung nach Risikosphären etwa im Vorstand wegen dessen Gesamtverantwortung ablehnen. Dafür aber *Küppers/Dettmeier/Koch*, DStR 2002, 199, 202.

[1206] Zu diesem Grundsatz etwa *Lutter/Krieger*, Rechte und Pflichten des Aufsichtsrats, Rdn. 691 ff.; *Raiser*, Recht der Kapitalgesellschaften, § 15 Rdn. 101. Gegen eine Privilegierung der Arbeitnehmervertreter zutreffend auch *Dreher/Görner*, ZIP 2003, 2321, 2328.

[1207] Näher *Dreher/Görner*, ZIP 2003, 2321, 2327.

[1208] Nach *Dreher/Görner*, ZIP 2003, 2321, 2327 jedenfalls dann, wenn sich ein Individualselbstbehalt auf die Prämienhöhe auswirkt.

nachhaltig zu einer besseren Corporate Governance-Struktur beizutragen. Dies soll durch einen verbesserten Informationsaustausch zwischen, aber auch innerhalb der beiden Leitungsorgane, durch ein intensiveres Zusammenwirken von Vorstand und Aufsichtsrat sowie durch die Offenlegung von Interessenkonflikten einzelner Organmitglieder erreicht werden. Darauf zielen auch die Neuregelungen des TransPuG zur Berichtspflicht des Vorstandes gemäß § 90 AktG i. d. F. des TransPuG ab.

IV. Transparenz gemäß Ziff. 6 Kodex

Einige Transparenzregelungen des Kodex wie beispielsweise Ziff. 2.3.1[1209], 2.3.3[1210], 2.3.4[1211], 3.4[1212], 3.5[1213], 5.2[1214], 5.3[1215], 5.5[1216] und des TransPuG sind bereits angesprochen worden. Dieser Abschnitt greift weitere besonders wichtige Transparenzregelungen des Kodex heraus, die vor allem die Offenlegung der Vergütung der Vorstands- und Aufsichtsratsmitglieder betreffen.

1. Sinn und Zweck von Transparenzregelungen

Die Verbesserung der Transparenz interner und externer Unternehmensvorgänge und damit der für den Kurswert des Unternehmens maßgeblichen Daten[1217] ist ein weiteres Hauptziel der Corporate Governance-Diskussion[1218]. Seit langem plädieren einige Stimmen dafür, dass eine effiziente und erfolgreiche Corporate Governance nur dann wirklich erreicht werden könne, wenn den handelnden Personen in den Leitungsorganen der Gesellschaft bewusst werde, dass vor allem die Kontrolle durch den Aufsichtsrat und die Transparenz deutlich verbessert werden müssen[1219]. Es sei immer noch gang und gäbe, Abschlüsse und sonstige Unternehmensinformationen in geschönter Weise darzustellen und nach Wegen zu suchen, negative In-

---

[1209] S. o. Teil 2 B, S. 80 f.
[1210] S. o. Teil 2 B, S. 114 f.
[1211] S. o. Teil 2 B, S. 80 f. u. 118.
[1212] S. o. Teil 2 B, S. 186.
[1213] S. o. Teil 2 B, S. 186 f.
[1214] S. o. Teil 2 B, S. 95, 121 ff.
[1215] S. o. Teil 2 B, S. 135 ff.
[1216] S. o. Teil 2 B, S. 155 ff.
[1217] *Ulmer*, ZHR 2002, 150, 153.
[1218] *Baums*, Bericht der Regierungskommission Corporate Governance, S. 2.
[1219] Siehe etwa *Schiessl*, AG 2002, 593, 594.

formationen nicht oder nur versteckt zu berichten[1220]. Die Shareholder Value-Diskussion, bei der es um die Frage geht, dass sich die Unternehmenspolitik vor allem an der Steigerung des Unternehmenswertes und damit der Erhöhung des Anlegerkapitals zu orientieren habe[1221], versuchte diesem Umgang mit Informationen entgegenzuwirken, war aber letztlich erfolglos[1222]. Der Unternehmenswert lässt sich langfristig nicht mit einer geschönten Unternehmensgeschichte steigern oder gar aufrechterhalten. Dieses Ziel erfordert im Gegenteil gerade eine umfassende Transparenz durch ungeschönte Information[1223].

2. Offenlegung von Vergütungen

Der Deutsche Corporate Governance-Kodex versucht durch eine Vielzahl von Regelungen, die sich nicht auf den Abschnitt in Ziff. 6 beschränken, die Bedeutung der Transparenz hervorzuheben. Besonders deutlich wird dieses Bemühen in Ziff. 4.2.4 Kodex[1224]:

> „Die Vergütung der Vorstandsmitglieder soll im Anhang des Konzernabschlusses aufgeteilt nach Fixum, erfolgsbezogenen Komponenten[1225] und Komponenten mit langfristiger Anreizwirkung ausgewiesen werden. Die Angaben sollen individualisiert erfolgen."

Hintergrund für die detaillierte Offenlegung der Vergütung von Organmitgliedern war bereits ein Vorschlag der *Baums*-Kommission mit dem Hinweis darauf, für sämtliche Unternehmensbeteiligte, für seine Gläubiger und für an einer Anlage interessierte Investoren sei die Information über erfolgsorientierte Vergütungen im

---

[1220] *Schiessl*, AG 2002, 593, 594.

[1221] Zum Shareholder Value-Ansatz siehe bereits oben Teil 1 B, S. 23 f.

[1222] Hierzu *Ulmer*, AcP 2002, 144, 155 ff.; *Seibert*, AG 2002, 417, 419; *Schmidt/Spindler*, FS für Kübler, 1997, S. 515.

[1223] *Schiessl*, AG 2002, 593, 594.

[1224] Die individualisierte Offenlegung der Vorstandsgehälter forderte bereits die EU-Kommission in ihrem Aktionsplan vom 21. 05. 2003. Vgl. *Kommission*, KOM(2003) 284 endg. Siehe dazu oben Teil 1 B, S. 38 ff. sowie speziell zur Änderung im Zusammenhang mit Vorstandsvergütungen *Thüsing*, DB 2003, 1612 ff.

[1225] Die Offenlegung von Stock-Options wurden bereits durch das KonTraG eingeführt, vgl. *Seibert*, NZG 2002, 608, 613. Zustimmend hierzu *Dunsch*, BB 2003, Die Erste Seite.

Unternehmen besonders wichtig[1226]. Dieser Vorschlag orientierte sich an den Standards des internationalen, insbesondere des US-amerikanischen Kapitalmarktrechts[1227].

Die US-amerikanischen Kapitalmarktvorschriften der SEC[1228] zur Publizität von Vergütungen wurden auf Anregung des damaligen Vorsitzenden *Breeden*[1229] 1992 umfassend neu gestaltet. Auf der Grundlage von Section 14 (a) des Securities and Exchange Acts von 1934 hatte die SEC zwar zahlreiche Rechtsvorschriften zu Publizitätspflichten der Unternehmen erlassen. Dazu gehörte u. a. auch die Pflicht, die Aktionäre im Rahmen eines sog. proxy statements[1230] über die an die Unternehmensleitung gezahlten Vergütungen zu informieren[1231]. Nach der bisherigen Unternehmenspraxis in den USA erfolgte diese Information aber nur unzureichend und in häufig unverständlicher Form, vereinzelt wurde sogar der Vorwurf der bewussten Verschleierung von ausbezahlten Gehältern an die Führungskräfte erhoben[1232]. Die einzelnen Elemente der Vergütung seien häufig im Text und in den Fußnoten der proxy-statements verstreut und nur mit großem Aufwand zu dechiffrieren gewesen[1233]. Daraufhin trat am 15. Oktober 1992 die Änderung der Publizitätsvor-

---

[1226] *Baums*, Bericht der Regierungskommission Corporate Governance, Rdn. 45 und Rdn. 257 f. Dazu auch *Schwark*, ZHR-Beiheft 71, 2002, 75, 97; *Schiessl*, AG 2002, 593, 598. Der Vorschlag ging seinerseits zurück auf entsprechende Empfehlungen des Deutschen Standardisierungsrats, wonach im Anhang über Optionsprogramme detailliert zu berichten sowie eine entsprechende Verpflichtung über alle Vergütungsbestandteile in den Code of Best Practise aufzunehmen sei, *Schwark*, ZHR-Beiheft 71, 2002, 75, 98.

[1227] Überblick bei *Baums*, Bericht der Regierungskommission Corporate Governance, Rdn. 257.

[1228] Securities Exchange Commission. Der gesamte Vorschriftenkatalog der US-amerikanischen Börsenaufsichtsbehörde ist im Internet abrufbar unter *http://www.sec.gov*. Zur näheren Funktion der SEC im US-amerikanischen Kapitalmarktsystem vgl. etwa *Wüstemann*, BB 2002, 718, 721 ff.; *Coenenberg*, Jahresabschluss, S. 61; *Born*, Rechnungslegung international, S. 242 ff.; *Winnefeld*, BilanzHdb, Einf. Rdn. 301 f.

[1229] *Tegtmeier*, Diss., S. 184 mit Hinweis auf *Breeden*, Statement on Executive Compensation Issues vom 13. 02. 1992. Siehe dazu auch *Weiß*, Diss., S. 18.

[1230] Unter „Proxy" wird im US-amerikanischen Kapitalmarktrecht eine Stimmrechtsvollmacht verstanden, vgl. *Weiß*, Diss., S. 16 mit Fn. 62. *Tegtmeier*, Diss., S. 182.

[1231] *Tegtmeier*, Diss., S. 182.

[1232] *Tegtmeier*, Diss., S. 185.

[1233] *Weiß*, Diss., S. 17.

schriften der SEC in Kraft[1234]. Kernregelung der geänderten vergütungsbezogenen Publizitätsvorschriften der SEC ist die Regulation S-K, Item 402[1235]. Danach müssen der CEO[1236] sowie diejenigen weiteren Führungsmitglieder, die abgesehen vom CEO das höchste Einkommen im Unternehmen erhalten haben, ihr Gehalt in einer nach einzelnen Vergütungsposten aufgeschlüsselten Tabelle[1237] offenlegen, sofern die jährliche Barvergütung, bestehend aus Grundgehalt und Bonus, US-$ 100.000 überschreitet[1238].

Eine so weitgehende personenbezogene Aufschlüsselung der Vergütungen jedes einzelnen Führungsmitglieds wie dies das dargestellte US-amerikanische Kapitalmarktrecht in Regulation S-K, Item 402, enthält, sah der Vorschlag der *Baums*-Kommission allerdings nicht vor[1239]. Die *Baums*-Kommission hielt dies schlicht nicht für geboten[1240]. Das wurde vereinzelt kritisiert, da die Offenlegung gesonderter personenbezogener Informationen führender Unternehmensbeteiligter nicht nur in den USA, sondern auch in einigen Mitgliedstaaten der EG[1241] vorgeschrieben sei[1242].

Der Deutsche Corporate Governance Kodex entspricht in seiner jetzigen Fassung im Zusammenhang mit der Offenlegung der Vergütungen weitestgehend internationalen Standards. Gleiches gilt für die Vergütung der Aufsichtsratsmitglieder nach der neu eingeführten Ziff. 5.4.7 Abs. 3 Kodex:

1234 Securities Act Release 33-6962, Securities Exchange Act Release No. 34-31327, 57 Fed. Reg. 48, S. 126 (1992). Betroffen waren folgende Regulations: S-K, Items 402 (17 CFR § 229.402), 403 (17 CFR § 229.403), Schedule 14A, Items 8 und 10 (17 CFR § 240.14a-110, Items 8 und 10), Form 10-K, Items 11 und 14 (17 CFR § 249.310, Items 11 und 14); S-B, Items 402 (17 CFR § 228.402), 403 (17 CFR § 228.403), 601 (17 CFR § 228.603) sowie Form 10-KSB, Item 13 (17 CFR § 249.310B, Item 13). Vgl. dazu *Tegtmeier*, Diss., S. 192 ff.

1235 *Tegtmeier*, Diss., S. 193.

1236 Zum Begriff Chief Executive Officer vgl. bereits Teil 1 B, S. 13 f.

1237 Summary Compensation Tabelle. Dazu *Weiß*, Diss., S. 19 sowie *Tegtmeier*, Diss., S. 194.

1238 Schedule 14A, Item 8, Form 10-K in Verbindung mit S-K, Item 402, 17 CFR § 229.402 (a) (3).

1239 Dazu *Schwark*, ZHR-Beiheft 71, 2002, 75, 98.

1240 *Baums*, Bericht der Regierungskommission Corporate Governance, Rdn. 258.

1241 Zu mit den US-amerikanischen Publizitätsvorschriften vergleichbaren Regelungen in Großbritannien, Irland und den Niederlanden vgl. etwa *Baums*, Bericht der Regierungskommission Corporate Governance, Rdn. 257.

1242 *Schwark*, ZHR-Beiheft 71, 2002, 75, 98.

„Die Vergütung der Aufsichtsratsmitglieder soll im Corporate Governance Bericht individualisiert, aufgegliedert nach Bestandteilen ausgewiesen werden. Auch die vom Unternehmen an die Mitglieder des Aufsichtsrats gezahlten Vergütungen oder gewährten Vorteile für persönlich erbrachte Leistungen, insbesondere Beratungs- und Vermittlungsleistungen, sollen individualisiert im Anhang zum Konzernabschluss gesondert angegeben werden."

Daneben hat die Kodex-Kommission die Transparenzbestimmungen des Regelwerks im Jahr 2003 auch in zahlreichen anderen Punkten nachgebessert. Insgesamt fünf Empfehlungen sollen für mehr Transparenz sorgen und die Angemessenheit der Vorstandsbezüge nachvollziehbar machen[1243]:

- Für außergewöhnliche, nicht vorhersehbare Kursentwicklungen soll der Aufsichtsrat bei der Formulierung von Aktienoptionsprogrammen[1244] eine Begrenzungsmöglichkeit (sog. Cap) vorsehen. Damit soll verhindert werden, dass hohe Aktienkurse zwangsläufig eine auf Aktienoptionen basierende hohe Vergütung nach sich ziehen[1245], Ziff. 4.2.3 Abs. 2 Kodex.

- Die Werte der Aktienoptionen sollen offengelegt werden[1246], Ziff. 4.2.3 Abs. 3 S. 2 Kodex.

- Die Grundzüge der Vergütungssysteme sollen auf der Internetseite der Gesellschaft in allgemein verständlicher Form bekannt gemacht und im Geschäftsbericht erläutert werden[1247], Ziff. 4.2.3 Abs. 3 S. 1 Kodex.

- Der Vorsitzende des Aufsichtsrats soll die Hauptversammlung über die Grundzüge des Vergütungssystems und deren Veränderungen informieren[1248], Ziff. 4.2.3 Abs. 4 Kodex.

[1243] AG 2003, R 287; *Ihrig/Wagner*, BB 2003, 1625; Pressemitteilung der Kodex-Kommission vom 21. Mai 2003, S. 1.
[1244] Zum Begriff vgl. Teil 1 B, S. 11 f.
[1245] AG 2003, R 287. Pressemitteilung der Kodex-Kommission vom 21. Mai 2003, S. 1.
[1246] AG 2003, R 287. Pressemitteilung der Kodex-Kommission vom 21, Mai 2003, S. 2.
[1247] AG 2003, R 287. Pressemitteilung der Kodex-Kommission vom 21, Mai 2003, S. 2.
[1248] AG 2003, R 287. Pressemitteilung der Kodex-Kommission vom 21, Mai 2003, S. 2.

Mittlerweile hat der Bundesgesetzgeber die Empfehlungen des Kodex jedenfalls zur Offenlegung von Vorstandsmitgliedern durch das Vorstandsvergütungs-Offenlegungsgesetz (VorstOG) vom 03. 08. 2005[1249] zur gesetzlichen Pflicht erklärt. Zu diesem Zweck wurde vor allem § 285 S. 1 Nr. 9 a) HGB geändert, wonach bei börsennotierten Aktiengesellschaften in der Bilanz zusätzlich unter Namensnennung die Bezüge jedes einzelnen Vorstandsmitglieds gesondert anzugeben sind, aufgeteilt nach erfolgsunabhängigen und erfolgsbezogenen Komponenten[1250]. Die Einführung dieser gesetzlichen Pflicht erklärte die im Jahre 2005 amtierende Bundesministerin der Justiz *Zypries*[1251] damit, dass börsennotierte Aktiengesellschaften Ziff. 4.2.4 Kodex nur unzureichend beachtet hätten[1252]. Außerdem sollte durch das VorstOG die bereits oben angesprochene EU-Empfehlung vom 06. 10. 2004 über eine Pflicht zur Offenlegung von Vorstandsgehältern wirksam in nationales Recht umgesetzt werden[1253].

3. Stellungnahme

Die Tendenz der gesetzlichen Vorschriften des TransPuG, des VorstOG und derjenigen des Kodex zu einer umfassenden Offenlegung der Vergütungen von Organmitgliedern ist zu begrüßen. Die Bezüge deutscher Topmanager lagen zwar lange im internationalen Vergleich zurück, sie sind aber in Anlehnung an internationale Standards im Jahre 2002 deutlich angehoben worden[1254]. So erhielten beispielswei-

---

[1249] S. dazu oben Teil 1 B, S. 56.

[1250] S. dazu beispielsweise *Spindler*, NZG 2005, 689 ff.; *Fleischer*, DB 2005, 1611 ff.

[1251] Vgl. zum Ganzen die Pressemitteilung des Bundesministeriums der Justiz vom 11. 03. 2005, S. 1. Zur vorangegangenen Diskussion vgl. *Zypries*, FAZ v. 03. 08. 2004, S. 9 mit Zustimmung von *Stoiber* (CSU). In diese Richtung gingen bereits die Empfehlungen der EU-Kommission in ihrem Konsultationspapier vom 05. 05. 2004. Vgl. dazu *Habersack*, ZHR 2004, 373, 379; *Maul/Lanfermann*, BB 2004, 1861, 1866 f.; *Köhler/Meyer/Mauelshagen*, BB 2004, 2623, 2626. Am 06. 10. 2004 hat die EU-Kommission diese Empfehlungen verabschiedet, vgl. dazu die Pressemitteilung der EU-Kommission vom 06. 10. 2004, IP/04/1183.

[1252] Lediglich 23% der nach verschiedenen Studien befragten und an der Frankfurter Wertpapierbörse notierten Unternehmen haben im Jahr 2004 die Gehälter ihrer Vorstandsmitglieder offengelegt, vgl. *v. Werder/Talaulicar/Kolat*, DB 2004, 1377, 1379. Ähnlich *Oser/Orth/Wader*, BB 2004, 1121, 1125.

[1253] S. o. Teil 1 B, S. 43.

[1254] Dazu Managermagazin 2003, Heft 7, S. 108 ff.

se *Jürgen Schrempp*[1255] 10.820.000 €, *Henning Kagermann*[1256] 7.500.000 €, *Josef Ackermann*[1257] 6.950.000 € und *Heinrich von Pierer*[1258] 3.110.000 € Jahresgehalt. Diese Entwicklung rechtfertigt eine Verschärfung der vergütungsbezogenen Publizitätsvorschriften, selbst wenn in der Bundesrepublik Deutschland keine US-amerikanischen Dimensionen erreicht werden, wie beispielsweise im Fall des Unternehmers *Michael Dell*, CEO des gleichnamigen Unternehmens, der 2001 ein Jahresgehalt von 236 Millionen US-$ bezog[1259]. Aufgrund der unterschiedlichen rechtlichen und wirtschaftlichen Rahmenbedingungen zwischen dem US-amerikanischen, monistischen Corporate Governance-System und dem deutschen, dualistischen Corporate Governance-System sind Gehaltszahlungen in solcher Höhe an Vorstände in deutschen Unternehmen nicht zu erwarten.

Dennoch zeigte die Unternehmenspraxis in der Bundesrepublik Deutschland zur Vergütung von Führungskräften 2002 eine eindeutige Tendenz zur Zahlung von Spitzengehältern, die sich deutlich an der internationalen Vergütungspraxis orientiert und weiter orientieren wird. Ob diese Tendenz rechtlich zulässig ist, bestimmt sich nach § 87 Abs. 1 S. 1 AktG. Die Vergütung muss nach dieser Vorschrift in einem angemessenen Verhältnis zu den Aufgaben des Vorstandsmitglieds stehen. Die Angemessenheit lässt sich aber nur dann beurteilen, wenn die Vergütung jedes einzelnen Vorstandsmitglieds, aufgeschlüsselt nach erfolgsunabhängigen und erfolgsbezogenen Komponenten, tatsächlich offengelegt wird. In der Vergangenheit war dies nur vereinzelt der Fall. So informierten beispielsweise im Jahre 2005 lediglich 34,5% der nach einer Studie von *v. Werder/Talaulicar* befragten und an der Frankfurter Wertpapierbörse notierten Gesellschaften[1260] den Kapitalmarkt über die individuelle Vergütung ihrer Vorstandsmitglieder. Die Einführung einer gesetzli-

---

[1255] Zu diesem Zeitpunkt Vorstandsvorsitzender von DaimlerChrysler, vgl. Managermagazin 2003, Heft 7, S. 46. Im Vergleich zu 2001 wurde die Gesamtvergütung des Vorstandes von DaimlerChrysler auf insgesamt 50 Millionen € um 130,9% erhöht. Bei Siemens erfolgte eine Erhöhung um 61,2%, bei Lufthansa um 104,5%, bei SAP ging die Gesamtvergütung allerdings um 8,9% und bei der Deutschen Bank sogar um 15,6% zurück, vgl. Managermagazin 2003, Heft 7, S. 50 mit näheren Vergütungsangaben zu weiteren Unternehmen.

[1256] Zu diesem Zeitpunkt Vorstandsvorsitzender von SAP, vgl. Managermagazin 2003, Heft 7, S. 46.

[1257] Zu diesem Zeitpunkt Vorstandsvorsitzender der Deutschen Bank, vgl. Managermagazin 2003, Heft 7, S. 47.

[1258] Zu diesem Zeitpunkt Vorstandsvorsitzender von Siemens, vgl. Managermagazin 2003, Heft 7, S. 47.

[1259] Wirtschaftsmitteilung des Nachrichtensenders ntv vom 8. April 2003, im Internet abrufbar unter *http://www.ntv.de/3152419.html*.

[1260] *v. Werder/Talaulicar*, DB 2005, 841 ff.

chen Pflicht zur Offenlegung der Vergütung jedes einzelnen Vorstandsmitglieds durch das VorstOG ist daher zu begrüßen.

V. Rechnungslegung und Abschlussprüfung gemäß Ziff. 7 Kodex

Der letzte Abschnitt des Deutschen Corporate Governance-Kodex unterteilt sich in die zwei selbständigen Unterabschnitte „Rechnungslegung", Ziff. 7.1 Kodex und „Abschlussprüfung", Ziff. 7.2 Kodex. Größere Bedeutung kommt dabei den Regelungen über die Abschlussprüfung zu, die im Wesentlichen die Vergabe des Prüfungsauftrags an den Abschlussprüfer durch den Aufsichtsrat und die dabei zu beachtenden Anforderungen an den Abschlussprüfer regeln[1261]. Die Regelungen des Kodex über die Rechnungslegung haben schwerpunktmäßig die Informationsfunktion des Konzernabschlussberichtes gegenüber Anteilseignern und Dritten zum Gegenstand.

Auch der siebte Abschnitt setzt einige Vorschläge der *Baums*-Kommission um. Diese setzt sich im letzten Kapitel ihres Berichts umfangreich mit der Verbesserung der Rechnungslegung und Abschlussprüfung in deutschen Aktiengesellschaften und ihrer Anpassung an internationale Rechnungslegungsstandards auseinander[1262]. Die Vorschläge der Regierungskommission hierzu stießen in der Literatur weitestgehend auf Zustimmung[1263]. Im Folgenden soll zunächst ein kurzer Überblick über die globale Entwicklung des Bilanzrechts gegeben werden, bevor auf die Regelungen des Kodex zur Rechnungslegung und Abschlussprüfung im Einzelnen eingegangen wird.

1. Nationale und globale Entwicklungen im Bilanzrecht

Das Bilanzrecht ist in der Bundesrepublik Deutschland vorwiegend im dritten Buch des HGB (§§ 238 bis 342 HGB) geregelt. Erst im Jahre 1985 wurde es staatliches Recht und setzt in großen Teilen die 4.[1264], 7.[1265] und 8. gesellschaftsrechtliche EU-

---

[1261] *Ulmer*, ZHR 2002, 150, 155.

[1262] *Baums*, Bericht der Regierungskommission Corporate Governance, Rdn. 266 ff. (6. Kapitel).

[1263] Etwa *Hopt*, ZHR-Beiheft 71, 2002, 27, 65 f.

[1264] ABl. EG Nr. L 222 (78/660/EWG) vom 25. Juli 1978. Dazu *Habersack*, Europäisches GesR, Rdn. 265 sowie Rdn. 315. *Schwarz*, EuropGesR, Rdn. 384 m. w. N. zur Entwicklung der Richtlinie sowie zur Stellungnahme des Europäischen Parlaments (EP) und des Wirtschafts- und Sozialausschusses (WSA).

[1265] ABl. EG Nr. L 193 (83/349/EWG) vom 13. Juni 1983. Dazu *Habersack*, Europäisches GesR, Rdn. 291 ff sowie Rdn. 316; *Schwarz*, EuropGesR, Rdn. 385.

Richtlinie[1266] um[1267]. Seit dieser Zeit hat sich die Zahl deutscher Unternehmen, die sich um internationale Kapitalgeber bemühen, stetig erhöht[1268]. Sofern eine deutsche Gesellschaft etwa den US-amerikanischen Kapitalmarkt in Anspruch nehmen will[1269], muss sie nach den dort geltenden Regeln bilanzieren. Im Falle des Börsenplatzes New York sind dies derzeit die Generally Accepted Accounting Principles (US-GAAP)[1270]. Da die US-GAAP von den Vorschriften des deutschen HGB teilweise erheblich abweichen[1271], besteht für ein solches Unternehmen das Problem, sowohl nach US-amerikanischem als auch nach deutschem Recht bilanzieren zu müssen[1272]. Um dieser doppelten Rechnungslegungspflicht entgegenzuwirken, hatte der Gesetzgeber durch das Kapitalaufnahmeerleichterungsgesetz vom 20. April 1998[1273] mit § 292a HGB zunächst eine bis Ende 2004 befristete Möglichkeit eröffnet, wonach ein Konzern – neben weiteren Voraussetzungen – nicht nach deutschem Recht zu bilanzieren braucht, wenn er stattdessen einen Konzernabschluss aufstellt, der international anerkannten Rechnungslegungsstandards genügt[1274]. Als

---

[1266] ABl. EG Nr. L 126 (84/253/EWG) vom 10. April 1984. Dazu *Habersack*, Europäisches GesR, Rdn. 312 ff sowie Rdn. 318; *Schwarz*, EuropGesR, Rdn. 386.

[1267] Bilanzrichtlinien-Gesetz vom 19. Dezember 1985, vgl. BGBl. 1985 I, S. 2355. Dazu *Schulze-Osterloh*, ZIP 2001, 1433, 1437. Kritisch zur Umsetzung *Hucke/Ammann*, DStR 2002, 689, 693. Umfassend zu den Entwicklungen im deutschen Bilanzrecht BuW 2001, 881-886 sowie 925-932; *Claussen*, FS für Ulmer, 2003, S. 801 ff.

[1268] Zu den derzeit an internationalen Börsen notierten deutschen Unternehmen vgl. bereits Teil 1 B, S. 23 f. Die wirtschaftliche Entwicklung international notierter deutscher Unternehmen wird für das Jahr 2003 allein für die Branchen Chemie, Auto und Banken vorsichtig positiv bewertet, vgl. Capital 2003, Heft 1, S. 48 ff.

[1269] Deutsche Unternehmen, die sich etwa an der NYSE oder der London Stock Exchange notieren lassen wollen, müssen den dortigen Zulassungsvoraussetzungen (Listing-Rules) entsprechen. Zu den für den US-Kapitalmarkt erforderlichen ADR-Programmen siehe bereits oben Teil 1 B, S. 24.

[1270] Vgl. *Adolphsen*, RabelsZ 2004, 154, 157; dazu *Habersack*, Europäisches GesR, Rdn. 289. Umfassend *Winnefeld*, BilanzHdb, Einf. Rdn. 300 ff.

[1271] *Pape/Heintges*, in: *v. Rosen*, Zugang zum US-Kapitalmarkt, S. 201 ff.

[1272] Nach *Schulze-Osterloh*, ZIP 2001, 1433, 1437 ist davon allerdings nicht der Jahresabschluss der einzelnen AG, sondern der Konzernabschluss, in dem die Zahlen aller zu einem Konzern gehörenden Unternehmen zusammengefasst werden. Dieser werde den Investitionsentscheidungen der Anleger zugrunde gelegt.

[1273] BGBl. I 2002, S. 707.

[1274] *Adolphsen*, RabelsZ 2004, 154, 162 ff. und 172 ff., der umfassend die verfassungsrechtliche Zulässigkeit dieser Regelung untersucht. Siehe im Übrigen zu dieser Regelung *Schulze-Osterloh*, ZIP 2001, 1433, 1437; *Baumbach/Hopt*, HGB, § 292a; *Schmidt*, Gesellschaftsrecht, S. 909 f.; *Habersack*, Europäisches GesR, Rdn. 290; *Born*, Rechnungslegung international, S. 456 ff.; *Coenenberg*, Jahresabschluss, S. 70. *Stanger*, in: *v. Rosen/Seifert*, Zugang zum US-Kapitalmarkt, S. 36; *Zeitler*, DB 2003, 1529, 1530.

solche internationale Rechnungslegungsgrundsätze werden neben den US-GAAP auch die International Accounting Standards (IAS)[1275] oder International Financial Reporting Standards (IFRS)[1276] des International Accounting Standards Board (IASB) anerkannt[1277].

Seit dem 1. Januar 2005 gilt für deutsche und alle anderen börsennotierten Unternehmen des EU-Binnenmarktes die sog. IAS-Verordnung[1278]. Gemäß Art. 4 dieser Verordnung müssen die Konzernabschlüsse von Unternehmen, die auf einem geregelten Markt der EU notiert sind sowie derjenigen, die eine Börsenzulassung vorbereiten, nach den IAS/IFRS aufgestellt werden. Nach Art. 5 der Verordnung sollen die Mitgliedstaaten den erwähnten Unternehmen gestatten oder vorschreiben, auch ihre Einzelabschlüsse[1279] nach den IAS aufzustellen[1280]. Außerdem sollen die Mitgliedstaaten die Anwendung der IAS auch für alle übrigen nicht kapitalmarktorientierten Unternehmen festlegen können[1281]. Zur Angleichung der nationalen Rechnungslegungsstandards an IAS/IFRS gewährt die Verordnung den Mitgliedstaaten damit ein Wahlrecht. Zur Anwendung der US-GAAP bei der Rechnungslegung äußert sich die Verordnung nicht. Für kapitalmarktorientierte Unternehmen, die bisher nach internationalen Rechnungslegungsstandards wie den US-GAAP bilanziert haben, sieht Art. 9 IAS-VO aber eine Übergangsregelung vor. Nach dieser Vorschrift können die Mitgliedstaaten eine zwingende Anwendung der IAS/IFRS für solche Unternehmen erst ab dem 1. Januar 2007 vorschreiben[1282]. Im Ergebnis versucht die Kommission, eine Harmonisierung zwischen US-GAAP und

---

1275 Dazu *Habersack*, Europäisches GesR, Rdn. 289. Umfassend *Winnefeld*, BilanzHdb, Einf. Rdn. 200 ff. sowie C Rdn. 125 ff.

1276 So die künftige Bezeichnung der IAS, vgl. näher dazu *Förschle/Holland/Kroner*, InternatRechnL, S. 2.

1277 *Busse von Colbe*, in: MüKo-HGB, § 292a Rdn. 14. Zur genaueren Abgrenzung von US-GAAP und IAS vgl. *Schulze-Osterloh*, ZIP 2001, 1433, 1437 ff.; *Küting/Wirth*, DStR 2003, 475; *Coenenberg*, Jahresabschluss, S. 48 ff.; *Born*, Rechnungslegung international, S. 637 ff.

1278 Verordnung (EG) Nr. 1606/2002 des Europäischen Parlaments und des Rates vom 19. 07. 2002 betreffend die Anwendung internationaler Rechnungslegungsstandards, ABl. EG Nr. L 243/1. Dazu *Adolphsen,* RabelsZ 2004, 154, 185 ff.; *Born*, Rechnungslegung international, S. 683 ff.; *Habersack*, Europäisches GesR, Rdn. 311; *Wiesner*, ZIP 2003, 1186, 1187. *Zeitler*, DB 2003, 1529 ff. Kritik an der Übernahmepflicht äußert etwa *Hakelmacher*, WPg 2004, 113 ff.

1279 Dazu auch *Pellens*, InternatRechnL, S. 604 ff.

1280 Für den Einzelabschluss hat sich der deutsche Gesetzgeber des BilReG gemäß § 325 Abs. 2a und 2b HGB für ein Wahlrecht entschieden. Vgl. dazu etwa *Meyer*, DStR 2005, 41; *Pfitzer/Oser/Orth*, DB 2004, 2593, 2602.

1281 *Schulze-Osterloh*, ZIP 2001, 1433, 1439.

1282 Dazu *Scheffler*, AG 2004, R 84; *Pfitzer/Oser/Orth*, DB 2004, 2593, 2598.

IAS herbeizuführen[1283], wobei den IAS der Vorrang eingeräumt wird. Ziel ist es, die Konzernrechnungslegung grundsätzlich auf der Grundlage der IAS zu erstellen, um so eine Vermischung von US-GAAP und IAS bei der Rechnungslegung und damit ein verwirrendes Nebeneinander zweier Rechnungslegungsstandards zu vermeiden. Mittlerweile sind die IAS/IFRS in das europäische Bilanzrecht übernommen worden[1284]. Nachdem eine erste Anpassung der europäischen Bilanzrichtlinien an internationale Rechnungslegungsstandards mit der sog. Fair-Value-Richtlinie[1285] erfolgt war, sind die Bilanzrichtlinien durch die Modernisierungsrichtlinie vom 08. 06. 2003[1286] um zusätzliche Wahlrechte ergänzt worden. Diese sollen es den Mitgliedstaaten ermöglichen, ihre nationalen Rechnungslegungsstandards an IAS/IFRS anzupassen[1287].

Die Bundesregierung hat auf die IAS-Verordnung reagiert und wesentliche Neuerungen für den Bereich der Rechnungslegung und Abschlussprüfung im Bilanzkontrollgesetz (BilKoG) und im Bilanzrechtsreformgesetz (BilReG) festgelegt[1288]. Während das BilKoG vor allem darauf abzielt, durch die Einführung eines zweistufigen Verfahrens die Überwachung der Rechtmäßigkeit von Unternehmensabschlüssen sicherzustellen[1289], bildet das BilReG zwei inhaltliche Schwerpunkte. Zum einen ist das deutsche Bilanzrecht an die IAS-Verordnung v. 19. 07. 2002 angepasst worden[1290]. Das war schon deshalb erforderlich, weil die Regelung des § 292a HGB, wonach Konzerne, die nach internationalen Rechnungslegungsstandards bilanzieren, von den deutschen Rechnungslegungsvorschriften befreit sind[1291], zum 31. 12. 2004 ausgelaufen war[1292]. Zum anderen soll im Bereich der Abschlussprüfung[1293] die Stellung des Abschlussprüfers gestärkt werden, insbeson-

---

1283 *Baums*, Bericht der Regierungskommission Corporate Governance, Rdn. 267.

1284 Vgl. Verordnung (EG) Nr. 1725/2003 betreffend die Übernahme bestimmter internationaler Rechnungslegungsstandards in Übereinstimmung mit der IAS-Verordnung v. 29. 09. 2003, ABl. EG Nr. L 261 v. 13. 10. 2003, S. 1.

1285 Richtlinie (EG) 2001/65/EG, ABl. EG Nr. L 283 v. 27. 10. 2001, S. 28. Näher dazu *Habersack*, Europäisches GesR, Rdn. 263.

1286 Richtlinie (EG) 2003/51/EG ABl. EG Nr. L 178 v. 17. 07. 2003, S. 16.

1287 Zur neueren Entwicklung im europäischen Bilanzrecht vgl. etwa *Hüttemann*, BB 2004, 203.

1288 Siehe dazu bereits oben Teil 1 B, S. 55.

1289 Begründung RegE zum BilKoG, BT-Drucks. 15/3421, S. 11 ff.

1290 Vgl. § 315a HGB i. d. F. des BilReG. Siehe dazu Begründung RegE zum BilReG, BT-Drucks. 15/3419, S. 21 ff.; *Scheffler*, AG 2004, R 84.

1291 Siehe dazu bereits oben Teil 2 B, S. 210 ff.

1292 Zu verfassungsrechtlichen Aspekten dieser Regelung vgl. *Claussen*, FS für Ulmer, 2003, S. 803 f.

1293 S. dazu u. Teil 2 B, S. 223 ff.

dere durch eine Neufassung der Regelungen zur Auswahl des Prüfers[1294]. Die Umsetzung der Modernisierungs- und der Fair-Value-Richtlinie ist derzeit Gegenstand eines weiteren Änderungsgesetzes (Bilanzrechtsmodernisierungsgesetz)[1295].

2. Rechnungslegung gemäß Ziff. 7.1 Kodex

Die Kodex-Kommission hat den Vorschlag der Regierungskommission zur Verwendung der International Accounting Standards bei der Rechnungslegung nur mit Modifikationen aufgenommen. So trifft sie beispielsweise keine abschließende Entscheidung zugunsten der IAS/IFRS, wie Ziff. 7.1.1 S. 3 Kodex verdeutlicht. Danach

> „sollen der Konzernabschluss und der Zwischenbericht unter Beachtung international anerkannter Rechnungslegungsgrundsätze aufgestellt werden."

Weder die IAS/IFRS noch die US-GAAP werden damit im Kodex ausdrücklich erwähnt. Das ist zu bedauern, da hierdurch vor allem vor dem Hintergrund der umfassenden Anpassung der gesetzlichen Rechnungslegungsvorschriften durch das BilKoG und das BilReG an die IAS/IFRS Unsicherheiten für die rechnungslegungspflichtigen Unternehmen bestehen. Da die IAS-Verordnung unmittelbar anwendbares Gemeinschaftsrecht für börsennotierte Unternehmen mit Sitz in einem EU-Mitgliedstaat ist[1296], sollte der Kodex im Hinblick auf die dort vorgeschriebene Bilanzierungspflicht nach IAS/IFRS angepasst werden. Insoweit könnten zusätzlich ergänzende Erläuterungen in der erforderlichen Anlage zum Kodex auf der Website der Kodex-Kommission hilfreich sein.

a. Vorlage von Zwischenberichten und Konzernabschluss

Aufgenommen hat die Kodex-Kommission den Vorschlag der *Baums*-Kommission zur regelmäßigen Vorlage von Zwischenberichten. Nach den Vorstellungen der *Baums*-Kommission soll die Zwischenberichterstattung regelmäßige, zeitnahe und verlässliche Informationen über die Vermögens, Finanz- und Ertragslage eines Unternehmens und die künftige Entwicklung des Geschäftsjahres geben[1297].

[1294] Vgl. §§ 319 ff. HGB n. F. Siehe dazu Begründung zum RegE BilReG, BT-Drucks. 15/3419, S. 25 ff. sowie unten Teil 2 B, S. 223 ff.
[1295] *Hüttemann*, BB 2004, 203. *Meyer*, DStR 2005, 41, 43.
[1296] Unmittelbare Anwendbarkeit von EU-Verordnungen.
[1297] *Baums*, Bericht der Regierungskommission Corporate Governance, Rdn. 269.

Zwischenberichte und auch Quartalsberichte gehören mittlerweile zum internationalen Standard börsennotierter Unternehmen[1298]. Der *Baums*-Kommission schwebte deshalb sogar eine gesetzliche Verpflichtung zur Abgabe von Zwischenberichten für börsennotierte Gesellschaften i. S. v. § 3 Abs. 2 AktG vor[1299]. Ausgangspunkt für diese Überlegungen der Kommission waren zum einen die §§ 44b, 72 Abs. 3 BörsenG, nach denen Emittenten von Aktien, die im amtlichen Handel zugelassen sind, mindestens einen Zwischenbericht der ersten sechs Monate des Geschäftsjahres zu veröffentlichen haben oder die Börsenordnung für einen Teil des geregelten Marktes eine Zwischenberichtspflicht festlegen kann. Zum anderen sei eine Zwischenberichterstattung zur Verbesserung der Versorgung der Kapitalmarktteilnehmer mit zeitnahen und entscheidungsrelevanten Informationen und Angleichung an die internationale Praxis erforderlich. Außerdem regte bereits die Frankfurter Grundsatzkommission[1300] eine entsprechende Zwischenberichterstattung an. Diesem Vorschlag ist der Gesetzgeber im TransPuG allerdings nicht gefolgt, er überließ es vielmehr der Kodex-Kommission, eine entsprechend Empfehlung zu formulieren[1301]. Dem ist die Kodex-Kommission in Ziff. 7.1.1 S. 2 Kodex nachgekommen:

> „Sie (Anteilseigner und Dritte) sollen während des Geschäftsjahres durch Zwischenberichte unterrichtet werden."

Den Zeitpunkt der Berichterstattung regelt der Kodex in Ziff. 7.1.2 S. 3 Kodex, wonach der Konzernabschluss binnen 90 Tagen nach Geschäftsjahresende die Zwischenberichte binnen 45 Tagen nach Ende des Berichtszeitraums öffentlich zugänglich sein sollen[1302]. Den Umfang insbesondere der Zwischenberichte regelt der Kodex nicht. Dies war auch nicht erforderlich, da sich dieser aus dem am 13. Februar

---

1298 *Hopt*, ZHR-Beiheft 71, 2002, 27, 65. Dazu *Henn*, Hdb des AktienR, Rdn. 580; *Wiesner*, in: Münchener Hdb des GesR, Band 4, § 25 Rdn. 17 sowie zu Sonderberichten Rdn. 18 ff.; *Hüffer*, AktG, § 90 Rdn. 9 zum Quartalsbericht.

1299 *Baums*, Bericht der Regierungskommission Corporate Governance, Rdn. 269.

1300 Zu dieser Kommission s. o. Fn. 329.

1301 Auch in der Literatur wird eine zwingende gesetzliche Verpflichtung zur Abgabe von Zwischen- und Quartalsberichten kritisch betrachtet, *Hopt*, ZHR-Beiheft 71, 2002, 27, 66.

1302 Sog. fast close, vgl. *Ringleb*, in: *Ringleb/Kremer/Lutter/v. Werder*, Kodex, Rdn. 1314. Die Regierungskommission Corporate Governance hatte vorgeschlagen, Quartalsberichte für die ersten drei Quartale des Geschäftsjahres vorzusehen und desweiteren die Zwischenberichte künftig in elektronischer Form zu übermitteln und zu veröffentlichen, vgl. *Baums*, Bericht der Regierungskommission Corporate Governance, Rdn. 270 und 271.

2001 im Bundesanzeiger bekannt gemachten Deutschen Rechnungslegungsstandard ergibt, DRS Nr. 6[1303].

Im Hinblick auf die Feststellung des Konzernabschlusses wiederholt der Kodex in Ziff. 7.1.2 S. 1 Kodex die bestehende Gesetzeslage:

> „Der Konzernabschluss wird vom Vorstand aufgestellt und vom Abschlussprüfer sowie vom Aufsichtsrat geprüft."

Die *Baums*-Kommission hatte hingegen nach zahlreichen bei ihr zu diesem Thema eingegangenen Stellungnahmen eine formelle Billigung des Konzernabschlusses entsprechend den Vorschriften für den Einzelabschluss, § 171 Abs. 2 S. 3 AktG, durch den Aufsichtsrat angeregt. Darüber hinaus sollte die Möglichkeit vorgesehen werden, diese Billigung der Hauptversammlung zu überlassen[1304]. Die Einführung einer solchen Billigung von Konzernabschlüssen ist bislang nicht erfolgt.

Die Ziff. 7.1.3 bis 7.1.5 Kodex enthalten Empfehlungen zu inhaltlichen Vorgaben an den Konzernabschluss eines börsennotierten Unternehmens[1305]:

> „Der Corporate Governance Bericht soll konkrete Angaben über Aktienoptionsprogramme und ähnliche wertpapierorientierte Anreizsysteme der Gesellschaft enthalten", Ziff. 7.1.3 Kodex.

Außerdem soll die Gesellschaft eine Liste von Unternehmen veröffentlichen, an denen sie eine Beteiligung hält, die nicht nur von untergeordneter Bedeutung ist, Ziff. 7.1.4 S. 1 Kodex[1306]. Dabei soll angegeben werden: Name und Sitz der Gesellschaft, Höhe des Anteils, Höhe des Eigenkapitals und Ergebnis des letzten Geschäftsjahres, Ziff. 7.1.4 S. 3 Kodex. Desweiteren sollen im Konzernabschluss Beziehungen zu Aktionären erläutert werden, die im Sinne der anwendbaren Rechnungslegungsvorschriften als nahestehende Personen zu qualifizieren sind, Ziff. 7.1.5 Kodex.

[1303] Dazu *Baums*, Bericht der Regierungskommission Corporate Governance, Rdn. 269.

[1304] *Baums*, Bericht der Regierungskommission Corporate Governance, Rdn. 274 mit der Folgefrage in Rdn. 275, ob mit der Einführung einer formellen Billigung von Konzernabschlüssen Nichtigkeitsgründe und Anfechtungsmöglichkeit gemäß §§ 256, 257 AktG geschaffen würden.

[1305] Zu den inhaltlichen Vorgaben an den Konzernabschluss durch das TransPuG vgl. *Hucke/Ammann*, DStR 2002, 689, 695.

[1306] Handelsbestände von Kredit- und Finanzdienstleistungsinstituten, aus denen keine Stimmrechte ausgeübt werden, bleiben hierbei unberücksichtigt, Ziff. 7.1.4 S. 2 Kodex.

b. Durchsetzung von Rechnungslegungsstandards

Zur Durchsetzung und Einhaltung der vorgeschriebenen Rechnungslegungsstandards empfahl die *Baums*-Kommission die Einrichtung eines sog. Enforcement-Systems/Panels nach US-amerikanischem oder britischem Financial Reporting Review Panel (FRRP) Vorbild[1307]. Unter einem Enforcement- bzw. Review-Panel versteht man im Zusammenhang mit der Durchsetzung von Rechnungslegungsnormen eine unternehmensunabhängige Kontrollinstanz. Diese soll die Einhaltung der Rechnungslegungsstandards des jeweiligen Kapitalmarktes überwachen und ggf. entsprechende Maßnahme zur Durchsetzung dieser Standards treffen können[1308]. Die Kontrollinstanz kann entweder staatlich[1309] oder privatrechtlich[1310] organisiert sein[1311]. In Großbritannien überwacht das FRRP als privatrechtlich organisierte, aber vom Gesetzgeber ermächtigte Enforcement-Institution die Wirksamkeit der Abschlüsse von an der Londoner Börse notierten Unternehmen[1312].

Der wesentliche Mangel des deutschen Rechnungslegungssystems lag nach Auffassung der *Baums*-Kommission darin, dass außerhalb der Abschlussprüfung in der Bundesrepublik Deutschland gerade keine Einrichtung bestehe, die geltend gemachten Fehlern in der Rechnungslegung nachgehe und den Unternehmen eine entsprechend Fehlerbeseitigung vorschreiben könne. Die durch die Rechnungslegung geschützten Personenkreise – Gläubiger und der Kapitalmarkt insgesamt – hätten nur die Möglichkeit, mit Nichtigkeits- und Anfechtungsklage gemäß §§ 256, 257 AktG auf Fehler in der Rechnungslegung zu reagieren[1313]. Daher sprach sich die *Baums*-Kommission für eine privatrechtlich organisierte Einrichtung nach britischem Vorbild aus, ohne aber weiter zu erläutern, wie die konkreten Strukturen eines solchen Enforcement-Panels aussehen sollten.

1307 *Baums*, Bericht der Regierungskommission Corporate Governance, Rdn. 278.

1308 *Wiesner*, ZIP 2003, 1186, 1187.

1309 In den USA ist beispielsweise eine Unterabteilung der staatlichen SEC, die sog. Division of Corporate Finance, für die Einhaltung der Rechnungslegungsstandards zuständig.

1310 Eine Mischform führte das Bilanzkontrollgesetz ein. Siehe ausführlich unten Teil 2 B, S. 217 ff.

1311 Näher *Wüstemann*, BB 2002, 718, 721; *Heinrichs*, ZHR 2004, 383, 399 ff.; *Baetge*, ZHR 2004, 428, 429, der für die Einrichtung einer europäischen Enforcement-Institution plädiert.

1312 Näher *Baums*, Bericht der Regierungskommission Corporate Governance, Rdn. 278; *Wüstemann*, BB 2002, 718, 722; Stellungnahmen des IDW zum Fragenkatalog der Regierungskommission Corporate Governance, in: WPg 2000, 1027, 1029; *Haller/Eierle/Evans*, BB 2001, 1673 ff.; *Schildbach/Straßer*, DStR 2003, 1720.

1313 *Baums*, Bericht der Regierungskommission Corporate Governance, Rdn. 278.

aa. Literaturansichten

Vor Erlass des BilKoG war das Problem der Durchsetzung von Rechnungslegungsstandards in der Literatur sehr umstritten, weite Teile der Literatur begrüßten allerdings den gerade skizzierten Vorschlag der *Baums*-Kommission[1314]. So sprachen sich beispielsweise das IDW[1315], *Haller/Eierle/Evans*[1316] sowie *Wüstemann*[1317] ebenfalls für eine privatrechtlich organisierte Durchsetzungsinstanz zur Überwachung der Rechnungslegungsstandards auch in der Bundesrepublik Deutschland aus. Eine privatrechtliche Einrichtung wirke anders als eine staatliche Instanz deregulierend. Außerdem ist nach *Wüstemann* die Rechnungslegungsordnung der USA nicht mit derjenigen in der Bundesrepublik Deutschland zu vergleichen, da dort die Durchsetzung der Rechnungslegungsstandards vor allem auf umfangreichen informationellen Regelungen der externen SEC beruhten[1318] während in der Bundesrepublik Deutschland für die Überwachung der Rechnungslegung die interne Unternehmensleitung und der Aufsichtsrat sowie der Abschlussprüfer zuständig seien[1319]. *Haller/Eierle/Evans* schlugen die Errichtung eines Enforcement-Systems vor, das aus einem nationalen Unternehmensberichterstattungsgremium (UBAG) und einer europäischen Enforcement-Instanz bestehen soll[1320].

bb. Reaktionen des Gesetzgebers

Der Gesetzgeber des BilKoG hat das Enforcement-System[1321] durch ein zweistufiges Verfahren in der Bundesrepublik Deutschland eingerichtet. Danach wurde ei-

---

[1314] Zunehmend kritische Stimmen sind im Jahr 2003 aufgetaucht, vgl. *Schildbach/Straßer*, DStR 2003, 1720 mit Hinweisen in Fn. 8.

[1315] Institut der Wirtschaftsprüfer, im Internet abrufbar unter *http://www.idw.de.* Stellungnahme des IDW zum Fragenkatalog der *Regierungskommission* Corporate Governance, in: WPg 2000, 1027, 1029 f.

[1316] *Haller/Eierle/Evans*, BB 2001, 1673, 1677.

[1317] *Wüstemann*, BB 2002, 718, 725.

[1318] Vgl. insbesondere die Regulation S-X (17 CFR § 210) sowie Regulation S-K (17 CFR § 229). Dazu *Wüstemann*, BB 2002, 718, 719 ff.

[1319] *Wüstemann*, BB 2002, 718, 725.

[1320] Näher zu dieser zweistufigen Funktionsweise *Haller/Eierle/Evans*, BB 2001, 1673, 1678 ff.

[1321] Kritisch zur Verwendung dieses Anglizismus *Hoffmann*, DB 2004, Gastkommentar zu Heft 10, S. I.

nem Verein, der Deutschen Prüfstelle für Rechnungslegung (DPR) e. V.[1322], gemäß § 342b HGB die Aufgabe übertragen, die Rechnungslegung kapitalmarktorientierter Unternehmen zu überprüfen. Treten dabei oder bei der Durchsetzung der Rechnungslegung Probleme auf, greift die Bundesanstalt für Finanzdienstleistungsaufsicht (BaFin) ein und wird gemäß §§ 37n ff. WpHG ggf. mit hoheitlichen Mitteln die erforderlichen Maßnahmen anordnen[1323]. Nach dem jetzigen Wortlaut des BilKoG haben aber weder die private Prüfstelle noch die BaFin die Möglichkeit, die Korrektur eines Rechnungslegungsfehlers durchzusetzen. Die BaFin kann vielmehr gemäß § 37q Abs. 1 WpHG nur feststellen, dass das geprüfte Unternehmen einen solchen Fehler begangen hat und dieses Ergebnis veröffentlichen[1324]. Nach der Begründung zum jetzigen § 37q Abs. 1 WpHG soll die Information des Kapitalmarktes über den begangenen Rechnungslegungsfehler ausreichen, weitere staatliche Maßnahmen seien nicht erforderlich[1325]. Als Sanktion droht Unternehmen allerdings gemäß §§ 39 Abs. 3 WpHG, 342e HGB ein Bußgeld bis zu 50.000 €, wenn diese die Prüfstelle nicht richtig oder unvollständig unterrichten oder Rechnungslegungsfehler nicht bekannt gemacht werden.

Die Prüfstelle ist mit keinerlei hoheitlichen Kompetenzen ausgestattet. Sie soll vielmehr den Unternehmen auf gleicher Augenhöhe gegenübertreten[1326]. Vorbild hierfür ist die Vorschrift des § 342 HGB[1327]. Danach kann das Bundesministerium der Justiz eine privatrechtlich organisierte Einrichtung durch Vertrag anerkennen

---

[1322] Gegründet am 15. 04. 2004. An ihr sollen sich die maßgeblichen Verbände und Gruppierungen als Vereinsmitglieder beteiligen, vgl. Handelsblatt v. 18. 05. 2004. Näher dazu *Baetge*, ZHR 2004, 428, 429; *Ernst*, BB 2004, 936, 937 m. w. N. In der Presse wird die Prüfstelle teilweise als „Bilanzpolizei" bezeichnet, vgl. Handelsblatt v. 11. 08. 2004, S. 1 und S. 7. Die Prüfstelle hat ihre Arbeit gemäß Art. 56 Abs. 1 EGHGB am 01. 07. 2005 aufgenommen.

[1323] Begründung zum RegE BilKoG, BT-Drucks. 15/3421, S. 17 ff. Näher zur Konzeption des BilKoG *Scheffler*, AG 2004, R 46; *Großfeld*, NZG 2004, 105, 106; *Hommelhoff/Mattheus*, BB 2004, 93, 94 f.; *Meyer*, DStR 2005, 41, 43 f.

[1324] Der Referentenentwurf sah hingegen gemäß § 37q Abs. 1 S. 2 noch entsprechende Möglichkeiten zur Durchsetzung der Fehlerkorrektur vor. Vgl. dazu *Heinrichs*, ZHR 2004, 383, 409.

[1325] Vgl. Begründung zum RegE BilKoG, BT-Drucks. 15/3421, S. 18 f. Dazu *Mattheus/Schwab*, BB 2004, 1099, 1103 f.; *Müller*, ZHR 2004, 414, 420. Umfassend zu den Rechtsfolgen festgestellter Bilanzfehler s. *Heinrichs*, ZHR 2004, 383, 409 ff.

[1326] Staatliche Intervention soll also nur subsidiär zur Anwendung kommen, vgl. *Mattheus/Schwab*, BB 2004, 1099, 1100; *Müller*, ZHR 2004, 414, 420.

[1327] Vgl. Begründung zum RegE BilKoG, BT-Drucks. 15/3421, S. 13; *Baetge*, ZHR 2004, 428, 430.

und dieser Organisation bestimmte Aufgaben übertragen[1328]. Die Bundesregierung erhofft sich hiervon eine ähnliche Entwicklung wie in Großbritannien, wo sich ca. 80% der Bilanzierungsfehler durch das privatrechtliche FRRP[1329] einvernehmlich korrigieren lassen sollen[1330].

Der durch die Prüfstelle anzuwendende Prüfungsmaßstab ist in § 342b Abs. 2 HGB näher festgelegt[1331]. Danach ist zu prüfen, ob Jahresabschluss und Lagebericht oder Konzernabschluss und Konzernlagebericht eines kapitalmarktorientierten Unternehmens[1332] den gesetzlichen Vorschriften einschließlich den Grundsätzen ordnungsgemäßer Buchführung[1333] und der sonstigen durch Gesetz zugelassenen Rechnungslegungsstandards entsprechen[1334]. Allerdings ist hiermit nicht die Prüfung eines zweiten Jahresabschlusses durch die Prüfstelle gemeint. Das Gesetz geht gemäß § 342b Abs. 2 Nr. 1 HGB vielmehr davon aus, dass die Prüfstelle nur tätig wird, „soweit konkrete Anhaltspunkte für einen Verstoß gegen Rechnungslegungsvorschriften vorliegen[1335].“ Daneben sieht das Gesetz die Durchführung stichprobenartiger Prüfungen vor[1336].

Ist die Prüfung beendet, teilt die Prüfstelle den Unternehmen das Prüfergebnis gemäß § 342b Abs. 5 S. 1 HGB schriftlich mit. Die Unternehmen haben sodann gemäß § 342b Abs. 5 S. 1 i. V. m. S. 2 HGB die Möglichkeit, eventuell festgestellte

[1328] Diese sind in § 342 Abs. 1 S. 1 Nr. 1 bis Nr. 3 HGB näher festgelegt. Vgl. dazu umfassend *Ebke*, MüKo-HGB, § 342 Rdn. 2 ff.

[1329] Siehe dazu bereits oben Teil 2 B, S. 217.

[1330] Vgl. *Hommelhoff/Mattheus*, BB 2004, 93, 94; *Heinrichs*, ZHR 2004, 383, 400. Zu diesen Daten siehe näher *Haller/Eierle/Evans*, BB 2001, 1675.

[1331] S. ausführlich zum Prüfungsgegenstand beispielsweise *Müller*, ZHR 2004, 414 ff.

[1332] Kapitalmarktorientierte Unternehmen sind gemäß § 342b Abs. 2 S. 2 HGB Unternehmen, deren Wertpapiere im Sinne des § 2 des Wertpapierhandelsgesetzes an einer inländischen Börse im amtlichen oder geregelten Markt gehandelt werden. Näher zu an der Frankfurter Wertpapierbörse notierten, kapitalmarktorientierten Unternehmen s. u. Teil 2 C, S. 266.

[1333] Zu diesen Grundsätzen s. o. Teil 1 B, S. 63 f.

[1334] Näher dazu Begründung zum RegE BilKoG, BT-Drucks. 15/3421, S. 13 ff.; *Hommelhoff/Mattheus*, BB 2004, 93, 96; *Scheffler*, AG 2004, R 46.; *Heinrichs*, ZHR 2004, 383, 402.

[1335] Diese Formulierung war im Referentenentwurf nicht enthalten, vgl. *Ernst*, BB 2004, 936, 937; *Mattheus/Schwab*, BB 2004, 1099, 1101.

[1336] Sog. Prüfung ohne besonderen Anlass gemäß § 342b Abs. 2 Nr. 3 HGB. Vgl. hierzu etwa *Meyer*, DStR 2005, 41, 44. Näher zu den im Einzelnen möglichen Prüfungsverfahren siehe *Baetge*, ZHR 2004, 428, 431 f.; *Heinrichs*, ZHR 2004, 383, 402 f.

Fehler in der Rechnungslegung zu beseitigen[1337]. Verweigern die Unternehmen eine entsprechende Mitwirkung mit der Prüfstelle, so teilt die Prüfstelle dies der BaFin mit[1338]. In diesem Fall ordnet die BaFin gemäß § 37o Abs. 1 S. 1 WpHG eine eigene Enforcement-Prüfung durch Verwaltungsakt an. Der Prüfungsumfang beschränkt sich dabei ebenfalls auf konkrete Anhaltspunkte für Verstöße gegen Rechnungslegungsvorschriften, so dass regelmäßig keine Vollprüfung durchgeführt werden soll[1339].

Der Deutsche Corporate Governance-Kodex erwähnt die Prüfstelle im Zusammenhang mit der Prüfung von Konzernabschlüssen. In Ziff 7.1.2 S. 2 Kodex heißt es:

> „Zusätzlich sind die Prüfstelle für Rechnungslegung bzw. die Bundesanstalt für Finanzdienstleistungsaufsicht befugt, die Übereinstimmung des Konzernabschlusses mit den maßgeblichen Rechnungslegungsvorschriften zu überprüfen (Enforcement)."

Erste Stimmen in der Literatur äußern sich positiv zur Einführung eines zweistufigen Enforcement Panels in der Bundesrepublik Deutschland durch das BilKoG. So ist eine weitgehend autonom auftretende Prüfungsstelle nach *Hommelhoff/Mattheus* zu begrüßen[1340]. Nach Ansicht von *Hommelhoff/Mattheus* wird die hierfür notwendige Rückbindung an das Gemeinwohl und öffentliche Interessen durch Genehmigungsvorbehalte des Bundesministeriums der Justiz sichergestellt[1341]. Ebenso begrüßen einige Stimmen aus der Praxis die Einrichtung eines zweistufigen Enforcement Systems und verweisen im Wesentlichen auf die hiermit verbundene Stärkung des Anlegervertrauens[1342].

[1337] Anders als im Referentenentwurf sieht das BilKoG gemäß § 342b Abs. 5 HGB keine Möglichkeit der Prüfstelle mehr vor, Korrekturvorschläge zu unterbreiten. Siehe dazu *Mattheus/Schwab*, BB 2004, 1099.

[1338] Vgl. § 342 b Abs. 6 Nr. 2 HGB.

[1339] Vgl. Begründung zum RegE BilKoG, BT-Drucks. 15/3421, S. 17.

[1340] *Hommelhoff/Mattheus*, BB 2004, 93 ff. Zustimmend *Mattheus/Schwab*, BB 2004, 1099, 1106. Zurückhaltender aber *Heinrichs*, ZHR 2004, 383, 401.

[1341] *Hommelhoff/Mattheus*, BB 2004, 93, 100. Auch der DAV hält die geplante Neuregelung für verfassungsrechtlich unbedenklich, vgl. NZG 2004, 220, 221.

[1342] Vgl. Stellungnahme des DAV zum BilKoG, NZG 2004, 220, 221; Stellungnahme des DAI zum BilKoG, NZG 2004, 224.

cc. Stellungnahme

Der Vorschlag der *Baums*-Kommission zur Einrichtung eines privatrechtlichen Review Panels auch in der Bundesrepublik Deutschland und seine Umsetzung durch das BilKoG kann trotz der Zustimmung in Literatur und Praxis nur teilweise überzeugen.

Zuzustimmen ist *Wüstemann* darin, dass die Rechnungslegungsordnung zwischen den USA und Bundesrepublik Deutschland nicht miteinander zu vergleichen sind, und deshalb SEC-Kontrollstrukturen zur Überwachung der Rechnungslegung in der Bundesrepublik Deutschland auch nicht vorbehaltlos auf das deutsche System übertragen werden können. Positiv ist darüber hinaus die Vorgabe des BilKoG, die Prüfstelle entgegen *Haller/Eierle/Evans* nicht zweistufig aus einer deutschen und einer europäischen Abteilung zusammenzusetzen, da sich hierdurch zwangsläufig Kompetenzprobleme ergeben werden.

Mit der Einführung einer privaten Prüfstelle durch das BilKoG stellen sich aber zwei Probleme: In tatsächlicher Hinsicht ist fraglich, ob in der Bundesrepublik Deutschland ähnlich wie in Großbritannien 80% der Rechnungslegungsfehler außerhalb staatlicher Kontrollinstanzen korrigiert werden und ob die in der Bundesrepublik Deutschland ansässigen Unternehmen die hierfür erforderliche Kooperationsbereitschaft gegenüber einem Privatgremium aufbringen werden. Dafür ist eine umfangreiche Auskunftsbereitschaft jedes einzelnen kapitalmarktorientierten Unternehmens erforderlich. Voraussetzung hierfür ein hohes Maß an Vertrauen der Unternehmen in die private Prüfstelle. Dem hat das BilKoG zwar Rechnung zu tragen versucht. Gemäß § 342c Abs. 1 S. 1 HGB sind die bei der Prüfstelle Beschäftigten verpflichtet, über die ihnen bei ihrer Prüftätigkeit bekannt gewordenen Geheimnisse des Unternehmens Verschwiegenheit zu bewahren. Inwiefern eine solche staatlich angeordnete Verschwiegenheitspflicht aber dazu beitragen wird, erforderliches Vertrauen der Gesellschaft gegenüber Privatpersonen zu entwickeln, die zuvor in keinerlei Beziehung zu dem Unternehmen gestanden haben, muss bezweifelt werden. Die Deutsche Prüfstelle für Rechnungslegung wird daher gegenüber den rechnungslegungspflichtigen Gesellschaften ein hohes Maß an Überzeugungsarbeit zu leisten haben, bis sich ein mit der Arbeit des englischen FRRP vergleichbarer Erfolg einstellen wird.

In verfassungsrechtlicher Hinsicht ist entscheidend, ob der Gesetzgeber einem privaten Gremium Prüfungskompetenzen gegenüber privaten Unternehmen einräumen darf. Der Hinweis von *Hommelhoff/Mattheus* ist dabei wenig hilfreich, da er inhaltlich zu diesem Problem keine Begründung liefert. Fraglich ist allein, ob die Überwachungstätigkeit der Prüfstelle gemäß § 342b HGB die Ausübung hoheitlicher Befugnisse i. S. v. Art. 33 Abs. 4 GG darstellt. Der Begriff der hoheitlichen Befugnisse gemäß Art. 33 Abs. 4 GG ist in der verfassungsrechtlichen Literatur im Einzelnen umstritten[1343]. Sinnvollerweise sollte der Begriff aber eng ausgelegt und auf die Eingriffsverwaltung des Staates beschränkt werden, weil anderenfalls eine Delegation öffentlicher Aufgabe auf andere Personen als verbeamtete Berufsträger nicht durchführbar wäre[1344]. Die Tätigkeit des geplanten privatrechtlichen Kontrollgremiums gemäß § 342b Abs. 2 bis Abs. 6 HGB ist indessen mit der staatlichen Eingriffsverwaltung nicht vergleichbar. Denn der Schwerpunkt der Regelung liegt auf einer Kooperation zwischen privater Prüfstelle und rechnungslegungspflichtigem Unternehmen, um staatliche Maßnahmen im Zusammenhang mit der Rechnungslegung des Unternehmens durch das BaFin gerade zu vermeiden. Daher ist die Einrichtung einer privaten Prüfstelle gemäß § 342b HGB verfassungsrechtlich unbedenklich.

3. Abschlussprüfung gemäß Ziff. 7.2 Kodex

Der Kodex enthält im Unterabschnitt 7.2 Empfehlungen, die sich unmittelbar auf das Verhältnis zwischen Unternehmen und Abschlussprüfer auswirken[1345]. Auch dieser Abschnitt des Kodex setzt wie die bislang vorgestellten Abschnitte Vorschläge der *Baums*-Kommission um. Im Bereich der Abschlussprüfung setzen sich diese Vorschläge sehr umfangreich vor allem mit der Prüferauswahl, seiner Unabhängigkeit und Vergütung, dem Gegenstand und Umfang des Prüfungsauftrages, dem Inhalt des Prüfungsberichts sowie dem Verhältnis zwischen Aufsichtsrat und Abschlussprüfer insgesamt auseinander[1346]. Der mit vier Unterziffern hingegen recht kurz gehaltene Abschnitt des Kodex über die Abschlussprüfung stellt vor allem die Unabhängigkeit des Abschlussprüfers, seine Redepflicht sowie sein Verhältnis zum Aufsichtsrat heraus. Regelungen zum Gegenstand, Umfang und Inhalt

---

[1343] Ausführlich zum Streitstand *Lübbe-Wolff*, in: *Dreier*, GG, Band II, Art. 33 Rdn. 57 ff.

[1344] Nähere Hinweise bei *Lübbe-Wolff*, in: *Dreier*, GG, Band II, Art. 33 Rdn. 57.

[1345] *Gelhausen/Hönsch*, AG 2002, 529. Dazu *Ruhnke*, AG 2003, 371 ff.; *Wiesner*, ZIP 2003, 1186 ff.; *Schmidt*, BB 2003, 779 ff.; *Maul/Lanfermann*, DB 2003, 1237 ff.; *v. Hulle/Lanfermann*, BB 2003, 1323 ff.; *Kremer*, in: *Ringleb/Kremer/Lutter/v. Werder*, Kodex, Rdn. 1339 ff.; *IDW*, WPg 2003, 1002 ff.

[1346] *Baums*, Bericht der Regierungskommission Corporate Governance, Rdn. 279 ff.

des Prüfungsberichts enthält er hingegen nicht[1347]. Der Grund hierfür liegt darin, dass zum einen ein Teil der Vorschläge der *Baums*-Kommission zum Bilanzrecht durch das TransPuG umgesetzt wurden und zum anderen eine umfassende Reform des Bilanzrechts erst in der Legislaturperiode nach Erlass des TransPuG geplant war[1348].

a. Unabhängigkeit des Abschlussprüfers

Ganz in den Vordergrund stellt der Kodex in Ziff. 7.2.1 Kodex die Erklärung des Abschlussprüfers über seine Unabhängigkeit:

> „Vor der Unterbreitung des Wahlvorschlages soll der Aufsichtsrat bzw. der Prüfungsausschuss eine Erklärung des Prüfers einholen, ob und ggf. welche geschäftlichen beruflichen, finanziellen, persönlichen oder sonstigen Beziehungen zwischen dem Prüfer ... und dem Unternehmen ... bestehen, die Zweifel an seiner Unabhängigkeit begründen können", Ziff. 7.2.1 Abs. 1 S. 1 Kodex.

Auch der Gesetzgeber hatte Tatbestände zur Unabhängigkeit des Abschlussprüfers formuliert, z. B. § 319 Abs. 2 und Abs. 3 HGB[1349], die durch das Berufsrecht der Wirtschaftsprüfer nach den Vorschriften der WPO[1350] und der Berufssatzung der Wirtschaftsprüfer ergänzt werden[1351]. Entscheidende Neuerungen zur Unabhängigkeit des Abschlussprüfers erfolgten durch das Bilanzrechtsreformgesetz (BilReG). Dieses Gesetz enthält schwerpunktmäßig Änderungen des § 319 HGB, der Kriterien für die Auswahl des Abschlussprüfers regelt[1352]. Außerdem führte das Gesetz einen neuen § 319a HGB ein, der Ausschlussgründe in besonderen Fällen festlegt[1353]. Hintergrund für die umfassende Umgestaltung der §§ 319 f. HGB sind ei-

[1347] Ziff. 5.3.2 Kodex bestimmt lediglich allgemein, dass sich der vom Aufsichtsrat einzurichtende Prüfungsausschuss mit Fragen der Bestimmung von Prüfungsschwerpunkten zu befassen habe.

[1348] *Seibert*, NZG 2002, 608; *Hucke/Ammann*, DStR 2002, 689.

[1349] Näher dazu vgl. *Baumbach/Hopt*, HGB, § 319 Rdn. 2 ff.; *Schmidt*, Gesellschaftsrecht, S. 914; *Raiser*, Recht der Kapitalgesellschaften, § 18 Rdn. 6.

[1350] Dazu beispielsweise *Heinrichs*, ZHR 2004, 383, 385.

[1351] Umfassend dazu *Ruhnke*, AG 2003, 371 ff.; *Kremer*, in: *Ringleb/Kremer/Lutter/v. Werder*, Kodex, Rdn. 1351 ff.

[1352] Dazu bereits Teil 1 B, S. 55 sowie Teil 2 B, S. 227 ff.

[1353] § 319a HGB betrifft Ausschlussgründe bei Unternehmen von öffentlichem Interesse. Darunter versteht das Gesetz kapitalmarktorientierte Unternehmen i. S. des § 2 Abs. 5 WpHG. S. näher hierzu *Pfitzer/Oser/Orth*, DB 2004, 2593, 2600.

nerseits Empfehlungen der EU-Kommission zur Unabhängigkeit des Abschlussprüfers in der EU[1354] sowie der bereits erwähnte Sarbanes-Oxley-Act, der weitreichende Einschnitte für den Berufsstand der Wirtschaftsprüfer zur Folge hatte[1355]. Zudem berücksichtigt das Gesetz die jüngste Rechtsprechung des BGH zur Befangenheit eines Abschlussprüfers[1356] und die Empfehlungen des „Arbeitskreises Abschlussprüfung und Corporate Governance" unter der Leitung von *Baetge* und *Lutter*[1357].

Ziff. 7.2.1 Kodex geht über die bislang bestehenden gesetzlichen Regelungen hinaus, weil der Aufsichtsrat bereits bei der Vorbereitung seines Wahlvorschlages an die Hauptversammlung gemäß § 124 Abs. 3 S. 1 AktG die Frage der Unabhängigkeit prüfen soll und gerade zu diesem Zweck die in Ziff. 7.2.1 Abs. 1 S. 1 Kodex aufgestellte Erklärung des Abschlussprüfers erforderlich wird[1358]. Zu dieser Frage enthält auch das BilReG keine Neuerungen[1359]. Die Erklärung darf dabei allerdings nicht als bloße Formalie verstanden werden. Vor dem Hintergrund des bisherigen § 319 Abs. 2 HGB, wonach ein Wirtschaftsprüfer oder vereidigter Buchprüfer unter den in Nr. 1 bis Nr. 8 des § 319 Abs. 2 HGB[1360] näher genannten Voraussetzungen nicht Abschlussprüfer sein darf, sollen vielmehr besonders schwerwiegende Befangenheitsgründe untersucht werden[1361].

[1354] Insbesondere die Achte gesellschaftsrechtliche Richtlinie 84/253/EWG (sog. Abschlussprüferrichtlinie) wird neu gefasst, vgl. *Kommission,* Vorschlag der Kommission für eine Richtlinie des Europäischen Parlaments und des Rates über die Prüfung des Jahresabschlusses und des konsolidierten Abschlusses und zur Änderung der Richtlinien 78/660/EGW und 83/349/EWG – KOM (2004) 177 endg., vgl. Begründung zum RegE BilReG, BT-Drucks. 15/3419, S. 26. Siehe dazu umfassend *v. Hulle/Maul*, ZGR 2004, 484, 502 ff.

[1355] Siehe hierzu *Schmidt*, BB 2003, 779 ff.; *Pfitzer/Orth/Hettich*, DStR 2004, 328; Begründung zum RegE BilReG, BT-Drucks. 15/3419, S. 26. Ausführlich zur internationalen Entwicklung in diesem Bereich s. u. Teil 2 B, S. 235 ff.

[1356] BGH, Urteil vom 25. 11. 2002 – II Z R 49/01. Dazu Begründung zum RegE BilReG, BT-Drucks. 15/3419, S. 26 ff.

[1357] *Baetge/Lutter*, Bericht des Arbeitskreises „Abschlussprüfung und Corporate Governance", 2003.

[1358] *Gelhausen/Hönsch*, AG 2002, 529, 530. *Kremer*, in: *Ringleb/Kremer/Lutter/v. Werder*, Kodex, Rdn. 1356.

[1359] Offensichtlich hält das Bundesministerium der Justiz die Kodex-Regelung für ausreichend, vgl. Begründung zum RegE BilReG, BT-Drucks. 15/3419, S. 27.

[1360] Das BilReG sieht diesbezüglich eine vollständige Umgestaltung vor. Näher s. u. Teil 2 B, S. 227 ff.

[1361] Zum Inhalt der Erklärung *Pfitzer/Orth/Wader*, DB 2002, 753 ff.

Im Hinblick auf die Dauer der Befangenheitsprüfung sollen Aufsichtsrat und Abschlussprüfer gemäß Ziff. 7.2.1 Abs. 2 Kodex vereinbaren, dass sich die Befangenheitsprüfung bis zum vollständigen Ende der Prüfung erstrecken soll[1362]:

> „Der Aufsichtsrat soll mit dem Abschlussprüfer vereinbaren, dass der Vorsitzende des Aufsichtsrats bzw. des Prüfungsausschusses über während der Prüfung auftretende mögliche Ausschluss- oder Befangenheitsgründe unverzüglich unterrichtet wird, soweit diese nicht unverzüglich beseitigt werden."

Diese Informationsvereinbarung[1363] ist eine sinnvolle Ergänzung zu § 319 HGB, da die gesetzliche Vorschrift zu während der Prüfung auftretenden Befangenheitsgründen keine Stellung nimmt.

Im Zusammenhang mit dem Aktionsplan der EU-Kommission vom 21. Mai 2003[1364] hat die Kodex-Kommission die Vorschrift verschärft. Nach dem derzeitigen Wortlaut von Ziff. 7.2.1 Abs. 2 Kodex sind Ausschluss- oder Befangenheitsgründe „unverzüglich" zu beseitigen, damit die vereinbarte Unterrichtungspflicht wieder entfällt. Eine Beseitigung ist gemäß § 121 Abs. 1 BGB nur dann unverzüglich, sofern sie ohne schuldhaftes Zögern erfolgt. Diese in § 121 Abs. 1 BGB enthaltene Legaldefinition gilt für das gesamte Privatrecht[1365] und gewährt zwar eine gewisse Überlegungsfrist. Als Obergrenze der Frist gelten aber in der Regel zwei Wochen[1366], so dass spätestens nach diesem Zeitpunkt sämtliche Ausschluss- und Befangenheitsgründe beseitigt sein müssen. Andernfalls muss der Aufsichtsratsvorsitzende oder der Vorsitzende des Prüfungsausschusses informiert werden. Die Verschärfung ist zu begrüßen, weil nach dem früheren Wortlaut von Ziff. 7.2.1 Abs. 2 Kodex die Informationspflicht stets dann entfiel, wenn die jeweiligen Ausschluss- und Befangenheitsgründe beseitigt wurden, ohne dass dies an eine zeitliche Vorgabe geknüpft war. Wünschenswert wäre es aber gewesen, wenn der Kodex

---

[1362] Die rechtliche Konstruktion einer Vereinbarung war erforderlich, weil der Kodex gegenüber dem Prüfer keine direkte Wirkung entfalten kann. Denn auf ihn bezieht sich nicht die in Teil 2 C, S. 243 ff. dargestellt gesetzliche Erklärungspflicht der Leitungsorgane der AG gemäß § 161 AktG i. d. F. des TransPuG, vgl. *Gelhausen/Hönsch*, AG 2002, 529, 531.

[1363] So *Kremer*, in: *Ringleb/Kremer/Lutter/v. Werder*, Kodex, Rdn. 1361 f. Zu ihr näher *Schäfer*, ZGR 2004, 416, 426.

[1364] *Kommission*, KOM(2003) 284 endg. Siehe dazu oben Teil 1 B, S. 41 ff.

[1365] Vgl. beispielsweise BAG DB 1988, 2107, 2108; *Wendtland*, in: *Bamberger/Roth*, BGB, Band 1, § 121 Rdn. 2 ff.; *MüKo-Kramer*, § 121 Rdn. 3 ff.; *Palandt-Heinrichs*, § 121 Rdn. 3.

[1366] OLG Hamm NJW-RR 1990, 523; *MüKo-Kramer*, § 121 Rdn. 7; *Wendtland*, in: *Bamberger/Roth*, BGB, Band 1, § 121 Rdn. 7; *Palandt-Heinrichs*, § 121 Rdn. 3.

noch deutlicher die Konsequenzen für diese Konfliktsituation während der Abschlussprüfung herausgestellt hätte. Die bloße Unterrichtung des Aufsichtsratsvorsitzenden oder Vorsitzenden des Prüfungsausschusses gibt den Unternehmen in einer solchen Situation noch keine Leitlinie für die weitere Vorgehensweise zur Lösung vor, obwohl die Leitfunktion gerade ein erklärtes Ziel der Kodex-Kommission ist[1367].

Im Hinblick auf die Person des Abschlussprüfers trifft der Kodex keine Aussage. Da sich der vorangegangene Abschnitt (Ziff. 7.1 Kodex) aber mit der Konzernrechnungslegung befasst, bezieht sich Ziff. 7.2 Kodex systematisch auf die Wahl und Bestellung des Konzernabschlussprüfers. § 318 Abs. 2 S. 1 HGB enthält diesbezüglich eine gesetzliche Vermutung, wonach derselbe Prüfer Abschlussprüfer ist, der für den Jahresabschluss des Mutterunternehmens bestellt ist[1368]. Im Ergebnis bleibt es damit bei der auch durch den Gesetzesentwurf zum BilReG nicht geänderten Grundregel des § 319 Abs. 1 S. 1 HGB, wonach Abschlussprüfer nur Wirtschaftprüfer und Wirtschaftsprüfungsgesellschaften sein können[1369].

aa. Absicherung der Unabhängigkeitsprüfung

(1) Gesetzliche Absicherung

Die Verantwortung für die Einhaltung der Unabhängigkeit liegt gemäß § 43 Abs. 1 WPO i. V. m. §§ 1 ff. Berufssatzung zunächst intern beim Abschlussprüfer selbst[1370], wobei die Kontrolle bzw. die Berufsaufsicht über die Wirtschaftsprüfer gemäß §§ 57, 58 WPO der Wirtschaftsprüferkammer (WPK) obliegt[1371]. Der Abschlussprüfer hat die Prüfung dabei gemäß § 49 WPO i. V. m. § 20 Berufssatzung[1372] von sich aus abzulehnen, wenn die Besorgnis seiner Befangenheit besteht. Fraglich ist, wann eine solche Besorgnis der Befangenheit vorliegt. Hierzu könnten

---

1367 Vgl. etwa *Ringleb*, in: *Ringleb/Kremer/Lutter/v. Werder*, Kodex, Rdn. 17 f.

1368 *Gelhausen/Hönsch*, AG 2002, 529, 530.

1369 So zutreffend *Hülsmann*, DStR 2005, 166, 167. Näher zu § 319 HGB vgl. *Baumbach/Hopt*, HGB, § 319 Rdn. 1; *Ebke*, in: MüKo-HGB, Band 4, § 319 Rdn. 2 ff.

1370 *Ruhnke*, AG 2003, 371, 372.

1371 Die WPK ist eine bundesunmittelbare Körperschaft des öffentlichen Rechts. Vgl. näher hierzu *Müßig*, NZG 2004, 796, 797 f. Durch das Abschlussprüferaufsichtsgesetz (APAG) wurde eine Abschlussprüferaufsichtskommission (APAK) eingerichtet werden, die eine öffentliche fachbezogene Aufsicht über die WPK führen wird. Vgl. dazu *Köhler/Meyer/Mauelshagen*, DB 2004, 2623, 2628. S. dazu u. Teil 2 B, S. 230.

1372 *Veltins*, DB 2004, 445, 448. *Ruhnke*, AG 2003, 371, 372.

möglicherweise die allgemeinen Vorschriften über die Besorgnis der Befangenheit von Richtern herangezogen werden. Gemäß § 42 Abs. 2 i. V. m. §§ 41 ff. ZPO findet die Ablehnung wegen Besorgnis der Befangenheit statt, wenn ein Grund vorliegt, der geeignet ist, Misstrauen gegen die Unparteilichkeit eines Richters zu rechtfertigen. Das ist beispielsweise der Fall, wenn ein Richter oder ein naher Angehöriger enge geschäftliche Beziehungen zu einer der Parteien unterhält[1373]. Ebenso kann ein Richter des Bundesverfassungsgerichts gemäß § 19 Abs. 1 und Abs. 2 BVerfGG wegen Besorgnis der Befangenheit abgelehnt werden[1374].

Im Schrifttum wird die Heranziehung der allgemeinen Gesetze über die Befangenheit von Richtern zur Konkretisierung dieses Begriffs bei Abschlussprüfern beispielsweise von *Veltins* abgelehnt[1375]. Die Grundsätze seien nicht geeignet, die Besorgnis der Befangenheit eines Abschlussprüfers zu begründen, weil die Umstände, die die Befangenheit eines Richters begründen, nicht stets auf Abschlussprüfer übertragbar seien[1376]. Diese Auffassung kann nicht überzeugen. Ebenso wie ein Richter kann ein Abschlussprüfer gerade aufgrund von geschäftlichen Beziehungen zu einem Unternehmen befangen sein i. S. v. § 42 Abs. 2 ZPO oder § 19 Abs. 1 BVerfGG. Es sind also auch bei der Prüfung der Unabhängigkeit eines Abschlussprüfers Konstellationen denkbar, die sich anhand von §§ 42 Abs. 2 ZPO, 19 Abs. 1 BVerfGG angemessen lösen ließen. Zu beachten ist aber, dass der Gesetzesentwurf zum BilReG in Anlehnung an die Vorschläge der EU-Kommission zur Änderung der Achten gesellschaftsrechtlichen Richtlinie[1377] ganz konkrete Tatbestände zur Unabhängigkeit eines Abschlussprüfers enthält[1378]. Diese sind gegenüber den all-

---

[1373] In dem Fall LG Regensburg FamRZ 1979, 525 etwa hatte die Ehefrau eines Richters mit einer Partei einen Werkvertrag über einen Hausbau geschlossen, was den Ausschluss des Richters gemäß § 42 Abs. 2 ZPO rechtfertigte. Vgl. umfassend zu § 42 Abs. 2 ZPO *Heinrich*, in: *Musielak*, ZPO, § 42 Rdn. 3 ff.; *Hartmann*, in: *Baumbach/Lauterbach/Albers/Hartmann*, ZPO, § 42 Rdn. 10 ff.; *Feiber*, in: MüKo-ZPO, Band 1, § 42 Rdn. 4 ff.

[1374] So hatte sich der Präsident des BVerfG *Papier* in dem Fall BVerfG, Beschluss vom 17. 09. 2003 – 1 BvL 3/98 u. a. = BVerfGE 108, 279 ff. = NJW 2004, 209 ff. gemäß § 19 Abs. 3 BVerfGG selbst für befangen erklärt, da er sich zu der streitigen Frage, ob § 6 Abs. 2 des Anspruchs- und Anwartschaftsüberführungsgesetzes (AAÜG) der Verfassung entspricht, bereits gutachterlich geäußert hatte. Diese Selbstablehnung war begründet, vgl. BVerfG NJW 2004, 209. Zur Befangenheit von Verfassungsrichtern s. auch BVerfG NJW 2003, 3404 sowie BVerfG NJW 1995, 1277.

[1375] *Veltins*, DB 2004, 445, 448. Zur anderen Ansicht vgl. etwa die Nachweise bei *Lenz*, BB 2004, 707, 711.

[1376] *Veltins*, DB 2004, 445, 448 m. w. N. in Fn. 33.

[1377] S. o. Teil 2 B, S. 210.

[1378] Zu ihnen sogleich in Teil 2 B, S. 230 ff.

gemeinen Befangenheitsvorschriften vorrangig heranzuziehen. Soweit sie allerdings Lücken aufweisen[1379], also bestimmte Befangenheitskonstellationen nicht regeln, dürfte ein Rückgriff beispielsweise auf § 42 Abs. 2 ZPO möglich sein. Im Folgenden werden deshalb die speziellen Tatbestände der WPO und des BilReG zur Befangenheit des Abschlussprüfers dargestellt.

Befangenheit des Abschlussprüfers ist gemäß § 49 WPO i. V. m. § 20 Berufssatzung zu besorgen, wenn Umstände gegeben sind, die aus der Sicht eines verständigen Dritten nicht ohne Auswirkung auf das Handeln oder die Willensbildung des Prüfers bleiben[1380]. Als solche Umstände werden etwa persönliche oder verwandtschaftliche Verbindungen des Abschlussprüfers mit einzelnen Organmitgliedern angesehen[1381]. Sollte der Abschlussprüfer daher das Vorliegen solcher Umstände in seiner Person feststellen, hat er von sich aus gemäß § 49 WPO seine Tätigkeit zu versagen.

Die externe Qualitätskontrolle der Abschlussprüfer erfolgt gemäß §§ 57a ff. WPO. Gemäß § 57a Abs. 1 WPO ist jeder Abschlussprüfer, der gesetzlich vorgeschriebene Abschlussprüfungen von amtlich notierten Gesellschaften vornimmt, gemäß § 57a Abs. 1 WPO verpflichtet, sich im Abstand von drei Jahren der dort angeordneten Qualitätskontrolle zu unterziehen. Damit normiert § 57a Abs. 1 WPO nunmehr auch für die Bundesrepublik Deutschland das sog. Peer-Review-Verfahren (Qualitätskontrollverfahren)[1382]. Dabei erteilt eine Kommission für Qualitätskontrolle der Wirtschaftsprüferkammer (WPK)[1383] auf der Grundlage eines Qualitätskontrollberichts des Prüfers eine Teilnahmeestätigung[1384]. Ohne wirksame Teil-

[1379] Davon geht z. B. *Lenz* aus, vgl. *Lenz*, BB 2004, 707 ff. Ebenso *Hülsmann*, DStR 2005, 166, 172.

[1380] *Kremer*, in: *Ringleb/Kremer/Lutter/v. Werder*, Kodex, Rdn. 1351 mit Hinweis auf die hM, dargestellt bei *Marx*, ZGR 2002, 292, 303. Dazu auch *Semler*, in: Münchener Hdb des GesR, Band 4, § 42 Rdn. 13.

[1381] Vgl. dazu etwa *Baumbach/Hopt*, HGB, § 319 Rdn. 2.

[1382] Vgl. *Hülsmann*, DStR 2005, 166, 167; *Veltins*, DB 2004, 445, 448; *Peemöller/Oehler*, BB 2004, 539. Ausführlich *Kilian*, ZGR 2004, 189, 192 ff.; *Müßig*, NZG 2004, 796, 799 ff.; *Heinrichs*, ZHR 2004, 383, 385.

[1383] Zur Wirtschaftsprüferkammer als Kontrollinstanz vgl. ausführlich *Kilian*, ZGR 2004, 189, 209 ff.; *Müßig*, NZG 2004, 796, 799.

[1384] Ausführlich zum Peer-Review-Verfahren siehe *Westhoff*, DStR 2003, 2132 ff. m. w. N.

nahmebestätigung war ein Prüfer gemäß § 319 Abs. 2 S. 2 Nr. 2 und Abs. 3 Nr. 7 HGB a. F. von der gesetzlichen Abschlussprüfung ausgeschlossen[1385].

Zur Absicherung der Qualitätskontrolle hat der Gesetzgeber zudem das Abschlussprüferaufsichtsgesetz verabschiedet, das vor allem eine öffentliche Berufsaufsicht über Abschlussprüfer einführt[1386].

Das BilReG präzisiert die gesetzliche Absicherung der Unabhängigkeit des Abschlussprüfers im Vergleich zu den soeben beschriebenen gesetzlichen Vorschriften entscheidend[1387]. Dabei ist es das Anliegen des Gesetzgebers, aufgrund der zahlreichen Bilanzskandale in der Vergangenheit klare und eindeutige Regelungen zu formulieren, um das Vertrauen in das Funktionieren der Kapitalmärkte und die Unabhängigkeit des Abschlussprüfers wiederherzustellen[1388]. Im Hinblick auf die Stärkung des Vertrauens in die Unabhängigkeit des Abschlussprüfers verschiebt der Gesetzesentwurf beispielsweise das Erfordernis der Qualitätskontrolle nach § 57a WPO von seiner ursprünglichen Position in § 319 Abs. 2 S. 2 Nr. 7 und Abs. 3 Nr. 7 HGB a. F. nach § 319 Abs. 1 S. 3 HGB. Dadurch hebt der Entwurf die Bedeutung der Qualitätskontrolle für die Absicherung der Unabhängigkeit des Abschlussprüfers hervor[1389].

Schwerpunktmäßig stellen die neuen Regelungen der §§ 319 ff. HGB allerdings die Unzulässigkeit der gleichzeitigen Tätigkeit eines Wirtschaftsprüfers als Abschlussprüfer und Erbringer von bestimmten Beratungs- und Bewertungsdienstleistungen heraus[1390]. Zu diesem Zweck formuliert das Gesetz in §§ 319, 319a HGB zahlreiche konkrete Ausschlussgründe, wie etwa die Inhaberschaft von Anteilen oder an-

---

1385 *Westhoff*, DStR 2003, 2132; *Peemöller/Oehler*, DB 2004, 539, 540; *Veltins*, DB 2004, 445, 448. Im Gesetzesentwurf zum BilReG ist diese Regelung in § 319 Abs. 1 S. 3 HGB vorgesehen.

1386 Gesetz zur Fortentwicklung der Berufsaufsicht über Abschlussprüfer (Abschlussprüferaufsichtsgesetz – APAG) vom 27. 12. 2004, BGBl. I 2004, S. 3846 ff. Zum vorangegangenen Referentenentwurf vgl. *Lenz*, BB 2004, 1951 ff. Siehe ebenfalls *Köhler/Meyer/Mauelshagen*, BB 2004, 2623, 2627 f. m. w. N.

1387 Ausführlich zu den einzelnen Ausschlussgründen nach dem BilReG vgl. *Hülsmann*, DStR 2005, 166, 167 ff.

1388 Begründung zum RegE BilReG, BT-Drucks. 15/3419, S. 25. Dazu *Scheffler*, AG 2004, R 84; Stellungnahme des Arbeitskreises Bilanzrecht der Hochschullehrer Rechtswissenschaft, BB 2004, 546, 547 f.; *Pfitzer/Oser/Orth*, DB 2004, 2593, 2599 f.

1389 Begründung zum RegE BilReG, BT-Drucks. 15/3419, S. 36. Dazu *Pfitzer/Oser/Hettich*, DStR 2004, 328, 329.

1390 Begründung zum RegE BilReG, BT-Drucks. 15/3419, S. 36 ff. Dazu etwa *Veltins*, DB 2004, 445, 449.

deren finanziellen Beteiligungen an der zu prüfenden Gesellschaft[1391]. Neben diesen Ausschlussgründen wird in § 319 Abs. 2 HGB eine Auffangklausel eingeführt, wonach ein Wirtschaftsprüfer auch dann von der Abschlussprüfung ausgeschlossen ist, wenn „sonstige Gründe, insbesondere Beziehungen geschäftlicher, finanzieller oder persönlicher Art, bestehen, nach denen die Besorgnis der Befangenheit besteht[1392]." Dadurch soll vor allem klargestellt werden, dass die neuen Ausschlusstatbestände in §§ 319, 319a HGB nicht abschließend sind[1393].

Die Konkretisierung der bei Abschlussprüfern anzuwendenden Befangenheitstatbestände durch das BilReG ist zu begrüßen. Der Rechtsanwender erhält insbesondere durch § 319 Abs. 3 und § 319a HGB einen übersichtlichen Katalog von Fallgruppen, in denen die Unabhängigkeit des Abschlussprüfers schon kraft Gesetzes nicht gewährleistet ist. Nicht geregelt hat der Gesetzgeber allerdings das Verhältnis dieser Regelungen zu den Befangenheitstatbeständen der WPO sowie zu den allgemeinen gesetzlichen Vorschriften zur Befangenheit von Richtern. Letztere sind nach der hier vertretenen Auffassung anwendbar, soweit die §§ 319, 319a HGB keine abschließenden Regelungen enthalten[1394]. Diese Rechtsunsicherheit ist zu kritisieren. Der Aufsichtsrat eines prüfungspflichtigen Unternehmens wird in diesen Fällen im Unklaren darüber gelassen, nach welchen Kriterien er die Unabhängigkeit eines Prüfers zu beurteilen hat, bevor er gemäß § 111 Abs. 2 S. 3 AktG einen entsprechenden Prüfungsauftrag an diesen vergibt. Angeboten hätte sich deshalb eine gesetzliche Regelung, wonach die §§ 41 ff. ZPO[1395] für solche Fälle anzuwenden sind, die zwar nicht unter §§ 319, 319a HGB fallen, gleichwohl aber Umstände vorliegen, die gegen die Unabhängigkeit eines Abschlussprüfers sprechen können.

[1391] § 319 Abs. 3 Nr. 1 HGB. Dazu *Peemöller/Oehler*, BB 2004, 1158, 1159; *dies.*, BB 2004, 539, 540 f. Ausführlich zu den einzelnen Ausschlussgründen nach dem BilReG vgl. *Pfitzer/Oser/Hettich*, DStR 2004, 328, 329 ff.; *Pfitzer/Oser/Orth*, DB 2004, 2593, 2599; *Scheffler*, AG 2004, R 84 f.

[1392] S. hierzu beispielsweise *Hülsmann*, DStR 2005, 166, 168.

[1393] Begründung zum RegE BilReG, BT-Drucks. 15/3419, S. 37. Siehe dazu *Lenz*, BB 2004, 707, 711 mit erheblicher Kritik an den §§ 319 Abs. 2 und Abs. 3 HGB-E auf S. 712.

[1394] S. o. Teil 2 B S. 227 ff. In einem gerichtlichen Verfahren sind aber sämtliche Befangenheitsgründe geltend zu machen. Ausschlussgründe kraft Gesetzes nennen die §§ 319, 319a HGB nicht, vgl. Begründung zum BilReG, BT-Drucks. 15/3419, S. 37. Diese müssen vielmehr im Wege der Anfechtungsklage gemäß § 243 AktG vorgetragen werden.

[1395] Die dargestellten Vorschriften der WPO betreffen in erster Linie die Unabhängigkeitsprüfung durch den Abschlussprüfer selbst. Zudem ist ein Qualitätskontrollverfahren nach § 57a WPO bereits in § 319 Abs. 1 S. 3 HGB verankert.

Das soll anhand eines Beispiels verdeutlicht werden: Ein Abschlussprüfer hält 20% der Anteile an der zu prüfenden Gesellschaft. Er fällt damit nicht unter den Schwellenwert des § 319 Abs. 3 S. 1 Nr. 1 HGB n. F., wonach ein Prüfer nur dann von der Abschlussprüfung ausgeschlossen ist, wenn er mehr als 20% der Anteile besitzt. Trotzdem liegen Umstände vor, die Zweifel an seiner Unabhängigkeit aufkommen lassen, aber gerade nicht auf seine finanzielle Beteiligung an der Gesellschaft zurückzuführen sind, beispielsweise, weil ein Freund des Abschlussprüfers gelegentlich geschäftliche Beziehungen zu dem zu prüfenden Unternehmen unterhält. Die eingeführte Generalklausel gemäß § 319 Abs. 2 HGB, wonach auch sonstige Gründe, insbesondere Beziehungen geschäftlicher, finanzieller oder persönlicher Art einen Ausschluss begründen können, ist nicht hilfreich[1396]. Denn über das Tatbestandsmerkmal „Besorgnis der Befangenheit" sagt diese Vorschrift wenig aus. Die geplante Norm nennt vielmehr nur beispielhaft bestimmte Beziehungen, bei denen tendenziell Befangenheit vorliegen soll. Insbesondere das Merkmal „Beziehungen persönlicher Art" ist zur Lösung des Beispielsfalles nicht geeignet, weil die Reichweite dieses Merkmals unklar bleibt. Für Klarheit könnte aber ein neuer § 319 Abs. 2 S. 2 HGB sorgen mit der Formulierung: „§ 42 Abs. 2 ZPO ist entsprechend anzuwenden." Dadurch würde eine besondere zweistufige Prüfung vorgegeben[1397]. Zunächst hätte der Aufsichtsrat die speziellen Ausschlusstatbestände der §§ 319, 319a HGB zu prüfen und in einem zweiten Schritt zu überlegen, ob weitere Gründe vorliegen, die „Misstrauen gegen die Unabhängigkeit des Abschlussprüfers rechtfertigen". Dabei sind nicht nur sämtliche Beziehungen des Abschlussprüfers zum Unternehmen zu untersuchen, der Prüfer ist vielmehr insgesamt einer umfassenden Unabhängigkeitskontrolle zu unterziehen. Diese sollte vor allem auch das in der Vergangenheit gezeigte Verhalten des Prüfers umfassen. Treten dabei Gründe auf, die ein Misstrauen i. S. v. § 42 Abs. 2 ZPO begründen, ist der Prüfer auch dann nicht gemäß § 319 Abs. 1 HGB als Abschlussprüfer auszuwählen, wenn ein konkreter Ausschlusstatbestand gemäß §§ 319, 319a HGB nicht einschlägig ist.

(2) Absicherung durch den Kodex

Neben den dargestellten gesetzlichen Regelungen soll die Unabhängigkeit des Abschlussprüfers durch die Einrichtung des Prüfungsausschusses (Audit Committee) gemäß Ziff. 5.3.2 S. 1 Kodex abgesichert werden. Danach soll sich der Prüfungs-

[1396] Kritisch insoweit auch *Pfitzer/Oser/Orth*, DB 2004, 2593, 2599.

[1397] So im Grunde auch die Absicht der Bundesregierung, vgl. Begründung zum BilReG, BT-Drucks. 15/3419, S. 37 f. Mit der jetzigen Fassung von § 319 Abs. 2 HGB ist dieses Ziel aber nicht durchsetzbar.

ausschuss, neben anderen Sachthemen[1398], mit der erforderlichen Unabhängigkeit des Abschlussprüfers befassen.

Fraglich ist, ob die Einrichtung eines Prüfungsausschusses nach Maßgabe von Ziff. 5.3.2 S. 1 Kodex tatsächlich die notwendige Unabhängigkeit des Abschlussprüfers gewährleisten kann. Dafür spricht nach *Westhoff*[1399] die Wirkung eines Audit Committees. Diese bestehe vor allem darin, Koalitionsbildungen zwischen Abschlussprüfer und Unternehmensführung zu unterbinden.

Der Ansicht von *Westhoff* ist teilweise zuzustimmen. Ein unabhängiges Kontrollgremium, das sich auch mit der erforderlichen Unabhängigkeit des Abschlussprüfers befasst, kann eine gewisse Abschreckungswirkung gegenüber Absprachen zwischen Prüfer und Unternehmensführung entfalten. Inwiefern sie diese wirksam verhindern wird, ist aber zweifelhaft. Das liegt vor allem daran, dass Ziff. 5.3.2 Kodex keinerlei Maßgaben vorgibt, mit welchen Überwachungsmethoden der Prüfungsausschuss die erforderliche Unabhängigkeit des Abschlussprüfers sicherstellen soll. Auch insoweit sollte die Kodex-Kommission in der Anlage zum Deutschen Corporate Governance-Kodex[1400] nähere Vorschläge unterbreiten. Gegen die praktische Wirksamkeit der Kodexbestimmung spricht derzeit auch ihre unzureichende Akzeptanz bei börsennotierten Gesellschaften. Lediglich 63% der nach verschiedenen Studien am DAX, MDAX, NEMAX und SDAX notierten Unternehmen haben im Jahr 2004 diese Bestimmung zum Gegenstand ihrer Unternehmenspolitik erklärt[1401].

Trotz dieser noch geringen praktischen Umsetzung von Ziff. 5.3.2 Kodex ist die Regelung aber ein positives Beispiel für die Intention des Kodex, Unternehmensführungsstrukturen in der Bundesrepublik Deutschland durch eine konkrete Handlungsempfehlung gegenüber einem Leitungsorgan zu verbessern. Besonders die fehlende Unabhängigkeit des Abschlussprüfers hat mit dazu beigetragen, dass es zu den bereits erwähnten[1402] Firmenzusammenbrüchen kommen konnte[1403]. Deshalb ist es auch innerhalb des deutschen Rechts zur Abschlussprüfung sinnvoll, die

---

[1398] Siehe ausführlich zum Audit Committee oben Teil 2 B, S. 136 ff.

[1399] *Westhoff*, DStR 2003, 2086 ff.

[1400] Zu dieser Forderung siehe bereits oben, Teil 2 B, S. 138 ff.

[1401] Vgl. *v. Werder/Talaulicar/Kolat*, DB 2004, 1377, 1379. Siehe dazu auch *Oser/Orth/Wader*, BB 2004, 1121, 1123.

[1402] Vgl. Teil 1 A, S. 1 ff.

[1403] Dazu *Schwarz/Holland*, ZIP 2002, 1661 ff.; *Kremer*, in: *Ringleb/Kremer/Lutter/v. Werder*, Kodex, Rdn. 1341.

Überwachung der Unabhängigkeit des Abschlussprüfers nicht gemäß §§ 43, 49 WPO i. V. m. §§ 1 ff., 20 Berufssatzung sowie gemäß §§ 319 ff. HGB auf eine gesetzliche Kontrolle des Abschlussprüfers zu beschränken, sondern ebenso einen unternehmensinternen Prüfungsausschuss mit dieser Aufgabe zu betrauen.

Eine solche Überwachung der Unabhängigkeit des Abschlussprüfers liegt ebenso im eigenen Interesse börsennotierter Gesellschaften in der Bundesrepublik Deutschland. Denn die Investitionsbereitschaft deutscher Anleger hängt, wie *Kremer* richtig bemerkt, ganz entscheidend von ihrem Vertrauen in die zuverlässige Rechnungslegung der Unternehmen ab[1404]. Dieses Vertrauen würde gestärkt, wenn sich Aktionäre darauf verlassen könnten, dass ein vom Aufsichtsrat unabhängiger Prüfungsausschuss mögliche Befangenheitsgründe des Abschlussprüfers während der gesamten Dauer der Prüfung untersucht und ggf. einschreitet. Dadurch würde die Corporate Governance im Unternehmen insgesamt verbessert[1405].

Eine weitere Regelung zur Absicherung der Unabhängigkeit des Abschlussprüfers stellt Ziff. 7.2.2 Kodex dar, der allerdings nur die in § 111 Abs. 2 S. 3 AktG durch das KonTraG geregelte Rechtslage wiederholt:

> „Der Aufsichtsrat erteilt dem Abschlussprüfer den Prüfungsauftrag und trifft mit ihm die Honorarvereinbarung[1406]."

Bei der Honorarvereinbarung sind allerdings zum einen die durch das KonTraG in § 319 Abs. 2 Nr. 8 HGB a. F. eingeführten und durch das BilReG in § 319 Abs. 3 Nr. 5 HGB übernommenen Anforderungen an die Unabhängigkeit des Prüfers im Hinblick auf die Vergütung zu beachten. Nach dieser Regelung darf der Prüfer nicht mehr als 30% seiner Gesamteinnahmen aus der Tätigkeit für die geprüfte Gesellschaft beziehen[1407]. Zum anderen stellt die Empfehlung in Ziff. 7.2.1 Abs. 1 S. 2 Kodex eine Ergänzung zu § 319 Abs. 3 Nr. 5 HGB dar, wonach die Erklärung des

---

1404 *Kremer*, in: *Ringleb/Kremer/Lutter/v. Werder*, Kodex, Rdn. 1341.

1405 Nach einer Studie von *McKinsey* würden institutionelle Anleger für Anteile an Unternehmen mit einem gut funktionierenden Corporate Governance System zwischen 18% und 27% mehr bezahlen, vgl. *McKinsey*, Survey, S. 16. Dazu *Ruhnke*, AG 2003, 371; *Roth/Wörle*, ZGR 2004, 565, 572.

1406 Die Regierungskommission Corporate Governance hatte einen entsprechenden Hinweis zur neuen Rechtslage vorgeschlagen, vgl. *Baums*, Bericht der Regierungskommission Corporate Governance, Rdn. 299. Dazu auch *Kremer*, in: *Ringleb/Kremer/Lutter/v. Werder*, Kodex, Rdn. 1364 ff.

1407 *Gelhausen/Hönsch*, AG 2002, 529, 531.

Prüfers sich auch darauf erstrecken soll, in welchem Umfang er im vorausgegangenen Geschäftsjahr andere Leistungen für das Unternehmen, insbesondere auf dem Beratungssektor, erbracht hat bzw. ob solche für das folgende Jahr vereinbart sind. Dem Aufsichtsrat soll hierdurch eine umfassende Abwägung ermöglicht werden, ob sich möglicherweise aufgrund der Größenordnung für sonstige Leistungen des Prüfers Anzeichen ergeben, die gegen seine Unabhängigkeit sprechen können[1408]. Die Höhe des vereinbarten Honorars ist gemäß § 285 Nr. 17 Buchst. a HGB i. d. F. des BilReG im Anhang der Bilanz anzugeben[1409].

bb. Künftige Rechtsentwicklung

Die Unabhängigkeit des Abschlussprüfers ist Gegenstand einer umfangreichen internationalen Diskussion[1410]. In den USA beispielsweise hat die SEC in Ausführung des Sarbanes-Oxley Acts[1411] am 23. 01. 2003 eine Verordnung zur Unabhängigkeit des Abschlussprüfers verabschiedet[1412]. Neben der Einführung dieser Verordnung hat die SEC, ähnlich wie bei der Durchsetzung von Rechnungslegungsstandards[1413], ein staatliches Überwachungsgremium eingerichtet, den Public Company Accounting Oversight Board (PCAOB). Dieses Gremium unterzieht alle Prüfer – auch ausländische – einer strengen öffentlichen Aufsicht[1414]. Zu den Rechten des PCAOB gehört es etwa, bei registrierten Prüfern Kontrollen vor Ort durchzuführen und von ihren Mitarbeitern alle relevanten Auskünfte und Arbeitspapiere einzusehen[1415]. Mit diesen Maßnahmen haben die USA insbesondere auf die Zusammenbrüche von WorldCom und Enron reagiert, die ihre Ursache in umfangreichen Bilanzmanipulationen im Bereich der Abschlussprüfung hatten[1416]. Gerade Bilanzmanipulationen durch Absprachen zwischen Firmenleitung und Abschlussprüfer sollen mittels einer unabhängigen staatlichen Kontrollinstanz unterbunden

---

1408 Weiterführend *Gelhausen/Hönsch*, AG 2002, 529, 531, die eine Differenzierung zwischen bereits erbrachten und noch zu erbringenden Leistungen des Abschlussprüfers für nicht geboten halten, weil der Kodex eine solche Differenzierung nicht vorschreibe.

1409 Dadurch soll der Bilanzleser die erforderlichen Informationen zur Abschlussprüfervergütung erhalten, vgl. Begründung zum BilReG, BT-Drucks. 15/3419, S. 29.

1410 Ausführlich *Kilian*, ZGR 2004, 189, 194 ff.

1411 Dazu bereits Teil 1 B, S. 28 f.

1412 SEC, Final Rule: Strengthening the Commission´s Requirements Regarding Auditor Independence, abrufbar im Internet unter *http://www.sec.gov/rules/final/33-8183.htm.* Dazu *Maul/ Lanfermann*, DB 2003, 349 ff.; *Schmidt*, BB 2003, 779 ff.

1413 Dazu s. o. Teil 2 B, S. 217 ff.

1414 *Wiesner*, ZIP 2003, 1186, 1187. Näher *Kilian*, ZGR 2004, 189, 198 ff.

1415 Näher dazu vgl. *Naumann*, BB 2003, Heft 20, Die erste Seite.

1416 *Schmidt*, BB 2003, 779.

werden. In Europa hat die EU-Kommission zunächst am 16. Mai 2002 eine Empfehlung „Unabhängigkeit des Abschlussprüfers in der EU – Grundprinzipien“ vorgelegt[1417]. Diese Empfehlung sollte vor allem zu einer europaweit einheitlichen Rechtsetzung auf diesem Gebiet beitragen[1418]. Eine solche Harmonisierung ist aber bislang noch nicht eingetreten. Deshalb hat die EU-Kommission vor dem Hintergrund ihres Aktionsplans vom 21. Mai 2003[1419] eine 10-Punkte Liste zur Steigerung der Qualität der Abschlussprüfung vorgelegt[1420]. Die Liste enthält Lösungsansätze, die schon im Rahmen des Sarbanes-Oxley Acts angesprochen wurden[1421]. So finden sich in der Liste neben zahlreichen Einzelmaßnahmen wie etwa die Aktualisierung der 8. EU-Richtlinie[1422] und die Einrichtung eines Regulierungsausschusses sowie eines rein beratenden Ausschusses auf dem Gebiet der Abschlussprüfung[1423] auch Ansätze einer möglichen öffentlichen Aufsicht über den Abschlussprüferberuf nach dem Vorbild der PCAOB[1424]. Weiterentwickelt hat die EU-Kommission diese Ansätze in ihrem Richtlinienvorschlag vom 16. 04. 2004 zur Änderung der Abschlussprüferrichtlinie 84/253/EWG. Danach sollen EU-weit internationale Prüfungsstandards und gemäß Art. 29 ff. Richtlinien-Vorschlag (RLV) gemeinsame Qualifikationsmerkmale eingeführt werden[1425]. Daneben enthält der Vorschlag gemäß Art. 31 ff. RLV Rahmenbedingungen zur Entwicklung einer öffentlichen Aufsicht über den Prüferberuf und zur Kooperation der EU und mit Drittstaaten. Desweiteren sieht der Vorschlag konkrete Vorschriften über die Zusammensetzung und die Aufgaben des Prüfungsausschusses vor[1426]. Solche konkreten Vorschläge zur Corporate Governance an die einzelnen Mitgliedstaaten durch die EU-Kommission sind hingegen schon grundsätzlich bedenklich[1427].

[1417] ABl. EG Nr. L 191/22 vom 19. Juli 2002.

[1418] Begründung zum BilReG, BT-Drucks. 15/3419, S. 25 ff.

[1419] *Kommission*, KOM(2003) 284 endg. Dazu bereits Teil 1 B, S. 41 ff.

[1420] *Scheffler*, AG 2003, R 290. Vgl. dazu auch *Schmidt*, BB 2003, 779, 780 ff.

[1421] *Wiesner*, ZIP 2003, 1186.

[1422] Im Rahmen der Prüferbefähigungsrichtlinie (84/253/EWG) soll mittelfristig die Unabhängigkeit des Abschlussprüfers gestärkt werden, vgl. *Scheffler*, AG 2003, R 291. Siehe dazu den Vorschlag der Kommission zur Änderung der Achten gesellschaftsrechtlichen Richtlinie, s. o. Teil 2 B, S. 226.

[1423] *Wiesner*, ZIP 2003, 1186; *Scheffler*, AG 2003, R 290.

[1424] *Scheffler*, AG 2003, R 290; *Wiesner*, ZIP 2003, 1186, 1187.

[1425] Näher dazu *v. Hulle/Maul*, ZGR 2004, 484, 502.

[1426] S. dazu *v. Hulle/Maul*, ZGR 2004, 484, 503 f.; *Maul/Lanfermann*, BB 2004, 1861, 1865.

[1427] Siehe zur diesbezüglichen Kritik bereits oben Teil 1 B, S. 43.

Die skizzierten Vorschläge der EU-Kommission wurden im Jahr 2005 in einer neuen Abschlussprüferrichtlinie aufgenommen[1428]. Diese hat mittlerweile das EU-Parlament[1429] und den EU-Finanzministerrat[1430] passiert und bedarf nun noch der formellen Annahme durch den Ministerrat. Darüber hinaus sieht die EU-Kommission die verbindliche Verwendung der internationalen Prüfungsstandards (International Standards on Auditing, ISA) seit dem Jahr 2005 vor[1431]. Im Hinblick auf die grundsätzlich zwingende Verwendung der internationalen Rechnungslegungsstandards (IAS/IFRS) ab dem Jahr 2005[1432] ist dieser Schritt konsequent[1433].

Auf nationaler Ebene soll vor allem das BilReG maßgeblich zur Unabhängigkeit des Abschlussprüfers beitragen. Ihrer Absicherung dient u. a. das bereits verabschiedete Abschlussprüferaufsichtsgesetz[1434].

Die Sicherung der Unabhängigkeit der Abschlussprüfer stellt sowohl auf US-amerikanischer- als auch auf EU- und der Ebene der Bundesrepublik Deutschland einen wesentlichen Schritt zur Bekämpfung zukünftiger Bilanzskandale und damit verbundener Firmenzusammenbrüche dar. Sofern sich Aktionäre in Zukunft darauf verlassen könnten, dass die Abschlussprüfung durch unabhängige und objektive Prüfer durchgeführt wird, die ihrerseits einer externen Kontrolle unterliegen, könnte möglicherweise ein großes Ziel der Corporate Governance-Debatte, die Wiedererlangung verloren gegangenen Anlegervertrauens, zumindest für diesen Teilbereich verwirklicht werden. Für die Arbeitseffizienz der Überwachungsinstanzen ist es nach *Wiesner* besonders wichtig, dass sich nationale und internationale Überwachungsgremien bei der Durchsetzung von IAS-Standards untereinander abstimmen, um Mehrfachprüfungen zu vermeiden[1435]. Dieser Ansicht ist zuzustimmen. Die Einrichtung von Überwachungsgremien auf verschiedenen nationalen und internationalen Ebenen darf nicht dazu führen, dass Unternehmen mehrfach mit der Erstellung von Jahresabschlüssen belastet werden. Überlegenswert ist allerdings auch

---

[1428] S. dazu umfassend beispielsweise *Lanfermann*, DB 2005, 2645 ff.

[1429] Am 28. 09. 2005, vgl. dazu *Lanfermann*, DB 2005, 2645.

[1430] Am 11. 10. 2005, vgl. dazu *Lanfermann*, DB 2005, 2645.

[1431] Dazu *Scheffler*, AG 2003, R 291; *v. Hulle/Maul*, ZGR 2004, 484, 502.

[1432] Dazu Teil 2 B, S. 211 ff.

[1433] Kritik aber bei *Wiesner*, ZIP 2003, 1186, 1187, wonach die Prüfungsstandards anders als die Bilanzstandards durch unterschiedliche Tradition und Praxis bis heute stärker durch nationale Besonderheiten geprägt seien. Worin dies Besonderheiten liegen sollen, verdeutlicht *Wiesner* hingegen nicht.

[1434] S. dazu bereits o. Teil 2 B, S. 230.

[1435] *Wiesner*, ZIP 2003, 1186, 1188.

eine entsprechende Abstimmung der Überwachungsgremien im Zusammenhang mit den ISA-Standards. Auch bei der Kontrolle der Abschlussprüfer sollten sich nationale und internationale Gremien absprechen, damit Mehrfachkontrollen vermieden werden[1436]. In diese Richtung zielen bereits die dargestellten Vorschläge der EU-Kommission vom 16. 04. 2004 und deren Umsetzung in der neuen Abschlussprüferrichtlinie. Das Abschlussprüferaufsichtsgesetz[1437] sieht in § 66a Abs. 7 WPO bereits konkrete Möglichkeiten der Zusammenarbeit zwischen den zuständigen Behörden der EU-Mitgliedstaaten vor, um grenzüberschreitenden Verstößen von Abschlussprüfern wirksam entgegentreten zu können[1438]. Das Abschlussprüferaufsichtsgesetz vom 27. 12. 2004 setzt damit bereits Bestimmungen der neuen Abschlussprüferrichtlinie der EU um, obwohl diese bis zum Februar 2006 formell noch gar nicht angenommen war.

b. Informationspflichten des Abschlussprüfers

Neben den Regelungen über die Unabhängigkeit des Abschlussprüfers befasst sich der letzte Abschnitt des Kodex schwerpunktmäßig mit der Redepflicht des Abschlussprüfers, die der Aufsichtsrat im Prüfungsauftrag mit dem Abschlussprüfer vertraglich festlegen soll[1439]:

> „Der Aufsichtsrat soll vereinbaren, dass der Abschlussprüfer über alle für die Aufgaben des Aufsichtsrats wesentlichen Feststellungen und Vorkommnisse unverzüglich berichtet, die sich bei der Durchführung der Abschlussprüfung ergeben", Ziff. 7.2.3 Abs. 1 Kodex.

Diese Empfehlung entspricht teilweise der gesetzlichen Redepflicht des Prüfers in § 321 Abs. 1 S. 3 HGB[1440]. Danach sind im Prüfungsbericht deutliche Hinweise aufzuführen, falls im Rahmen der Abschlussprüfung Tatsachen festgestellt worden

[1436] Nach *Wiesner* könnte gerade der von der EU geplanten Kontrollausschuss gegenüber dem PCAOB bei dieser Abstimmung einen entscheidenden Beitrag zur Verbesserung der Verhandlungsposition der EU gegenüber den USA leisten, vgl. *Wiesner*, ZIP 2003, 1186, 1188.
[1437] S. dazu o. Teil 2 B, S. 230.
[1438] S. näher *Lenz*, BB 2004, 1951, 1955; *Scheffler*, AG 2004, R 437.
[1439] *Gelhausen/Hönsch*, AG 2002, 529, 532. Zum rechtlichen Hintergrund für diese Vereinbarung vgl. auch *Kremer*, in: *Ringleb/Kremer/Lutter/v. Werder*, Kodex, Rdn. 1367 ff.
[1440] § 321 Abs. 1 S. 3 HGB ist durch das KonTraG 1998 zunächst neu eingeführt worden, siehe *Schüppen*, ZIP 2002, 1269 ff. Durch das TransPuG wurde § 321 Abs. 1 S. 3 HGB in Teilbereichen neu gefasst, hierzu *Rabenhorst*, DStR 2003, 436 ff. Zur Gliederung des Prüfungsberichts nach den Neuerungen durch das TransPuG, *Rabenhorst*, DStR 2003, 436, 437.

sind, die den Bestand der geprüften Gesellschaft oder des Konzerns gefährden oder seine Entwicklung wesentlich beeinträchtigen können oder schwerwiegende Verstöße der gesetzlichen Vertreter oder von Arbeitnehmern gegen Gesetz, Gesellschaftsvertrag oder die Satzung erkennen lassen[1441]. Daraus ließe sich schließen, dass eine Erweiterung der Prüfungspflicht über das gesetzliche Maß mit dieser Empfehlung nicht verbunden ist[1442]. Im Unterschied zu § 321 HGB ist Ziff. 7.2.3 Abs. 1 Kodex aber wesentlich unbestimmter formuliert. Knüpft § 321 HGB an Gesetzes- und Satzungsverstöße sowie an erhebliche Gefahren für den Unternehmensbestand oder seine weitere Entwicklungen an, löst die vertraglich vereinbarte Redepflicht jede wesentliche Feststellung oder jedes wesentliche Vorkommnis aus.

Was darunter zu verstehen ist, wird bislang in der Praxis nur wenig diskutiert. Das *IDW* geht in seinem Prüfungsstandard 345 sehr allgemein davon aus, die unverzügliche Berichtspflicht des Abschlussprüfers komme dann in Betracht, wenn deren kurzfristige Kenntnis beispielsweise aus Gründen der Eilbedürftigkeit eine zeitnahe Information des Aufsichtsrats erfordere oder die Integrität des Vorstands betreffen[1443]. Diese Auslegung von Ziff. 7.2.3 Kodex wird dem weit gefassten Wortlaut der Kodex-Bestimmung nicht gerecht. Denn Ziff. 7.2.3 Kodex verzichtet gerade auf das Erfordernis der Eilbedürftigkeit oder einer konkreten Gefährdungslage für das Unternehmen und stellt allein auf die Wesentlichkeit des Ereignisses ab[1444].

Kremer regt an, dass Aufsichtsrat und Abschlussprüfer sich bei der Vereinbarung der Informationsverpflichtung gemäß Ziff. 7.2.3 Abs. 1 Kodex untereinander abstimmen sollten, welche Maßstäbe vor dem Hintergrund der konkreten Unternehmenssituation bei der Beurteilung der Wesentlichkeit von firmenbedeutsamen Ereignissen heranzuziehen sind[1445].

Problematisch bleibt damit, nach welchen Maßstäben der Abschlussprüfer die in Ziff. 7.2.3 Kodex vorgegebene Wesentlichkeit beurteilen soll. Ein Maßstab könnte der Kurswert des Unternehmens sein[1446]. Der Kurswert bezeichnet denjenigen

---

[1441] Näher dazu *Kremer*, in: *Ringleb/Kremer/Lutter/v. Werder*, Kodex, Rdn. 1368 f.; *Kirnberger*, in: *Glanegger/Giroff/Kirnberger/Kusterer/Peuker/Ruß/Selder/Stuhlfelner*, HGB, § 321 Rdn. 3 f.
[1442] *Gelhausen/Hönsch*, AG 2002, 529, 532.
[1443] *IDW*, WPg 2003, 1002, 1009.
[1444] S. o. Teil 2 B, S. 238.
[1445] *Kremer*, in: *Ringleb/Kremer/Lutter/v. Werder*, Kodex, Rdn. 1368.
[1446] Zu den durch das TransPuG eingeführten Bewertungsgrundlagen *Rabenhorst*, DStR 2003, 436, 438 f.

Preis, zu dem ein Wertpapier an der Börse gehandelt wird[1447]. Die Kursfestsetzung folgt dem in § 29 Abs. 3 BörsG niedergelegten Grundsatz, wonach als Börsenpreis derjenige Preis festzusetzen ist, welcher der wirklichen Geschäftslage des Verkehrs an der Börse entspricht[1448]. Die wirkliche Geschäftslage als Grundlage der Kursfestsetzung ergibt sich aus den vorhandenen Kaufangeboten und Kaufgesuchen, welche die Händler oder Freien Makler den Kursmaklern[1449] zuleiten[1450]. Das Verhältnis von Angebot und Nachfrage für ein bestimmtes Wertpapier eines börsennotierten Unternehmens basiert wiederum auf einer subjektiven Einschätzung der Marktteilnehmer, also auf einer Prognose im Hinblick auf die zukünftige Entwicklung des Wertpapiers[1451]. Diese Prognose erfolgt regelmäßig zum einen aufgrund der Daten zur aktuellen Konjunkturlage wie beispielsweise Auftragseingänge, bevorstehende Fusionen und Kooperationen und zur allgemeinen gesellschaftlichen Lage wie die Entwicklung von Arbeitslosenzahlen, Wahlprognosen etc.[1452] Zum

---

[1447] *Gottschalk*, Börsenlexikon, S. 67 f.; *Gerke*, Börsenlexikon, S. 491; *Siebers/Weigert*, Börsenlexikon, S. 281 f. Näher dazu *Cottle/Murray/Block/Graham*, Wertpapieranalyse, S. 47 ff.; Umfassend *Poddig*, Kursprognose. Zum Kurs-Gewinn Verhältnis vgl. *Obst/Hintner*, Geld-, Bank und Börsenwesen, S. 503 ff. sowie *Cottle/Murray/Block/Graham*, Wertpapieranalyse, S. 386 ff.

[1448] *Franke*, in: *Assmann/Schütze*, Kapitalanlagerecht, § 2 Rdn. 77; *Lenenbach*, Kapitalmarkt- und Börsenrecht, S. 122. *Claussen*, Bank- und BörsenR, § 9 Rdn. 227; *Obst/Hintner*, Geld-, Bank und Börsenwesen, S. 935.

[1449] Der Kursmakler vermittelt als amtlicher Makler während des Präsenshandels die Geschäftsabschlüsse über Waren oder Wertpapiere im Handel mit amtlicher Notierung, vgl. *Gerke*, Börsenlexikon, S. 497. Zum Kursmakler siehe auch *Claussen*, Bank- und BörsenR, § 9 Rdn. 231; *Lenenbach*, Kapitalmarkt- und Börsenrecht, S. 114 ff.; *Obst/Hintner*, Geld-, Bank- und Börsenwesen, S. 1033. Zur Eigenschaft des Kursmaklers als Handelsmakler i. S. v. §§ 93 ff. HGB, vgl. *Baumbach/Hopt*, HGB, § 93 Rdn. 12. *Ruß*, in: *Glanegger/Giroff/Kirnberger/Kusterer/Peuker/Ruß/Selder/Stuhlfelner*, HGB, § 93 Rdn. 6; *Brox*, Handels- und WertpapierR, Rdn. 226; *Canaris*, Handelsrecht, § 21 Rdn. 10.

[1450] *Franke*, in: *Assmann/Schütze*, Kapitalanlagerecht, § 2 Rdn. 78; *Lenenbach*, Kapitalmarkt- und Börsenrecht, S. 122.

[1451] *Erlenbach/Gotta*, Börse, S. 23 ff. Professionell erfolgt eine solche Bewertung durch Analysten und Rating-Agenturen, vgl. *Lenenbach*, Kapitalmarkt- und Börsenrecht, S. 95 f. Zur Anlageberatung vgl. etwa *v. Heymann*, in: *Assmann/Schütze*, Kapitalanlagerecht, § 5 Rdn. 3 ff.

[1452] Vgl. etwa *Siebers/Weigert*, Börsenlexikon, S. 283. Maßgeblich für eine erfolgsversprechende Anlageentscheidung ist der sog. innere Wert der Aktie, der nach den Grundsätzen der Wertpapieranalyse aus vier gewinnbezogenen Faktoren ermitteln wird. Siehe ausführlich zu den im Einzelnen sehr umfangreichen Bewertungsmethoden *Cottle/Murray/Block/Graham*, Wertpapieranalyse, S. 45 ff.; *Poddig*, Kursprognose, S. 25 ff.

anderen hat die Zinsentwicklung einen erheblichen Einfluss auf die Kurse, da sinkende Zinsen von Kapitalmarktanlegern generell positiv bewertet werden[1453].

Von einem Abschlussprüfer kann angesichts der Vielfältigkeit der für die einzelnen Anlageentscheidungen und damit für den Kurswert des Unternehmens entscheidenden Faktoren keine eigenständige Kursprognose verlangt werden. Das ist auch nicht seine Aufgabe. Die Hauptaufgabe eines Abschlussprüfers besteht darin, im Jahresabschluss unter Einbeziehung der Buchführung und des Lageberichts[1454] festzustellen, ob das Gesetz und die Satzung beachtet wurden sowie gemäß § 317 Abs. 1 und Abs. 2 HGB beim Lagebericht auch, ob dieser nicht eine falsche Vorstellung von der tatsächlichen Lage der Gesellschaft erweckt[1455]. Eine Prognose über den Kurswert des Unternehmens ist daher kein geeignetes Kriterium, um die Anforderungen an die Informationspflicht des Abschlussprüfers gemäß Ziff. 7.2.3 Kodex näher zu konkretisieren. Gleichwohl darf nicht verkannt werden, dass Ziff. 7.2.3 Abs. 1 Kodex mit seiner Formulierung wesentliche Feststellungen und Vorkommnisse, wie dargelegt[1456], über die gesetzlichen Informationspflichten des Abschlussprüfers gemäß § 321 HGB hinausgeht. Welche Ereignisse unter diese generalklauselartige Formulierung fallen, hängt von den jeweiligen Unternehmensstrukturen der einzelnen Gesellschaften ab. Es ist deshalb nicht sinnvoll, den Begriff wesentliche Feststellungen und Vorkommnisse generell für sämtliche vom Anwendungsbereich des Kodex erfassten Unternehmen zu definieren. Eine Absprache zwischen Aufsichtsrat und Abschlussprüfer vor dem Hintergrund der konkreten Firmenstruktur entsprechend dem Vorschlag *Kremers* ist deshalb ratsam.

Die Vereinbarung einer besonderen Redepflicht des Abschlussprüfers empfiehlt Ziff. 7.2.3 Abs. 2 Kodex. Danach soll der Abschlussprüfer den Aufsichtsrat informieren oder im Prüfungsbericht vermerken, wenn bei der Durchführung der Abschlussprüfung Tatsachen festgestellt werden, die eine Unrichtigkeit der von Vor-

---

[1453] Zum Einfluss der Zinspolitik der Zentralbanken auf die Anlageentscheidungen vgl. *Claussen*, Bank- und BörsenR, § 3 Rdn 16 ff.; *Erlenbach/Gotta*, Börse, S. 210 f.; *Obst/Hintner*, Geld-, Bank- und Börsenwesen, S. 1050 f.

[1454] Gemäß § 289 Abs. 1, 1. Hs. HGB sind im Lagebericht zumindest der Geschäftsverlauf und die Lage der Kapitalgesellschaft so darzustellen, dass ein den tatsächlichen Verhältnissen entsprechendes Bild vermittelt wird. Dazu *Winnefeld*, BilanzHdb, K Rdn. 1 ff.; *Köstler/Kittner/Zachert/Müller*, Aufsichtsratspraxis, Rdn. 659; *Henn*, Hdb des AktienR, Rdn. 1075 ff.; *Schmidt*, Gesellschaftsrecht, S. 913 f.; *Eisenhardt*, Gesellschaftsrecht, Rdn. 659.

[1455] *Raiser*, Recht der Kapitalgesellschaften, § 18 Rdn. 5; *Baumbach/Hopt*, HGB, § 289 Rdn. 1 sowie § 317 Rdn. 7.

[1456] Vgl. Teil 2 B, S. 238.

stand und Aufsichtsrat abgegebenen Erklärung i. S. v. § 161 AktG i. d. F. des TransPuG zum Kodex ergeben[1457].

4. Zusammenfassung

Die Verbesserung von Rechnungslegung und Abschlussprüfung in börsennotierten Gesellschaften durch die einheitliche Anwendung internationaler Rechnungslegungs- und Abschlussprüfungsstandards ist derzeit Gegenstand einer breiten internationalen Diskussion, deren Ausgang nicht absehbar ist. Umstritten ist zum einen, nach welchen internationalen Rechnungslegungsstandards – IAS/IFRS oder US-GAAP – zu bilanzieren ist und zum anderen, auf welche Weise die Einhaltung der jeweiligen Standards überwacht und ggf. durchgesetzt werden soll. Während in den USA die Rechnungslegung bislang nach den US-GAAP durchzuführen ist, deren Durchsetzung durch eine staatlich organisierte Unterabteilung der SEC erfolgt, ist in der EU seit 2005 grundsätzlich die Verwendung der IAS/IFRS-Rechnungslegungsstandards für diejenigen Unternehmen verbindlich, die an einem geregelten Markt der EU notiert sind. Eine europaweit einheitliche Kontrollinstanz zur Überwachung der Abschlussprüfer soll durch die neue Abschlussprüferrichtlinie entwickelt werden. Innerhalb der Bundesrepublik Deutschland wurde ein vergleichbares nationales Gremium durch den Erlass des Abschlussprüferkontrollgesetzes am 01. 01. 2005 eingeführt[1458]. In den USA besteht zur Überwachung der Berufstätigkeit von Abschlussprüfern und zur Durchsetzung der ISA-Abschlussprüferstandards bereits eine staatliche Kontrollinstanz, der PCAOB.

In der Bundesrepublik Deutschland bestand gemäß § 292a HGB bis zum Ende des Jahres 2004 für Unternehmen, die sowohl am deutschen als auch an anderen internationalen Kapitalmärkten notiert sind, die Möglichkeit, nach international anerkannten Rechnungslegungsstandards zu bilanzieren. Diese Regelung wurde mit Wirkung zum 01. 01. 2005 durch § 315a HGB abgelöst. Seitdem müssen diese Unternehmen nach den IAS/IFRS bilanzieren[1459].

[1457] Dazu *Gelhausen/Hönsch*, AG 2002, 529, 534 f.; *Kremer*, in: *Ringleb/Kremer/Lutter/v. Werder*, Kodex, Rdn. 1369 sowie Teil 2 C, S. 243 ff.

[1458] Die Abschlussprüferaufsichtskommission (APAK). Diese ist nach ihren eigenen Angaben eine nicht rechtsfähige Personengemeinschaft eigener Art, die unter der Aufsicht des Bundesministeriums für Wirtschaft und Arbeit steht. S. näher zur Zusammensetzung und Arbeitsweise dieser Kommission unter *http://www.apak-aoc.de*.

[1459] Derzeit wird diskutiert, ob auch kleinere und mittlere Unternehmen die IAS/IFRS anwenden sollen bzw. müssen, vgl. dazu *Meyer*, DStR 2005, 41, 43.

Der Kodex spricht sich im Gegensatz zur EU-Kommission nicht für die Verwendung eines bestimmten Rechnungslegungsstandards aus. Im Vordergrund der Regelungen des Kodex über die Rechnungslegung steht vielmehr die Informationsfunktion des Konzernabschlusses gegenüber Anteilseignern und Dritten. Darüber hinaus empfiehlt der Kodex u. a. die Anfertigung von Zwischenberichten, die international bereits üblich sind, zu deren Aufstellung eine gesetzliche Pflicht in der Bundesrepublik Deutschland bisher aber nicht besteht.

Zur Durchsetzung von Rechnungslegungsstandards wird für die Bundesrepublik Deutschland die Errichtung einer privatrechtlich organisierten Kontrollinstanz nach dem Vorbild des englischen FRRP vorgeschlagen. Diesem Vorschlag hat sich der Gesetzgeber im BilKoG teilweise angeschlossen, wobei aber auf einer zweiten Stufe die staatliche Finanzaufsicht dann eingreifen wird, wenn das rechnungslegungspflichtige Unternehmen angemahnte Fehler der Prüfstelle nicht korrigiert. Dabei hat die staatliche Finanzaufsicht allein die Möglichkeit, festgestellte Fehler zu veröffentlichen, nicht aber deren Korrektur durchzusetzen.

Die Regelungen des Kodex über die Abschlussprüfung haben schwerpunktmäßig zum Ziel, die Unabhängigkeit des Abschlussprüfers sicherzustellen. Dies ist auch das Ziel einer umfangreichen Änderung der §§ 319 ff. HGB durch das BilReG. Daneben sollen Aufsichtsrat und Abschlussprüfer vertraglich eine unverzügliche Informationspflicht des Prüfers vereinbaren, die neben den in § 321 Abs. 1 S. 3 HGB formulierten Tatbeständen bereits dann eingreift, sofern wesentliche Feststellungen und Vorkommnisse auftreten, die sich während der Abschlussprüfung ergeben. Einen konkreten Maßstab legt der Kodex hierfür richtigerweise nicht fest. Dies ist die Aufgabe von Abschlussprüfer und Aufsichtsrat in den jeweiligen Unternehmen.

C. Entsprechenserklärung gemäß § 161 AktG

Am 26. Juli 2002 ist die gesetzliche Pflicht zur Abgabe der sog. Entsprechenserklärung gemäß § 161 AktG i. d. F. des TransPuG in Kraft getreten[1460]. Seit diesem Zeitpunkt müssen Vorstand und Aufsichtsrat von börsennotierten Gesellschaften sich zu den Empfehlungen des Kodex jährlich erklären. Sie müssen gemäß § 161 S. 1 AktG angeben, ob und welche Empfehlungen sie anwenden oder welche Empfehlungen nicht angewendet wurden und werden. Gemäß S. 2 dieser Vorschrift ist

---

[1460] Dazu *Ringleb*, in: *Ringleb/Kremer/Lutter/v.Werder*, Kodex, Rdn. 1503 ff. Zum Wortlaut der Vorschrift s. o. Teil 2 A, S. 75.

die Erklärung den Aktionären dauerhaft zugänglich zu machen. Die Entsprechenserklärung bezieht sich gemäß § 161 S. 1 AktG i. d. F. des TransPuG ausdrücklich nur auf die Verhaltensempfehlungen des Kodex, die im Text des Regelwerks an der Formulierung „soll" zu erkennen sind. Die zwingenden Vorschriften des Aktienrechts, die der Kodex lediglich wiederholt, sind ohnehin zu beachten und von den Anregungen des Kodex kann ohne nähere Erklärungspflicht abgewichen werden[1461].

Nachfolgend wird zunächst der gesetzliche Rahmen der Entsprechenserklärung[1462] erläutert und anschließend kurz die Entstehungsgeschichte Vorschrift dargestellt. Desweiteren wird der Frage nachgegangen, unter welchen Voraussetzungen die Entsprechenserklärung wirksam abgegeben werden kann und ob nach der Abgabe der Erklärung ein Unternehmen verpflichtet ist, diese abzuändern. Außerdem wird untersucht, inwieweit der Abschlussprüfer verpflichtet ist, die abgegebene Entsprechenserklärung inhaltlich zu überprüfen.

I. Gesetzlicher Rahmen der Entsprechenserklärung

Neben § 161 AktG hat das TransPuG im Zusammenhang mit der Entsprechenserklärung drei Vorschriften des HGB geändert[1463]. § 285 HGB[1464] über die Pflichtangaben im Anhang des Jahresabschlusses wurde um eine Ziffer 16 erweitert. Danach muss die Gesellschaft im Anhang zum Jahresabschluss angeben, dass die Entsprechenserklärung abgegeben und den Aktionären dauerhaft zugänglich gemacht worden ist. Bei Konzernunternehmen sieht § 314 Abs. 1 Nr. 8 HGB i. d. F. des TransPuG im Konzernabschluss für jedes börsennotierte Tochterunternehmen eine

---

[1461] Vgl. näher dazu beispielsweise *Ringleb*, in: *Ringleb/Kremer/Lutter/v. Werder*, Kodex, Rdn. 1506.

[1462] Zur Entsprechenserklärung bestehen bereits zahlreiche teils sehr umfangreiche Veröffentlichungen, vgl. *Seibert*, BB 2002, 581, 583 f.; *ders.*, NZG 2002, 608, 611; *Knigge*, WM 2002, 1729, 1734 f.; *Gelhausen/Hönsch*, AG 2002, 529, 532 ff.; *dies.*, AG 2003, 367 ff.; *Ettinger/Grützediek*, AG 2003, 353 ff.; *Seibt*, AG 2002, 249, 251 ff.; *Lutter*, ZHR 2002, 523 ff.; *Ulmer*, ZHR 2002, 150, 157 f.; *Pfitzer/Oser/Wader*, DB 2002, 1120 ff.; *Claussen/Bröcker*, DB 2002, 1199 ff.; *Schüppen*, BB 2002, 1117 ff.; *Ringleb*, in: *Ringleb/Kremer/Lutter/v. Werder*, Kodex, Rdn. 1501 ff.; *Ruhnke*, AG 2003, 371 ff.; *Semler/Wagner*, NZG 2003, 553 ff.; *Ihrig/Wagner*, BB 2003, 1625 ff.; *dies.*, BB 2002, 789 ff.; *dies.*, BB 2002, 2509 f.; *Borges*, ZGR 2003, 508, 524 ff.; *Strieder*, DB 2004, 1325 ff.

[1463] Dazu *Ulmer*, ZHR 2002, 150, 157 f.

[1464] *Borges*, ZGR 2003, 508, 525; *Ulmer*, ZHR 2002, 150, 157; *Ringleb*, in: *Ringleb/Kremer/Lutter/v. Werder*, Kodex, Rdn. 1594; *Ihrig/Wagner*, BB 2003, 1625, 1627. *Ruhnke*, AG 2003, 371, 373.

Hinweispflicht auf die erfolgte Entsprechenserklärung vor[1465]. Schließlich begründet § 325 HGB i. d. F. des TransPuG eine Offenlegungspflicht gegenüber dem Handelsregister zur Entsprechenserklärung und zum Bericht des Aufsichtsrats über den Konzernabschluss gemäß § 171 AktG[1466]. Aus diesem gesetzlichen Rahmen ergibt sich für die Entsprechenserklärung ein dreistufiges Verfahren[1467]: Die Entsprechenserklärung muss überhaupt abgegeben werden. Daraufhin ist im Anhang des Jahres- und des Konzernabschlusses anzugeben, dass die vorgeschriebene Erklärung abgegeben und den Aktionären zugänglich gemacht wurde (§§ 285 Nr. 16, 314 Abs. 1 Nr. 8 HGB). In einem dritten Schritt ist die Anhangsangabe dann im Rahmen der gesetzlichen Jahresabschlussprüfung vom Abschlussprüfer zu prüfen[1468].

Allen Neuerungen, § 161 AktG, §§ 285 Nr. 16, 314 Abs. 1 Nr. 8, 325 HGB, ist gemeinsam, dass der Gesetzgeber keinerlei Vorgaben zum Inhalt der Entsprechenserklärung normiert hat. Die gesetzlichen Regelungen verfolgen damit lediglich das Ziel, die Offenlegung der Entsprechenserklärung gegenüber den Anlegern und der Öffentlichkeit abzusichern. Der Gesellschaft soll es aber freistehen, ob und in welchem Umfang sie die Empfehlungen befolgen will[1469].

In zeitlicher Hinsicht war die Erklärung gemäß § 15 S. 1 EGAktG erstmalig im Jahre 2002 abzugeben[1470]. Diese Ersterklärung brauchte aber gemäß § 15 S. 2 EGAktG keine Erklärung darüber zu enthalten, inwiefern der Kodex in der Vergangenheit, also vor dem 26. Juli 2002, befolgt wurde[1471]. Eine nachträgliche Er-

---

1465 *Seibert*, NZG 2002, 608, 613; *Borges*, ZGR 2003, 508, 525; *Ringleb*, in: *Ringleb/Kremer/Lutter/v. Werder*, Kodex, Rdn. 1610; *Ihrig/Wagner*, BB 2003, 1625, 1627. *Ruhnke*, AG 2003, 371, 373; *Strieder*, DB 2004, 1325.

1466 *Seibert*, NZG 2002, 608, 613. *Gelhausen/Hönsch*, AG 2003, 367, 368; *Ringleb*, in: *Ringleb/Kremer/Lutter/v. Werder*, Kodex, Rdn. 1611.

1467 Dazu *Gelhausen/Hönsch*, AG 2002, 529, 532 ff.

1468 Näher hierzu s. u. Teil 2 C, S. 264 ff.

1469 Begründung zum RegE TransPuG, BT-Drucks. 14/8769, S. 21. Dazu *Ulmer*, ZHR 2002, 150, 157; *Gelhausen/Hönsch*, AG 2002, 529, 532; *dies.*, AG 2003, 367; *Oser/Orth/Wader*, BB 2003, 1337; *Ettinger/Grützediek*, AG 2003, 353, 354; *Semler/Wagner*, NZG 2003, 553, 557.

1470 Eine ausführliche Statistik über abgegebene Erklärung ist auf der Website der Kodex-Kommission unter *http://www.corporate-governance-code.de* zu finden.

1471 Begründung zum RegE TransPuG, BT-Drucks. 14/8769, S. 22. Dazu *Ringleb*, in: *Ringleb/Kremer/Lutter/v. Werder*, Kodex, Rdn. 1505; *Seibert*, NZG 2002, 608, 611. Für die nachfolgenden Entsprechenserklärungen gilt das nicht, vgl. *Semler/Wagner*, NZG 2003, 553, 555 f.; *Borges*, ZGR 2003, 508, 525; *Ihrig/Wagner*, BB 2003, 1625, 1629; *Gelhausen/Hönsch*, AG 2003, 367, 368; *Lutter*, ZHR 2002, 523, 528.

klärungspflicht für das gesamte Jahr 2002 wäre in verfassungsrechtlicher Hinsicht wegen des Rückwirkungsverbotes problematisch gewesen[1472]. Denn nach der Rechtsprechung des BVerfG[1473] hierzu entfaltet § 161 AktG eine sog. „unechte Rückwirkung", weil der Gesetzgeber in bereits begonnene Unternehmensabläufe börsennotierter Gesellschaften aus dem laufenden Geschäftsjahres 2002 eingegriffen hat. Eine unechte Rückwirkung ist nur dann unzulässig, wenn Vertrauensschutzgesichtspunkte der erklärungspflichtigen Unternehmen dagegen sprechen[1474]. Dagegen spricht zum einen, dass bereits die *Baums*-Kommission den Erlass einer gesetzlichen Regelung vorgeschlagen hat, wonach „Vorstand und Aufsichtsrat einer börsennotierten Aktiengesellschaft jährlich erklären, dass sie die Empfehlungen eine im Bundesanzeiger veröffentlichten Kodex betreffend die Unternehmensleitung und -überwachung beachten ('Entsprechens-Erklärung')[1475]." Zum anderen sah auch der Kodex schon in seiner ersten Version vom 26. 02. 2002 in Ziff. 3.10 Kodex eine entsprechende Empfehlung vor, wonach sich börsennotierte Gesellschaften jährlich zu ihren Unternehmensführungs- und Kontrollstrukturen erklären sollten. Diese Regelung hat die Kodex-Kommission in Umsetzung des Aktionsplans der EU-Kommission vom 21. 05. 2003 nun als Empfehlung formuliert:

> „Vorstand und Aufsichtsrat sollen jährlich im Geschäftsbericht über die Corporate Governance des Unternehmens berichten. Hierzu gehört auch die Erläuterung eventueller Abweichungen von Empfehlungen des Kodex."

Vor diesem Hintergrund mussten nach Erlass des Deutschen Corporate Governance Kodex sämtliche börsennotierten Aktiengesellschaften in der Bundesrepublik Deutschland davon ausgehen, dass eine gesetzliche Erklärungspflicht zum Kodex durch den Gesetzgeber erfolgen würde. Vertrauensschutzgesichtspunkte, die gegen die Zulässigkeit der unechten Rückwirkung von § 161 AktG i. d . F. des TransPuG sprechen könnten, sind damit nicht ersichtlich.

[1472] Dazu *Schwerdtfeger*, Öffentliches Recht, Rdn. 413 ff.

[1473] BVerfGE 11, 145 f.; 36, 73, 82; 39, 128, 143; 43, 291, 391; 48, 403, 413 ff.; 51, 356, 362; 53, 257, 309; 57, 361, 391; 59, 128, 164 f.; 72, 200, 254. Dazu *Stern*, Staatsrecht I, S. 833; *Hofmann*, in: *Schmidt-Bleibtreu/Klein*, GG, Art. 20 Rdn. 76 ff. *Stein/Frank*, Staatsrecht, S. 155 f.; *Degenhart*, Staatsrecht I, Rdn. 369.

[1474] Allgemein zu Vertrauensschutzaspekten bei der unechten Rückwirkung vgl. BVerfGE 67, 1, 15; 72, 200, 242 f; 92, 277, 344 sowie *Schwerdtfeger*, Öffentliches Recht, Rdn. 415.

[1475] *Baums*, Bericht der Regierungskommission Corporate Governance, Rdn. 10.

II. Entstehungsgeschichte der Entsprechenserklärung

Der Deutsche Corporate Governance-Kodex hat mit § 161 AktG i. d. F. des TransPuG eine gesetzliche Einbindung erfahren. Durch diese gesetzliche Einbindung kommt dem Kodex im Vergleich zu sonstigen unternehmenseigenen Kodizes eine besondere Bedeutung zu[1476]. Auf der einen Seite besteht für deutsche, börsennotierte Gesellschaften ein an sie adressiertes unverbindliches Regelwerk von Verhaltensmaßstäben über für sinnvoll befundene Corporate Governance-Standards. Auf der anderen Seite statuiert der Gesetzgeber eine gesetzliche Pflicht, eine entsprechende Erklärung darüber abzugeben, inwieweit *die Empfehlungen* gerade dieses Kodex umgesetzt werden oder inwieweit von ihnen abgewichen wird.

Dieses teilweise als eigentümlich bezeichnete[1477] Zusammenwirken von Kodex und gesetzlicher Erklärungspflicht orientiert sich am Vorbild angelsächsischer Rechtspraxis aus den 90er Jahren des vergangenen Jahrhunderts[1478]. Großbritannien, das ein Vertreter des monistischen Corporate Governance-Systems ist[1479], verzichtete auf den Erlass gesetzlicher Corporate Governance-Vorschriften und führte stattdessen ein Verfahren ein, wonach börsennotierte Unternehmen verpflichtet sein sollten, eine Erklärung darüber abzugeben, ob sie einen bestimmten Corporate Governance-Kodex einhalten und, soweit sie von einem Punkt abweichen, die Abweichung zu begründen[1480]. Dieses Verfahren, einen bestimmten Corporate Governance-Kodex zu befolgen und eventuelle Abweichungen begründen zu müssen, wird als Comply or Explain (Befolge oder Erkläre)[1481]-Verfahren bezeichnet. In Großbritannien wurde dieses Konzept durch die Londoner Börse praktisch verwirklicht[1482], die von börsennotierten Gesellschaften eine jährliche Erklärung über die Einhaltung des Combined Code verlangte[1483]. Die Erklärungspflicht gegenüber diesem Kodex ist mittlerweile in Großbritannien aber nicht mehr auf die Londoner Börse beschränkt. Die britische Regulierungsbehörde, die Financial Service Authority (FSA), welche die Voraussetzungen für eine Börsennotierung allgemein fest-

---

[1476] *Ringleb*, in: *Ringleb/Kremer/Lutter/v. Werder*, Kodex, Rdn. 1503.
[1477] *Lutter*, ZHR 2002, 523, 525.
[1478] Dazu *Lutter*, ZHR 2002, 523, 526; *Ulmer*, AcP 2002, 143, 167.
[1479] Vgl. Teil 1 B, S. 13.
[1480] Dazu *Borges*, ZGR 2003, 508, 524 mit Hinweis auf die Vorschriften Cadbury Report Ziff. 3. 7 sowie Greenbury Recommendations Ziff. B 3. Siehe auch *Berrar*, Diss., S. 140.
[1481] Englisch Listing Rules = Börsenzulassungsvorschriften, vgl. *v. Beseler/Jacobs-Wüstefeld*, Law Dictionary, S. 997.
[1482] Vgl. *Borges*, ZGR 2003, 508, 524.
[1483] Zum Combined Code, vgl. Teil 1 B, S. 44 f.

legt, fordert seit 2000 in ihren Listing Rules[1484] von den in Großbritannien registrierten und börsennotierten Gesellschaften, im Lagebericht anzugeben, ob und in welchem Umfang sie die Regeln des Combined Code einhalten[1485]. Sinn und Zweck dieser Regelungstechnik ist es, den Anlegern zu ermöglichen, ohne großen zeitlichen und finanziellen Aufwand vor einer Anlageentscheidung zu prüfen, ob ihr Unternehmen bestimmte Corporate Governance Grundsätze anwendet. Andererseits können Unternehmen ohne die strikte Bindungswirkung eines Gesetzes frei entscheiden, ob sie aus branchenspezifischen Gründen von diesen Standards abweichen[1486]. Auf Grund dieser Zielrichtung wurde das Comply or Explain-Verfahren auch in der Bundesrepublik Deutschland als wesentlich für die Umsetzung des Kodex in der täglichen Unternehmenspraxis angesehen[1487]. Deshalb wird die Entsprechenserklärung teilweise auch als Compliance-Erklärung bezeichnet[1488].

Das Comply or Explain-Konzept setzt sich international immer mehr durch. Neben Großbritannien und Deutschland besteht dieses Verfahren etwa in Italien, Irland, den Niederlanden und der Schweiz[1489]. Es ist zu erwarten, dass sich diese Entwicklung jedenfalls in Europa weiter fortsetzt, da der Aktionsplan der EU-Kommission vom 21. 05. 2003[1490] europaweit die Einführung einer jährlichen Erklärung zur Corporate Governance von börsennotierten Gesellschaften verlangt[1491].

III. Wirksame Abgabe der Entsprechenserklärung

1. Regelungsadressat der Entsprechenserklärung

Adressat des § 161 AktG i. d. F. des TransPuG sind die Verwaltungsorgane börsennotierter Aktiengesellschaften[1492]. Vorstand und Aufsichtsrat haben gemäß

1484 Zum Begriff Fn. 1480.

1485 Listing Rules, Nr. 12.43 A (a.), im Internet abrufbar unter *http://www.fsa.gov/uk/ukla.* Dazu *Borges*, ZGR 2003, 508, 525; *Davies*, ZGR 2001, 268, 277. Die Regierungskommission Corporate Governance äußert aber selbst Bedenken gegen eine vorbehaltlose Übernahme dieses Systems, vgl. *Baums*, Bericht der Regierungskommission Corporate Governance, Rdn. 9.

1486 *Seibt*, AG 2002, 249, 250; *Borges*, ZGR 2003, 508, 526.

1487 Eine Checkliste zur Entsprechenserklärung für Vorstände und Aufsichtsräte stellen *Pfitzer/Oser/Wader*, DB 2002, 1120, 1123 zusammen.

1488 Stellvertretend für viele *Knigge*, WM 2002, 1729, 1734.

1489 *Borges*, ZGR 2003, 508, 525; *Berrar*, Diss., S. 144 ff. mit umfangreichen Nachweisen.

1490 *Kommission*, KOM (2003) 284 endg Dazu s. o. Teil 1 B, S. 41 ff.

1491 NZG-Sonderheft 13, 2003, 1, 7 f.; *Gebauer*, AG 2003, R 288.

1492 Zum Begriff der börsennotierten AG gemäß § 3 Abs. 2 AktG s. o. Teil 2 B, S. 79.

§ 161 AktG S. 1 jährlich eine Entsprechenserklärung zum Kodex abzugeben. Durch die jährliche Wiederholung soll sichergestellt werden, dass Vorstand und Aufsichtsrat sich jedes Jahr aufs Neue mit den Verhaltensmaßstäben des Kodex auseinandersetzen und ihre Leitungs- und Kontrollstrukturen auch tatsächlich jährlich überprüfen[1493]. Einen Zeitpunkt für die Abgabe der Entsprechenserklärung enthält das TransPuG bis auf die schon erwähnte Vorgabe in § 15 EGAktG i. d. F. des TransPuG nicht[1494].

Im Hinblick auf die Regelungsadressaten stellt sich die Frage, wie die Entsprechenserklärung abzugeben ist. Der Tatbestand von § 161 AktG i. d. F. des TransPuG ist insoweit nicht eindeutig, da er lediglich die Erklärungspflicht gleichermaßen für Vorstand und Aufsichtsrat festlegt, die Form der Abgabe aber nicht näher ausgestaltet. Dementsprechend könnten Vorstand und Aufsichtsrat jeweils getrennt eine Erklärung abgeben, inwieweit sie die an sie gerichteten Empfehlungen anwenden bzw. davon abweichen. Angesichts der zahlreichen Regelungen über das Zusammenwirken von Vorstand und Aufsichtsrat, Ziff. 3 Kodex, ist aber auch eine gemeinsame Erklärung beider Organe denkbar. Zu dieser Frage werden in der Literatur verschiedene Auffassungen vertreten, die inhaltlich im Ergebnis mit Ausnahme der Ansicht von *Krieger*[1495] aber nicht stark voneinander abweichen.

Die Literatur unterscheidet zwischen Innen- und Außenverhältnis. Im Innenverhältnis haben danach Vorstand und Aufsichtsrat durch einen entsprechenden Organbeschluss zunächst eine Einzelerklärung abzugeben[1496]. Hintergrund ist die Tatsache, dass sich die Mehrzahl der Empfehlungen des Kodex an die Leitungsorgane getrennt wendet, wobei der weitaus größere Anteil aus bereits dargelegten Gründen an den Aufsichtsrat adressiert ist[1497]. Beide Einzelerklärungen werden dann im Außenverhältnis, also bei der Veröffentlichung im Handelsregister gemäß § 325 HGB

[1493] *Knigge*, WM 2002, 1729, 1734; *Lutter*, ZHR 2002, 523, 527 f.; *Ihrig/Wagner*, BB 2003, 1625, 1627 sowie S. 1629.

[1494] *Knigge*, WM 2002, 1729, 1735; *Ringleb*, in: *Ringleb/Kremer/Lutter/v. Werder*, Kodex, Rdn. 1578. *Seibert* geht davon aus, die Erklärung müsse kalenderjährlich abgegeben werden, selbst wenn das Wirtschaftsjahr nicht mit dem Kalenderjahr übereinstimmt, *Seibert*, BB 2002, 581, 584.

[1495] Vgl. *Krieger*, FS für Ulmer, 2003, S. 365 ff. Dazu sogleich.

[1496] Siehe etwa *Seibt*, AG 2002, 249, 253; *Gelhausen/Hönsch*, AG 2002, 529, 533; *Pfitzer/Oser/Wader*, DB 2002, 1120, 1121. Differenzierend *Ulmer*, ZHR 2002, 150, 173; *Ringleb*, in: *Ringleb/Kremer/Lutter/v. Werder*, Kodex, Rdn. 1527 ff.; *Semler/Wagner*, NZG 2003, 553, 554 f.; *Borges*, ZGR 2003, 508, 527 f.; *Gelhausen/Hönsch*, AG 2003, 367, 368; *Strieder*, DB 2004, 1325, 1326.

[1497] Dazu bereits Teil 2 B, S. 121 f. Vgl. auch *Kremer*, in: *Ringleb/Kremer/Lutter/v. Werder*, Kodex, Rdn. 900 ff.

i. d. F. des TransPuG, zu einer gemeinsamen Erklärung von Vorstand und Aufsichtsrat zusammengeführt[1498]. Diese Zusammenführung zu einer gemeinsamen Erklärung führt notwendigerweise zu einem Einigungszwang zwischen Vorstand und Aufsichtsrat, da eine Erklärung mit unterschiedlichem Inhalt im Außenverhältnis für unzulässig gehalten wird[1499].

Problematisch an diesem Ergebnis ist die Tatsache, dass die Empfehlungen des Kodex nicht ausschließlich an die Organe der Gesellschaft gerichtet sind. Einige Empfehlungen kann etwa nur die Hauptversammlung umsetzen, so beispielsweise die Empfehlung zur Vergütung der Aufsichtsratsmitglieder, Ziff. 5.4.7 Kodex[1500]. Andere Empfehlungen richten sich auch direkt an die Mitglieder von Vorstand und Aufsichtsrat, z. B. Ziff. 5.5.2 Kodex, wonach jedes Aufsichtsratsmitglied Interessenkonflikte offenlegen soll[1501]. Zudem können sich Vorstand und Aufsichtsrat nicht zu Verhaltensempfehlungen erklären, die in den Zuständigkeitsbereich des jeweils anderen Organs fallen[1502]. So fällt die Einrichtung eines Prüfungsausschusses (Audit Committee) gemäß Ziff. 5.3.2 Kodex allein in die Kompetenz des Aufsichtsrats. Dies führt nach der Auffassung von *Krieger* dazu, dass rechtlich eine zwingend gemeinsam abzugebende Erklärung von Vorstand und Aufsichtsrat nicht gefordert werden könne. Insbesondere aus dem Gesetzeswortlaut von § 161 AktG i. d. F. des TransPuG und aus der Gesetzesbegründung folge ein solcher Einigungszwang nicht[1503]. In praktischer Hinsicht sei eine inhaltlich unterschiedliche Entsprechenserklärung aber nicht zu erwarten. Denn eine solche Erklärung wäre für den Anleger eine deutliche Warnung, um die Aktien der Gesellschaft besser einen großen Bogen zu machen[1504].

Die Einwände von *Krieger* gegen einen Einigungszwang zwischen Vorstand und Aufsichtsrat sind überzeugend, werden sich aber in der Praxis, wie von *Krieger* selbst betont, nicht auswirken. In rechtlicher Hinsicht lässt sich dem Wortlaut eine

---

1498 *Seibt*, AG 2002, 249, 253. Auch *Schüppen*, ZIP 2002, 1269, 1271; *Ihrig/Wagner*, BB 2003, 1625, 1627; *Gelhausen/Hönsch*, AG 2003, 367, 368. Zur möglichen gemeinsamen Beschlussfassung von Vorstand und Aufsichtsrat, vgl. *Lutter*, in: *Ringleb/Kremer/Lutter/v. Werder*, Kodex, Rdn. 1540 f.; *Strieder*, DB 2004, 1325, 1326.

1499 Nach *Seibt*, AG 2002, 249, 253 kann aber jedes Organmitglied im Zusammenhang mit der Beschlussfassung eine abweichende Meinung über die Entsprechenserklärung abgeben und protokollieren lassen, um dem Vorwurf pflichtwidrigen Verhaltens entgegenzutreten.

1500 Vgl. näher *Krieger*, FS für Ulmer, 2003, S. 368.

1501 Weitere Beispiele bei *Krieger*, FS für Ulmer, 2003, S. 368.

1502 Vgl. *Krieger*, FS für Ulmer, 2003, S. 368.

1503 *Krieger*, FS für Ulmer, 2003, S. 369. Differenzierend *Strieder*, DB 2004, 1325, 1326.

1504 *Krieger*, FS für Ulmer, 2003, S. 370.

Einigungspflicht der Leitungsorgane der Aktiengesellschaft zwar nicht entnehmen, für eine solche spricht aber insbesondere die Funktion von § 161 AktG i. d. F. des TransPuG. Sinn und Zweck dieser Vorschrift ist es, die Aktionärsöffentlichkeit abschließend über die Entscheidung des Unternehmens im Hinblick auf die Anwendung oder Nichtanwendung der Empfehlungen des Kodex zu informieren. Eine solche abschließende Entscheidung würde nicht erzielt, sofern ein erklärungspflichtiges Unternehmen tatsächlich inhaltlich abweichende Entsprechenserklärungen veröffentlichte. Die Intention des Kodex, Anlegervertrauen in unternehmenspolitische Entscheidungen der Leitungsorgane zu festigen, würde gerade nicht erreicht werden. Dementsprechend ist sämtlichen erklärungspflichtigen Gesellschaften anzuraten, stets nur eine inhaltlich übereinstimmende Entsprechenserklärung abzugeben, selbst wenn § 161 AktG i. d. F. des TransPuG eine Rechtspflicht hierzu nicht statuiert.

2. Formelle Voraussetzungen der Entsprechenserklärung

Formell sollte die Entsprechenserklärung aus allgemeinen Beweisgründen von den abgebenden Organen unterzeichnet werden. Zwar ist dies nicht ausdrücklich vorgeschrieben. Die unterzeichnete Erklärung dient aber zum einen der Vorlage gegenüber dem Abschlussprüfer, zum anderen ist sie für die Offenlegung im Handelsregister gemäß § 325 Abs. 1 S. 1 HGB erforderlich[1505].

Auch die Form der Veröffentlichung schreibt das TransPuG nicht vor. Gemäß § 161 S. 2 AktG i. d. F. des TransPuG ist die Erklärung den Aktionären lediglich dauerhaft zugänglich zu machen. Zur Veröffentlichung kann die Erklärung in Printmedien abgedruckt werden, etwa in den Geschäftsblättern oder in einem Börsenpflichtblatt[1506]. Börsenpflichtblätter sind nach der Legaldefinition des § 37 Abs. 4 S.1, 1. Hs BörsG diejenigen inländischen Zeitungen, die durch die Zulassungs-

---

[1505] Vgl. etwa *Semler/Wagner*, NZG 2003, 553, 555. Im Gegensatz etwa zum Jahresabschluss gemäß § 245 HGB, vgl. *Gelhausen/Hönsch*, AG 2002, 529, 533. *Seibt*, AG 2002, 249, 253 verlangt die Unterzeichnung durch alle Organmitglieder, während erstere jedenfalls für den Aufsichtsrat eine Unterzeichnung durch den Vorsitzenden ausreichen lassen. Eine analoge Anwendung von § 245 HGB zu dieser Frage diskutiert etwa *Strieder*, DB 2004, 1325, 1327.

[1506] Nach der Begründung zum RegE TransPuG, BT-Drucks. 14/8769, S. 22 und *Gelhausen/Hönsch*, AG 2002, 529, 534 reicht der Abdruck im Geschäftsbericht gemäß Ziff. 3.10 Kodex aus zeitlichen Gründen nicht aus.

stelle für vorgeschriebene Veröffentlichungen bestimmt werden[1507]. Unter vorgeschriebene Veröffentlichungen sind dabei börsenrechtlich vorgeschriebene Publikationen zu verstehen, wie etwa die Mitteilungs- und Veröffentlichungspflichten bei Veränderung des Stimmrechtsanteils an börsennotierten Gesellschaften gemäß §§ 21 ff. WpHG[1508].

Nach der Regierungsbegründung zum TransPuG ist bereits die Veröffentlichung der Erklärung auf der Website des Unternehmens ausreichend[1509]. Die Formulierung „dauerhaft zugänglich machen" in § 161 AktG S. 2 i. d. F. des TransPuG ist dabei aber nicht zu eng auszulegen[1510]. Die Gesellschaft hat dafür Sorge zu tragen, dass die Erklärung unter gewöhnlichen Umständen einsehbar ist, einen ständigen technischen Zugriff auf ihre Website braucht sie nicht zu garantieren[1511].

In der Literatur wird problematisiert, inwieweit die Entsprechenserklärung neben einem vergangenheitsbezogen (retrospektiven)[1512] Teil auch einen zukunftsgerichteten Teil aufweisen muss (sog. Absichtserklärung)[1513]. Der Wortlaut in § 161 AktG i. d. F. des TransPuG enthält einen zweifachen Erklärungstatbestand. Er spricht damit sowohl für eine vergangenheits- als auch zukunftsbezogene Erklärungspflicht[1514]. Der Handelsrechtsausschuss des Deutschen Anwaltvereins hingegen hat sich sehr kritisch hierzu geäußert, den erklärungspflichtigen Unternehmen

---

[1507] Dies müssen nach der geänderten Fassung des BörsG vom 21. Juni 2002 mindestens drei inländische Zeitungen sein. Zu § 37 Abs. 4 S. 1 BörsG a. F. vgl. *Opitz/Hamann*, in: *Schäfer*, WpHG, § 25 WpHG Rdn. 7 sowie § 37 BörsG Rdn. 20; *Heidelbach*, in: *Schwark*, KapitalmarktR, § 37 BörsG Rdn. 30; *Schneider*, in: *Assmann/Schneider*, WpHG, § 25 WpHG Rdn. 13 ff. Ein Börsenpflichtblatt ist beispielsweise die Fachzeitschrift „Die Aktiengesellschaft" (AG).

[1508] Näher dazu *Opitz*, in: *Schäfer*, WpHG, § 25 WpHG Rdn. 3; *Hüffer*, AktG, Anh. zu § 22 AktG, §§ 21 ff. WpHG.

[1509] Begründung zum RegE TransPuG, BR-Drucks. 109/02, S. 52; *Lutter*, ZHR 2002, 523, 528.

[1510] Dazu *Ringleb*, in: *Ringleb/Kremer/Lutter/v. Werder*, Kodex, Rdn. 1576 f.

[1511] Begründung zum RegE TransPuG, BR-Drucks. 109/02, S. 52; *Lutter*, ZHR 2002, 523, 528. Börsennotierte Gesellschaften ohne eigene Website werden nach *Ringleb/Lutter* angesichts der zahlreichen neuen Einsatzmöglichkeiten des Internets nach dem TransPuG zukünftig die absolute Ausnahme darstellen, vgl. *Ringleb*, in: *Ringleb/Kremer/Lutter/v. Werder*, Kodex, Rdn. 1577.

[1512] Vgl. die Formulierung bei *Lutter*, in: *Ringleb/Kremer/Lutter/v. Werder*, Kodex, Rdn. 1522 f.

[1513] *Lutter*, ZHR 2002, 523, 529; *ders.*, in: *Ringleb/Kremer/Lutter/v. Werder*, Kodex, Rdn. 1524 ff.; *Semler/Wagner*, NZG 2003, 553, 554; *Seibert*, BB 2002, 581, 583; *Gelhausen/*Hönsch, AG 2002, 529, 534; *dies.*, AG 2003, 367, 368; *Ihrig/Wagner*, BB 2003, 1625, 1626: *dies.*, BB 2002, 789, 791; *dies.*, BB 2002, 2509 f.; *Borges*, ZGR 2003, 508, 525; *Knigge*, WM 2002, 1729, 1735; umfassend *Ulmer*, ZHR 2002, 150, 170 f.; für eine einschränkende Auslegung *Seibt*, AG 2002, 249, 251.

[1514] *Lutter*, ZHR 2002, 523, 529.

sei nur eine Offenlegung für die Vergangenheit zuzumuten[1515]. Auch nach Ansicht von *Seibt* ist dem Wortlaut von § 161 AktG i. d. F. des TransPuG ein zukunftsgerichteter Teil der Entsprechenserklärung nicht zu entnehmen[1516]. *Seibt* verweist diesbezüglich u. a. auf die englische Vorbildregelung für § 161 AktG i. d. F. des TransPuG, Art. 12.43.A[1517] der Listing Rules 2002 der FSA, die ebenfalls allein eine vergangenheitsbezogene Erklärungspflicht vorsehe[1518].

Ganz eindeutig ist der Wortlaut in § 161 AktG i. d. F. des TransPuG nicht. Dort heißt es, „[...], dass den [...] Empfehlungen [...] entsprochen wurde und wird oder welche Empfehlungen nicht angewendet wurden oder werden." Trotzdem wird hierunter auch eine zukunftsgerichtete Erklärungspflicht zu verstehen sein, selbst wenn der Gesetzgeber sprachlich nicht das Futur gewählt hat, sondern im Präsens formuliert. Für diesen Umfang spricht der Wille des Gesetzgebers, der aus seiner Begründung zum Regierungsentwurf zum TransPuG ersichtlich ist[1519]. Zudem macht es keinen Sinn, eine vergangenheitsbezogene Erklärung zum Zeitpunkt ihrer Abgabe bloß noch einmal besonders zu bekräftigen[1520]. Denn ein Anleger wird seine Anlageentscheidung vor allem davon abhängig machen, wie sich das Unternehmen in Zukunft entwickeln wird, nach welchen Maßstäben es die künftige Unternehmenspolitik gestaltet und ob die Vorgaben des Kodex eingehalten werden. Daher enthält die Erklärungspflicht gemäß § 161 AktG i. d. F. des TransPuG auch einen zukunftsgerichteten Teil.

Auch ein Vergleich mit den englischen Listing Rules führt zu keinem anderen Ergebnis. Denn der deutsche Gesetzgeber hat den Tatbestand der Listing Rule Art. 12.43.A nicht wortgleich übernommen, sondern individuell ausgestaltet. So sind im Gegensatz zu Listing Rule Art. 12.43.A gemäß § 161 AktG i. d. F. des TransPuG nicht die Gesellschaft, sondern ihre Organe zur Abgabe der Erklärung

1515 Stellungnahme des Handelsrechtsausschusses des DAV zum RefE TransPuG, ZIP 2002, 186, 188.

1516 *Seibt*, AG 2003, 465, 467.

1517 Zur Vorbildrolle von Listing Rule Art. 12.34.A der FSA siehe oben Teil 2 C, S. 248.

1518 *Seibt*, AG 2003, 465, 468. Zudem verweist *Seibt* auf die ebenfalls allein vergangenheitsbezogene schweizerische Regelung, Ziff. 8 schweizerische Corporate Governance-Richtlinie.

1519 Begründung zum RegE TransPuG, BR-Drucks. 109/02, S. 52; Begründung zum RegE TransPuG, BT-Drucks. 14/8769, S. 1, 22.

1520 *Lutter*, ZHR 2002, 523, 530.

verpflichtet[1521]. Dementsprechend ist der Regelungsinhalt von § 161 AktG auch unabhängig von Art. 12.43.A Listing Rule der FSA auszulegen.

3. Materielle Voraussetzungen der Entsprechenserklärung

Inhaltlich ist die Entsprechenserklärung auf die *Empfehlungen* des Kodex beschränkt[1522]. Eine Erklärung zu den Regelungen des Kodex, die lediglich die geltende Rechtslage wiederholen, ist nicht erforderlich, da zwingendes Recht per se gilt[1523]. Die Anregungen des Kodex haben in erster Linie den Zweck, den Unternehmen bloße Hinweise zu Verbesserung ihrer Unternehmensstrukturen zu geben, sofern ihre jeweilige Struktur der konkreten Anregung entspricht. Das lässt sich aus der im Kodex verwendeten „Kann"-Formulierung ableiten, während die striktere „Soll"-Formulierung bei den Empfehlungen ihre umfassende Umsetzung in allen Unternehmen gleichermaßen fordert. Eine Erstreckung der Erklärungspflicht auch auf die Anregungen würde dieser Funktion zuwiderlaufen und wurde deshalb nicht vorgesehen.

Zu unterscheiden sind die uneingeschränkte und die eingeschränkte Positiverklärung sowie die Negativerklärung[1524]. Letztere lässt sich auch als Abweichungserklärung bezeichnen.

Eine uneingeschränkte positive Entsprechenserklärung liegt vor, wenn das Unternehmen im erklärungspflichtigen Zeitraum sämtliche Empfehlungen des Kodex befolgt[1525]. Anderenfalls ist eine eingeschränkte Positiverklärung gegeben. Eine eingeschränkte Positiverklärung kann etwa dann erforderlich sein, wenn aufgrund der besonderen Firmenstruktur nicht alle Empfehlungen des Kodex umgesetzt werden[1526]. In diesem Fall muss die Entsprechenserklärung genau angeben, welche Empfehlungen die Gesellschaft bzw. einzelne Organmitglieder nicht befolgen[1527]. Das ergibt sich aus Ziff. 3.10 S. 2 Kodex, wonach Vorstand und Aufsichtsrat auch eventuelle Abweichungen von den Kodex-Empfehlungen erläutern sollen[1528].

[1521] Siehe dazu *Borges*, ZGR 2003, 508, 527.
[1522] Begründung zum RegE TransPuG, BR-Drucks. 109/02, S. 51.
[1523] *Berg/Stöcker*, WM 2002, 1569, 1571.
[1524] *Ringleb*, in: *Ringleb/Kremer/Lutter/v. Werder*, Kodex, Rdn. 1553 ff.
[1525] Dazu *Ringleb*, in: *Ringleb/Kremer/Lutter/v. Werder*, Kodex, Rdn. 1553.
[1526] *Ringleb*, in: *Ringleb/Kremer/Lutter/v. Werder*, Kodex, Rdn. 1555.
[1527] *Ringleb*, in: *Ringleb/Kremer/Lutter/v. Werder*, Kodex, Rdn. 1556.
[1528] S. näher dazu auch unten Teil 2 C, S. 268 f.

Fraglich ist, ob eine uneingeschränkt positive Entsprechenserklärung dann noch vorliegt, wenn das Unternehmen von den Empfehlungen des Kodex nur in geringem Maße abweicht. Geringe Abweichungen vom Empfehlungskatalog stehen nach den Vorstellungen des Gesetzgebers zum TransPuG einer positiven Entsprechenserklärung nicht entgegen. Danach reicht es aus, wenn die Verhaltensempfehlungen des Kodex allgemein eingehalten wurden und es im Berichtszeitraum keine ins Gewicht fallenden Abweichungen gegeben hat[1529]. Inwiefern Abweichungen in diesem Sinne gering oder unwesentlich sind, soll aus der Sicht eines objektiven, durchschnittlichen Kapitalanlegers bestimmt werden. Regelmäßig seien hierunter Abweichungen von lediglich einzelnen Empfehlungen des Kodex zu verstehen[1530].

Dieser Auslegung tritt in der Literatur etwa *Lutter* entgegen. Nach der Auffassung *Lutters* gibt der Wortlaut von § 161 AktG i. d. F. des TransPuG für eine Differenzierung zwischen wesentlicher und unwesentlicher Differenzierung nichts her, läuft dem Grundsatz der Rechtsklarheit zuwider und widerspricht dem Zweck der Norm, so dass die Offenlegungspflicht sowohl generelle als auch Einzelabweichungen von den Empfehlungen des Kodex betreffe[1531].

Der Auffassung von *Lutter* ist zu folgen. Für sie spricht zum einen, dass die angesprochene Differenzierung sich tatsächlich nicht dem Wortlaut der Vorschrift entnehmen lässt. Zum anderen dürfte eine Abgrenzung zwischen wesentlichen und nicht wesentlichen Abweichungen in der Praxis äußerst schwierig sein. Ein Kapitalanleger ist grundsätzlich an der stetigen Steigerung des Unternehmenswertes interessiert. Dieser kann sich aber, je nach Firmenstruktur und Geschäftsentwicklung, auch infolge einzelner Abweichungen von den Kodexempfehlungen negativ entwickeln, so dass die Anleger in diesem Fall ein Interesse gerade an der einzelnen kursbeeinflussenden Abweichung haben. Auch bei geringen und einzelnen Abweichungen muss sich das Unternehmen somit hierzu erklären, die Abgabe einer positiven Entsprechenserklärung kommt nicht mehr in Betracht. Es liegt dann vielmehr eine eingeschränkte Positiverklärung vor[1532].

Eine generelle Abweichungserklärung von sämtlichen Empfehlungen des Kodex ist möglich und auch nicht gesetzeswidrig[1533]. In diesem Fall ist eine Negativerklärung

[1529] Begründung zum RegE TransPuG, BR-Drucks. 109/02, S. 51.
[1530] *Seibt*, AG 2002, 249, 252.
[1531] *Lutter*, ZHR 2002, 523, 529.
[1532] Zum Problem vgl. auch *Seibt*, AG 2002, 249, 252.
[1533] *Ulmer*, ZHR 2002, 150, 172; *Seibt*, AG 2002, 249, 252.

gegeben[1534]. Denkbar ist eine solche Erklärung bei Unternehmen, die bereits eigene Corporate Governance-Kodizes entwickelt haben[1535]. Sie ist aber im Hinblick auf den Sinn und Zweck des Kodex, eine allgemeine und umfassende Informationsquelle für ausländische Investoren über deutsche Corporate Governance-Strukturen zu schaffen, zumindest bedenklich. Einige Stimmen in der Literatur gehen deshalb davon aus, dass eine generelle Negativerklärung in der Praxis die Ausnahme sein wird[1536].

Schließlich stellt sich die Frage, ob die Entsprechenserklärung inhaltlich begründet werden muss oder ob die bloß formale Angabe ausreicht, von welchen Empfehlungen des Kodex das Unternehmen abweichen will und welche es umzusetzen gedenkt. Bei Abgabe einer positiven Entsprechenserklärung wird dies in der Literatur überwiegend abgelehnt. Das Unternehmen, welches dem Kodex uneingeschränkt folge, brauche dieses Verhalten nicht weiter zu begründen[1537].

Allerdings lässt sich auch im Fall der Abweichungserklärung dem Wortlaut des § 161 AktG i. d. F. des TransPuG eine Begründungspflicht nicht entnehmen[1538]. Zudem gehen zahlreiche Stimmen in der Literatur davon aus, dass die Unternehmen bei Abweichungen von selbst eine entsprechende Begründung liefern werden, um den Erwartungen des Kapitalmarktes an eine solche Begründung gerecht zu werden[1539]. Im Einzelfall könne sich sogar aus den allgemeinen Grundsätzen ordnungsgemäßer Geschäftsleitung, §§ 93 Abs. 1 S. 1, 116 AktG, eine Verpflichtung zur Begründung der getroffenen Abweichungen ergeben[1540].

Sowohl der Wortlaut als auch die Regierungsbegründung zu § 161 AktG i. d. F. des TransPuG sprechen gegen eine Begründungspflicht der Entsprechenserklärung, sei sie nun positiv oder negativ. Dass sich bei einer Abweichungserklärung möglicherweise ein faktischer Zwang zur Begründung für vom Kodex abweichende Un-

---

[1534] Zum Begriff vgl. etwa *Ringleb*, in: *Ringleb/Kremer/Lutter/v. Werder*, Kodex, Rdn. 1529.
[1535] Siehe dazu oben Teil 1 B, S. 48 mit Fn. 328.
[1536] Näher dazu *Ulmer*, ZHR 2002, 150, 172 sowie *Ringleb*, in: *Ringleb/Kremer/Lutter/v. Werder*, Kodex, Rdn. 1560.
[1537] *Lutter*, ZHR 2002, 523, 530; *Seibt*, AG 2002, 249, 252. S. dazu auch *Ringleb*, in: *Ringleb/Kremer/Lutter/v. Werder*, Kodex, Rdn. 1561 f.
[1538] Der Gesetzgeber hielt eine Begründung insgesamt für entbehrlich, vgl. Begründung zum RegE TransPuG, BR-Drucks. 109/02, S. 52.
[1539] *Lutter*, ZHR 2002, 523, 531; *Wolf*, ZRP 2002, 59, 60.
[1540] *Seibt*, AG 2002, 249, 252.

ternehmen ergibt[1541], ist keine Frage einer rechtlich verbindlichen Pflicht, sondern vielmehr eines verfassungsrechtlich problematischen faktischen Grundrechtseingriffs[1542] in die unternehmerische Gestaltungsfreiheit.

Die Entsprechenserklärung ist damit lediglich formal abzugeben, eine inhaltliche Begründung ist zu ihrer Wirksamkeit nicht erforderlich, sie steht ihr aber auch nicht entgegen und ist insbesondere bei einer Abweichungserklärung in der Praxis zu erwarten[1543]. In der Literatur wird diese Möglichkeit einer begründungsfreien Abweichung vom Kodex oder sogar der vollständige Anwendungsausschluß des Kodex auch als opting-out-Lösung des Gesetzgebers bezeichnet[1544]. In diesen Fällen werden die Anleger nicht darüber informiert, warum ein Unternehmen von einem bestimmten Corporate Governance-Standard abweicht. Von einer solchen Vorgehensweise kann nur abgeraten werden, vielmehr sollten die Anleger über die Hintergründe einer solchen Entscheidung der Gesellschaft genau informiert werden. Dafür spricht auch Ziff. 3.10 S. 2 Kodex, der eine Erläuterung eventueller Abweichungen von den Empfehlungen des Kodex statuiert. Eine gesetzliche Begründungspflicht ergibt sich hieraus aber nicht, sie ist Unternehmen aber für solche Fälle, in denen sie von Empfehlungen abweichen wollen, nachdrücklich zu empfehlen.

4. Abweichungen von der Entsprechenserklärung

Nach dem Wortlaut von § 161 S. 1 AktG i. d. F. des TransPuG ist die Entsprechenserklärung jährlich abzugeben. Fraglich ist damit zum einen, wie es sich auswirkt, wenn das Unternehmen von seiner einmal abgegebenen Entsprechenserklärung abweicht. Möglicherweise ergibt sich in diesem Fall für die abweichende Gesellschaft eine Pflicht zur Korrektur ihrer veröffentlichten Entsprechenserklärung. Zum anderen stellt sich die Frage, ob ein Unternehmen seine Entsprechenserklärung abändern muss, wenn die Kodex-Kommission neue Empfehlungen in den Ko-

---

1541 Dazu *Wolf*, ZRP 2002, 59, 60; *Körner*, NZG 2004, 1148, 1150 f.

1542 Hierzu *Schwerdtfeger*, Öffentliches Recht, Rdn. 447 sowie ausführlich oben Teil 1 C, S. 67 ff.

1543 S. dazu *Strieder*, DB 2004, 1325, 1327.

1544 Vgl. etwa *Ulmer*, ZHR 2002, 150, 172.

dex aufnimmt, frühere Empfehlungen streicht oder frühere Anregungen zu Empfehlungen aufwertet[1545].

a. Fallgruppen

Weicht ein Unternehmen selbst von seiner Erklärung im zukünftigen Geschäftsverkehr ab, so ist zwischen dem vergangenheitsbezogenen und dem zukunftsbezogenen Teil der Erklärung zu unterscheiden. Durch den vergangenheitsbezogenen Teil der Entsprechenserklärung berichtet das Unternehmen, inwieweit es in den letzten zwölf Monaten den Empfehlungen des Kodex entsprochen hat. Stimmt dies nicht mit dem tatsächlichen Verhalten im Unternehmen überein, so entspricht die Entsprechenserklärung nicht mehr der Wahrheit, und Vorstand und Aufsichtsrat haben ihre Erklärung entsprechend zu korrigieren und in ihrer neuen Fassung zu veröffentlichen[1546]. Anderenfalls würden Kapitalmarktteilnehmer über die tatsächliche Unternehmenspolitik falsch informiert, was dem Ziel guter Corporate Governance zuwiderliefe, verlässliche Informationen für Anlageentscheidungen bereitzustellen[1547]. Der retrospektive Teil der Erklärung bindet somit das Unternehmen und löst bei tatsächlichen Abweichungen eine Korrekturpflicht von Vorstand und Aufsichtsrat aus.

Der zukunftsgerichtete Teil der Entsprechenserklärung, die Absichtserklärung, bindet hingegen nach dem Regierungsentwurf zu § 161 AktG i. d. F. des TransPuG und der allgemeinen Auffassung in der Literatur Vorstand und Aufsichtsrat nicht[1548]. Vorstand oder Aufsichtsrat können im Außenverhältnis daher jederzeit diesen Teil der Erklärung ändern. Entscheidet sich das Unternehmen dazu, seine künftige Unternehmenspolitik nicht mehr entsprechend der abgegebenen Erklärung zu gestalten, muss es ebenfalls eine veränderte Entsprechenserklärung veröffentli-

---

[1545] Vgl. *Gelhausen/Hönsch*, AG 2003, 367, 368; *Ihrig/Wagner*, BB 2003, 1625, 1626; *Ringleb*, in: *Ringleb/Kremer/Lutter/v. Werder*, Kodex, Rdn. 1509 ff.; Seibt, AG 2003, 465, 468 f. Zu den bisherigen Änderungen des Kodex s. u. Fn. 1571.

[1546] Begründung zum RegE TransPuG, BT-Drucks. 14/8769, S. 22; *Semler/Wagner*, NZG 2003, 553, 556; *Gelhausen/Hönsch*, AG 2003, 367, 369; *dies.*, 2002, 529, 534; *Ringleb*, in: *Ringleb/Kremer/Lutter/v. Werder*, Kodex, Rdn. 1571. *Berg/Stöcker*, WM 2002, 1569, 1573; *Pfitzer/Oser/Wader*, DB 2002, 1120, 1121; *Ihrig/Wagner*, BB 2002, 2509 ff.

[1547] In diese Richtung *Semler/Wagner*, NZG 2003, 553, 556.

[1548] Begründung zum RegE TransPuG, BT-Drucks. 14/8769, S. 22: „...die dauerhaft zugänglich gemachte Entsprechenserklärung dient dazu, dass die Absichtserklärung ... jederzeit korrigiert oder zurückgenommen werden kann." Dazu *Ihrig/Wagner*, BB 2003, 1625, 1627; *Semler/Wagner*, NZG 2003, 553, 556; *Ringleb*, in: *Ringleb/Kremer/Lutter/v. Werder*, Kodex, Rdn. 1572; *Seibert*, BB 2002, 581, 583; *Lutter*, ZHR 2002, 523, 532 ff.

chen. Denn auch in diesem Fall wird der Kapitalmarkt über die tatsächliche Unternehmenspolitik falsch informiert und die Anleger hätten keine verlässlichen Informationen über die angewandten Corporate Governance-Standards im Unternehmen. Das aber will § 161 AktG gerade verhindern. Intern ist zu beachten, dass Aufsichtsrat und Vorstand an ihren einmal gefassten Beschluss[1549] zur Entsprechenserklärung gebunden sind, so dass änderungswillige Organmitglieder förmlich einen entsprechenden Änderungsbeschluss beantragen müssen[1550].

Von dieser Konstellation zu unterscheiden ist die Frage, wie sich Änderungen des Kodex auf bereits abgegebene Entsprechenserklärungen auswirken[1551]. Seit seiner Veröffentlichung am 26. Februar 2002 ist der Kodex bereits mehrfach geändert worden[1552]. Der Gesetzgeber des TransPuG hat aber nicht geregelt, auf welche Fassung des Kodex sich die Entsprechenserklärung beziehen muss[1553]. Nach der Präambel des Kodex wird dieser

> „in der Regel einmal jährlich vor dem Hintergrund nationaler und internationaler Entwicklungen überprüft und bei Bedarf angepasst", Präambel Abs. 9 Kodex.

Der Wortlaut der Präambel des Kodex könnte dafür sprechen, dass auch die Unternehmen bei einer Änderung des Kodex verpflichtet sind, ihre bereits abgegebene Entsprechenserklärung der neuen Kodexversion anzupassen. Sofern Kodex-Empfehlungen gemäß Präambel Abs. 9 Kodex gestrichen werden, würde eine unterlassene Abänderung der Entsprechenserklärung dazu führen, dass die Kapitalmarktteilnehmer davon auszugehen hätten, das entsprechende Unternehmen wende

---

[1549] Zum Verfahren siehe bereits oben Teil 2 C, S. 251 ff. sowie ausführlich *Lutter*, in: *Ringleb/Kremer/Lutter/v. Werder*, Kodex, Rdn. 1527 ff.

[1550] *Lutter*, in: *Ringleb/Kremer/Lutter/v. Werder*, Kodex, Rdn. 1531. Allgemein zur Beschlussfassung als Maßnahme der Willensbildung in Gesellschaften vgl. *Schmidt*, Gesellschaftsrecht, S. 434 ff. Zur Beschlussfassung in der AG vgl. *Henn*, Hdb des AktienR, Rdn. 661 sowie Rdn. 731 ff.; *Hoffmann-Becking/Semler*, in: Münchener Hdb des GesR, Band 4, § 31 Rdn. 82 ff. sowie § 35 Rdn. 53 ff., *Raiser*, Recht der Kapitalgesellschaften, § 15 Rdn. 64 ff. sowie § 16 Rdn. 68 ff.; *Hüffer*, AktG, § 108 Rdn. 2 ff. sowie § 133 Rdn. 5 ff.

[1551] Zu den Anforderungen an eine Entsprechenserklärung, die erst nach der Veröffentlichung einer Kodexänderung abgegeben wird vgl. *Seibt*, AG 2003, 465, 477.

[1552] Am 07. 11. 2002 wurde Ziff. 6.6 Abs. 1 Kodex geändert. Am 21. 05. 2003 wurden die Ziff. 3.10, 4.2.2, 4.2.3, 4.2.4, 5.4.5, 6.6 Abs. 2 und 7.2.1 Kodex geändert. Die letzten Änderungen vom 02. 06. 2005 betrafen die Ziffern 3.10, 5.3.2, 5.4.1, 5.4.2, 5.4.3, 5.4.4, 5.4.7, 6.1, 6.6, 7.1.2, 7.1.3, 7.2.1 Kodex.

[1553] *Ihrig/Wagner*, BB 2003, 1625, 1626.

weiterhin einen Corporate Governance-Standard an, der infolge der Anpassung des Kodex durch die Kodex-Kommission nicht mehr für gut befunden und daher gestrichen wurde[1554]. Werden nach der Abgabe einer Entsprechenserklärung neue Empfehlungen in den Kodex aufgenommen, ist für Kapitalmarktteilnehmer nicht ersichtlich, wie sich die Unternehmen hinsichtlich dieser neuen Empfehlungen im laufenden Geschäftsjahr verhalten werden[1555]. Insgesamt dürfte dies zu Unsicherheiten am Kapitalmarkt führen.

Dennoch nehmen die überwiegenden Stimmen in der Literatur eine Änderungspflicht der erklärungspflichtigen Unternehmen bei einer Kodexreform gemäß Präambel Abs. 9 Kodex nicht an[1556]. *Gelhausen/Hönsch* gehen davon aus, eine Änderungspflicht bestehe für die Gesellschaft nur dann, wenn diese sich freiwillig dazu bereit erklärt habe, ihre Entsprechenserklärung der jeweiligen Kodexversion anzupassen. Dies gelte sowohl für den vergangenheitsbezogenen als auch für den zukunftsbezogenen Teil der Erklärung[1557]. Zur Begründung führen *Gelhausen/Hönsch* im Wesentlichen den Wortlaut von § 161 AktG i. d. F. des TransPuG an, wonach die Unternehmensorgane jährlich zur Erklärung über die im jeweils aktuellen Kodex enthaltenen Empfehlungen verpflichtet sind. § 161 AktG i. d. F. des TransPuG sei damit nicht als dynamische, sondern als statische Verweisung auf den Kodex zu bewerten, mit der Folge, dass es an einer Rechtsgrundlage für die Verpflichtung zur Abgabe einer neuen Erklärung fehle, wenn der Kodex nach der Abgabe der Entsprechenserklärung durch ein Unternehmen geändert werde[1558]. Geteilt wird diese Ansicht im Hinblick auf den zukunftsgerichteten Teil der Erklärung etwa von *Ihrig/Wagner*, die ebenfalls auf den Wortlaut von § 161 AktG i. d. F. des TransPuG verweisen[1559]. Zudem führen *Ihrig/Wagner* die Regierungsbegründung zum TransPuG an, wonach der Gesetzgeber mit der Regelung des § 161 AktG i. d. F. des TransPuG beabsichtigt habe, dass sich Vorstand und Aufsichtsrat bei unverän-

---

1554 Davon zu unterscheiden ist der Fall, dass eine Kodexempfehlung deshalb gestrichen wird, weil der Gesetzgeber diese gesetzlich geregelt hat, wie bei Ziff. 6.6 Abs. 1, die in § 15a WpHG verankert wurde. An diese Gesetz gewordenen Empfehlungen müssen sich die Gesellschaften ohnehin halten, *Gelhausen/Hönsch*, AG 2003, 367, 370.

1555 Dazu *Ihrig/Wagner*, BB 2003, 1625, 1626.

1556 Vgl. beispielsweise *Ringleb*, in: *Ringleb/Kremer/Lutter/v. Werder*, Kodex, Rdn. 1510 sowie die übereinstimmende Ansicht der Bundesministerium der Justiz. S. dazu die Presseerklärung des Bundesministeriums der Justiz vom 10. 06. 2003, im Internet abrufbar unter *http://www.bmj.de*. Differenzierend aber *Lutter*, ZHR 2002, 523, 532 ff.

1557 *Gelhausen/Hönsch*, AG 2003, 367, 371.

1558 *Gelhausen/Hönsch*, AG 2003, 367, 369. So auch *Seibt*, AG 2003, 465, 477.

1559 *Ihrig/Wagner*, BB 2003, 1625, 1627 sowie S. 1628. Differenzierend im Zusammenhang auf den vergangenheitsbezogenen Teil der Erklärung, vgl. *dies.*, BB 2003, 1625, 1629.

derter Corporate Governance-Praxis im Unternehmen nur einmal jährlich mit der Frage nahe der Einhaltung des Kodex auseinandersetzen sollten[1560].

b. Stellungnahme

Den Auffassungen von *Ihrig/Wagner* und *Gelhausen/Hönsch* ist zuzustimmen, auch wenn dadurch die Unsicherheiten am Kapitalmarkt bei einer Änderung des Kodex im Hinblick auf bereits abgegebene Entsprechenserklärungen nicht beseitigt werden.

Entscheidend für die genannten Auffassungen spricht der Wortlaut von § 161 AktG i. d. F. des TransPuG sowie die Begründung des Gesetzgebers zu dieser Vorschrift. Mit der Formulierung „jährlich" in § 161 S. 1 AktG i. d. F. des TransPuG wollte der Gesetzgeber einen Interessenausgleich zwischen dem Informationsbedürfnis des Kapitalmarktes an einer öffentlichen Stellungnahme börsennotierter Gesellschaften zu den Empfehlungen des Kodex und dem Interesse der Unternehmen an einer nur einmal im Jahr abzugebenden Veröffentlichung ihrer Unternehmensführung herbeiführen. Wollte man § 161 AktG i. d. F. des TransPuG als dynamische Verweisung auf den Kodex verstehen, so hätte dies zur Folge, dass börsennotierte Gesellschaften sich zu jeder Änderung des Kodex erklären müssten, selbst wenn sie ihrer jährlichen Erklärungspflicht bereits nachgekommen sind. Damit könnte ein Unternehmen nicht darauf vertrauen, seiner Informationspflicht gegenüber dem Kapitalmarkt im Hinblick auf die Empfehlungen des Kodex mit der Abgabe der Erklärung für das laufende Geschäftsjahr genügt zu haben. Angesichts der bereits jetzt erfolgten zahlreichen Änderungen des Kodex ist es darüber hinaus für eine erklärungspflichtige Gesellschaft auch mit einem besonderen Organisationsaufwand verbunden, sofort auf eingetretene Änderungen des Kodex zu reagieren und eine abgegebene Entsprechenserklärung umgehend abzuändern.

Neben der dargestellten Rechtslage gemäß § 161 AktG i. d. F. des TransPuG stellt sich in praktischer Hinsicht dennoch die Frage, wie dem Informationsbedürfnis des Kapitalmarktes an einer weitestgehenden Übereinstimmung zwischen abgegebener Entsprechenserklärung und tatsächlicher Umsetzung auch neuer Kodexfassungen im Unternehmen nachgekommen werden kann. Eine gesetzliche Neufassung der Erklärungspflicht in § 161 AktG i. d. F. des TransPuG und damit die Festlegung einer dynamischen Verweisung auf den Kodex durch den Gesetzgeber ist nicht

---

[1560] Begründung zum RegE TransPuG, BT-Drucks. 14/8769, S. 21; *Ihrig/Wagner*, BB 2003, 1625, 1629.

empfehlenswert. Allerdings könnten die Unternehmen auf freiwilliger Basis selbst dafür Sorge tragen, dass ihre Entsprechenserklärung möglichst mit der aktuellen Version der Kodex übereinstimmt. Dies ist, wie bereits angedeutet[1561], in jedem Fall mit einem erhöhten Organisationsaufwand verbunden. Denn börsennotierte Gesellschaften müssten nicht nur, wie es § 161 AktG i. d. F. des TransPuG nach seiner jetzigen Fassung entspricht, einmal im Jahr ihre Corporate Governance-Standards überprüfen, sondern in der Lage sein, flexibel auf Änderungen des Kodex zu reagieren und ihre abgegebenen Erklärungen jeweils neu gefasst zu veröffentlichen.

Hilfreich könnte hierbei die Einsetzung einer Arbeitsgruppe „Deutscher Corporate Governance-Kodex und firmeninterne Umsetzung" in der Gesellschaft sein, welche die neueste Entwicklung des Kodex beobachtet und mit den aktuellen Corporate Governance-Standards im Unternehmen vergleicht. Besteht Änderungsbedarf, sollte die Arbeitsgruppe entsprechende Änderungsvorschläge im Hinblick auf die verwendeten Standards und die abgegebene Entsprechenserklärung unterbreiten. Die Arbeitsgruppe könnte auf diese Weise darauf hinwirken, dass Aktionäre und Anleger stets darüber informiert sind, dass die in der Gesellschaft umgesetzten Empfehlungen auch tatsächlich der aktuellen Kodexversion entsprechen. Unsicherheiten des Kapitalmarktes im Zusammenhang mit der jährlichen Abgabe der Entsprechenserklärung und unterjährige Kodexänderungen könnte auf diese Weise durch Gesellschaften mit einer derartigen Arbeitsgruppe entgegengewirkt werden. Werden Unsicherheiten des Kapitalmarktes eingeschränkt, profitiert davon auch das börsennotierten Unternehmen selbst[1562]. Daher ist die Einrichtung einer entsprechenden Arbeitsgruppe allen börsennotierten Unternehmen trotz des dadurch verursachten zusätzlichen Kosten- und Verwaltungsaufwandes nachdrücklich zu empfehlen[1563].

Gesetzlich vorgeschrieben werden sollte die Einrichtung einer solchen Arbeitsgruppe nicht, sondern vielmehr der individuellen Entscheidung der einzelnen Gesellschaft überlassen bleiben. Anbieten würde sich aber eine Kodex-Empfehlung, die auf die Einrichtung solcher Arbeitsgruppen hinwirkt und zu der sich die Kodexadressaten gemäß § 161 AktG erklären müssen. Im Hinblick auf die Organisati-

[1561] S. o. vorherige Seite.

[1562] Zur Steuerungsfunktion des Kapitalmarktes gegenüber der Unternehmenspolitik siehe bereits oben Teil 1 B, S. 11 f. sowie *Hirte*, TransPuG, S. 6 m. w. N.

[1563] In der Literatur wird in diesem Zusammenhang die Einrichtung eines sog. Corporate Governance-Beauftragten diskutiert. Vgl. etwa *Seibt*, AG 2003, 465, 469; *Peltzer*, NZG 2002, 593 ff. Zurückhaltend *Ringleb*, in: *Ringleb/Kremer/Lutter/v. Werder*, Kodex, Rdn. 1602 ff.

on und Arbeitsweise der Gruppe könnte die Anlage zum Deutschen Corporate Governance-Kodex detaillierte Vorschläge enthalten. Diese könnten sich beispielsweise an dem vor allem in der Bankenpraxis üblichen sog. Ombudsmann-Verfahren[1564] orientierten[1565]. Dabei geht es im Wesentlichen um ein vorgeschaltetes Verfahren, um Konflikte aus der Geschäftsbeziehung mit Kunden intern zu bereinigen[1566]. Tritt ein solcher Konflikt auf, ordnet die BVO[1567] vorab die Prüfung durch die Kundenbeschwerdestelle[1568] an, sieht ein bankinternes Abhilferecht vor[1569] und leitet anschließend die Schlichtung ein[1570]. Übertragen auf die Strukturen der Corporate Governance-Arbeitsgruppe ergibt sich folgendes Verfahren: Die Mitglieder der Arbeitsgruppe haben zunächst die von ihnen festgestellten tatsächlichen Defizite in der Unternehmensführung und -kontrolle gegenüber der gesamten Gruppe zu berichten. Die Gruppe hat daraufhin intern Abhilfemaßnahmen zu beraten und diese dann demjenigen Verwaltungsorgan der Gesellschaft vorzutragen, bei dem die entsprechenden Mängel festgestellt wurden[1571]. Treten dabei Meinungsverschiedenheiten auf, kann ein gesellschaftsinternes Verfahren eingeleitet werden, mit dem Ziel der Einigung zwischen dem betreffenden Verwaltungsorgan und der Arbeitsgruppe über die Anwendung der effektivsten Corporate Governance-Maßnahme. Entscheidende Bedeutung kommt bei dieser Streitschlichtung wiederum der Anlage zum Kodex zu. Je detaillierter die Erläuterungen und Modelle zu den einzelnen unbestimmten Begriffen des Kodex in der Anlage ausfallen, desto eher wird eine Einigung erreicht werden können.

[1564] Der Begriff Ombudsmann entstammt dem skandinavischen Recht. Als Ombudsmann wird dort ein Parlamentsbeauftragter bezeichnet, der als Verfassungsorgan Bürger gegen Eingriffe in ihre Grundrechte und vor behördlicher Willkür schützen soll. In der Bundesrepublik Deutschland hält man die bestehende Verwaltungsgerichtsbarkeit für ausreichend und hat deshalb von einer allgemeinen Einführung einer solchen Institution abgesehen. S. näher Münchener Rechtslexikon, Band 2, S. 1154.

[1565] Verfahrensordnung für die Schlichtung von Kundenbeschwerden im deutschen Bankgewerbe (BVO) vom 01. 07. 1992, abgedruckt in NJW 1992, 2745 f.

[1566] *Münch*, in: MüKo-ZPO, Band 3, Vor § 1025 Rdn. 19.

[1567] S. Fn. 1564.

[1568] Nr. 3 BVO.

[1569] Nr. 4 Abs. 2 BVO.

[1570] Nr. 4 Abs. 3 und Abs. 4 BVO. Vgl. zum Ganzen näher *Münch*, in: MüKo-ZPO, Band 3, Vor § 1025 Rdn. 19.

[1571] Hält die Arbeitsgruppe einen durch den Aufsichtsrat gemäß § 111 Abs. 2 S. 3 AktG i. d. F. des KonTraG ausgewählten Abschlussprüfer nicht für unabhängig, hat sie beispielsweise Gegenvorschläge zu unterbreiten.

Sollte die Bildung einer Corporate Governance-Arbeitsgruppe als zu kostspielig angesehen werden, so ist erklärungspflichtigen Gesellschaften mit *Seibt* aber zumindest zu empfehlen, einen Zusatz an ihrer Entsprechenserklärung anzufügen, aus dem sich deutlich ergibt, auf welche Kodex-Version sich die abgegebene Erklärung bezieht[1572]. Einen solchen Zusatz haben in der Praxis beispielsweise bereits die DaimlerChrysler AG, die Deutsche Telekom AG und die Metro AG formuliert und auf ihrer Internetseite veröffentlicht[1573].

5. Entsprechenserklärung und Abschlussprüfung

Weiter stellt sich die Frage, ob der Abschlussprüfer eine inhaltliche Prüfung der Entsprechenserklärung vorzunehmen hat[1574]. Wie bereits erwähnt[1575], soll der Aufsichtsrat mit dem Abschlussprüfer gemäß Ziff. 7.2.3 Abs. 2 Kodex eine entsprechende Informationspflicht vereinbaren, sofern der Abschlussprüfer bei Durchführung der Abschlussprüfung Unrichtigkeiten im Zusammenhang mit der Abgabe der Entsprechenserklärung feststellt. Fraglich ist, welche Feststellungen der Abschlussprüfer anzustrengen hat, um einer Vereinbarung mit dem Aufsichtsrat im Sinne dieser Empfehlung gerecht zu werden.

Nach Ansicht der *Baums*-Kommission braucht der Abschlussprüfer seine Prüfung bei Vorliegen der Entsprechenserklärung nicht darauf zu erstrecken, ob tatsächlich abweichende Regelungen in dem erklärungspflichtigen Unternehmen praktiziert würden, da der Abschlussprüfer keine aktive, erforschende Prüfung anstelle, sondern nur zu berichten habe, wenn er gelegentlich der Prüfung Verstöße festgestellt habe[1576]. Wichtig sei zudem, dass sich Vorstand und Aufsichtsrat wegen der Pflicht zur Abgabe der Entsprechenserklärung überhaupt mit den Empfehlungen des Kodex auseinandersetzen; die abgegebene Erklärung von Vorstand und Aufsichtsrat sollte insoweit als wahr unterstellt werden[1577].

[1572] *Seibt*, AG 2003, 465, 477. Ebenso lautet die Empfehlung des Bundesministeriums der Justiz, vgl. Pressenotiz Nr. 49/2003 des Bundesministeriums der Justiz vom 10. 06. 2003 „Wichtige Hinweise zur Umsetzung der Beschlüsse der Cromme-Kommission", im Internet abrufbar unter *http://www.bmj.bund.de*. Dazu *IDW*, WPg 2003, 1002, 1004.

[1573] Dazu *Seibt*, AG 2003, 465, 477 mit Hinweis auf diese Unternehmen in Fn. 109.

[1574] Vgl. *Ulmer*, ZHR 2002, 150, 176 f.

[1575] Vgl. Teil 2 B, S. 238 ff.

[1576] *Baums*, Bericht der Regierungskommission Corporate Governance, Rdn. 12.

[1577] *Baums*, Bericht der Regierungskommission Corporate Governance, Rdn. 12.

Die Literatur schließt sich dieser Ansicht der *Baums*-Kommission nicht uneingeschränkt an, sondern stellt darauf ab, inwiefern die Beachtung einer bestimmten Empfehlung von außen kontrollierbar sei. In diesem Fall bestehe eine inhaltliche Prüfungspflicht des Abschlussprüfers[1578]. Das gelte beispielsweise für die Empfehlung, den Wert der Aktienoptionen offenzulegen, Ziff. 4.2.3 Kodex, die Zahl der Aufsichtsratsmandate von Vorstandsmitgliedern notierter Unternehmen auf max. fünf Mandate zu beschränken, Ziff. 5.4.3 Kodex, sowie nicht mehr als zwei ehemalige Vorstandsmitglieder zur Wahl im Aufsichtsrat vorzuschlagen, Ziff. 5.4.2 Kodex[1579].

Die Frage nach der inhaltlichen Prüfungspflicht des Abschlussprüfers ist im Ergebnis negativ zu beantworten. Nicht überzeugend ist allerdings die Ansicht der *Baums*-Kommission, wonach der Abschlussprüfer die Erklärung von Aufsichtsrat und Vorstand als wahr unterstellen könne, denn dies birgt die Gefahr der Oberflächlichkeit der Abschlussprüfung in sich. Im Übrigen ist der *Baums*-Kommission aber zu folgen. Zum einen kann von dem Abschlussprüfer die Abgrenzung zwischen von außen kontrollierbaren und bloß internen Empfehlungen des Kodex nicht erwartet werden. Zum anderen muss Maßstab für die Prüfungspflicht die nach Ziff. 7.2.3 Kodex zu treffende schuldrechtliche Vereinbarung sein. Danach wird die Redepflicht des Abschlussprüfers nur ausgelöst, wenn er anlässlich der Abschlussprüfung feststellt, dass die Entsprechenserklärung unrichtig ist. Ergeben sich im Rahmen der Abschlussprüfung keine Anzeichen für Abweichungen von der tatsächlich abgegebenen Erklärung, braucht der Abschlussprüfer diese inhaltlich deshalb nicht weiter zu überprüfen[1580].

Prüfungsgegenstand der Abschlussprüfung im Zusammenhang mit der Entsprechenserklärung ist damit allein, ob die Gesellschaft ihre Abgabepflicht gemäß § 285 Nr. 16 HGB[1581] erfüllt hat. Demgemäß hat der Abschlussprüfer zu überprüfen, ob die Angabe, dass die Entsprechenserklärung vom Vorstand und Aufsichtsrat des zu prüfenden Unternehmens abgegeben und den Aktionären zugänglich gemacht wurde, vollständig ist und zutrifft. Bei der Prüfung von Konzernabschlüssen

---

[1578] *Ulmer*, ZHR 2002, 150, 176; ähnlich *Gelhausen/Hönsch*, AG 2002, 529, 535. In diese Richtung auch *Ruhnke*, AG 2003, 371, 374. Uneingeschränkt zustimmend aber wohl *Strieder*, DB 2004, 1325, 1328.

[1579] *Ulmer*, ZHR 2002, 150, 176; *Ruhnke*, AG 2003, 371, 374; *Gelhausen/Hönsch*, AG 2002, 529, 535 mit weiteren Beispielen.

[1580] Auch für *Gelhausen/Hönsch*, AG 2002, 529, 535 scheidet eine materielle Richtigkeitsprüfung aus. Ebenso *IDW*, WPg 2003, 1002, 1005.

[1581] Dazu siehe oben Teil 2 C, S. 244 ff.

umfasst die Prüfung gemäß § 314 Abs. 1 Nr. 8 HGB[1582] alle Entsprechenserklärungen der in den Konzernabschluss einbezogenen börsennotierten Unternehmen[1583].

IV. Umsetzung der Kodex-Empfehlungen in der Praxis

Bereits ein Jahr nach Veröffentlichung des Kodex sind zahlreiche Erhebungen zur Akzeptanz der Kodex-Empfehlungen in der Unternehmenspraxis erschienen[1584]. In einer ersten Studie überprüfte beispielsweise das Berlin Center of Corporate Governance[1585] bis zum 14. Februar 2003 99 Entsprechenserklärungen[1586] der am DAX-30[1587] und am MDAX-70[1588] notierten Gesellschaften auf die Umsetzung der Empfehlungen[1589]. Die bis zur Änderung des Kodex im Juli 2003 umfassendste Analyse führte das BCCG allerdings im Kodex-Report 2003 durch[1590]. Darin wurden sämtliche der 864 an der Frankfurter Wertpapierbörse notierten Unternehmen zur Umsetzung der Empfehlungen des Kodex befragt[1591]. Insgesamt gaben gemäß

[1582] Dazu siehe oben Teil 2 C, S. 244 ff.

[1583] Näher *IDW*, WPg 2003, 1002, 1005 ff.

[1584] Vgl. etwa *Towers Perrin*, Corporate Governance 2003, Eine Bilanz der Management-Kultur in der Bundesrepublik Deutschland, abrufbar im Internet unter *http://www.towers.com/towers/locations/germany/pdfs/CorpGov-Studie-final_04.pdf.*; *Oser/Orth/Wader*, DB 2003, 1337 ff.; *v. Werder/Talaulicar/Kolat*, DB 2003, 1857 ff. mit weiteren Nachweisen in Fn. 3; *Seibt*, AG 2003, 465 ff.

[1585] Zum BCCG s. o. Teil 1 B, S. 57.

[1586] Zum Begriff s. o. Teil 2 C, S. 243 f.

[1587] Die sind die 30 stärksten an der Frankfurter Wertpapierbörse notierten Unternehmen. Siehe näher hierzu bereits Fn. 1179.

[1588] Auch „Midcap DAX". Aktienindex, der diejenigen 70 Titel umfasst, die in Bezug auf ihre Marktkapitalisierung und ihren Börsenumsatz den DAX-30 Werten direkt folgen. Näher *Gerke*, Börsenlexikon, S. 542.

[1589] Von den damals insgesamt 62 Empfehlungen des Kodex wurden im Erhebungszeitraum der Studie 57 Empfehlungen von 90% der DAX- und MDAX- Gesellschaften umgesetzt. Keine der an diesen Aktienindizes notierten Gesellschaften lehnte die Umsetzung der Kodexempfehlungen vollständig ab. Von den DAX-Unternehmen befolgten bereits vier und von den MDAX-Unternehmen drei Gesellschaften die Kodexempfehlungen vollständig, vgl. *v. Werder*, Executive Summary, S. 2 und S. 3.

[1590] *v. Werder/Talaulicar/Kolat*, DB 2003, 1857 ff.

[1591] Vgl. *v. Werder/Talaulicar/Kolat*, DB 2003, 1857. Die Studie von *Oser/Orth/Wader* überprüfte innerhalb des Erhebungszeitraums zum 01. 04. 2003 insgesamt 142 Unternehmen, darunter alle Unternehmen der Börsenindizes DAX-30 und MDAX sowie 42 weitere an der Frankfurter Wertpapierbörse gehandelte Gesellschaften, die innerhalb der letzten 12 Monate den geringsten Umsatz machten. Die Erhebung von *Towers Perrin* zum 01. 01. 2003 beschränkt sich auf die hundert größten börsennotierten Unternehmen (DAX 100-Unternehmen).

den Vorgaben durch das BCCG bis Ende Februar 2003 408 Gesellschaften eine entsprechende Stellungnahme ab. Das waren 47,2%. Diese verteilten sich auf 30 DAX-Unternehmen, 68 MDAX-Unternehmen, 40 NEMAX[1592]-Unternehmen, 49 SDAX[1593]-Unternehmen und 220 sonstige Unternehmen, die keinem der Auswahlindizes angehören[1594]. Gegenstand des Kodex-Reports 2003 waren alle 62 Empfehlungen des Regelwerks in seiner Fassung bis zum Juni 2003. Dabei wertete der Report das Umsetzungsverhalten der Befragten im Hinblick auf die jetzige und die künftige Anwendung bzw. Nichtanwendung jeder einzelnen Empfehlung aus[1595]. Danach hätte in den vier Auswahlindizes kein Unternehmen eine Negativerklärung abgegeben, und lediglich 6% der sonstigen Unternehmen hätten von dieser Möglichkeit Gebrauch gemacht[1596]. 20 Unternehmen hätten bereits Ende Februar 2003 alle Empfehlungen des Kodex umgesetzt, was einer Quote von 4,9% entsprach. Diese Quote sollte nach dem Report aufgrund entsprechender Ankündigungen der befragten Unternehmen in Zukunft bis auf 12,8% ansteigen[1597].

Die Mehrzahl der Unternehmen hat somit eine eingeschränkte Positiv- bzw. Abweichungserklärung abgegeben[1598]. Allerdings beschränkten sich die Abweichungen auf im Durchschnitt lediglich acht Kodex-Empfehlungen[1599]. Der Kodex-Report 2003 kommt deshalb zu dem Ergebnis, dass die Empfehlungen des Kodex

[1592] Auch als Nemax All Share Index bezeichnet. Von der Deutschen Börse AG angebotener, den Neuen Markt abdeckender Index, vgl. *Gerke*, Börsenlexikon. Der Neue Markt bezeichnet ein 1997 von der Deutschen Börse AG geschaffenes Börsensegment für Wachstums- und Technologieunternehmen mit internationaler Ausrichtung. Näher dazu *Gerke*, Börsenlexikon, S. 568 f.

[1593] Näher zu diesem 1997 eingeführten Börsensegment vgl. *Gerke*, Börsenlexikon, S. 708.

[1594] Vgl. den Kodex-Report 2003, *v. Werder/Talaulicar/Kolat*, DB 2003, 1857 ff.

[1595] Näher zur Methodik der Erhebung siehe *v. Werder/Talaulicar/Kolat*, DB 2003, 1857, 1858. Eine ergänzende Tabelle zum Kodex-Report 2003, in der das Umsetzungsverhalten bzgl. jeder Kodexempfehlung enthalten ist, ist im Internet abrufbar unter *http://www.bccg-tu-berlin.de/main/publikationen/Tabellen_Kodex_Report.pdf.*

[1596] *v. Werder/Talaulicar/Kolat*, DB 2003, 1857, 1859. Zum Begriff Negativerklärung s. o. Teil 2 C, S. 257 f.

[1597] *v. Werder/Talaulicar/Kolat*, DB 2003, 1857, 1859.

[1598] Dazu s. o. Teil 2 C, S. 257 ff.

[1599] Besonders häufig sei etwa von Ziff. 3.8 Abs. 2 Kodex (Abschluss von D&O-Versicherungen) sowie von Ziff. 5.4.5 Abs. 2 Kodex (Erfolgsabhängige Vergütung von Aufsichtsratsmitgliedern abgewichen worden. Bei Ziff. 3.8 Abs. 2 Kodex habe die Anwendungsquote bei 48,1% und bei Ziff. 5.4.5 Abs. 2 Kodex bei 51,2% gelegen, vgl. *v. Werder/Talaulicar/Kolat*, DB 2003, 1857, 1860 sowie S. 1862.

derzeit schon ein hohes Maß an Zustimmung in der Unternehmenspraxis erführen, welches in Zukunft noch ansteigen werde[1600].

Durch den Kodex-Report 2004[1601] konnte diese Entwicklung allerdings nicht bestätigt werden. Gegenstand dieses Reports sollten die Anfang des Jahres an der Frankfurter Wertpapierbörse notierten Unternehmen sein. Zu diesem Zweck wurde an alle 728 Unternehmen ein Fragebogen im Hinblick auf die Umsetzung der Kodex-Empfehlungen versandt, verwertbare Ergebnisse lieferten insgesamt aber nur 241 Unternehmen[1602]. Das waren lediglich 33,1% aller erklärungspflichtigen Unternehmen der Frankfurter Wertpapierbörse. Aus dieser gegenüber dem Kodex-Report 2003 deutlich rückläufigen Kooperationsbereitschaft mit dem Berliner Corporate Governance Center kann zwar nicht geschlossen werden, dass die Unternehmen, die den Fragebogen nicht ausgefüllt haben, die Kodex-Empfehlungen nicht umsetzen. Der Kodex-Report 2004 ist aber kein Beleg dafür, dass der Kodex in der Unternehmenspraxis ein gesteigertes Maß an Zustimmung erfahren hätte[1603]. Gegenstand des Kodex-Reports 2005 schließlich waren nur noch 29,4% aller an der Frankfurter Wertpapierbörse notierten Unternehmen[1604].

Neben der bloßen Abgabe der Entsprechenserklärung gemäß § 161 AktG i. d. F. des TransPuG soll gemäß Ziff. 3.10 Abs. 1 Kodex ein Corporate Governance-Bericht verfasst werden. Nach dieser Empfehlung sollen die Leitungsorgane im Geschäftsbericht über die Corporate Governance des Unternehmens berichten und hierzu auch eventuelle Abweichungen von den Empfehlungen des Kodex erläutern. Nach der Änderung des Kodex durch die Kodex-Kommission zum 04. 07. 2003 kann gemäß Ziff. 3.10 S. 3 Kodex auch zu den Kodexanregungen Stellung ge-

---

[1600] *v. Werder/Talaulicar/Kolat,* DB 2003, 1857, 1863.

[1601] *v. Werder/Talaulicar/Kolat,* DB 2004, 1377 ff. Vgl. auch die Erhebung v. *Oser/Orth/Wader,* BB 2004, 1121 ff. zur Beachtung der Empfehlungen durch die Erklärungspflichtigen gemäß § 161 AktG im Jahr 2004.

[1602] *v. Werder/Talaulicar/Kolat,* DB 2004, 1377.

[1603] Die geringere Beteiligung gegenüber der Erhebung aus dem Jahr 2003 bedauern auch die Verfasser des Kodex-Reports 2004, vgl. *v. Werder/Talaulicar/Kolat,* DB 2004, 1377, 1378. Die rückläufige Kooperationsbereitschaft der an der Frankfurter Wertpapierbörse notierten Unternehmen setzte sich 2005 fort. In diesem Erhebungszeitraum versandten von den 715 dort notierten Gesellschaften lediglich 210 Unternehmen verwertbare Antworten, vgl. *v. Werder,* Pressemitteilung zum Kodex-Report 2005 v. 11. 03. 2005, S. 1.

[1604] *v. Werder/Talaulicar,* DB 2005, 841.

nommen werden[1605]. Dabei werden in der Literatur solche Berichte als nicht kodexkonform bewertet, die nur die Entsprechenserklärung wiederholen oder trotz Eingliederung der Gesellschaft in einen Konzern i. S. v. § 18 AktG[1606] ausschließlich Aussagen zur Corporate Governance der Gesellschaft anstelle des Konzerns treffen[1607].

V. Zusammenfassung

Durch die Entsprechenserklärung, oder Compliance-Erklärung, gemäß § 161 AktG i. d. F. des TransPuG hat der Deutsche Corporate Governance-Kodex eine gesetzliche Flankierung erfahren, wonach erklärungspflichtige Gesellschaften offenzulegen haben, inwieweit sie die Empfehlungen des Kodex umsetzen oder hiervon abweichen. Die juristische Verknüpfung von unverbindlichem Regelwerk und gesetzlicher Erklärungspflicht stellt eine im deutschen Rechtsstaat bisher einmalige Regelungstechnik dar, die sich an dem Comply or Explain-Verfahren angelsächsischer Rechtspraxis orientiert. Nach den dort geltenden Listing Rules[1608] verlangt die britische Regulierungsbehörde FSA von den in Großbritannien notierten Unternehmen, im Lagebericht anzugeben, ob und in welchem Umfang sie die Regeln des Combined Codes, dem dort für börsennotierte Gesellschaften maßgeblichen Corporate Governance-Kodex, einhalten.

Regelungsadressat der Entsprechenserklärung sind Vorstand und Aufsichtsrat börsennotierter Gesellschaften, die im Innenverhältnis zunächst durch einen entsprechenden Organbeschluss eine Einzelerklärung abzugeben haben, die aber im Außenverhältnis zu einer gemeinsamen Erklärung zusammengeführt wird. Die Leitungsorgane der Aktiengesellschaft sind dadurch zwar nicht rechtlich, wohl aber wegen ansonsten nachteiliger Auswirkungen auf die Aktionärsstruktur einem Einigungszwang ausgesetzt.

[1605] Vgl. *Seibt*, AG 2003, 465, 467. Die Umsetzung von Ziff. 3.10 Kodex a. F. betrug bei den von *v. Werder/Talaulicar/Kolat* befragten Unternehmen insgesamt über 94%, vgl. *v. Werder/Talaulicar/Kolat*, DB 2003, 1857, 1860.

[1606] Sind gemäß § 18 Abs. 1 S. 1 AktG ein herrschendes und ein mehrere abhängige Unternehmen unter der einheitlichen Leitung des herrschenden Unternehmens zusammengefasst, so bilden sie einen Konzern; die einzelnen Unternehmen sind Konzernunternehmen. Näher zur Konzernbildung vgl. *Henn*, Hdb des AktienR, Rdn. 297 ff.; *Hüffer*, AktG, § 118 Rdn. 2 ff.; *Eisenhardt*, Gesellschaftsrecht, Rdn. 857 ff.; *Schmidt*, Gesellschaftsrecht, S. 944 ff.

[1607] *Seibt*, AG 2003, 465, 469 mit weiteren Vorschlägen für einen ordnungsgemäßen Corporate Governance Bericht i. S. v. Ziff. 3.10 Kodex.

[1608] Listing Rules NR. 12.43 A (a). Siehe dazu bereits oben Teil 2 C, S. 253.

Formell ist die Entsprechenserklärung sowohl für die durchzuführende Abschlussprüfung als auch für die Veröffentlichung der Erklärung im Handelsregister gemäß § 325 Abs. 1 S. 1 HGB zu dokumentieren. Eine bestimmte Form der Veröffentlichung sieht § 161 AktG i. d. F. des TransPuG nicht vor, so dass eine Veröffentlichung der Erklärung auf der Website des Unternehmens ausreicht. Die veröffentlichte Erklärung muss sowohl einen vergangenheitsbezogenen wie zukunftsgerichteten Teil aufweisen.

Inhaltlich ist die Entsprechenserklärung auf die Empfehlungen des Kodex beschränkt. Eine positive Entsprechenserklärung kann das Unternehmen nur abgeben, wenn es tatsächlich sämtliche Empfehlungen vollumfänglich befolgt. Selbst bei einzelnen Abweichungen kommt nur noch eine negative Entsprechenserklärung oder Abweichungserklärung in Betracht. Eine inhaltliche Begründung braucht das erklärende Unternehmen nicht zu liefern, gerade bei einer Abweichungserklärung sind Begründungen aber zu erwarten.

Weicht ein Unternehmen selbst von seiner abgegebenen Entsprechenserklärung ab, so hat es diese zu korrigieren. Wird hingegen der Kodex durch die Kommission angepasst und geändert, so besteht eine Änderungspflicht der bereits abgegebene Entsprechenserklärungen nach geltendem Recht bisher nicht. Es ist aber börsennotierten Gesellschaften nachdrücklich zu empfehlen, dass ihre Erklärung der jeweils aktuellen Kodexversion entspricht, um auf diese Weise Unsicherheiten am Kapitalmarkt im Hinblick auf die tatsächliche Umsetzung der Kodex-Empfehlungen in den Unternehmen entgegenzuwirken. Zu diesem Zweck sollte jedes börsennotierte Unternehmen eine spezielle Arbeitsgruppe einrichten, die aber nicht lediglich die Corporate Governance in einem Unternehmen überwacht, sondern zwischen den Bedürfnissen des Kapitalmarktes und den Unternehmensinteressen vermittelt und auf diese Weise zu einer steten Verbesserung der praktizierten Corporate Governance-Standards beiträgt. Eine über Ziff. 7.2.3 Kodex hinausgehende Prüfungspflicht des Abschlussprüfers besteht nicht.

3. Teil

Zusammenfassung und Folgerungen

Das Ziel dieser Arbeit bestand in einer Auseinandersetzung mit der aktuellen Corporate Governance-Entwicklung und der dazu geführten Diskussion vor allem in der Bundesrepublik Deutschland. Die vorliegende Untersuchung liefert hierzu einen eigenen Beitrag, der sich notwendigerweise auf bestimmte, in der Corporate Governance-Debatte derzeit besonders umstrittene Probleme beschränkt.

Im ersten, allgemeinen Teil hat sich diese Untersuchung mit dem Begriff des Corporate Governance und den hiermit verbundenen verschiedenen Corporate Governance-Systemen auseinandergesetzt. Nach dem zutreffenden weiten Corporate Governance-Begriff beschränkt sich eine effektive Unternehmensführung und Unternehmenskontrolle nicht auf das Verhältnis der Gesellschaft und ihrer Verwaltungsorgane zu den Gesellschaftern, sondern erfasst auch die Belange der Arbeitnehmer des Unternehmens, die Funktion der Banken in der Gesellschaft sowie insbesondere die Beziehungen der Gesellschaft zu Börsen und Kapitalmärkten. Eine abschließende international gültige Definition von Corporate Governance ließ sich indessen nicht entwickeln, weil das Verständnis dieses Begriffs eng mit den rechtlichen und wirtschaftlichen Rahmenbedingungen eines Landes verbunden ist, die weltweit zu stark voneinander abweichen.

Trotz dieser Abweichungen konnten zwei allgemeine Corporate Governance-Systeme herausgearbeitet werden, das externe und das interne Corporate Governance-System. Diese unterscheiden sich im Hinblick auf die Kontrolle der Unternehmensführung in der Gesellschaft. Wird die Kontrolle von außen durch die Mechanismen des Kapitalmarktes gesteuert, spricht man von einem externen Corporate Governance-System, das vor allem in den USA vorherrschend ist. Nach dem internen Corporate Governance-System wird die Geschäftsleitung dagegen innerhalb des Unternehmens überwacht, und zwar entweder durch ein selbständiges, neben der Geschäftsleitung bestelltes Verwaltungsorgan oder durch ein organinternes Gremium innerhalb der Geschäftsführung. Im ersten Fall spricht man von einem dualistischen Corporate Governance-System, das beispielsweise in der Bundesrepublik Deutschland gesetzlich geregelt ist, während im zweiten Fall ein monistisches Corporate Governance-System vorliegt. Monistische Corporate Governance-Systeme kennen insbesondere angelsächsische Rechtsordnungen, aber auch einige

Rechtsordnungen kontinentaleuropäischer Länder wie etwa die von Griechenland und Spanien.

Ein einheitliches europäisches Corporate Governance-System hat die Europäische Union bislang nicht festgelegt. Es gibt aber zahlreiche aktuelle Bestrebungen der EU-Kommission, auf die einzelnen nationalen Corporate Governance-Systeme konkret Einfluss zu nehmen. Diese Entwicklung ist zu bedauern. Ein europaweit gültiges Corporate Governance-System wird sich trotz feststellbarer Annäherungstendenzen zwischen dem monistischen und dem dualistischen Corporate Governance-System nicht einführen lassen. Die Ursache darin liegt in den weiterhin stark voneinander abweichenden unterschiedlichen Rechtsordnungen und Rechtskulturen in Europa. Dementsprechend ist auch ein EU-weit gültiger Corporate Governance-Kodex nicht erstrebenswert. Den einzelnen Mitgliedstaaten sollte vielmehr ein weiter Gestaltungsspielraum bei der Ausarbeitung und Weiterentwicklung der nationalen Corporate Governance-Regelwerke erhalten bleiben. Der EU-Kommission ist deshalb anzuraten, diesen Gestaltungsspielraum bei neuen Vorschlägen zur Verbesserung der Corporate Governance in Europa nicht einzuschränken.

Das Corporate Governance-Regelwerk in der Bundesrepublik Deutschland ist der Deutsche Corporate Governance-Kodex. Dieser wurde am 26. Februar 2002 von der Regierungskommission Deutscher Corporate Governance Kodex unter der Leitung von *Gerhard Cromme* im Auftrag des Bundesministeriums der Justiz veröffentlicht. Der Kodex wird flankiert von zahlreichen gesetzlichen Vorschriften wie beispielsweise dem Transparenz- und Publizitätsgesetz, das in § 161 AktG eine gesetzliche Erklärungspflicht für den Vorstand und den Aufsichtsrat zu den Empfehlungen des Regelwerks enthält, dem Bilanzkontrollgesetz (BilKoG) und dem Bilanzrechtsreformgesetz (BilReG). Das BilKoG und das BilReG zielen auf eine Verbesserung der Rechnungslegung in börsennotierten Gesellschaften durch die Einführung eines zweistufigen Kontrollverfahrens und durch die Stärkung der Unabhängigkeit des Abschlussprüfers ab. Weitere Gesetzesvorhaben, wie beispielsweise das Gesetz zur Unternehmensintegrität und Modernisierung des Anfechtungsrechts (UMAG), dienen dazu, die bestehenden Corporate Governance-Strukturen in der Bundesrepublik Deutschland durch die Umsetzung eines 10-Punkte Plans der Bundesregierung insgesamt zu verbessern.

In rechtsstaatlicher und demokratischer Hinsicht hat diese Arbeit die Verfassungsmäßigkeit des Kodex bestätigt. Der Kodex ist ein unverbindliches Regelwerk, dessen Rechtsnatur sich nicht abschließend bestimmen lässt. Der Kodex stellt damit innerhalb der Rechtsordnung der Bundesrepublik Deutschland ein juristisches Novum dar, das von einem Richter nicht zur Konkretisierung von Pflichtverletzungen der Mitglieder des Vorstands oder des Aufsichtsrats herangezogen werden sollte.

Im zweiten Teil und Hauptteil dieser Arbeit wurden die einzelnen Regelungskomplexe des Kodex näher untersucht. Der Kodex ist nach seiner Präambel adressiert an deutsche, börsennotierte Aktiengesellschaften und hat zwei Hauptziele. Er enthält international und national anerkannte Standards guter und verantwortungsvoller Unternehmensführung (Verbesserungsfunktion) und soll das deutsche Corporate Governance-System transparent und nachvollziehbar machen (Informationsfunktion). Dadurch soll das Vertrauen nationaler und internationaler Anleger in die Leitung und Überwachung von deutschen börsennotierten Aktiengesellschaften gestärkt werden. Die nachfolgenden sechs Abschnitte des Kodex versuchen diese beiden Funktionen innerhalb ihres Regelungsbereichs auszufüllen.

Der Abschnitt über die Aktionäre und die Hauptversammlung (Ziff. 2 Kodex) enthält neben Informationen über die geltende Rechtslage Vorschläge zum Einsatz moderner Kommunikationsmittel bei der Durchführung der Hauptversammlung. Die Bestimmungen des Kodex über das Zusammenwirken von Vorstand und Aufsichtsrat (Ziff. 3 Kodex) sollen durch intensiveren Informationsaustausch und gemeinsame Verhaltensmaßstäbe gegenüber den Aktionären der Gesellschaft für eine verbesserte Zusammenarbeit zwischen Unternehmensführungs- und Unternehmenskontrollorgan sorgen. Ziff. 4 (Vorstand) und 5 (Aufsichtsrat) Kodex richten sich dagegen getrennt an den Vorstand oder den Aufsichtsrat. Neben der Wiederholung der gesetzlichen Vorschriften über die Aufgaben und Zuständigkeiten des einzelnen Organs enthalten Ziff. 4 und 5 Kodex Vorschläge zur Gestaltung und Offenlegung der Vergütung und zur Offenlegung von Interessenkonflikten. Sie dienen damit vor allem der Transparenz in der Gesellschaft. Der Gedanke der Verbesserung der Transparenz in börsennotierten Aktiengesellschaften war der Kodex-Kommission so wichtig, dass sie ihm in Ziff. 6 Kodex einen eigenen Abschnitt gewidmet hat. Die Bestimmungen dieses Abschnitts konkretisieren daher diesen Leitgedanken, indem sie beispielsweise die Verwendung des Internets bei der Veröffentlichung von Informationen über das Unternehmen anregen und vorschlagen, die Internetseite des Unternehmens auch in englischer Sprache zu verfassen, um das Informationsbedürfnis ausländischer Anleger zu befriedigen. Die Bestimmungen zur Rechnungslegung und Abschlussprüfung stellen in Ziff. 7 Kodex die Informationsfunktion des Konzernabschlußberichts für die Anleger heraus und unterbreiten Vorschläge über die Vergabe des Prüfungsauftrags an den Abschlussprüfer und die dabei zu beachtenden Anforderungen. Herausragendes Kriterium ist die Sicherstellung der Unabhängigkeit des Abschlussprüfers. Dadurch soll das Vertrauen der Anleger in die Zuverlässigkeit der Rechnungslegung von börsennotierten Aktiengesellschaften gestärkt werden.

Schwerpunktmäßig hat diese Arbeit den Abschnitt des Kodex über die Aktionäre und die Hauptversammlung (Ziff. 2 Kodex) und den Abschnitt über die Verbesserung der Strukturen im Aufsichtsrat (Ziff. 5 Kodex) näher untersucht. Das entsprach dem gesetzten Ziel, nicht sämtliche Bestimmungen des Kodex zu überprüfen, sondern vielmehr einige umstrittene Anwendungsfragen des Regelwerks herauszugreifen.

Im Rahmen der Anwendungsprobleme von Ziff. 2 Kodex hat diese Arbeit gezeigt, dass auch eine reine Online-Hauptversammlung zulässig ist, soweit die Ausübung sämtlicher Mitgliedschaftsrechte für teilnehmende Aktionäre gewährleistet werden kann. Das hängt allein von der technischen Realisierbarkeit ab. Treten dabei technische Störungen auf, so sind die in einer solchen Hauptversammlung gefassten Beschlüsse anfechtbar. Nicht anfechtbar ist hingegen ein Beschluss, wenn zuvor die Redebeiträge der Aktionäre im Internet öffentlich übertragen wurden. Denn die öffentliche Übertragung eines Redebeitrags im Internet verletzt nicht das allgemeine Persönlichkeitsrecht des Aktionärs.

Neben Ziff. 2 Kodex wurde das Recht der Hauptversammlung auf gesetzlicher Ebene vor allem durch UMAG geändert. Von besonderem Interesse ist dabei die Einschränkung des Rederechts durch den Versammlungsleiter und die Ausdehnung des Spruchverfahrens auf Informationspflichtverletzungen im Zusammenhang mit der unzureichenden Beantwortung von Bewertungsfragen. Beides ist zu kritisieren. Während eine Einschränkung der Redezeit der Aktionäre durch eine Ermessensentscheidung des Versammlungsleiters neuen Boden für Anfechtungsklagen bereiten wird, ist die Einschränkung des Anfechtungsrechts bei fehlerhafter Beantwortung von Bewertungsfragen nicht sachgerecht. Der Sinn und Zweck eines Spruchverfahrens liegt darin, die Angemessenheit eines durch die AG festgesetzten Entschädigungsbeitrages zu bestimmen und nicht die Rechtmäßigkeit von Eingriffen der Gesellschaft in die Teilnahmerechte des Aktionärs zu überprüfen. Der Informationsanspruch des Aktionärs auf eine sachgerechte Beantwortung von Bewertungsfragen wird hierdurch weitestgehend leer laufen.

Im Zusammenhang mit den Bestimmungen des Kodex zur Verbesserung der Strukturen im Aufsichtsrat (Ziff. 5 Kodex) hat diese Arbeit vor allem die Vorschläge des Kodex zur Bildung von Aufsichtsratsausschüssen und zum Verhältnis der im Kodex enthaltenen Qualifikations- und Unabhängigkeitsstandards zum Mitbestimmungsgesetz 1976 (MitbestG 1976) näher untersucht. Im Ergebnis war festzustellen, dass die Kodexregelungen über die Bildung von Aufsichtsratsausschüssen nur bedingt geeignet sind, um die Effizienz der Aufsichtsratstätigkeit maßgeblich zu steigern, weil sie keine näheren Vorschläge zur Organisation der Ausschüsse und zur inhaltlichen Ausgestaltung der Aufsichtsratsarbeit enthalten.

Die Qualifikations- und Unabhängigkeitsstandards des Kodex lassen sich in mitbestimmten Gesellschaften wegen des im MitbestG 1976 gesetzlich vorgeschriebenen Wahlverfahrens über die Bestellung der Arbeitnehmervertreter im Aufsichtsrat für diese nicht verbindlich festlegen. Der Kodex und das MitbestG 1976 sind deshalb insoweit nicht miteinander zu vereinbaren. Zur Lösung dieses Problems zeigt die Arbeit einen möglichen Ansatz auf, der schwerpunktmäßig eine Änderung der gesetzlichen unternehmerischen Mitbestimmung vorschlägt. Das MitbestG 1976 könnte ein vorläufiges Wahlverfahren einführen, wonach die am besten geeigneten Arbeitnehmervertreter auf eine Liste eingetragen werden. Dabei sollte eine angemessene Beteiligung ausländischer Arbeitnehmervertreter sichergestellt werden. Die Anteilseignervertreter werden von der Hauptversammlung gewählt und ebenfalls in die Liste eingetragen. In einem zweiten Schritt trifft die Auswahl ein besonderes Auswahlgremium, das sich aus Vertretern des Unternehmens aber auch aus externen Fachleuten zusammensetzen könnte. Das Auswahlgremium hätte sich ausschließlich an vorher durch den Aufsichtsrat näher festzulegenden Qualifikationsprofilen zu orientieren. Auf diese Weise könnte sichergestellt werden, dass nur diejenigen Listenkandidaten in den Aufsichtsrat entsandt werden, die tatsächlich für diese Arbeit am besten qualifiziert sind. Durch dieses objektive Auswahlverfahren würde gleichzeitig eine sachlich nicht zu rechtfertigende Ungleichbehandlung der Arbeitnehmervertreter ausgeschlossen.

In praktischer Hinsicht ist eine Änderung der gesetzlichen Vorschriften über die unternehmerische Mitbestimmung nach dem MitbestG 1976 durch den Gesetzgeber zur Zeit nicht zu erwarten. Auf einen im November 2004 erschienenen Bericht der Kommission Mitbestimmung der Bundesvereinigung der Deutschen Arbeitgeberverbände erklärten Vertreter der vormaligen Regierungskoalition zwischen SPD und Grünen, dass die unternehmerische Mitbestimmung nicht angetastet würde. Durch die jetzige große Koalition zwischen SPD und CDU sind ebenfalls keine Änderungen am System der gesetzlichen Mitbestimmung zu erwarten. Das ist bedauerlich, weil das Bundesverfassungsgericht bereits im Jahr 1979 in seinem Mitbestimmungsurteil den Gesetzgeber beauftragt hat, das MitbestG 1976 vor dem Hintergrund der jeweiligen gesellschaftlichen Situation kritisch zu überprüfen und ggf. zu ändern hat. Mit der Veröffentlichung des Deutschen Corporate Governance-

Kodex ist eine Situation eingetreten, die eine Überprüfung des MitbestG 1976 dringend erforderlich macht, weil die Standards des Kodex und die Vorschriften des Gesetzes nicht miteinander kompatibel sind. Dementsprechend sollte der Gesetzgeber seinen in letzter Zeit so oft geäußerten Willen zur Einleitung der für die Bundesrepublik Deutschland notwendigen Reformen auch auf dem Gebiet der unternehmerischen Mitbestimmung umsetzen.

Zum Abschluss des Hauptteils hat diese Arbeit die Voraussetzungen für eine wirksame Abgabe der Entsprechenserklärung zu den Empfehlungen des Kodex durch den Vorstand und den Aufsichtsrat gemäß § 161 AktG näher dargestellt. Die Erklärung ist einmal jährlich abzugeben und wirksam, wenn sie den Aktionären dauerhaft zugänglich gemacht wurde. Sie braucht inhaltlich nicht begründet zu werden und ist an keine bestimmte Form gebunden, so dass eine Veröffentlichung der Erklärung auf der Internetseite des Unternehmens ausreicht. Ein Unternehmen muss seine einmal abgegebene Entsprechenserklärung korrigieren, wenn es nach der Abgabe von der Erklärung abweicht. Wird hingegen der Kodex durch die Kodex-Kommission angepasst oder geändert, besteht keine Änderungspflicht.

Zur Abstimmung der abzugebenden Entsprechenserklärung mit den bestehenden und den noch geplanten gesetzlichen Regelungen des Gesellschaftsrechts sollten börsennotierte Aktiengesellschaften eine Arbeitsgruppe „Deutscher Corporate Governance-Kodex und firmeninterne Umsetzung" einsetzen. Ziel dieser Gruppe sollte es sein, die bestehenden Unternehmensführungs- und -kontrollstrukturen in der Gesellschaft mit den vorgegebenen Corporate Governance-Maßstäben des Kodex und des sonstigen Gesellschaftsrechts zu vergleichen und bei Bedarf auf eine entsprechende Änderung des Kodex hinzuwirken.

Abschließend stellt sich die Frage nach einem Ausblick für die weitere Corporate Governance-Entwicklung in der Bundesrepublik Deutschland. Diese wird auch zukünftig im Wesentlichen von drei Faktoren beeinflusst werden. Das sind der Aktionsplan der EU-Kommission zur Modernisierung des Gesellschaftsrechts und Verbesserung der Corporate Governance in der Europäischen Union, die gesetzgeberische Umsetzung des 10-Punkte Planes der Bundesregierung zum Anlegerschutz und zur Unternehmensintegrität und die Weiterentwicklung des Deutschen Corporate Governance-Kodex durch die Kodex-Kommission.

In allen drei Bereichen versuchen die Regelgeber, dem unbestimmten Begriff des Corporate Governance durch die Formulierung einzelner Verhaltensmaßstäbe Konturen zu verleihen. Dabei treten zum einen Kompetenzprobleme auf. Diese äußern sich auf EU-Ebene dadurch, dass die EU-Kommission durch die Vorgabe einzelner Corporate Governance-Standards den Gestaltungsspielraum der Mitgliedstaaten bei der Weiterentwicklung ihrer Corporate Governance-Systeme einschränkt, was nachdrücklich zu kritisieren ist. Auf der Ebene der Bundesrepublik Deutschland stellen sich Kompetenzfragen zwischen Gesetzgeber und Kodex-Kommission dann, wenn es um die Festschreibung eines bestimmten Verhaltensmaßstabs entweder im Kodex oder in einem Gesetz geht, wie beispielsweise die Debatte um die Veröffentlichung der Gehälter der einzelnen Vorstandsmitglieder gezeigt hat. Einen Verhaltensmaßstab des Kodex zur gesetzlichen Pflicht zu erklären, wenn er nach Auffassung des Gesetzgebers wie im Fall der Vergütungsveröffentlichung nicht konsequent von den Adressaten des Kodex umgesetzt wurde, kann möglicherweise zu einer Verbesserung der Corporate Governance in diesem Punkt führen. Sie folgt aber nicht zwingend hieraus. Denn die geringe Umsetzung eines Verhaltensmaßstabs kann auch allein daran liegen, dass dieser Maßstab von den Unternehmen nicht als sinnvolle Corporate Governance-Maßnahme angesehen wird wie das Beispiel über die Vereinbarung eines angemessenen Selbstbehalts beim Abschluss von D&O-Versicherungen verdeutlicht. Der Gesetzgeber sollte deshalb sorgfältig abwägen, ob er einen bestimmten Corporate Governance-Standard des Kodex zukünftig gesetzlich verankert.

Zum anderen treten jedenfalls auf der Ebene der Bundesrepublik Deutschland Vereinbarkeitsprobleme zwischen Kodex und gesetzlichen Vorschriften auf. Das hat die Untersuchung der Qualifikations- und Unabhängigkeitsanforderungen des Kodex an die Mitglieder des Aufsichtsrats gezeigt, die mit der Auswahl der Arbeitnehmervertreter nach dem bestehenden gesetzlichen System der unternehmerischen Mitbestimmung unvereinbar sind. Eine Hauptaufgabe des Gesetzgebers sollte es deshalb zukünftig sein, bestehende Unvereinbarkeiten zwischen Kodex und Gesetz zu beseitigen und künftigen entgegenzuwirken. Zu diesem Zweck könnte die Bundesregierung beispielsweise den Regierungsauftrag der Kodex-Kommission erweitern und diese mit der Einrichtung einer Arbeitsgruppe beauftragen, die mögliche Unvereinbarkeiten zwischen Kodex und bestehendem und geplantem Recht untersucht. Diese Gruppe könnte die Bundesregierung insbesondere vor dem Erlass neuer Gesetze zur Corporate Governance über festgestellte Divergenzen zwischen Kodex und Gesetzesentwurf informieren.

Die Arbeit der Kodex-Kommission könnte technisch weiterentwickelt werden. Insbesondere die Internetseite der Kodex-Kommission sollte verbessert werden und eine Anlage zum Deutschen Corporate Governance-Kodex einführen. Diese sollte durch kurze Passagen, Schemata und Modelle die unbestimmten Begriffe des Kodex näher erläutern und auf diese Weise weitere wertvolle Hinweise für Vorstände und Aufsichtsräte zur Optimierung ihrer Leitungsfunktionen liefern. Wichtig wäre es, die Anlage auch für die fremdsprachigen Versionen des Kodex auf der Internetseite der Kodex-Kommission bereitzustellen, um auf diese Weise der bereits in der Präambel des Kodex verankerten Information internationaler Anleger über das Corporate Governance-System in der Bundesrepublik Deutschland nachzukommen.

Literaturverzeichnis

Adolphsen, Jens: Grenzen der internationalen Harmonisierung der Rechnungslegung durch Übernahme internationaler privater Standards, RabelsZ 2004, 154 ff.

Adomeit, Klaus/Guillermo, Frühbeck: Einführung in das spanische Recht, 2. Aufl., 2001, zit: Spanisches Recht.

Aha, Christof: Anmerkung zu OLG Köln, Beschluss v. 6. 10. 2003 – 18 W 35/03, in: BB 2003, 2310 f.

Aktiengesetz, Großkommentar, §§ 92-94, 4. Aufl., 1999; §§ 121-130, 4. Aufl., 1993, zit: *Bearbeiter*, in: Großkomm AktG.

Altmeppen, Holger: Schutz vor „europäischen“ Kapitalgesellschaften, NJW 2004, 97 ff.

ders.: Der Prüfungsausschuss – Arbeitsteilung im Aufsichtsrat, ZGR 2004, 390 ff.

Annuß, Georg/Lembke, Mark: Aktienoptionspläne der Konzernmutter und arbeitsrechtliche Bindungen, BB 2003, 2230 ff.

Arbeitskreis Bilanzrecht der Hochschullehrer Rechtswissenschaft, Stellungnahme zum Referentenentwurf eines Bilanzrechtsreformgesetzes, BB 2004, 546 ff.

Assmann, Heinz-Dieter: Corporate Governance im Schnittfeld von Gesellschaftsrecht und Kapitalmarktrecht, in: Festschrift für Kümpel, 2003, S. 1 ff., zit: FS für Kümpel, 2003.

Assmann, Heinz-Dieter/Schneider Uwe H. (Hrsg.): Wertpapierhandelsgesetz, 3. Aufl., 2003, zit: *Bearbeiter*, in: *Assmann/Schneider*, WpHG.

Assmann, Heinz-Dieter/Schütze, Rolf A.: Handbuch des Kapitalanlagerechts, 2. Aufl., 1997, zit: *Bearbeiter*, in: *Assmann/Schütze*, Kapitalanlagerecht.

Baetge, Jörg: Anmerkungen zum deutschen Enforcement-Modell, ZHR 2004, 428 ff.

Balz, Manfred: Die Tele-Hauptversammlung, 2000, zit: Tele-Hauptversammlung.

Bamberger, Heinz Georg/Roth, Herbert: Kommentar zum Bürgerlichen Gesetzbuch, Band 1, §§ 1-610, Band 2, §§ 611-1296 ErbbauVO WEG, 2003, zit: *Bearbeiter*, in: *Bamberger/Roth*, BGB.

Baumbach, Adolf/Hopt, Klaus J.: Handelsgesetzbuch, 32. Aufl., 2006, zit: HGB.

Baumbach Adolf/Lauterbach, Wolfgang/Albers, Jan/Hartmann, Peter: Zivilprozessordnung, 64. Aufl., 2006, zit: *Bearbeiter*, in: *Baumbach/Lauterbach/Albers/Hartmann*, ZPO.

Baums, Theodor (Hrsg.): Bericht der Regierungskommission Corporate Governance, 2001.

ders.: Aktienrecht für globalisierte Kapitalmärkte – Generalbericht, ZHR-Beiheft 71, 2002, 13 ff.

ders.: Vorschlag eines Gesetzes zur Verbesserung der Transparenz von Vorstandsvergütungen, ZIP 2004, 1877 ff.

Bayer, Walter: Kein Abschied vom Minderheitenschutz durch Information, ZGR 1995, 613 ff.

ders.: Aktionärsklagen de lege lata und de lege ferenda, NJW 2000, 2609 ff.

ders.: Aktionärsrechte und Anlegerschutz – Kritische Betrachtungen der lex lata und Überlegungen de lege ferenda vor dem Hintergrund des Berichts der Regierungskommission Corporate Governance und des Entwurfs eines 4. Finanzmarkförderungsgesetzes, ZHR-Beiheft 71, 2002, 137 ff.

ders.: Die EuGH-Entscheidung „Inspire Art" und die deutsche GmbH im Wettbewerb der europäischen Rechtsordnungen, BB 2003, 2357 ff.

ders.: Auswirkungen der Niederlassungsfreiheit nach den EuGH-Entscheidungen Inspire Art und Überseering auf die deutsche Unternehmensmitbestimmung, AG 2004, 534 ff.

Bechtold, Rainer: GWB, Kartellgesetz Gesetz gegen Wettbewerbsbeschränkungen, 3. Aufl., 2002, zit: GWB.

Behrens, Peter: Das Internationale Gesellschaftsrecht nach dem Überseering-Urteil des EuGH und den Schlussanträgen zu Inspire Art, IPRax 2003, 193 ff.

Bender, Christian/Vater, Hendrik: Lückenhaft und unverbindlich – Der Deutsche Corporate Governance Kodex lässt auch nach der Überarbeitung wichtige Kernprobleme der Unternehmensüberwachung ungelöst, DStR, 2003, 1807 ff.

Berg, Stefan: Die Website, Juristische Informationen im Internet – Regierungskommission Deutscher Corporate Governance Kodex, *http://www.corporate-*governance-*code.de*, WM 2002, 1515 f.

Berg, Stefan/Stöcker, Mathias: Anwendungs- und Haftungsfragen zum Deutschen Corporate Governance Kodex, WM 2002, 1569 ff.

Bericht der Kommission Mitbestimmung von *BDA* und *BDI*, 2004, zit: Bericht.

Berndt, Markus: Global differences in corporate governance systems, Dissertation Hamburg 2002, zit: Diss.

Bernhardt Wolfgang: Vorstand und Aufsichtsrat (unter Einschluß des Verhältnisses zum Abschlussprüfer), ZHR-Beiheft 71, 2002, 119 ff.

Berrar, Carsten: Die Entwicklung der Corporate Governance im internationalen Vergleich, Dissertation Baden Baden 2001, zit: Diss.

ders.: Zur Reform des AR nach den Vorschlägen der Regierungskommission „Corporate Governance“, NZG 2001, 1113 ff.

Bertrams, Helge: Die Haftung des Aufsichtsrats im Zusammenhang mit dem Deutschen Corporate Governance Kodex und § 161 AktG, Dissertation Augsburg 2004, zit: Diss.

Bezzenberger, Tilman: Der Vorstandsvorsitzende der Aktiengesellschaft, ZGR 1996, 661 ff.

Binz, Mark K./Mayer, Gerd: Die ausländische Kapitalgesellschaft & Co. KG im Aufwind?, GmbHR 2003, 249 ff.

Blanquet, Françoise: Das Statut der Europäischen Aktiengesellschaft (Societas Europaea „SE"), ZGR 2002, 20 ff.

Borges, Georg: Selbstregulierung im Gesellschaftsrecht – zur Bindung an Corporate Governance-Kodizes, ZGR 2003, 508 ff.

Born, Karl: Rechnungslegung international, 4. Aufl., 2005, zit: Rechnungslegung international.

Bornmüller, Gerd: Starker Aufsichtsrat – Die Neuerungen im Aktienrecht, BuW 2003, 242 ff.

Bosse, Christian: TransPuG: Änderungen zu den Berichtspflichten des Vorstands und zur Aufsichtsratstätigkeit, DB 2002, 1592 ff.

Boujong, Karlheinz: Rechtsmissbräuchliche Aktionärsklagen vor dem Bundesgerichtshof, in: Festschrift für Kellermann, 1991, S. 1 ff., zit: FS für Kellermann, 1991.

Brandes, Helmut: Die Rechtsprechung des Bundesgerichtshofs zur Aktiengesellschaft, WM 1994, 2177 ff.

Brandt, Ulrich: Der Diskussionsentwurf zu einem SE-Ausführungsgesetz, DStR 2003, 1208 ff.

Brox, Hans: Handels- und Wertpapierrecht, 18. Aufl. 2005, zit: Handels- und WertpapierR.

Brox, Hans/Walker, Wolf-Dietrich: Besonderes Schuldrecht, 30. Aufl., 2005, zit: Schuldrecht BT.

Buchta, Jens: Die Haftung des Vorstands einer Aktiengesellschaft – aktuelle Entwicklungen in der Gesetzgebung und Rechtsprechung (Teil II), DStR 2003, 740 ff.

Bungert, Hartwin: Festschreibung der ungeschriebenen „Holzmüller"- Hauptversammlungszuständigkeiten bei der Aktiengesellschaft, BB 2004, 1345 ff.

Bungert, Hartwin/Beier, Constantin H.: Die Europäische Aktiengesellschaft – Das Statut und seine Umsetzung in die Praxis, EWS 2002, 1 ff.

Bunte, Hermann-Josef: Kartellrecht, 2003, zit: KartellR.

Byrd, B. Sharon: Einführung in die anglo-amerikanische Rechtssprache – Introduction to Anglo-American Law & Language, 2. Aufl., 2001, zit: Anglo-American Law & Language.

Callies, Christian/Ruffert, Matthias (Hrsg.): Kommentar des Vertrages über die Europäische Union und des Vertrages zur Gründung der Europäischen Gemeinschaft – EUV/EGV –, 2. Aufl., 2002, zit: *Bearbeiter*, in: *Callies/Ruffert*, EUV/ EGV.

Canaris, Claus-Wilhelm: Handelsrecht, 23. Aufl. 2003, zit: Handelsrecht.

Casper, Matthias: Repricing von Stock Options, DStR 2004, 1391 ff.

Casper, Matthias/Reiß, Jürgen: Die Haftung eines Vorstands einer italienischen Aktiengesellschaft nach neuem Recht, RIW 2004, 429 ff.

Claussen, Carsten Peter: Wie ändert das KonTraG das Aktiengesetz?, DB 1998, 177 ff.

ders.: Hauptversammlung und Internet, AG 2001, 161 ff.

ders.: Bank- und Börsenrecht für Studium und Praxis, 3. Aufl., 2003, zit: Bank- und BörsenR.

ders.: Ein Versuch der Standortbestimmung des neuen Rechnungslegungsrechts, in: Festschrift für Ulmer, 2003, S. 801 ff., zit: FS für Ulmer, 2003.

Claussen, Carsten Peter/Bröcker, Norbert: Der Corporate Governance-Kodex aus der Perspektive der kleinen und mittleren Börsen-AG, DB 2002, 1199 ff.

dies.: Corporate-Governance-Grundsätze in Deutschland – nützliche Orientierungshilfe oder regulatorisches Übermaß?, AG 2000, 481 ff.

Coenenberg, Adolf Gerhard: Jahresabschluss und Jahresabschlussanalyse, 11. Aufl., 2003, zit: Jahresabschluss.

Comparative Study of Corporate Governance Codes relevant to the European Union and its Member States, 2002.

Conrad, Alfred F.: Die Überwachung des Unternehmensmanagements, ZGR 1987, 180 ff.

Cottle, Sydney/Murray, Roger F./Block, Frank E./Graham, Benjamin: Graham's and Dodd's Wertpapieranalyse, 5. Aufl., 1992, zit: Wertpapieranalyse.

Cromme Gerhard (Hrsg.), Corporate Governance Report 2002, zit: *Bearbeiter*, in: CG-Report 2002.

ders.: Stand und Entwicklung von Corporate Governance in Deutschland, 3. Konferenz Deutscher Corporate Governance Kodex vom 24, Juni 2004.

DAV: Stellungnahme zum Aktionsplan der EU-Kommission zur Modernisierung des Gesellschaftsrechts und Verbesserung der Corporate Governance in der Europäischen Union, NZG 2003, 1008 ff.

ders.: Stellungnahme zu dem Referentenentwurf eines Bilanzkontrollgesetzes (BilKoG), NZG 2004, 220 ff.

Davies, Paul: Struktur der Unternehmensführung in Großbritannien und Deutschland: Konvergenz oder fortbestehende Divergenz ?, ZGR 2001, 268 ff.

de Beauregard, Paul Melot: Das zweite Gesetz zur Vereinfachung der Wahl der Arbeitnehmervertreter in den Aufsichtsrat, DB 2004, 1430 f.

Degenhart, Christoph: Staatsrecht I, Staatsorganisationsrecht, 20. Aufl., 2004, zit: Staatsrecht I.

Demeyere Luc: Corporate Governance in Belgien, RIW 2003, 913 ff.

Deutsch, Erwin: Versicherungsvertragsrecht, 5. Aufl., 2005, zit: VersicherungsVR.

Diekmann, Hans/Leuering, Dieter: Der Referentenentwurf eines Gesetzes zur Unternehmensintegrität und Modernisierung des Anfechtungsrechts (UMAG), NZG 2004, 249 ff.

Dörner, Dietrich/Menold, Dieter/Pfitzer, Norbert/Oser, Peter (Hrsg.): Reform des Aktienrechts, der Rechnungslegung und der Prüfung, 2. Aufl., 2003, zit: *Bearbeiter*, in: *Dörner/Menold/Pfitzer/Oser*, Reform des AktienR.

Dreher, Meinrad: Der Abschluss von D&O-Versicherungen und die aktienrechtliche Zuständigkeitsordnung, ZHR 2001, 293 ff.

Dreher, Meinrad/Görner, André: Der angemessene Selbstbehalt in der D&O-Versicherung, ZIP 2003, 2321 ff.

Dreier, Horst (Hrsg.): Grundgesetz Kommentar, Band I, Artikel 1-19, 2. Aufl., 2004; Band II, Artikel 20-82, 1998, zit: *Bearbeiter*, in: *Dreier*, GG.

ders.: Anmerkung zu BVerfG, Beschluss v. 20. 9. 2002 – 1 BvR 1681/02, in: EWiR 2003, 141 f.

Drygala, Tim: Anmerkung zu EuGH, Urteil v. 30. 9. 2003 – Rs C-167/01 – „Inspire Art", in: EWiR 2003, 1029 f.

Duhnkrack, Stefan/Hasche, Daniela: Das neue Anlegerschutzverbesserungsgesetz und seine Auswirkungen auf Emissionshäuser und geschlossene Fonds, DB 2004, 1351 ff.

Dütz, Wilhelm: Arbeitsrecht, 10. Aufl. 2005, zit: Arbeitsrecht.

Eckert, Jörn: Schuldrecht, Besonderer Teil, 2. Aufl., 2005, zit: Schuldrecht BT.

Eder, Cajetan J.: Die monistisch verfasste Societas Europaea – Überlegungen zur Umsetzung eines CEO-Modells, NZG 2004, 544 ff.

Eidenmüller, Horst: Wettbewerb der Gesellschaftsrechte in Europa, ZIP 2002, 2233 ff.

ders.: Mobilität und Restrukturierung von Unternehmen im Binnenmarkt, JZ 2004, 24 ff.

Eidenmüller, Horst/Rehm, Gebhard M.: Niederlassungsfreiheit versus Schutz des inländischen Rechtsverkehrs: Konturen des Europäischen Internationalen Gesellschaftsrechts, ZGR 2004, 159 ff.

Eisenhardt, Ulrich: Gesellschaftsrecht, 12. Aufl. 2005, zit: Gesellschaftsrecht.

Elsing, Siegfried H./Schmidt, Matthias: Individuelle Informationsrechte von Aufsichtsratsmitgliedern einer Aktiengesellschaft, BB 2002, 1705 ff.

Emde, Raimond: Das Sonderwissen des Aufsichtsratsmitglieds und die Pflicht zur Informationsweitergabe, DB 1999, 1486 ff.

Erhardt, Olaf/Nowak, Eric: Die Durchsetzung von Corporate-Covernance-Regeln, AG 2002, 336 ff.

Erlenbach, Erich/Gotta, Frank: So funktioniert die Börse, 9. Aufl., 1991, zit: Börse.

Ernst, Christoph: BB-Gesetzgebungsreport: Regierungsentwurf des BilKoG, BB 2004, 936 ff.

Eschbach, Werner: Eigene Aktien und der Shareholder Value, DB 2003, 161 ff.

Escher-Weingart, Christina: Corporate Governance Strukturen – ein deutsch US-amerikanischer Rechtsvergleich, ZVglRWiss 2000, 387 ff.

Ettinger, Jochen/Grützediek, Elke: Haftungsrisiken im Zusammenhang mit der Abgabe der Corporate Governance Entsprechenserklärung gemäß § 161 AktG, AG 2003, 353 ff.

Feddersen, Dieter: Neue gesetzliche Anforderungen an den Aufsichtsrat, AG 2000, 385 ff.

Feddersen, Dieter/Hommelhoff, Peter/Schneider, Uwe H. (Hrsg.): Corporate Governance 1996, zit: *Bearbeiter*, in: *Feddersen/Hommelhoff/Schneider*, Corporate Governance.

Fleischer, Holger: Zur Leitungsaufgabe des Vorstands im Aktienrecht, ZIP 2003, 1 ff.

ders.: Zum Grundsatz der Gesamtverantwortung im Aktienrecht, NZG 2003, 449 ff.

ders.: Vorstandsvorsitzender oder CEO?, NZG 2003, 745 ff.

ders.: Die „Business Judgement Rule": Vom Richterrecht zur Kodifizierung, ZIP 2004, 685 ff.

ders.: Legal Transplants im deutschen Aktienrecht, NZG 2004, 1129 ff.

ders.: Der Einfluß der Societas Europaea auf die Dogmatik des deutschen Gesellschaftsrechts, AcP 2004, 502 ff.

ders.: Das Vorstandsvergütungs-Offenlegungsgesetz, DB 2005, 1611 ff.

Förschle, Gerhart/Holland, Bettina/Kroner, Matthias: Internationale Rechnungslegung, 6. Aufl., 2003, zit: InternatRechnL.

Forsthoff, Ulrich: Internationales Gesellschaftsrecht im Umbruch, DB 2003, 979 ff.

Freitag, Robert: §§ 30, 31 GmbHG, „Bremer Vulkan-Urteil" und „Limitation Language", WM 2003, 805 ff.

Fey, Gerd: Corporate Governance – Unternehmensüberwachung bei deutschen Aktiengesellschaften, DStR 1995, 1320 ff.

Gantenberg, Philipp: Die Reform der Hauptversammlung durch den Regierungsentwurf eines Gesetzes zur Unternehmensintegrität und Modernisierung des Anfechtungsrechts – UMAG, DB 2005, 207 ff.

Gach, Bernt: Neue gesetzliche Regelungen im Mitbestimmungsrecht, AG 2004, R 315.

Garner, Bryan A (Editor in Chief): Black's Law Dictionary, 7. Aufl., 1999, zit: Black's Law Dictionary.

Gaul, Björn/Otto, Björn: Auswirkungen des TransPuG auf das Verhältnis zwischen GmbH-Geschäftsführung und Aufsichtsrat, GmbHR 2003, 6 ff.

Gause, Bernhard: Europäisches Konzernrecht im Vergleich, Dissertation Berlin 2000, zit: Diss.

Gebauer, Daniela: Aktionsplan Corporate Governance der EU zur Stärkung des Anlegervertrauens, AG 2003, R 287 f.

Gerke, Wolfgang: Börsen-Lexikon, 2002, zit: Börsenlexikon.

Geiger, Rudolf: EUV/EGV, 4. Aufl., 2004, zit: EUV/EGV.

Gelhausen, Hans Friedrich/Hönsch, Henning: Deutscher Corporate Governance Kodex und Abschlussprüfung, AG 2002, 529 ff.

dies.: Folgen der Änderung des Deutschen Corporate Governance Kodex für die Entsprechenserklärung, AG 2003, 367 ff.

Geßler, Ernst/Hefermehl, Wolfgang/Eckardt, Ulrich/Kropff, Bruno: Aktiengesetz, Band II, §§ 76-147, 1974, zit: Bearbeiter, in: *Geßler/Hefermehl/Eckardt/Kropff*, AktG.

Glanegger, Peter/Güroff, Georg/Kirnberger, Christian/Kusterer, Stefan/Peuker, Monika/Ruß, Werner/Selder, Johannes/Stuhlfelner, Ulrich: Handelsgesetzbuch, 6. Aufl., 2002, zit: *Bearbeiter*, in: *Glanegger/Güroff/Kirnberger/Kusterer/ Peuker/Ruß/Selder/Stuhlfelner*, HGB.

Goedecke, Claus/Heuser, Friederike: NaStraG: Erster Schritt zur Öffnung des Aktienrechts für moderne Kommunikationsmittel, BB 2001, 369 ff.

Gottschalk, Christoph: Christoph Gottschalks Börsen-Lexikon, 2001, zit: Börsenlexikon.

Götz, Heinrich: Rechte und Pflichten des Aufsichtsrats nach dem Transparenz- und Publizitätsgesetz, NZG 2002, 599 ff.

Götz, Jürgen: Unternehmerische Mitbestimmung in der multinationalen Holdinggesellschaft – ein Beitrag zur Notwendigkeit einer Deregulierung des Mitbestimmungsrechts, AG 2002, 552 ff.

ders.: Corporate Governance multinationaler Unternehmen, ZHR 2003, 1 ff.

Göz, Philipp/Holzborn, Timo: Die Aktienrechtsreform durch das Gesetz für Unternehmensintegrität und Modernisierung des Anfechtungsrechts – UMAG, WM 2005, 157 ff.

Grooterhorst, Johannes: Die ARAG/Garmenbeck-Prozesse – eine Gesamtschau im Rückblick, ZIP 1999, 1117 ff.

Großfeld, Bernhard: Bilanzkontrollgesetz – Offene Fragen und etwas Optimismus, NZG 2004, 105 ff.

Grotheer, Marc: Außenhaftung von Aufsichtsratsmitgliedern: Ein Anreiz zur Verbesserung der Überwachungstätigkeit?, WM 2005, 2070 ff.

Grundei, Jens: Entscheidungsfindung im Vorstand deutscher Aktiengesellschaften, Diskussionspapier 01/2004 des Berliner Center of Corporate Governance, 2004, zit: Diskussionspapier 01/2004.

Grundmann, Stefan/Mülbert, Peter O.: Corporate Governance – Europäische Perspektiven, ZGR 2001, 214 ff.

Grunewald, Barbara: Gesellschaftsrecht, 6. Aufl., 2005, zit: Gesellschaftsrecht.

Gruson, Michael/Kubicek, Matthias: Der Sarbanes-Oxley Act, Corporate Governance und das deutsche Aktienrecht (Teil I), AG 2003, 337 ff.

dies.: Der Sarbanes-Oxley Act, Corporate Governance und das deutsche Aktienrecht (Teil II), AG 2003, 393 ff.

Guyon, Yves: Aktuelle Entwicklungen im französischen Gesellschaftsrecht, in: Festschrift für Lutter, 2000, S. 83 ff., zit: FS für Lutter, 2000.

Haberer, Thomas: Corporate Governance, 2003, zit: Corporate Governance.

Habersack, Mathias: Aktienrecht und Internet, ZHR 2001, 172 ff.

ders.: Europäisches Gesellschaftsrecht, 2. Auflage, 2003, zit: Europäisches GesR.

ders.: Europäisches Gesellschaftsrecht im Wandel, NZG 2004, 1 ff.

ders.: Der Aufsichtsrat im Visier der Kommission, ZHR 2004, 373 ff.

Hakelmacher, Sebastian: Aktuelle Umtriebe bei Corporate Governance und Rechnungslegung WPg 2004, 113 ff.

Haller, Axel/Eierle, Brigitte/Evans, Elisabeth: Das britische Financial Reporting Panel – ein Vorbild für ein deutsches Enforcement-Gremium?, BB 2001, 1673 ff.

Hanau, Hans: „Sicherung unternehmerischer Mitbestimmung, insbesondere durch Vereinbarung", ZGR 2001, 75 ff.

ders.: Der Bestandsschutz der Mitgliedschaft anlässlich der Einführung des „Squeeze Out" im Aktienrecht, NZG 2002, 1040 ff.

Hanau, Peter/Ulmer, Peter: Mitbestimmungsgesetz, 1981, zit: MitbestG.

Handelsrechtsausschuss des DAV: Stellungnahme zum Referentenentwurf eines Gesetzes zur Unternehmensintegrität und Modernisierung des Anfechtungsrechts (UMAG), NZG 2004, 555 ff.

Hasselbach, Kai/Schumacher, Stephan: Hauptversammlung und Internet, ZGR 2000, 258 ff.

Heinrichs, Joachim: Fehlerhafte Bilanzen, Enforcement und Aktienrecht, ZHR 2004, 383 ff.

Heintzen, Markus: Zur Verfassungsmäßigkeit von § 292 a Abs. 2 Nr. 2 a) HGB, BB 1999, 1050 ff.

ders.: Der Deutsche Corporate Governance Kodex aus der Sicht des deutschen Verfassungsrechts, ZIP 2004, 1933 ff.

Heinze, Meinhard: Die Europäische Aktiengesellschaft, ZGR 2002, 66 ff.

Henn, Günter: Handbuch des Aktienrechts, 7. Aufl., 2002, zit: Hdb des AktienR.

Henssler, Martin: Unternehmerische Mitbestimmung in der Societas Europaea, in: Festschrift für Ulmer, 2003, S. 193 ff., zit: FS für Ulmer, 2003.

Herdegen, Matthias: Europarecht, 7. Aufl., 2005, zit: Europarecht.

Herfs-Röttgen, Ebba: Arbeitnehmerbeteiligung in der Europäischen Aktiengesellschaft, NZA 2001, 424 ff.

dies.: Probleme der Arbeitnehmerbeteiligung in der Europäischen Aktiengesellschaft, NZA 2002, 358 ff.

Hess, Burkhard: Der Regierungsentwurf für ein Kapitalanlegermusterverfahrensgesetz – eine kritische Bestandsaufnahme, WM 2004, 2329 ff.

Hirte, Heribert: Der Einfluß neuer Informationstechniken auf das Gesellschaftsrecht und die corporate-governance-debatte, in: Festschrift für Buxbaum, 2000, S. 283 ff., zit: FS für Buxbaum, 2000.

ders.: Die Europäische Aktiengesellschaft, NZG 2002, 1 ff.

ders. (Hrsg.): Das Transparenz- und Publizitätsgesetz, 2003, zit: TransPuG .

Hofmann, Edgar: Privatversicherungsrecht, 4. Aufl., 1998, zit: PrivatversR.

Hoffmann-Becking, Michael: Zur rechtlichen Organisation der Zusammenarbeit im Vorstand der AG, ZGR 1998, 497 ff.

ders.: Vorschläge der Regierungskommission „Corporate Governance" zum Recht der Unternehmensfinanzierung, ZHR-Beiheft 71, 2002, 215 ff.

ders.: Vorstandsvorsitzender oder CEO?, NZG 2003, 745 ff.

ders.: Organe: Strukturen und Verantwortlichkeiten, insbesondere im monistischen System, ZGR 2004, 355 ff.

Hoffmann, Dietrich/Preu, Peter: Der Aufsichtsrat, 5. Aufl., 2003, zit: Aufsichtsrat.

Holl, Alexander, Die Reform des aktienrechtlichen Aufsichtsrats, Dissertation Passau 2002, zit: Diss.

Holzborn, Timo/Bunnemann, Jan: Gestaltung einer Sachausschüttung und Gewährleistung im Rahmen der Sachdividende, AG 2003, 671 ff.

Holzborn, Timo/Israel, Alexander: Das Anlegerschutzverbesserungsgesetz, WM 2004, 1948 ff.

Hommelhoff, Peter: Zur Anteils- und Beteiligungsüberwachung im Aufsichtsrat, in: Festschrift für Stimpel, 1985, S. 603 ff., zit: FS für Stimpel, 1985.

ders.: Zur Kontrolle strukturändernder Gesellschafterbeschlüsse, ZGR 1990, 447 ff.

ders.: Minderheitenschutz bei Umstrukturierungen, ZGR 1993, 452 ff.

ders.: Die OECD-Principles on Corporate Governance – ihre Chancen und Risiken aus dem Blickwinkel der deutschen corporate governance-Bewegung, ZGR 2001, 238 ff.

ders.: Einige Bemerkungen zur Organisationsverfassung der Europäischen Aktiengesellschaft, AG 2001, 279 ff.

ders.: Satzungsstrenge und Gestaltungsfreiheit in der Europäischen Aktiengesellschaft, in: Festschrift für Ulmer, 2003, S. 267 ff.; zit: FS für Ulmer 2003

Hommelhoff, Peter/Hopt, Klaus J./v. Werder, Axel (Hrsg.): Handbuch Corporate Governance, 2003., zit: *Bearbeiter*, in: *Hommelhoff/Hopt/v. Werder*, Hdb Corporate Governance.

Hommelhoff, Peter/Mattheus, Daniela: BB-Gesetzgebungsreport: Verlässliche Rechnungslegung – Enforcement nach dem geplanten Bilanzkontrollgesetz, BB 2004, 93 ff.

Hommelhoff, Peter/Rowedder, Heinz/Ulmer, Peter (Hrsg.): Max Hachenburg, Dritte Gedächtnisvorlesung, 1998, zit: *Bearbeiter*, in: *Hommelhoff/Rowedder/Ulmer*, Dritte Gedächtnisvorlesung.

Honsell, Heinrich (Hrsg.): Berliner Kommentar zum Versicherungsvertragsgesetz, 1999, zit: *Bearbeiter*, in: *Honsell*, BerlinKomm zum VVG.

Hopt, Klaus J.: Gemeinsame Grundsätze der Corporate Governance in Europa?, ZGR 2000, 779 ff.

ders.: Unternehmensführung, Unternehmenskontrolle, Modernisierung des Aktienrechts – Zum Bericht der Regierungskommission Corporate Governance, ZHR-Beiheft 71, 2002, 27 ff.

Hopt, Klaus J./Kanda, Hideki/Roe, Mark J./Wymeersch, Eddy/Prigge, Stefan (Hrsg.): Comparative Corporate Governance - The State of Art and Research - Oxford 1998, zit: *Bearbeiter*, in: *Hopt/Kanda/Roe/Wymeersch/Prigge*, Comparative Corporate Governance.

Hopt, Klaus J./Wymeersch, Eddy (Hrsg.): Comparative Corporate Governance - Essays and Materials, 1997, zit: *Bearbeiter*, in: *Hopt/Wymeersch*, Comparative Corporate Governance.

Horn, Norbert: Die Europa-AG im Kontext des deutschen und europäischen Gesellschaftsrechts, DB 2005, 147 ff.

Hornung, Gerrit: Zwei runde Geburtstage: Das Recht auf informationelle Selbstbestimmung und das WWW, MMR 2004, 3 ff.

Hromadka, Wolfgang/Maschmann, Frank: Arbeitsrecht Band 2, 2. Aufl., 2001, zit: ArbeitsR 2.

Hucke, Anja/Ammann, Helmut: Der Entwurf des Transparenz- und Publizitätsgesetzes – ein weiterer Schritt zur Modernisierung des Unternehmensrechts, DStR 2002, 689 ff.

Hüffer, Uwe: Anfechtungsbefugnis und Mindestanteilsbesitz – Vorschläge und Überlegungen zu einer gesetzlichen Neuorientierung, in: Festschrift für Brandner, 1996, S. 57 ff., zit: FS für Brandner, 1996.

ders.: Aktiengesetz, 6. Aufl., 2004, zit: AktG.

Huke, Rainer/Prinz, Thomas: Das Drittelbeteiligungsgesetz löst das Betriebsverfassungsgesetz 1952 ab, BB 2004, 2633 ff.

Hülsmann, Christoph: Stärkung der Abschlussprüfung durch das Bilanzrechtsreformgesetz, DStR 2005, 166 ff.

Hüttemann, Rainer: BB-Gesetzgebungsreport: Internationalisierung des deutschen Handelsbilanzrechts im Entwurf des Bilanzrechtsreformgesetzes, BB 2004, 203 ff.

IDW Prüfungsstandard: Auswirkungen des Deutschen Corporate-Governance-Kodex auf die Abschlussprüfung (IDW PS 345), WPg 2003, 1002 ff.

Ihlas, Horst: Organhaftung und Haftpflichtversicherung, Dissertation Darmstadt 1996, zit: Diss.

Ihrig, Hans-Christoph/Wagner, Jens: Die Reform geht weiter: Das Transparenz- und Publizitätsgesetz kommt, BB 2002, 789 ff.

dies.: Corporate Governance: Kodex-Erklärung und ihre unterjährige Korrektur, BB 2002, 2509 ff.

dies.: Diskussionsentwurf für ein SE-Ausführungsgesetz, BB 2003, 969 ff.

dies.: Reaktionen börsennotierter Unternehmen auf die Änderung des „Deutschen Corporate Governance Kodex", BB 2003, 1625 ff.

dies.: Das Gesetz zur Einführung der Europäischen Gesellschaft (SEEG) auf der Zielgeraden, BB 2004, 1749 ff.

Ipsen, Jörn: Staatsrecht I, 14. Aufl., 2002, zit: Staatsrecht I.

Jahn, Joachim: UMAG: Das Aus für „räuberische Aktionäre" oder neues Erpressungspotential?, BB 2005, 5 ff.

Jäger, Axel: Aktiengesellschaft, 2004, zit: AG.

Jensen, Michael/Meckling, William: Theory of the Firm: Managerial Behaviour. Agency Costs and Ownership, Journal of Financial Economics, 1976, S. 305 ff., zit: *Jensen/Meckling*, Theory of the Firm.

Junker, Abbo: Grundkurs Arbeitsrecht, 4. Aufl., 2004, zit: Arbeitsrecht.

ders.: Sechsundsiebzig verweht – Die deutsche Mitbestimmung endet in Europa, NJW 2004, 728 ff.

Jürgens, Stefanie, Mitbestimmung und Verantwortlichkeit, Dissertation Münster 2001, zit: Diss.

Kallmeyer, Harald: Europa-AG: Strategische Optionen für deutsche Unternehmen, AG 2003, 197 ff.

ders.: Die Beteiligung der Arbeitnehmer in einer Europäischen Gesellschaft, ZIP 2004, 1442 ff.

Kamp, Marcus: Die unternehmerische Mitbestimmung nach „Überseering" und „Inspire Art", BB 2004, 1496 ff.

Kästner, Karin: Aktienrechtliche Probleme der D&O-Versicherung, AG 2000, 113 ff.

Kersting, Christian: Auswirkungen des Sarbanes-Oxley-Gesetzes in Deutschland: Können deutsche Unternehmen das Gesetz befolgen?, ZIP 2003, 233 ff.

Keßler, Jürgen: Transparenz- und Publizitätsgesetz, DW 2003, 40 ff.

Kieninger, Eva-Maria: Niederlassungsfreiheit als Rechtswahlfreiheit, ZGR 1999, 724 ff.

Kiethe, Kurt: Persönliche Haftung von Organen der AG und der GmbH – Risikovermeidung durch D & O-Versicherung?, BB 2003, 537 ff.

ders.: Maßnahmenkatalog der Bundesregierung zur Aktienrechtsreform 2003 – „Verbesserung" des Klagerechts der Aktionäre?, ZIP 2003, 707 ff.

ders.: Die zivil- und strafrechtliche Haftung von Aufsichtsräten für Geschäftsrisiken, WM 2005, 2122 ff.

Kilian, Mattias: Glaubwürdigkeit des Jahresabschlusses: Die Kontrolle der Kontrolleure, ZGR 2004, 189 ff.

Kindler, Peter: Die Aktiengesellschaft für den Mittelstand, NJW 1994, 3041 ff.

ders.: Niederlassungsfreiheit für Scheinauslandsgesellschaften?, NJW 1999, 1993 ff.

ders.: Der Aktionär in der Informationsgesellschaft – Das Gesetz zur Namensaktie und zur Erleichterung der Stimmrechtsausübung, NJW 2001, 1678 f.

ders.: Auf dem Weg zur Europäischen Aktiengesellschaft?, NJW 2003, 1073 ff.

Kinzl, Ulrich-Peter: Entwurf eines Bilanzkontrollgesetzes vorgelegt, AG 2004, R 3 f.

Kirchhof, Paul: Gesetzgebung und private Regelsetzung als Geltungsgrund für Rechnungslegungspflichten?, ZGR 2000, 681 ff.

Kirchner, Christian: Grundstruktur eines neuen institutionellen Designs für die Arbeitnehmermitbestimmung auf der Unternehmensebene, AG 2004, 197 ff.

Kittner, Michael: Arbeits- und Sozialordnung, 30. Aufl., 2005, zit: Arbeits- und Sozialordnung.

Klein, Christian: Die Europäische Aktiengesellschaft „à la française“, RIW 2004, 435 ff.

Knigge, Dagmar: Änderungen des Aktienrechts durch das Transparenz- und Publizitätsgesetz, WM 2002, 1729 ff.

Koch, Robert: Die Rechtsstellung der Gesellschaft und des Organmitglieds in der D&O-Versicherung (I), GmbHR 2004, 18 ff.

ders.: Die Rechtsstellung der Gesellschaft und des Organmitglieds in der D&O-Versicherung (II), GmbHR 2004, 160 ff.

Köhler, Annette/Meyer, Stephanie/Maulshagen, Jan: Umsetzungsstand des 10-Punkte-Plans der Bundesregierung zur Stärkung des Anlegerschutzes und der Unternehmensintegrität, BB 2004, 2623 ff.

Koenig, Christian/Haratsch, Andreas: Europarecht, 4. Aufl., 2003, zit: Europarecht.

Körner, Marita: Comply or disclose: Erklärung nach § 161 AktG und Außenhaftung des Vorstands, NZG 2004, 1148 ff.

Kollmann, Katharina: Aktuelle Corporate-Governance-Diskussion in Deutschland, WM-Sonderheft 1, 2003, 1 ff.

dies.: Der Diskussionsentwurf zum Kapitalmarktinformationshaftungsgesetz, AG 2004, R 463 f.

Kölner Kommentar zum Aktiengesetz, Band 2, §§ 76-94, 2. Aufl.; 1992, zit: *Bearbeiter*, in: KölnKomm-AktG.

Kopp, Ferdinand/Schenke, Wolf-Rüdiger: Verwaltungsgerichtsordnung Kommentar, 14. Aufl., 2005, zit: VwGO.

Köstler, Roland: Die Mitbestimmung in der SE, ZGR 2003, 800 ff.

Köstler, Roland/Kittner, Michael/Zachert, Ulrich/Müller, Matthias: Aufsichtsratspraxis, 7. Aufl. 2003, zit: Aufsichtsratspraxis.

Kraushaar, Martin: Europäische Aktiengesellschaft (SE) und Unternehmensmitbestimmung, BB 2003, 1614 ff.

Krieger, Gerd: Interne Voraussetzungen für die Abgabe der Entsprechenserklärung nach § 161 AktG, in: Festschrift für Ulmer, 2003, S. 365 ff., zit: FS für Ulmer, 2003.

Kronke, Herbert: Konditionierung der Unternehmensverfassung von Publikumsgesellschaften durch „Soft Law", in: Festschrift für Lutter, 2000, S. 1449 ff., zit: FS für Lutter, 2000.

Kübler, Friedrich: Shareholder Value: Eine Herausforderung für das Deutsche Recht?, in: Festschrift für Zöllner, Band I, 1998, S. 321 ff., zit: FS für Zöllner, Band I, 1998.

ders.: Leitungsstrukturen der Aktiengesellschaft und die Umsetzung des SE-Statuts, ZHR 2003, 222 ff.

Kuhner, Christoph: Unternehmensinteresse vs. Shareholder Value als Leitmaxime kapitalmarktorientierter Aktiengesellschaften, ZGR 2004, 244 ff.

Küppers, Christoph/Dettmeier, Michael/Koch, Claudia: D&O-Versicherung: Steuerliche Implikation für versicherte Personen?, DStR 2002, 199 ff.

Kusznier, Florian: Dänisches Kapitalgesellschaftsrecht, Dissertation Innsbruck 2002, zit: Diss.

Küting, Karlheinz/Wirth, Johannes: Die Kapitalkonsolidierung im Spiegel der Bilanzwelten HGB – IAS/IFRS – US-GAAP (Teil I), DStR 2003, 475 ff.

Lanfermann, Georg: Mordernisierte EU-Richtlinie zur gesetzlichen Abschlussprüfung, DB 2005, 2645 ff.

Lange, Oliver: Zulässigkeitsvoraussetzungen einer gesellschaftsfinanzierten Aufsichtsrats-D&O-Versicherung, ZIP 2001, 1524 ff.

ders.: Praxisfragen der D&O-Versicherung (Teil I), DStR 2002, 1626 ff.

ders.: Praxisfragen der D&O-Versicherung (Teil II), DStR 2002, 1674 ff.

ders.: Zustimmungsvorbehaltspflicht und Kataloghaftung des Aufsichtsrats nach neuem Recht, DStR 2003, 376 ff.

ders.: D&O-Versicherung: Innenhaftung und Selbstbehalt, BB 2003, 1833 ff.

Larenz, Karl/Canaris, Claus-Wilhelm: Lehrbuch des Schuldrechts, Band II/2, Besonderer Teil, 13. Aufl., 1994, zit: Schuldrecht BT.

Leible, Stefan: Niederlassungsfreiheit und Sitzverlegungsrichtlinie, ZGR 2004, 531 ff.

Leible, Stefan/Hoffmann, Jochen: Wie inspiriert ist „Inspire Art"?, EuZW 2003, 677 ff.

Leisch, Franz Clemens: Vorstandshaftung für falsche Ad-hoc-Mitteilungen – ein höchstrichterlicher Beitrag zur Stärkung des Finanzplatzes Deutschland, ZIP 2004, 1573 ff.

Lenenbach, Markus: Kapitalmarkt - und Börsenrecht, 2002, zit: Kapitalmarkt- und Börsenrecht.

Lenz, Hansrudi: Beschränkung von Beratungstätigkeiten durch Abschlussprüfer: Mangelhafter Umgehungsschutz im Entwurf des BilReG, BB 2004, 707 ff.

ders.: Referentenentwurf eines Abschlussprüferaufsichtsgesetzes: noch unzureichende Kontrolle des Berufsstandes, BB 2004, 1951 ff.

Leyens, Patrick: Deutscher Aufsichtsrat und U. S.-Board: ein- oder zweistufiges Verwaltungssystem?, RabelsZ 2003, 57 ff.

Lieder, Jan: Das unabhängige Aufsichtsratsmitglied, NZG 2005, 569 ff.

Littbarski, Sigurd: AHB Haftpflichtversicherung, 2001, zit: AHB.

Lorenz, Thomas: Empfehlung zur Unabhängigkeit von Organmitgliedern für Herbst angekündigt, AG 2004, R 274 ff.

Lutter, Marcus: Der Aufsichtsrat: Konstruktionsfehler, Inkompetenz seiner Mitglieder oder normales Risiko?, AG 1994, 176 f.

ders.: Das neue „Gesetz für kleine Aktiengesellschaften und zur Deregulierung des Aktienrechts“, AG 1994, 429 ff.

ders.: Defizite für eine effiziente Aufsichtsratstätigkeit und gesetzliche Möglichkeiten der Verbesserung, ZHR 1995, 287 ff.

ders.: Professionalisierung der Aufsichtsräte, NJW 1995, 1133 ff.

ders.: Vergleichende Corporate Governance – Die deutsche Sicht, ZGR 2001, 224 ff.

ders.: Europäische Aktiengesellschaft – Rechtsfigur mit Zukunft?, BB 2002, 1 ff.

ders.: Die Erklärung zum Corporate Governance Kodex gemäß § 161 AktG – Pflichtverstöße und Binnenhaftung von Vorstands- und Aufsichtsratsmitgliedern, ZHR 2002, 523 ff.

ders.: „Überseering“ und die Folgen, BB 2003, 7 ff.

ders.: Auswahlpflichten und Auswahlverschulden bei der Wahl von Aufsichtsratsmitgliedern, ZIP 2003, 417 ff.

Lutter, Marcus/Krieger, Gerd: Rechte und Pflichten des Aufsichtsrats, 4. Aufl., 2002, zit: Rechte und Pflichten des Aufsichtsrats.

Lutter, Marcus/Leinekugel, Magdalena/Röder, Thomas: Die Sachdividende, ZGR 2002, 204 ff.

Martens, Klaus-Peter: Der Grundsatz gemeinsamer Vorstandsverantwortung, in: Festschrift für Fleck, 1988, S. 191 ff., zit: FS für Fleck, 1988.

ders.: Die Reform der aktienrechtlichen Hauptversammlung, AG 2004, 238 ff.

Martin, Christopher: Das U. S. Corporate Governance System – Verlust der Vorbildfunktion?, NZG 2003, 948 ff.

Marx, Susanne: Die Unabhängigkeit des Abschlussprüfers, ZGR 2002, 292 ff.

Mattheus, Daniela/Schwab, Martin: Fehlerkorrektur nach dem Rechnungslegungs-Enforcement: Private Initiative vor staatlicher Intervention, BB 2004, 1099 ff.

Maul, Silja: Vorschläge der Expertengruppe zur Reform des EU-Gesellschaftsrechts, DB 2003, 27 ff.

dies.: Verantwortlichkeit der Organmitglieder – Entwicklungen aus europäischer Sicht, WM 2004, 2146 ff.

Maul, Silja/Lanfermann, Georg: Auswirkungen des Sarbanes-Oxley Acts in Deutschland, DB 2002, 1725 ff.

dies.: Registrierung von deutschen Abschlussprüfern bei der neuen US-Berufsaufsicht PCAOB, DB 2003, 1237 ff.

dies.: Europäische Corporate Governance – Stand der Entwicklungen, BB 2004, 1861 ff.

dies.: EU-Kommission nimmt Empfehlungen zu Corporate Governance an, DB 2004, 2407 ff.

Maunz, Theodor/Schmidt-Bleibtreu, Bruno/Klein, Franz/Bethge, Herbert: Bundesverfassungsgerichtsgesetz Kommentar, Band 2, Loseblattsammlung, Stand: Januar 2004, zit: *Bearbeiter*, in: *Maunz/Schmidt-Bleibtreu/Klein/Bethge*, BVerfGG.

McKinsey & Company (Hrsg.): Investor opinion survey on Corporate Governance, 2000, zit: Survey.

Medicus, Dieter: Bürgerliches Recht, 20. Aufl., 2004, zit: Bürgerliches Recht.

Meilicke, Wienand: Die Niederlassungsfreiheit nach „Überseering" Rückblick und Ausblick nach Handelsrecht und Steuerrecht, GmbHR 2003, 793 ff.

Meilicke, Wienand/Heidel, Thomas: Verweigerung des Rechtsschutzes für außenstehende Aktionäre verstößt gegen Europäische Menschenrechtskonvention, BB 2003, 1805 ff.

dies.: UMAG „Modernisierung" des Aktienrechts durch Beschränkung des Eigentumsschutzes der Aktionäre, DB 2004, 1479 ff.

Merkt, Hanno: Zum Verhältnis von Kapitalmarktrecht und Gesellschaftsrecht in der Diskussion um die Corporate Governance, AG 2003, 126 ff.

ders.: Die monistische Unternehmensverfassung für die Europäische Aktiengesellschaft aus deutscher Sicht, ZHR 2003, 650 ff.

ders.: Die Pluralisierung des europäischen Gesellschaftsrechts, RIW 2004, 1 ff.

Mertens, Hans-Joachim: Bedarf der Abschluß einer D & O Versicherung durch die Aktiengesellschaft der Zustimmung der Hauptversammlung?, AG 2000, 447 ff.

Messmer, Daniel: Corporate Governance und D&O-Versicherung, VW 2002, 1384 ff.

Meyer, Claus: Bilanzrechtsreformgesetz (BilReG) und Bilanzkontrollgesetz (BilKoG) – Die Änderungen im Überblick, DStR 2005, 41 ff.

Mimberg, Jörg: Schranken der Vorbereitung und Durchführung der Hauptversammlung im Internet – die Rechtslage nach dem Inkrafttreten von NaStraG, Formvorschriften-Anpassungsgesetz und TransPuG, ZGR 2003, 21 ff.

Mincke, Wolfgang: Einführung in das niederländische Recht, 2002, zit: Niederländisches Recht.

Möllers, Thomas: Gesellschaftsrechtliche Treuepflicht contra arbeitnehmerrechtliche Mitbestimmung, NZG 2003, 697 ff.

Mülbert, Peter O.: Shareholder Value aus rechtlicher Sicht, ZGR 1997, 129 ff.

Müller, Welf: Die Änderungen im HGB und die Neuregelung der Sachdividende durch das Transparenz- und Publizitätsgesetz, NZG 2002, 752 ff.

ders.: Prüfverfahren und Jahresabschlussnichtigkeit nach dem Bilanzkontrollgesetz, ZHR 2004, 414 ff.

Müller, Welf/Rödder, Thomas (Hrsg.): Beck'sches Handbuch der AG, 2004, zit: *Bearbeiter*, in: *Müller/Rödder*, Handbuch AG.

Müller-Bonanni, Thomas: Unternehmensmitbestimmung nach „Überseering" und „Inspire Art", DStR 2003, 1235 ff.

Münchener Handbuch des Gesellschaftsrechts, Band 4, Aktiengesellschaft, 2. Aufl., 1999, zit: *Bearbeiter*, in: Münchener Hdb des GesR, Band 4.

Münchener Kommentar zum Aktiengesetz, Band 1, §§ 1-53, 2. Aufl., 2000; Band 2, §§ 53a-75, 2. Aufl., 2003; Band 3, §§ 76-117 AktG, MitbestG, § 76 BetrVG 1952, 2. Aufl., 2004; Band 4, §§ 118-147, 2. Aufl. 2004; Band 5/1, §§ 148-151, 161-178 AktG, §§ 238-264c HGB, 2. Aufl. 2003, zit: *Bearbeiter*, in: MüKo-AktG.

Münchener Kommentar zum Bürgerlichen Gesetzbuch, Band 1, Allgemeiner Teil, §§ 1-240, AGB-Gesetz, 4. Aufl. 2001; Band 5, Besonderes Schuldrecht III, §§ 705-853, Partnerschaftsgesellschaftsgesetz, Produkthaftungsgesetz, 4. Aufl., 2004, zit: *MüKo-Bearbeiter*.

Münchener Kommentar zum Handelsgesetzbuch, Band 4, Drittes Buch, Handelsbücher, §§ 238-342a HGB, 2001, zit: *Bearbeiter*, in: MüKo-HGB.

Münchener Kommentar zur Zivilprozeßordnung, Band 1, §§ 1-354, 2. Aufl., 2000; Band 3, §§ 803-1066, EGZPO, GVG, EGGVG, IZPR, 2. Aufl., 2001, zit: Bearbeiter, in: MüKo-ZPO.

Münchener Rechtslexikon, Band 2, G-Q, 1987, zit: Münchener Rechtslexikon.

Musielak, Hans-Joachim (Hrsg.): Kommentar zur Zivilprozessordnung, 4. Aufl., 2005, zit: *Bearbeiter*, in: *Musielak*, ZPO.

Müßig, Anke: Glaubwürdigkeit des Jahresabschlusses: Brauchen wir eine Kontrolle der Kontrolleure und wenn ja, welche?, NZG 2004, 796 ff.

Muthers, Christof/Ulbrich, Martin: Internet und Aktiengesellschaft, WM 2005, 215 ff.

Nagel, Bernhard: Ist die Europäische Aktiengesellschaft (SE) attraktiv?, DB 2004, 1299 f.

Neye, Hans-Werner/Teichmann, Christoph: Der Entwurf für das Ausführungsgesetz zur Europäischen Aktiengesellschaft, AG 2003, 169 ff.

Noack, Ulrich: Stimmrechtsvertretung in der Hauptversammlung nach dem NaStraG, ZIP 2001, 57 ff.

ders.: Neuerungen im Recht der Hauptversammlung durch das Transparenz- und Publizitätsgesetz und den Deutschen Corporate Governance Kodex, DB 2002, 620 ff.

ders.: Hauptversammlung der Aktiengesellschaft und moderne Kommunikationstechnik – aktuelle Bestandsaufnahme und Ausblick, NZG 2003, 241 ff.

ders.: Elektronische Publizität im Aktien- und Kapitalmarktrecht in Deutschland und Europa, AG 2003, 537 ff.

ders.: Neue Entwicklungen im Aktienrecht und moderne Informationstechnologie 2003-2005, NZG 2004, 297 ff.

Noack, Ulrich/Spindler, Gerald: Unternehmensrecht und Internet, 2001, zit: Unternehmensrecht im Internet.

Noack, Ulrich/Zetzsche, Dirk: Die Hauptversammlungslegitimation durch „Hinterlegung“ bei girosammelverwahrten Inhaberaktien, WM 2004, 1 ff.

Obst, Georg/Hintner, Otto: Geld-, Bank und Börsenwesen, 40. Aufl., 2000, zit: Geld-, Bank und Börsenwesen.

Oetker, Hartmut: Die Beteiligung der Arbeitnehmer in der Europäischen Aktiengesellschaft (SE) unter besonderer Berücksichtigung der leitenden Angestellten, BB-Special 1/2005, 2 ff.

Oser, Peter/Orth, Christian/Wader, Dominic: Die Umsetzung des Deutschen Corporate Governance Kodex in der Praxis, DB 2003, 1337 ff.

dies.: Beachtung der Empfehlungen des Deutschen Corporate Governance Kodex, BB 2004, 1121 ff.

Paal, Boris P.: Die persönliche Haftung – ein wirksames Mittel zur Verbesserung der Kontrolltätigkeit des Aufsichtsrats bei kapitalmarktorientierten Unternehmen? (Teil I), DStR 2005, 382 ff.

Paefgen, Walter G.: Auslandsgesellschaften und Durchsetzung deutscher Schutzinteressen nach „Überseering“, DB 2003, 487 ff.

Palandt, Otto, Bürgerliches Gesetzbuch, 65. Aufl., 2006, zit: *Palandt-Bearbeiter*

Papagiannis, Ioannis Men. (Hrsg.): Griechisches Wirtschafts- und Unternehmensrecht, 1997, zit: *Bearbeiter*, in: *Papagiannis*, Griechisches WirtschaftsR

Paschos, Nikolaos/Neumann, Kai-Uwe: Die Neuregelungen des UMAG im Bereich der Durchsetzung von Haftungsansprüchen der Aktiengesellschaft gegen Organmitglieder, DB 2005, 1779 ff.

Peemöller, Volker H./Keller, Bettina: Änderungen der Überwachung in Kapitalgesellschaften – Der Entwurf eines Gesetzes zur Kontrolle und Transparenz im Unternehmensbereich, DStR 1997, 1986 ff.

Peemöller, Volker H./Oehler, Ralph: Referentenentwurf eines Bilanzrechtsreformgesetzes: Neue Regelung zur Unabhängigkeit des Abschlussprüfers, BB 2004, 539 ff.

dies.: Regierungsentwurf des BilReG: Änderungen gegenüber dem Referentenentwurf, BB 2004, 1158 ff.

Pellens, Bernhard: Internationale Rechnungslegung, 5. Aufl., 2004, zit: InternatRechnL.

Peltzer, Martin: Corporate Governance Codices als zusätzliche Pflichtenbestimmung für den Aufsichtsrat, NZG 2002, 10 ff.

ders.: Handlungsbedarf in Sachen Corporate Governance, NZG 2002, 593 ff.

ders.: Deutsche Corporate Governance, 2. Aufl., 2004, zit: Corporate Governance.

ders.: Keine Aktienoptionen mehr für Aufsichtsratsmitglieder, NZG 2004, 509 ff.

Peltzer, Martin/v. Werder, Axel: Der „German Code of Corporate Governance (GCCG)" des Berliner Initiativkreises, AG 2001, 1 ff.

Pfitzer, Norbert/Orth, Christian/Hettich, Natalie: Stärkung der Unabhängigkeit des Abschlussprüfers ?, DStR 2004, 328 ff.

Pfitzer, Norbert/Oser, Peter/Orth, Christian: Zur Reform des Aktienrechts, der Rechnungslegung und Prüfung durch das TransPuG, DB 2002, 157 ff.

dies.: Offene Fragen und Systemwidrigkeiten des Bilanzrechtsreformgesetzes (BilReG), DB 2004, 2593 ff.

Pieroth, Bodo/Schlink, Bernhard, Staatsrecht II, Grundrechte, 21. Aufl., 2005, zit: Staatsrecht II.

Poddig, Thorsten: Handbuch Kursprognose, 1999, zit: Kursprognose.

Pohle, Klaus/v. Werder, Axel: Die Einschätzung der Kernthesen des German Code of Corporate Governance (GCCG) durch die Praxis – Ergebnisse einer Befragung der DAX 100-Unternehmen, BB 2001, 1101 ff.

Prölss, Jürgen/Martin, Anton: Versicherungsvertragsgesetz, 27. Aufl. 2004, zit: VVG.

Rabenhorst, Dirk: Neue Anforderungen an die Berichterstattung des Abschlussprüfers durch das TransPuG, DStR 2003, 436 ff.

Raiser, Thomas: Recht der Kapitalgesellschaften, 3. Aufl., 2001, zit: Recht der Kapitalgesellschaften.

ders.: Mitbestimmungsgesetz, 4. Aufl., 2002, zit: MitbestG.

Ranzinger, Christoph/Blies, Peter: Audit Committees im internationalen Kontext, AG 2001, 456 ff.

Reichert, Jochem: Aktionärsrechte und Anlegerschutz – Stellungnahme zu den Vorschlägen der Corporate Governance Kommission, ZHR-Beiheft 71, 2002, 165 ff.

Reichert, Jochem/Brandes, Stephan M.: Mitbestimmung der Arbeitnehmer in der SE: Gestaltungsfreiheit und Bestandsschutz, ZGR 2003, 767 ff.

Rellermeyer, Klaus: Aufsichtsratsausschüsse Dissertation Bonn 1985, zit: Diss.

Reuschle, Fabian: Das Kapitalanleger-Musterverfahrensgesetz, NZG 2004, 590 ff.

Riegger, Bodo: Hauptversammlung und Internet, ZHR 2001, 204 ff.

ders.: Centros – Überseering – Inspire Art: Folgen für die Praxis, ZGR 2004, 510 ff.

Riegger, Bodo/Mutter, Stefan: Zum Einsatz neuer Kommunikationsmedien in Hauptversammlungen von Aktiengesellschaften, ZIP 1998, 637 ff.

Ringleb, Henrik-Michael/Kremer, Thomas/Lutter, Marcus/v. Werder, Axel: Deutscher Corporate Governance Kodex Kommentar, 2. Aufl., 2005, zit: *Bearbeiter*, in: *Ringleb/Kremer/Lutter/v. Werder*, Kodex.

Rock, Edward B.: America's Fascination with German Corporate Governance, AG 1995, 291 ff.

Roe, Mark J.: Political determinants of corporate governance, 2003.

Röhrich, Raimund/Morlin, Janos: Das AnSVG unter besonderer Beachtung der erweiterten Prospektierungspflicht, AG 2005, R 3 ff.

Romain, Alfred/Bader, Anton/Byrd, B. Sharon: Wörterbuch der Rechts- und Wirtschaftssprache, Teil I, Englisch-Deutsch, 5. Aufl., 2000, zit: Wörterbuch.

Romain, Alfred/Byrd, B. Sharon/Thielecke, Carola: Wörterbuch der Rechts- und Wirtschaftssprache, Teil II, Deutsch-Englisch, 4. Aufl., 2002, zit: Wörterbuch.

Roth, Günter/Wörle, Ulrike: Die Unabhängigkeit des Aufsichtsrats – Recht und Wirklichkeit, ZGR 2004, 565 ff.

Ruffner, Markus (Gasthrsg.): Corporate Governance, shareholder value & finance, 2002.

Ruhnke, Klaus: Prüfung der Einhaltung des Deutschen Corporate Governance Kodex durch den Abschlussprüfer, AG 2003, 371 ff.

Sachs, Michael: Die relevanten Grundrechtsbeeinträchtigungen, JuS 1995, 303 ff.

ders. (Hrsg.): Grundgesetz Kommentar, 3. Aufl., 2003, zit: *Bearbeiter*, in: *Sachs*, GG.

Säcker, Franz-Jürgen: Rechtliche Anforderungen an die Qualifikation und Unabhängigkeit von Aufsichtsratsmitgliedern, AG 2004, 180 ff.

ders.: BB-Forum: Corporate Governance und Europäisches Gesellschaftsrecht – Neue Wege in der Mitbestimmung, BB 2004, 1462 ff.

Sadowski, Dieter/Junkes, Joachim/Lindenthal, Sabine: „Gesetzliche Mitbestimmung in Deutschland: Idee, Erfahrungen und Perspektiven aus ökonomischer Sicht“, ZGR 2001, 110 ff.

Sandrock, Otto: Gehören die deutschen Regelungen über die Mitbestimmung auf Unternehmensebene wirklich zum deutschen ordre public?, AG 2004, 57 ff.

Sangiovanni, Valerio: Die Zusammensetzung des Aufsichtsrates der Gesellschaften mit notierten Aktien in Italien, RIW 2005, 112 ff.

Schäfer, Albrecht: Der Prüfungsausschuss – Arbeitsteilung im Aufsichtsrat, ZGR 2004, 416 ff.

Schäfer, Frank H. (Hrsg.): Wertpapierhandelsgesetz Börsengesetz mit BörsZulV, Verkaufsprospektegesetz mit VerkProspV Kommentar, 1999, zit: *Bearbeiter*, in: *Schäfer*, WpHG.

Schanze, Erich/Jüttner, Andreas: Anerkennung und Kontrolle ausländischer Gesellschaften – Rechtslage und Perspektiven nach der Überseering-Entscheidung des EuGH, AG 2003, 30 ff.

dies.: Die Entscheidung für Pluralität: Kollisionsrecht und Gesellschaftsrecht nach der EuGH-Entscheidung „Inspire Art", AG 2003, 661 ff.

Scheffler, Eberhard: Aufgaben und Zusammensetzung von Prüfungsausschüssen (Audit Committees), ZGR 2003, 236 ff.

ders.: Modernisierung der EU-Bilanzrichtlinien, AG 2003, R 288 ff.

ders.: EU-Maßnahmen zur Verbesserung der Abschlussprüfung, AG 2003, R 290 ff.

ders.: Entwurf eines Bilanzkontrollgesetzes, AG 2004, R 46 f.

ders.: Entwurf eines Bilanzrechtsreformgesetzes, AG 2004, R 82 f.

ders.: Entwurf eines Abschlussprüferaufsichtsgesetzes, AG 2004, R 437.

Schiessl, Maximilian: Gesellschafts- und mitbestimmungsrechtliche Probleme der Spartenorganisation (Divisionalisierung), ZGR 1992, 64 ff.

ders.: Deutsche Corporate Governance post Enron, AG 2002, 593 ff.

ders.: Leitungs- und Kontrollstrukturen im internationalen Wettbewerb, ZGR 2003, 236 ff.

Schildbach, Thomas/Straßer, Rainer: Das britische Financial Reporting Review Panel als Vorbild für eine Enforcement-Institution in Deutschland?, DStR 2003, 1720 ff.

Schimikowski, Peter: Versicherungsvertragsrecht, 3. Aufl., 2004, zit: VersVertrR.

Schmalenbachgesellschaft für Betriebswirtschaft e. V.: Auswirkungen des Sarbanes-Oxley Act auf Interne und Externe Unternehmensüberwachung, BB 2004, 2399 ff.

Schmidt, Karsten: Gesellschaftsrecht, 4. Aufl., 2002, zit: Gesellschaftsrecht.

Schmidt, Stefan: Neue Anforderungen an die Unabhängigkeit des Abschlussprüfers: SEC-Verordnung im Vergleich mit den Empfehlungen der EU-Kommission und den Plänen der Bundesregierung, BB 2003, 779 ff.

Schmidt, Reinhard H./Spindler, Gerald: Shareholder Value zwischen Ökonomie und Recht, in: Festschrift für Kübler, 1997, S. 515 ff., zit: FS für Kübler, 1997.

Schmidt-Bleibtreu, Bruno/Klein, Franz: Kommentar zum Grundgesetz, 10. Aufl., 2004, zit: *Bearbeiter*, in: *Schmidt-Bleibtreu/Klein*, GG.

Schmitz, Bernd-Wilhelm/Gloeckner, Felix A.: D & O-Versicherungen: Grundlegende Fehlvorstellungen über den Deckungsschutz, AG 2003, R 156 ff.

Schnapp, Friedrich E.: Die Verhältnismäßigkeit des Grundrechtseingriffs, JuS 1983, 850 ff.

Schneider, Uwe H.: Kapitalmarktorientierte Corporate Governance-Grundsätze, DB 2000, 2413 ff.

ders.: Internationales Kapitalmarktrecht – Regelungsprobleme, Methoden und Aufgaben, AG 2001, 269 ff.

ders.: Die Revision der OECD Principles of Corporate Governance 2004, AG 2004, 429 ff.

Schneider, Uwe H./Strenger Christian: Die „Corporate Governance-Grundsätze" der Grundsatzkommission Corporate Governance (German Panel on Corporate Governance), AG 2000, 106 ff.

Schulze-Osterloh, Joachim: Das deutsche Gesellschaftsrecht im Banne der Globalisierung, ZIP 2001, 1433 ff.

Schulz, Andreas/Geismar, Bernhard: Die Europäische Aktiengesellschaft – Eine kritische Bestandsaufnahme, DStR 2001, 1078 ff.

Schüppen, Matthias: To comply or not to comply – that's the question! „Existenzfragen" des Transparenz- und Publizitätsgesetzes im magischen Dreieck kapitalmarktorientierter Unternehmensführung, ZIP 2002, 1269 ff.

Schüppen, Matthias/Sanna, Thomas: D&O-Versicherungen: Gute und schlechte Nachrichten!, ZIP 2002, 550 ff.

Schütz, Carsten: Neuerungen im Anfechtungsrecht durch den Referentenentwurf des Gesetzes zur Unternehmensintegrität und Modernisierung des Anfechtungsrechts (UMAG), DB 2004, 419 ff.

ders.: UMAG Reloaded, NZG 2005, 5 ff.

Schwalbach, Joachim: Effizienz des Aufsichtsrats, AG 2004, 186 ff.

Schwark, Eberhard (Hrsg.): Kapitalmarktrechtskommentar, 2004, zit: *Bearbeiter*, in: *Schwark*, KapitalmarktR.

ders.: Corporate Governance und Aufsichtsrat, ZHR-Beiheft 71, 2002, 75 ff.

ders.: Globalisierung, Europarecht und Unternehmensmitbestimmung im Konflikt, AG 2004, 173 ff.

Schwarz, Günter Christian: Europäisches Gesellschaftsrecht, 2000, zit: EuropGesR.

ders.: Zum Statut der Europäischen Aktiengesellschaft, ZIP 2001, 1847 ff.

ders.: Neue Medien im Gesellschaftsrecht, MMR 2003, 23 ff.

Schwarz, Günter Christian/Holland, Björn: Enron, WorldCom ... und die Corporate-Governance-Diskussion, ZIP 2002, 1661 ff.

Schwerdtfeger, Gunther: Öffentliches Recht in der Fallbearbeitung, 12. Aufl., 2004, zit: Öffentliches Recht.

Seibert, Ulrich: OECD Principles of Corporate Governance – Grundsätze der Unternehmensführung und -kontrolle für die Welt, AG 1999, 337 ff.

ders.: Aktienrechtsnovelle NaStraG tritt in Kraft – Übersicht über das Gesetz und Auszüge aus dem Bericht des Rechtsausschusses, ZIP 2001, 53 ff.

ders.: Aktienrechtsreform in Permanenz, AG 2002, 417 ff.

ders.: Im Blickpunkte: Der Deutsche Corporate Governance Kodex ist da, BB 2002, 581 ff.

ders.: Das „TransPuG" – Diskussion im Gesetzgebungsverfahren und endgültige Fassung, NZG 2002, 608 ff.

ders.: Das Transparenz- und Publizitätsgesetz (TransPuG), Materialiensammlung, 2003.

ders.: Das 10-Punkte-Programm „Unternehmensintegrität und Anlegerschutz", BB 2003, 693 ff.

ders.: UMAG und Hauptversammlung – Der Regierungsentwurf eines Gesetzes zur Unternehmensintegrität und Modernisierung des Anfechtungsrechts (UMAG), WM 2005, 157 ff.

ders.: Aktionärsforum und Aktionärsforumsverordnung nach § 127a AktG, AG 2006, 16 ff.

Seibert, Ulrich/Schütz, Carsten: Der Referentenentwurf eines Gesetzes zur Unternehmensintegrität und Modernisierung des Anfechtungsrecht – UMAG, ZIP 2004, 252 ff.

Seibt, Christoph H.: Deutscher Corporate Governance Kodex und Entsprechens-Erklärung (§ 161 AktG-E), AG 2002, 249 ff.

ders.: Deutscher Corporate Governance Kodex: Antworten auf Zweifelsfragen der Praxis, AG 2003, 465 ff.

Seidel, Wolfgang: Der Deutsche Corporate Governance Kodex – eine private oder doch eine staatliche Regelung?, ZIP 2004, 285 ff.

ders.: Kodex ohne Rechtsgrundlage, NZG 2004, 1085 f.

Semler, Johannes/Stengel, Arndt: Interessenkonflikte bei Aufsichtsratsmitgliedern von Aktiengesellschaften am Beispiel von Konflikten bei Übernahmen, NZG 2003, 1 ff.

Semler, Johannes/Wagner, Elisabeth: Deutscher Corporate Governance Kodex – Die Entsprechenserklärung und Fragen der gesellschaftsinternen Umsetzung, NZG 2003, 553 ff.

Sendler, Horst: Richter und Sachverständige, NJW 1986, 2907 ff.

Siebers, Alfred B. J./Weigert, Martin M.: Börsenlexikon, 2. Aufl., 1997, zit: Börsenlexikon.

Skog, Rolf: Corporate Governance und die Rolle des Gesetzgebers – Betrachtungen aus schwedischer Sicht, in: Festschrift für Lutter, 2000, S. 1551 ff., zit: FS für Lutter, 2000.

Soergel, Hs. Th.: Bürgerliches Gesetzbuch, Band 5/2, Schuldrecht IV/2, ProdHaftG, UmweltHG, 12. Aufl., 1998, zit: *Soergel-Bearbeiter*.

Späte, Bernd: Haftpflichtversicherung, 1993, zit: HaftpflichtV.

Spindler, Gerald: Internet und Corporate Governance – ein neuer virtueller (T)Raum?, ZGR 2000, 421 ff.

ders.: Vergütung und Abfindung von Vorstandsmitgliedern, DStR 2004, 36 ff.

ders.: Das Gesetz über die Offenlegung von Vorstandsvergütungen – VorstOG, NZG 2005, 689 ff.

ders.: Die Reform der Hauptversammlung und der Anfechtungsklage durch das UMAG, NZG 2005, 825 ff.

ders.: Haftung und Aktionärsklagen nach dem neuen UMAG, NZG 2005, 865 ff.

ders.: Die Empfehlungen der EU für den Aufsichtsrat und ihre deutsche Umsetzung im Corporate Governance Kodex, ZIP 2005, 2033 ff.

Spindler, Gerald/Berner, Olaf: Der Gläubigerschutz im Gesellschaftsrecht nach Inspire Art, RIW 2004, 7 f.

Stein, Ekkard/Frank, Götz: Staatsrecht, 19. Aufl., 2004, zit: Staatsrecht.

Stellungnahme des DAI zum BilKoG, NZG 2004, 224 ff.

Stellungnahme des Deutschen Notarvereins e. V. zum Fragenkatalog der Regierungskommission „Corporate Governance – Unternehmensführung – Unternehmenskontrolle - Modernisierung des Aktienrechts" v. 20. 9. 2000, NZG 2001, 185 ff.

Stellungnahme des Handelsrechtsausschusses des DAV zum RefE TransPuG, ZIP 2002, 186 ff.

Stellungnahme des Handelsrechtsausschusses des Deutschen Anwaltsvereins e. V. zum Fragenkatalog der Regierungskommission „Corporate Governance – Unternehmensführung – Unternehmenskontrolle – Modernisierung des Aktienrechts" v. 7. 11. 2002, NZG 2001, 181 ff.

Stellungnahmen des IDW zum Fragenkatalog der Regierungskommission „Corporate Governance": Unternehmensführung – Unternehmenskontrolle – Modernisierung des Aktienrechts, WPg 2000, 1027 ff.

Stern, Klaus: Das Staatsrecht der Bundesrepublik Deutschland, Band I, Grundbegriffe und Grundlagen des Staatsrechts, Strukturprinzipien der Verfassung, 2. Aufl., 1984; Band III/1, Allgemeine Lehren der Grundrechte, 1998; Band III/2, Allgemeine Lehren der Grundrechte, 1994, zit: Staatsrecht.

Strauch, Mark: Der Sarbanes-Oxley Act und die Entwicklung im US-Aufsichtsrat, NZG 2003, 952 ff.

Streinz, Rudolf: Anmerkungen zu dem EuGH-Urteil in der Rechtssache Brasserie du Pêcheur und Factortame, EuZW 1996, 201 ff.

Strieder, Thomas: Offene Punkte bei der Entsprechenserklärung zum Corporate Governance Kodex, DB 2004, 1325 ff.

Stück, Volker: Aktuelle Rechtsfragen der Aufsichtsratswahl nach dem MitbestG 1976, DB 2004, 2582 ff.

Sünner, Eckart: Effizienz von Unternehmensorganen als Grundsatz der Corporate Governance, AG 2000, 492 ff.

ders.: Ungereimtheiten des Entwurfs eines Kapitalinformationshaftungsgesetzes, DB 2004, 2460 ff.

Tegtmeier, Stefan: Die Vergütung von Vorstandsmitgliedern in Publikumsgesellschaften, Dissertation Osnabrück 1998, zit: Diss.

Teichmann, Christoph: Corporate Governance in Europa, ZGR 2001, 645 ff.

ders.: Die Einführung der Europäischen Aktiengesellschaft, ZGR 2002, 383 ff.

Than: Auf dem Weg zur virtuellen Hauptversammlung – Eine Bestandsaufnahme, in: Festschrift für Peltzer, 2001, S. 577 ff., zit: FS für Peltzer, 2001.

Theisen, Manuel René/Wenz, Martin (Hrsg.): Die Europäische Aktiengesellschaft, 2. Aufl., 2005, zit: *Bearbeiter*, in: *Theisen/Wenz*, Europäische AG.

Thümmel, Roderich C.: Aufsichtsräte in der Pflicht? – Die Aufsichtsratshaftung gewinnt Konturen, DB 1999, 885 ff.

ders.: Corporate Governance – auch für mittelständische Unternehmen aktuell, BB 2004 (Heft 27), Die erste Seite.

ders.: Organhaftung nach dem Referentenentwurf des Gesetzes Unternehmensintegrität und Modernisierung des Anfechtungsrechts (UMAG) – Neue Risiken für Manager?, DB 2004, 471 ff.

Thüsing, Gregor: Auf der Suche nach dem iustum pretium der Vorstandstätigkeit, ZGR 2003, 457 ff.

ders.: Die Angemessenheit von Vorstandsvergütungen – Mögliche Handlungsoptionen zur Sicherstellung, DB 2003, 1612 ff.

ders.: Deutsche Unternehmensmitbestimmung und europäische Niederlassungsfreiheit, ZIP 2004, 381 ff.

Tinnefeld, Marie-Theres/Viethen, Hans-Peter: Das Recht am eigenen Bild als besondere Form des allgemeinen Persönlichkeitsrecht, NZA 2003, 468 ff.

Tübke, Christian, Sachausschüttungen im deutschen, französischen und Schweizer Aktien- und Steuerrecht, Dissertation Jena 2002, zit: Diss.

Ulmer, Peter: Aktienrecht im Wandel – Entwicklungslinien und Diskussionsschwerpunkte, AcP 2002, 144 ff.

ders.: Der Deutsche Corporate Governance Kodex – ein neues Regulierungsinstrument für börsennotierte Aktiengesellschaften, ZHR 2002, 150 ff.

ders.: Paritätische Arbeitnehmermitbestimmung im Aufsichtsrat von Großunternehmen - noch zeitgemäß ?, ZHR 2002, 271 ff.

Umbach, Dieter C./Clemens Thomas (Hrsg.): Bundesverfassungsgerichtsgesetz, 1992, zit: *Bearbeiter*, in: *Umbach/Clemens*, BVerfGG.

v. Beseler, Dora/Jacobs-Wüstefeld, Barbara: Law Dictionary, Deutsch-Englisch, 4. Aufl., 1991, zit: Law Dictionary.

v. Bernstorff, Christoph: Einführung in das englische Recht, 2. Aufl., 2000, zit: Englisches Recht.

v. Bühren, Hubert W.: Handbuch Versicherungsrecht, 2001, zit: Hdb VersR.

v. Hein, Jan: Vom Vorstandsvorsitzenden zum CEO?, ZHR 2002, 464 ff.

ders.: Die Rolle des US-amerikanischen CEO gegenüber dem Board of Directors im Lichte neuerer Entwicklungen, RIW 2002, 501 ff.

v. Hulle, Karel/Lanfermann, Georg: Mitteilung der Europäischen Kommission zur Stärkung der Abschlussprüfung, BB 2003, 1323 ff.

v. Hulle, Karel/Maul, Silja: Aktionsplan zur Modernisierung des Gesellschaftsrechts und Stärkung der Corporate Governance, ZGR 2004, 484 ff.

v. Mangoldt, Hermann/Klein, Friedrich/Starck, Christian: Das Bonner Grundgesetz, Band 1, Präambel, Art. 1-19, 5. Aufl., 2005; Band 2, Art. 20-78, 5. Aufl., 2005, zit: *Bearbeiter*, in: *v. Mangoldt/Klein/Starck*, GG.

v. Münch, Ingo: Staatsrecht II, 5. Aufl., 2002, zit: Staatsrecht II.

v. Münch, Ingo/Kunig, Philip (Hrsg.): Grundgesetz-Kommentar, Band 1, Präambel, Art. 1-19, 5. Aufl. 2000; Band 2, Art. 20-69, 5. Aufl. 2001, zit: *Bearbeiter*, in: *v. Münch/Kunig*, GG.

v. Rosen, Rüdiger (Hrsg.): Corporate Governance - Nutzen und Umsetzung -, Studien des deutschen Aktieninstituts, Heft 15, 2001, zit: *Bearbeiter*, in: *v. Rosen*, Corporate Governance.

v. Rosen, Rüdiger/Seifert, Werner G. (Hrsg.): Zugang zum US-Kapitalmarkt für deutsche Aktiengesellschaften, 1998, zit: *Bearbeiter*, in: *v. Rosen/Seifert*, Zugang zum US-Kapitalmarkt.

v. Schenck, Kersten: Die laufende Information eines Aufsichtsrats einer Aktiengesellschaft durch den Vorstand, NZG 2002, 64 ff.

v. Staudinger J.: Kommentar zum Bürgerlichen Gesetzbuch mit Einführungsgesetz und Nebengesetzen, Zweites Buch, Recht der Schuldverhältnisse, §§ 823-825, 13. Bearb., 1999, zit: *Staudinger-Bearbeiter*.

v. Werder, Axel: Der Deutsche Corporate Governance Kodex – Grundlagen und Einzelbestimmungen, DB 2002, 801 ff.

ders.: Umsetzung des Deutschen Corporate Governance Kodex in börsennotierten Gesellschaften, Executive Summary, 2003, zit: Executive Summary 2003.

ders.: Überwachungseffizienz und Unternehmensmitbestimmung, AG 2004, 166 ff.

v. Werder, Axel/Talaulicar, Till/Kolat, Georg L.: Kodex Report 2003: Die Akzeptanz der Empfehlungen des Deutschen Corporate Governance Kodex, DB 2003, 1857 ff.

dies.: Kodex Report 2004 – Die Akzeptanz der Empfehlungen und Anregungen des Deutschen Corporate Governance Kodex, DB 2004, 1377 ff.

v. Werder, Axel/Talaulicar, Till: Kodex Report 2005: Die Akzeptanz der Empfehlungen und Anregungen des Deutschen Corporate Governance Kodex, DB 2005, 841 ff.

v. Westphalen, Friedrich: D&O-Versicherung und Direktanspruch der Gesellschaft gegenüber der Versicherung?, DB 2005, 431 ff.

Veit, Martin/Wichert, Joachim: Unternehmerische Mitbestimmung bei europäischen Kapitalgesellschaften mit Verwaltungssitz in Deutschland nach „Überseering" und „Inspire Art", AG 2004, 14 ff.

Veltins, Michael A.: Verschärfte Unabhängigkeitsanforderungen an Abschlussprüfer, DB 2004, 445 ff.

Vetter, Jochen: Aktienrechtliche Probleme der D & O Versicherung, AG 2000, 453 ff.

ders.: Ausweitung des Spruchverfahrens, ZHR 2004, 8 ff.

Vitols, Sigurd: Unternehmensführung und Arbeitsbeziehungen in deutschen Tochtergesellschaften großer ausländischer Unternehmen, Gutachten im Auftrag der *Hans-Böckler-Stiftung*, 2001.

Volhard, Rüdiger/Weber, Dolf: Abschlussprüfung und Interessenkonflikte, in: Festschrift für Ulmer, 2003, S. 866 ff., zit: FS für Ulmer, 2003.

Volk, Gerrit: Deutsche Corporate Governance-Konzepte, DStR 2001, 412 ff.

Waclawik, Erich: Der Referentenentwurf des Gesetzes zur Einführung der Europäischen (Aktien-)Gesellschaft, DB 2004, 1191 ff.

Wagner, Jens: Aufsichtsratssitzung in Form der Videokonferenz – Gegenwärtiger Stand und mögliche Änderungen durch das Transparenz- und Publizitätsgesetz, NZG 2002, 57 ff.

Weber, Martin: Der Eintritt des Aktienrechts in das Zeitalter der elektronischen Medien – Das NaStraG in seiner verabschiedeten Fassung, NZG 2001, 337 ff.

ders.: Die Entwicklung des Kapitalmarktrechts im Jahre 2003, NJW 2004, 28 ff.

Weber-Rey, Daniela/Kellet, Christopher: Entwicklung von Corporate Governance im United Kingdom, AG 2003, R 508 ff.

Weiß, Daniel M.: Aktienoptionspläne für Führungskräfte, Dissertation Tübingen 1998, zit: Diss.

Weiss, Manfred: Arbeitnehmerwirkung in Europa, NZA 2003, 177 ff.

Weiss, Susanne/Buchner, Markus: Wird das UMAG die Haftung und Inanspruchnahme der Unternehmensleiter verändern?, WM 2005, 162 ff.

Weißhaupt, Frank: Modernisierung des Informationsmängelrechts in der Aktiengesellschaft nach dem UMAG-Regierungsentwurf, WM 2004, 705 ff.

Weller, Marc-Philippe: Inspire Art: Weitgehende Freiheiten beim Einsatz ausländischer Briefkastengesellschaften, DStR 2003, 1800 f.

Wentges, Paul: Corporate Governance und Stakeholder Ansatz, Habilitation Wiesbaden 2002, zit: Habil.

Wernicke, Thomas: Anmerkung zu EuGH, Urteil v. 5. 11. 2002 – Rs. C-208/00 – „Überseering", in: EuZW 2002, 758 ff.

Westhoff, André O.: Glaubwürdigkeit des Jahresabschlusses: Brauchen wir eine Kontrolle der Kontrolleure bezogen auf die Abschlussprüfer und wenn ja, welche? (Teil I), DStR 2003, 2086.

ders.: Glaubwürdigkeit des Jahresabschlusses: Brauchen wir eine Kontrolle der Kontrolleure bezogen auf die Abschlussprüfer und wenn ja, welche? (Teil II), DStR 2003, 2132 ff.

Wiedemann, Gerhard (Hrsg.): Handbuch des Kartellrechts, 1999, zit: *Bearbeiter*, in: *Wiedemann*, Hdb des KartellR.

Wiese, Götz Tobias: Verantwortlichkeit des Aufsichtsrats – Aktuelle Entwicklungen im Bereich der Corporate Governance, DB 2000, 1901 ff.

Wiesner, Peter M.: Corporate Governance und kein Ende, ZIP 2003, 977 ff.

ders.: In Brüssel werden die Grundlagen der Abschlussprüfung neu geordnet, ZIP 2003, 1186 ff.

ders.: Mitbestimmungsexport durch grenzüberschreitende Fusion?, ZIP 2004, 243.

ders.: Corporate Governance: Aus Brüssel droht das Ende der nationalen Kodizes, BB 2004, Heft 35, Die Erste Seite.

Wilsing, Hans-Ulrich: Neuerungen des UMAG für die aktienrechtliche Beratungspraxis, ZIP 2004, 1082 ff.

Windbichler, Christine: Arbeitnehmerinteressen im Unternehmen und gegenüber dem Unternehmen – Eine Zwischenbilanz, AG 2004, 190 ff.

Winnefeld, Robert: Bilanz-Handbuch, 3. Aufl., 2002, zit: BilanzHdb.

Wisskirchen, Gerlinde/Prinz, Thomas: Das Gesetz über die Beteiligung der Arbeitnehmer in einer Europäischen Gesellschaft (SE), DB 2004, 2638 ff.

Wolf, Martin: Corporate Governance – Der Import angelsächsischer „Self-Regulation" im Widerstreit zum deutschen Parlamentsvorbehalt, ZRP 2002, 59 ff.

Wolff, Alexander: Wahl der Arbeitnehmervertreter in den Aufsichtsrat, DB 2002, 790 ff.

Wollburg, Ralph/Banerjea Nirmal Robert: Die Reichweite der Mitbestimmung in der Europäischen Gesellschaft, ZIP 2005, 277 ff.

Wüstemann, Jens: Normdurchsetzung in der deutschen Rechnungslegung – Enforcement nach dem Vorbild der USA ?, BB 2002, 718 ff.

Wymeersch, Eddy: Das neue belgische Gesetz über „Corporate Governance", ZGR 2004, 53 ff.

Zeitler, Franz-Cristoph: Rechnungslegung und Rechtsstaat, DB 2003, 1529 ff.

Zätzsch, Jörg/Gröning, Moritz: Neue Medien im deutschen Aktienrecht: Zum RefE des NaStraG, NZG 2000, 393 ff.

Zetzsche, Dirk: NaStraG – ein erster Schritt in Richtung Virtuelle Hauptversammlung für Namens- und Inhaberaktien ZIP 2001, 682 ff.

ders. (Hrsg.): Die virtuelle Hauptversammlung, 2002, zit: *Bearbeiter*, in: Virtuelle HV.

Ziemons, Hildegard: Freie Bahn für den Umzug von Gesellschaften nach Inspire Art?!, ZIP 2003, 1913 ff.

Zimmer, Daniel: Das Gesetz zur Kontrolle und Transparenz im Unternehmensbereich, NJW 1998, 3521 ff.

ders.: Wie es Euch gefällt? Offene Fragen nach dem Überseering-Urteil des EuGH, BB 2003, 1 ff.

ders.: Nach „Inspire Art": Grenzenlose Gestaltungsfreiheit für deutsche Unternehmen?, NJW 2003, 3585 ff.

Zimmermann, Gebhard/Wortmann, André: Der Shareholder-Value-Ansatz als Institution zur Kontrolle der Führung von Publikumsgesellschaften, DB 2001, S. 289 ff.

Zitzewitz, Jens: Stock Options, Dissertation Göttingen 2003, zit: Diss.